国家社科基金项目名称：
壮族非物质文化遗产的诗性传统与文化建设的整合研究
项目批准号：14BZW170
结项等级：优秀

壮族诗性传统与
文化建设整合研究

覃德清　杨丽萍　著

中国社会科学出版社

图书在版编目(CIP)数据

壮族诗性传统与文化建设整合研究/覃德清,杨丽萍著. —北京:中国社会科学出版社,2023.4

ISBN 978-7-5227-1268-0

Ⅰ.①壮…　Ⅱ.①覃…②杨…　Ⅲ.①壮族—民族文化—研究—中国　Ⅳ.①K281.8

中国国家版本馆 CIP 数据核字(2023)第 024277 号

出 版 人	赵剑英
责任编辑	郭晓鸿
特约编辑	杜若佳
责任校对	师敏革
责任印制	戴　宽

出　　版	中国社会科学出版社
社　　址	北京鼓楼西大街甲 158 号
邮　　编	100720
网　　址	http://www.csspw.cn
发 行 部	010-84083685
门 市 部	010-84029450
经　　销	新华书店及其他书店
印　　刷	北京明恒达印务有限公司
装　　订	廊坊市广阳区广增装订厂
版　　次	2023 年 4 月第 1 版
印　　次	2023 年 4 月第 1 次印刷
开　　本	710×1000　1/16
印　　张	24.5
插　　页	2
字　　数	342 千字
定　　价	128.00 元

凡购买中国社会科学出版社图书,如有质量问题请与本社营销中心联系调换
电话:010-84083683
版权所有　侵权必究

目　录

绪论 ……………………………………………………………（1）
一　研究缘起与问题提出 ……………………………………（1）
二　文献综述与概念界定 ……………………………………（5）
三　核心理念与研究方法 ……………………………………（13）
四　调研过程与总体构架 ……………………………………（14）
五　理论价值与现实意义 ……………………………………（18）

上篇　壮族诗性传统的多维审视

第一章　何谓诗性？
　　——诗性传统的文化基因与精神特质 ………………（25）
一　"诗性"与诗性基因的文化意涵 …………………………（25）
二　诗性基因与诗性传统的衍生机制 ………………………（29）
三　诗性基因的核心特质及其文化表征 ……………………（34）
四　诗性传统的文化谱系及其遗传密码 ……………………（40）

第二章　何时飞歌？
　　——壮族诗性基因与诗性传统的历史性审视 ………（43）
一　审美感知与心灵启悟 ……………………………………（44）
二　壮族历史进程与情感表达 ………………………………（49）

三　社会文化演进与诗性传统的变迁 …………………………（56）
四　人生旅程与情感体验 ………………………………………（63）
五　壮族民歌中的时间认知 ……………………………………（67）

第三章　何处飞歌?
　　——壮族诗性传统的传承空间 ………………………………（69）
一　壮族栖居空间与区域文化格局 ……………………………（70）
二　壮族诗性传统的空间差异 …………………………………（75）
三　壮族民歌传承语境的变迁 …………………………………（84）
四　壮族诗性空间转移的文化机制 ……………………………（95）

第四章　谁是歌者?
　　——壮族诗性传统的传承主体 ……………………………（101）
一　从"刘三女太"到"印象·刘三姐":真实主体
　　与想象主体 ………………………………………………（103）
二　壮族民间歌者的构成及其人生际遇 ………………………（114）
三　壮族歌者的人文情怀与文化困惑 …………………………（120）
四　壮族知识分子与壮族诗性传统的延续 ……………………（123）

第五章　所歌何事?
　　——壮族诗性传统的文化内涵 ……………………………（127）
一　宇宙形成:天地神人的认知与想象 ………………………（128）
二　家国情怀:民族历史的记忆与表述 ………………………（132）
三　社会伦理:道德准则的熏染与建构 ………………………（138）
四　情感表达:喜怒哀乐的体验与宣泄 ………………………（143）

第六章 何以迷人？
　　——壮族诗性传统的文化魅力 …………………………（158）
　一 诗性思维的孕育与诗性文化的习得 …………………（159）
　二 民歌艺术的魅力与诗性文化的智慧 …………………（162）
　三 诗性语境的变迁与诗性心韵的传承 …………………（166）
　四 诗性心灵习性与诗性传统的保护 ……………………（169）

下篇　诗性整合与壮族文化建设

第七章 诗心觉醒：壮族文化建设的理论观照 ………………（181）
　一 "文化建设"的原初真义与思想主轴 …………………（181）
　二 壮族文化建设的时空语境与逻辑起点 ………………（187）
　三 壮族文化建设的精神资源与历史镜鉴 ………………（190）
　四 壮族文化建设的路径选择与核心策略 ………………（193）

第八章 诗志确立：壮族文化建设的目标与愿景 ……………（198）
　一 诗言志，志在何方？ …………………………………（198）
　二 文化强国：国家话语的表述 …………………………（200）
　三 文化强区：广西文化建设的总体思路 ………………（208）
　四 由"立"而"行"：向目标迈进 …………………………（215）
　五 "文化壮都"畅想：文化发展的愿景 …………………（224）

第九章 诗境营建："千里歌路"与壮族文化的传承 …………（234）
　一 "六脉系统"与"千里歌路"的理念 ……………………（234）
　二 漓江流域：壮族历史的记忆 …………………………（241）
　三 柳江流域：壮族根祖的追寻 …………………………（248）
　四 红水河流域：壮族传统的延续 ………………………（256）

五　左江流域:民族圣灵的敬奉 ………………………………(264)
　　六　右江流域:民族智慧的体悟 ………………………………(270)

第十章　诗礼传扬:伦理建构与"人文化成" ……………………(280)
　　一　诗教传统与壮族社会的"人文化成" ……………………(280)
　　二　个人伦理:安身立命之道 …………………………………(286)
　　三　家庭伦理:亲属和睦之道 …………………………………(290)
　　四　社会伦理:世态和谐之道 …………………………………(299)
　　五　生态伦理:天人共生之道 …………………………………(304)

第十一章　诗思觉明:"人生三层楼"理念与壮族文化
　　　　　　境界的提升 ……………………………………………(313)
　　一　丰子恺"人生三层楼"理念的启迪 ………………………(313)
　　二　物质生活:壮族养身之道的感知 …………………………(317)
　　三　精神生活:耕读传家与文化场所的建设——基于壮族地区
　　　　农家书屋建设的调查与反思 ………………………………(325)
　　四　心灵生活:壮族神话谱系与神圣空间的生成 ……………(332)

第十二章　诗意栖居:文化"四自"与共圆复兴梦想 ……………(345)
　　一　文化自知:了解壮族的"天—地—人—文" ……………(346)
　　二　文化自觉:走出心智的迷蒙 ………………………………(358)
　　三　文化自信:实现自卑的超越 ………………………………(362)
　　四　文化自强:共圆复兴的梦想 ………………………………(366)

参考文献 ……………………………………………………………(376)
后记 …………………………………………………………………(385)

绪　论

一　研究缘起与问题提出

民歌习俗、诗性传统、文化保护、文化传承和文化建设原本是相互关联的整体，在人类文明演进的历史长河中，诗性传统是人文精神的核心，是人类想象力的集中体现，也是维系人类文明可持续发展的重要精神资源。面向未来的人文世界的重新建构，需要汇融诗性传统蕴含的文化基因和文化智慧。

中国是"诗的国度"，广西是"歌的海洋"，壮族是具有源远流长的"以歌代言"文化传统的民族。彩调剧《刘三姐》、电影《刘三姐》和山水实景演出"印象·刘三姐"闻名遐迩，皆是壮族民歌习俗和诗性记忆在不同历史时空的不同文化表征及其展演。20世纪80年代以来，国内外许多学者基于不同的学科背景，致力于壮族民歌的搜集、整理与研究，取得了丰硕的成果。进入21世纪，非物质文化遗产保护逐步引起人们的关注，壮族的许多韵文类民间文学代表作，入选县级、市级、省级甚至国家级的非物质文化遗产保护名录，关于壮族民歌习俗和文化的研究在"非遗保护"的语境中展开。然而，如何深化壮族民歌研究，如何借助国内外诗学理论拓展壮族民歌研究的新视野，成为值得思考的问题。另外，改革开放以来，党中央先后提出"建设社会主义精神文明""发展社会主义先进文化""建设和谐社会与和谐文化""八荣八耻""推动社会主义文化大发展大繁荣",以及经济建设、政治建设、社会建设、文化建设、生态文明建设"五位一体"战略构想,制定并出台一系列的发展文化产业和保护民族文化遗产的政策条例,实施各种类型的民族文化数字化工程,初步建立了从国家级、省级、市级,到县级的"非遗"保护体系。

在社会实践过程中,诗性传统、非遗保护和文化建设如何相互交融,是一个值得研究的问题。历史上许多个人或者组织对"文化建设"的内涵和外延都有不同的理解和认知,提出不同的理论构想和实施模式。

无论如何,以丰富想象力和充沛生命力为文化根脉的诗性传统是人类文明得以生生不息、赓延至今的文化源泉。如果任由以物质为中心的功利主义价值取向侵蚀以人的原真性为核心的诗性传统及其文化基因,忽视人类内在的审美体验和心灵境界的升华,人类丰富的想象力被简单地当作"非理性"而遭到排挤乃至遏制,那么,人的精神自由将被消解,人的深邃情感体验与诗性表达的能力将被削弱,人的"身、心、灵"和谐发展的源头活水日趋枯竭,人类良性文化基因的传承谱系将面临断裂的危境。

诗性传统的延续和文化建设的实践,既有源自人的本能的自发的文化更替,也有源自理性思辨的自觉的文化革新。因此,很有必要在人类文明演进的宏阔背景中,厘清诗性传统的文化意涵以及文化基因传承谱系,探寻诗性传统的生成机制,确认诗性传统的精神特质、基因图谱和文化表征,探讨诗性传统及其精神特质融入人类文化革故鼎新过程中的有效路径,为实现诗性传统与非物质文化遗产保护以及文化建设的整合指明方向。

审视人类文明史的演进历程,歌咏习俗、诗性思维和诗性传统是人类童年时期广泛存在的文化现象,许多民族都拥有杰出的行吟诗人和民间歌手,歌咏习俗是一种广泛存在的社会现象和文化传统,从"荷马史诗"到中国的《诗经》,从"不学诗,无以言",到壮民族的"倚歌择配""以歌代言",见证了人类文明历史不同时期、不同国度、不同民族各具特色的民歌文化传统。

随着壮学研究的深化发展，壮学界对壮族历史发展轨迹和演进脉络已经有了比较清楚的认识，然而，壮族先民口头创作的大量韵文作品已经化为云烟，壮族口述传统如何生成已经难以查考，唯有西汉刘向在《说苑·善说》记载的作于公元前528年的《越人歌》，证明壮族先民千百年来一直浸润在"歌海"之中，形成了源远流长的歌咏习俗和诗性传统，造就了独具特色的诗性思维模式，熏沐成一种具有推动人类文明史意义的心灵习性。

但是，现代文明的传播以及人类思维模式的革故鼎新，致使壮族地区的民歌习俗式微，诗性习俗失去衍生的文化沃土。因此很有必要在非物质文化遗产保护的时代语境中，以壮族诗性传统的衍生历程、传承空间、传承主体、传承媒介作为切入点，多维度审视民歌习俗和诗性传统的文化价值，在壮族文化建设的进程中，唤醒壮民族的诗性记忆，让诗心觉醒，让诗志确立，营建令人赏心悦目的诗境，养育诗性情感，传习民歌的吟唱技艺，将壮族的诗性传统当作壮族文化建设的精神资源，吸纳诗性基因和诗性精神，推动壮族诗性传统与壮族文化建设的交融，以诗性智慧促进壮族文化的复兴。

为此，本课题研究的主要问题是：从"非遗"中的民间文学特别是民歌习俗中梳理壮族杰出文化遗产的诗性精神和诗性传统；从壮族聚居区文化保护实践反思文化建设的问题；从文化保护与文化建设的整合，构筑壮族文化传承的新机制。具体包括：

1. 阐发壮族非物质文化遗产隐含的诗性传统及其生成机制——壮族民间文学以及其他类别的非物质文化遗产隐含着丰富的悦心悦意、悦神悦志的文化价值。本课题基于壮族地区的国家级和省级非物质文化遗产资料，着重从历时性角度探讨壮族诗性传统的孕育和演化轨迹；从文化空间的角度分析壮族诗性传统的演述场域；从民歌传承人的角度论述诗性传统的传承主体；从文化内涵以及艺术魅力的视角理解诗性传统的文明史价值。

2. 梳理并反思壮族地区文化建设的成效与存在的问题——壮族地区的

文化建设源于中央有关部委的总体部署，目的是通过传播现代科学知识，丰富人们的文化生活，提升人们的文化素养。这是自上而下的文化建设实践，往往同区域性的民族文化传统存在不适应的问题。文化建设依托于文化学理论的指引，然而，文化学是一门正在形成中的学科，在中外学科体系中尚未拥有明确的学科定位，文化建设的学科依托和理论方法研究依然是一个薄弱环节，严格意义上的"文化建设"的理论基础、学科指导、建设主体、建设方向，依然有待从不同的学科理论视野给予深入的阐释。"文化建设"如何起始？有何标志？向何处发展？何为"文化建设"的核心意涵和思想精髓？又有哪些社会文化实践活动不属于"文化建设"的范围？这些问题依然众说纷纭。任何民族文化都有外在的可以观察的"形"和"体"，也有隐含在文化传承主体内心深处的"神"与"魂"。如何辨清"文化建设"的"形与神""体与魂"？如何避免"有形无神""有体无魂"？这些问题的答案固然莫衷一是，但却是当代中国文化建设以及相关理论研究不可回避的问题。因此，很有必要梳理壮族地区文化建设的经验和缺憾，提出改进措施，为促进壮族地区文化建设事业的繁荣发展，做出积极的探索。

3. 探讨壮族诗性传统与壮族文化建设相互整合的途径——壮族文化建设需要借鉴国内外其他区域、其他民族的文化建设的实践经验，而基于壮族历史传统和区域文化资源的壮族文化建设事业的深化发展，也将对中国其他区域、其他民族文化建设提供某些启示。因此，有必要从中外文化研究学术史的角度探讨先哲们对"文化""文化建设"的思考和实践，从当下时空语境分析壮族文化建设面临的现实问题和逻辑起点，在实现中华民族复兴的背景下探寻壮族文化建设的有效路径与实施策略。

总之，在实施壮族文化建设的过程中，如何将壮族非物质文化遗产作为一种文化建设的精神资源，如何吸纳壮族诗性传统蕴含的文化智慧，如何促进文化保护与文化建设的互动、交融与整合，都是值得深入研究的问题。回应并解答这些问题，需要系统阐发隐含在壮族诗性传统之中的智慧灵光，推动作为文化建设硬件设施的公共文化服务中心，成为兼容并延续壮族文化遗产和诗性传统的传承空间，促进壮族文化保护和文化建设事业的繁荣发展，为壮族文化建设提供多样化的实证资料和思想资源，为壮族以及其他民族的文化保护和文化建设事业提供理论参照。

二 文献综述与概念界定

（一）壮族民歌文化研究述评

壮族自古以来就是能歌善唱的民族，壮族歌圩习俗被历代文人当作"溱洧遗风"，从汉代刘向《说苑·善说》记载的《越人歌》，到宋代乐史的《太平寰宇记》、周去非的《岭外代答》，明代邝露的《赤雅》，清代王士禛的《池北偶谈》、张心泰的《粤游小记》，以及地方志诸多文献，都有关于岭南壮族歌俗的记载。近人刘锡藩的《岭表纪蛮》更是对壮人喜好唱歌之原因做了深刻的阐述。

20世纪80年代中期，广西少数民族壮族古籍整理办公室组织整理了《布洛陀经诗（译注）》（1991）和《壮族民歌古籍集成》（首卷《嘹歌》1993、二卷《欢岸》1997）。广西民间文艺家协会组织广西各市、县开展民间文学"歌谣集成""故事集成""谚语集成"的资料搜集和编写，于1992年出版《中国歌谣集成·广西卷》。进入21世纪，广西平果嘹歌的搜集整理得到高度重视，先后出版了农敏坚、谭志表主编的《平果嘹歌》[①]，谭绍明提供抄本、罗汉田翻译的五卷本《平果壮族嘹歌》[②]。八卷本《壮族麽经布洛陀影印译注》的出版，标志着壮族民间文献整理迈上了新的台阶。2018年，覃建珍主编的《龙川壮族民歌译注》（上、下册）[③]，标志着特定乡镇的民歌文化得到了应有的重视。

[①] 农敏坚、谭志表主编：《平果嘹歌》，广西民族出版社2006年版。
[②] 谭绍明、罗汉田：《平果壮族嘹歌》，民族出版社2009年版。
[③] 覃建珍：《龙川壮族民歌译注》（上、下册），广西人民出版社2018年版。

在学术研究领域，蓝鸿恩论述了对偶婚与壮族歌圩起源的关系，对壮族创世史诗《布洛陀经诗》、英雄史诗《莫一大王》和风俗长歌《嘹歌》等经典作品做了深入的研究。① 黄勇刹的《歌海漫记》②《采风的脚印》③《壮族歌谣概论》④ 三部著作，基于他长年沉浸在壮族民歌习俗切实体认，对壮族民歌的艺术精神做了独到的理论分析和精辟概括。黄革《瑰丽的壮歌》⑤ 探讨了壮歌久盛不衰的原因、民歌的多种形式及韵律特征。潘其旭的《壮族歌圩研究》⑥ 对壮族歌圩的起源、歌圩的形成、歌圩的内容和形式、歌圩在壮族历史文化中的特殊作用方面进行深入探讨和研究。黄桂秋的《壮族仪式歌谣与民俗文化》⑦ 运用田野考察与典籍钩沉相结合的方法，从民俗仪式中研究壮族歌谣文化。王杰主编的《寻找母亲的仪式——南宁国际民歌艺术节的审美人类学考察》，⑧ 集中体现了对民歌传承新模式的反思。岑学贵长年致力于南宁国际民歌艺术和广西民歌的研究，先后出版了《当代民歌文化的传承与创新——南宁国际民歌艺术节研究》⑨ 和《广西民歌图志》⑩。还有陆晓芹关于德靖台地民歌传统的研究⑪、李斯颖关于布洛陀神话的研究、⑫ 平锋关于壮族歌圩转型的研究⑬以及其他年轻

---

① 参阅蓝鸿恩《广西民间文学散论》，广西人民出版社1981年版。
② 黄勇刹：《歌海漫记》，广西人民出版社1981年版。
③ 黄勇刹：《采风的脚印》，中国民间文艺出版社1983年版。
④ 黄勇刹：《壮族歌谣概论》，广西民族出版社1983年版。
⑤ 黄革：《瑰丽的壮歌》，广西民族出版社1990年版。
⑥ 潘其旭：《壮族歌圩研究》，广西人民出版社1991年版。
⑦ 黄桂秋：《壮族仪式歌谣与民俗文化》，天马图书有限公司1996年版。
⑧ 王杰主编：《寻找母亲的仪式——南宁国际民歌艺术节的审美人类学考察》，广西师范大学出版社2014年版。
⑨ 岑学贵：《当代民歌文化的传承与创新——南宁国际民歌艺术节研究》，华中师范大学出版社2011年版。
⑩ 岑学贵：《广西民歌图志》，华中师范大学出版社2016年版。
⑪ 陆晓芹：《"吟诗"与"暖"：广西德靖一带壮族聚会对歌习俗的民族志考察》，广西师范大学出版社2016年版。
⑫ 李斯颖：《壮族布洛陀神话研究》，中国社会科学出版社2016年版。
⑬ 平锋：《壮族歌圩的转型与重构——以广西田阳敢壮山歌圩为例》，广西师范大学出版社2017年版。

学者对壮族文化遗产展开的多角度、多方位的调查研究，拓展了壮族文化研究的新领域。

（二）文化保护与文化建设研究述评

近年来，国内许多学者关注非物质文化遗产保护的理论探索、区域非物质文化遗产调查与研究，在民间文学、节日习俗、文化遗产数据库建设、文化传承人、生产性传承、传习基地、乡村文化遗产保护等方面的研究，取得了丰硕的成果。在国外，美国、英国、意大利以及日本、韩国等国家在非物质文化遗产立法保护、乡村文化建设、故乡文化复兴和祭祀活动振兴等方面都积累了丰富的实践经验，并相继出台一系列政策，推动文化遗产保护事业的深化发展，逐步形成了"整体保护原则""可识别原则""最少干预原则""活态保护原则"，颇有借鉴意义。

笔者通过网络数据查询，发现相关中国文化建设的研究主要涉及中国文化建设的精神资源、区域文化发展战略、乡村文化建设、校园文化建设、企业文化建设、公共文化服务体系、文化市场与文化产业发展、文化遗产保护、文化旅游资源开发、对外文化交流和文化人才队伍建设诸多方面，这是文化发展战略体系的核心内容。学术界侧重从哲学角度论述中国传统文化的精神特质以及现代重构，对中国文化建设发表了大量的论著。许多学者从传统文化与现代文化（章开沅，2010）、文化强国（郭建宁，2012）、精神家园（李德顺，2010）、文化保护与城市文化建设（单霁翔，2009）等方面展开理论思辨。还有一些学者以弘扬"国学"为中心，致力于中国传统文化的梳理，整理并出版国学经典文献，倡导重读国学经典，开展启蒙教育；通过各种媒体向大众讲解国学，通过孔子学院和中国文化中心，向海外传播国学。

在整体性的中国文化建设、区域性的民族文化建设等领域，许多学者基于不同的学科背景和学术立场对文化建设展开了多层面的研究。早在1936年，文化建设月刊社编辑出版了《中国本位文化建设讨论集》，1943

年,陈安仁撰写了《中国文化建设问题》①一书,《民国丛书》第一编收录了《中国文化建设讨论集》②一书。20世纪90年代之后,相关文化建设的论著陆续出版,不胜枚举。许嘉璐的《中华文化的前途和使命》③、黄亮宜的《民族精神与文化建设》④、张西立的《文化建设与和谐社会》⑤、杨宗亮的《云南少数民族村落文化建设探索》⑥、黄筱娜的《文化转型与民族文化建设》⑦,还有其他著作都为本课题提供了诸多启迪。华中师范大学博士徐学庆阐述了新农村文化建设的意义、原则和任务,认为中国农村文化有八个方面的特征:继承性、民族性、时代性、多样性、地域性、内聚性、群众性和实用性。⑧辽宁大学博士李丽娜认为:少数民族文化建设是一项复杂的系统工程,涵盖少数民族文化教育、宗教信仰、语言文字、文化艺术,以及医药体育等领域。我国少数民族文化面临来自国际和国内两方面的挑战,同时国内外环境的变化也为少数民族文化的繁荣提供了发展机遇,少数民族文化的繁荣发展丰富了中华文化的多样性。⑨云南大学博士黄小军认为:要从国家文化战略与文化安全的高度理解我国边疆多民族地区新农村文化建设的重要性与紧迫性,要通过加强多民族地区新农村文化建设,增强民族凝聚力,维护边疆地区安全,保存人类文化的多样性,进而解决边疆多民族地区"文化萎缩"和"文化塌陷"问题,为农村小康社会建设提供精神动力、智力支持和思想保证。⑩还有许多研究成果依托乡村建设,对特定人群的生活方式、价值观念、思想意识、信仰

---

① 陈安仁:《中国文化建设问题》,国民图书出版社1943年版。
② 《民国丛书》编辑委员会:《中国文化建设讨论集》,上海书店1989年版。
③ 许嘉璐:《中华文化的前途和使命》,中华书局2017年版。
④ 黄亮宜:《民族精神与文化建设》,河南人民出版社2007年版。
⑤ 张西立:《文化建设与和谐社会》,浙江人民出版社2007年版。
⑥ 杨宗亮:《云南少数民族村落文化建设探索》,四川大学出版社2007年版。
⑦ 黄筱娜:《文化转型与民族文化建设》,中央文献出版社2003年版。
⑧ 徐学庆:《社会主义新农村文化建设研究》,博士学位论文,华中师范大学,2007年。
⑨ 李丽娜:《文化多样性视域下我国少数民族文化建设研究》,博士学位论文,辽宁大学,2014年。
⑩ 黄小军:《边疆民族地区新农村文化建设研究》,博士学位论文,云南大学,2012年。

形态、道德习尚和精神世界进行多学科的研究，希冀通过文化建设，促使人生精神境界升华，引领人类文化朝着"真善美"的方向发展。

总之，国内外学术界文化建设的实践与研究，更多是从价值意义、历史经验、实施策略等方面展开论述；文化建设更多是强调现代文化的传播和科学知识的普及。关于少数民族文化保护与文化建设的整合研究依然是个薄弱环节。壮族地区的文化建设实践成绩显著，而文化建设的精神资源等相关理论研究尚未引起足够的重视。

（三）核心概念的界定

1. 诗性与诗性传统

诗性是人类与生俱来的天性，是世界各民族共有的本性，是一种情的体验、意的表达、游的心态、灵的沉思、利的超越和心的寄托。诗性与神性、理性相对应，诗性蕴含着美感的元素，通过激活想象、张扬理想、抒情生趣、创造美境，给人带来审美的满足。在西方学术传统中，"诗性"不只是与诗歌创作有关的文化特质，更多是在广义的层面上指称与逻辑性相对应的"艺术性""审美性""创造性"，是一种包含着丰富想象力、敏锐感觉力以及强大创造力的生命意识和艺术精神。

诗性在本质上说就是人类的创造性。"诗人"在希腊文中为"poesis"，是"创造者""构造的智慧"的意思，他们"没有推理能力，却浑身是强旺的感觉力和生动的想象力"[1]。诗性精神特质具体表现为人的心灵自由与生命的升华，是人生价值的创造性实现。杜夫海纳认为："人类对于美有渴望，诗的基本情态在于美和美感满足，诗之美是对心灵的解放，唤起人的心智和谐。"[2]

中国传统艺术中的"诗性"通常特指在中国传统的诗学精神与诗性文

---

[1] ［意］维科：《新科学》，朱光潜译，商务印书馆1989年版，第182页。
[2] ［法］米盖尔·杜夫海纳：《美学与哲学》，孙非译，中国社会科学出版社1985年版，第5页。

化的熏染下，不断发展、完善起来的一种审美精神，它具有天人合一、物我互感的整体直觉性，含蓄深刻、以此达彼的符号隐喻性以及追求意境、崇尚想象的审美至上性等特质。隐含于诗性传统中的思维方式是诗性思维。诗性思维与严格的逻辑性思维迥然不同的是以感性为基础，以隐喻性的符号为表征手段，思绪自由驰骋，意义油然生成，立象以尽意，得意而忘象，凸显诗性主体的独特性和创造性。因而诗性是情感、意志与理智的统一，是人的感觉、智性、想象、喜乐、爱憎、精神活力、主体与客体、灵魂与宇宙、幻境与实境、意义与表象的汇融。

"传统"的拉丁文为"traditum"，英文为"tradition"，核心意思是"由过去延传到现在的事物"，美国社会学家爱德华·希尔斯（Edward Shils）认为："传统是人类行为、思想和想象的产物，并且被代代相传。"① 传统可以是有形的物质实体，也可以是无形的世代相传的文化、道德、信仰、惯例、思想、制度等。按照民俗学的"系谱推定法"界定，某种文化事象要延续三代以上，也就是70年到100年以上，才能成为"传统"。"代代相传"是成为"传统"的必要条件，转瞬即逝的文化现象不能称为"传统"。传统也会在历史进程中发生某种程度的变化，或者被后继者重新阐释，重新"发明"，致使"传统"的表现形态和存在载体发生变化。但是，许多蕴含着人类文明智慧的文化传统的存在形态发生转型，而内在文化血脉生生不息，世代赓延，则真正体现了传统的强大生命力。

"传统"在中文里可以从"传"和"统"分别理解。"传"从"人"从"专"，"人"表意，"专"表声；古意指传递政府公文和指令的驿站。《说文》："传，递也。"段玉裁注："传者，如今之驿马"，由此引申为动词，意指"流传""传授""传播""传递""传承""传达""传导""传习""传扬"等。"统"（統）从"糸"从"充"，"糸"表意，"充"表

---

① ［美］爱德华·希尔斯：《论传统》，傅铿、吕乐译，上海人民出版社2014年版，第12页。

声,本义是指煮茧抽丝,然后集中成束,使之条理清晰、不杂乱,以便整理。《淮南子·泰族训》:"茧之性为丝,然非得工女煮以热汤而抽其统纪,则不能成丝。"由此引申为"统括""统筹""统领""事物彼此之间连续的关系",譬如,"血统""系统""统摄"等。

诗性传统与神性传统和理性传统相对举,赋诗求"美",敬神求"灵",探理求"真"。诗性传统以诗歌文化为表征,侧重在不同生命体之间的沟通,是一种充满美感与活力的存在状态。神性传统以宗教信仰为文化根基,以同"彼岸世界"的沟通为情感表达的主要路径,以对神的顶礼膜拜求得神灵护佑以及心灵解脱为核心意旨。理性思维以及与之相适应的理性传统强调的是严密的推理、抽象的演绎、冷静的观察、精确的检测,以"求真"为旨归,这是自然科学赖以存在和发展的文化基础。

2. "文化"与"文化建设"

学术界对"文化""文化建设"(culture construction)的概念及其内涵和外延的界定,尚未形成共识,依然仁者见仁,智者见智。"文化"的边界难以确定,致使人们无法清晰地梳理文化建设的本身的历史及其相关研究的文献。

英文和法文 Culture、拉丁文 Cultura、德文 Kultur,总体上都含有"耕种""居住""练习""注意""敬神"的意思,其原义指对作物的耕种、栽培、养育,引申到心灵的熏陶和品德的修养,促使天生品性的转化,造就道德高尚的人。汉文中的"文"字,原指相互交错的纹理,"化"指"改易""化生""造化""化育"。引申义为"文字符号""礼乐制度""文德教化"等含义。《易·贲卦第二十二》:"观乎天文,以察时变;观乎人文,以化成天下。"① 核心意思是通过观察天象而体察四季之轮替,观察人文世界而教化世人,建构和谐有序的人文世界。

中国文化建设理应建立在学术界广泛认可的"文化"原本真义基础之

---

① 王辉编译:《周易》,三秦出版社2008年版,第52页。

上，意识到文化与人类如影随形，人类从动物界分化出来之后，发明了语言、用火、制陶，就意味着开了文化发展的先河。因为拥有文化，人类开始组建社会结构，在不同的地理空间中生息繁衍，创造与特定生态环境相适应的文化系统。

教育系统主导的民族文化进校园也是传承民族文化的重要路径，教育部印发了《完善中华优秀传统文化教育指导纲要》，明确了开展传统文化教育的指导思想、基本原则、推进方式、支撑体系和条件保障，强调文化建设的核心内容是从"爱国""处世""修身"三个层面推进立德树人教育。学校是民族文化教育的中枢，肩负着传承和延续民族文化的重要历史使命。学校教育与民族文化传承的交融整合，让文化建设具有重要的理论价值和现实意义。

旅游界和文化产业界理解的"文化建设"，重在营建真实的旅游文化场所，建设各种类型的文化网站和数据库，强化民族文化资源的保护与开发，并且通过建设各种形式的民俗风情旅游平台，让游客领略到异域风情，进而实现民族文化的现代价值。

面对文化建设的边界难以确定的现实困境，尤为必要借鉴文化人类学的理论方法，确立文化建设的思想主轴，避免文化建设无所不包的"泛化"倾向。笔者认为，文化建设应该以文化创造主体和传承主体为核心，文化建设的实施不仅仅是物质层面的建设，而更应该关注特定群体的生活方式、思维方式、价值观念和精神信仰的传承、延续与重构。文化建设的实质是人文世界的重新建构，不只是外在的文化设施的完善，更重要的是无形的宇宙观、人生观、价值观的重塑过程。中国文化建设应当体现地方性、民族性和时代性的统一，通过建构完整的中国文化认知图景，让世人领悟中国文化的浩博精深；同时，构筑扎实的人文根基，切实提升国民的精神境界，促使各民族各区域文化成为中华民族迈向繁荣昌盛的精神资源，引领中华儿女沿着复兴中华民族之路迈进。

三 核心理念与研究方法

诗性基因和诗性传统是照亮幽暗、沉沦、迷茫人生的心灯,诗性思维的运思过程是一种心灵体验,是人对充溢诗情画意境界的虔敬向往。人类只有保留充满诗意的想象力和创造力,与神圣力量相感应并互融互摄,方可构筑充满诗意的可持续栖居以及"天、地、人、神"共生的精神家园。因此,本课题聚焦于壮族非物质文化遗产中的诗性传统,秉承"传统文化保护不可故步自封,现代文化建设切勿数典忘祖"的宗旨,深入探讨壮族诗性传统与文化建设协同发展的各种途径。核心理念是:借助人类口头与非物质遗产保护理论和多学科的视角和研究方法,调查壮族聚居区诗性传统的生成机制、传承空间、传承主体和精神内涵,梳理壮族民歌习俗的文化谱系,唤醒社会记忆,发掘壮族文化资源,阐扬壮族传统文化的内在意蕴,领悟壮族诗性传统中的文化智慧,激活壮族非物质文化遗产的潜在价值,激发文化自我更新的活力,延续民族生命的文化基因,让历史文化传统以及民族情感的独特表述模式成为壮族走向未来的文化动力源泉。

本课题主要运用诗性基因、诗性思维、诗性智慧、文化表述、文化展演、人文重建等范畴和理论视角,站在理论与实践兼顾、个案研究与宏观思辨交融的多学科研究立场,将非物质文化遗产保护理念全面同壮族民歌艺术研究相结合,开拓壮族民歌研究的新视野,将壮族诗性传统融入壮族文化建设的过程,建立源自壮族文化内部的文化保护与更新机制,激发壮族诗性文化的价值。

本课题的研究方法和研究思路是:

首先,从多学科交叉的立场,主要运用文化人类学参与观察、文化深描、深度访谈、主位客位转换以及动态发展的方法,以文化参与者和负荷者的观念和范畴为基准,通过两种视角的反复转换,层层接近事实，全面搜集壮族的歌者、歌作、歌俗和歌艺的相关资料，切实把握壮族民歌失落、转型、新生的真实情形，冷静客观地阐发壮族民歌蕴含的文化价值。在实际调查过程中，根据具体情况，灵活运用问卷法、访谈法、观察法、文献分析法和定点追踪法搜集资料，并对之进行定性分析和定量分析。

其次，从历史角度，梳理壮族的诗性文化遗产及其传承谱系，确认壮族诗性文化保护与文化建设的历史根基和精神资源。从现实出发，研究壮族诗性文化遗产保护与文化建设取得的成绩以及存在的问题，厘清两者之间存在的互补、对立、脱节、龃龉等各种复杂关系，为两者的有效整合探寻各种路径。

最后，落脚点是促进壮族地区非物质文化遗产中的诗性传统延续同国家推行的文化大发展、大繁荣政策相适应，激发壮族的文化自信和文化自觉，依托公共文化服务体系建设，切实推进壮族的社会进步和文化发展。

四 调研过程与总体构架

本课题的相关研究源于课题组负责人和课题组成员多年来对广西以及周边民族地区的调查和省思，在长期的观察和研究过程中，积极探索壮族诗性传统同文化建设的整合路径，逐步对壮族诗性传统的生成机制、传承的时空语境、传承主体、文化内涵及其文化魅力，有了比较全面的认知和理解，也对壮族诗性传统和诗性情怀如何融入壮族地区的文化建设，做了初步的思考。

（一）调查研究的过程

1. 2010年1月—2014年6月：培育、前期调研与立项阶段。

随着课题组负责人承担的2005年度国家课题"非物质文化遗产保护与壮族民歌习俗传承现状的跨学科调查和研究"，于2010年通过专家鉴定，顺利结题，课题组开始思考如何超越原有的研究范式，在理论提升和服务社会方面开展新的调查。随着"农家书屋与乡村人文建设"课题作为广西人文社会科学发展研究中心"人文强桂"社会服务行动工程项目得以立项，课题组成员先后赴广西阳朔、柳江、罗城、武鸣、田阳等地开展相关调查，搜集了大量的相关农家书屋①建设的原始资料，发现了在农家书屋建设过程中存在的问题，引发了关于壮族地区文化建设的新思考。

2011年4月9日至11日，农历三月初七至初九，课题组部分成员赴广西田阳参加"布洛陀祭祀大典"，调查布洛陀信仰的传承情况。2011年6月10日，赴广西龙胜各族自治县龙脊乡参加古壮寨开寨仪式，随后参观龙脊壮族生态博物馆，对古壮寨村民进行访谈。2011年6月30日至7月6日，赴湖南城步苗族自治县以及广西龙胜各族自治县，调研当地的旅游开发与文化传承的关系。2013年5月至6月，先后赴广西象州县马坪乡、武宣县东乡镇调查"壮欢"传承情况和民族文化保护情况。2013年8月9日至19日赴贵州六枝苗族梭戛生态博物馆、广西南丹白裤瑶生态博物馆、三江各族自治县"程阳八寨"考察文化保护与民俗旅游开发情况。2013年12月至2014年初，设计研究规划，申报课题，获得立项。

2. 2014年7月—2015年12月：实地调查与理论探索阶段。

2014年下半年，重点关注漓江流域、柳江流域、左江流域的文化保护、民俗旅游开发、文化建设的相关情况。2014年10月20日至28日，重点调查宜州下枧河流域"刘三姐歌谣"传承情况，考察"刘三姐故居"以及周边的壮族村落。2014年11月19日至21日，参加广西区文化厅主办的"壮族文化与花山岩画"申报世界文化遗产申报论证会，随后赴宁明

---

① "农家书屋"工程由国家新闻出版总署会同中央文明办、国家发展改革委、科技部、民政部、财政部、农业部、国家人口计生委联合实施，目的是解决农民"买书难、借书难、看书难"的问题，满足农民文化需要、提高农民文化素质。工程建设坚持政府扶持、社会捐助、统一规划、分头实施的方针，多渠道吸收资金，整合各种资源，由农民自己管理。是新农村文化建设的基础工程、民心工程之一。

花山现场考察岩画保护的现状。

3. 2016年1月—2017年6月：实地调查与诗性传统系列论文撰写阶段。

2016年3月13日，课题组部分成员赴柳江流域柳城县调研，对柳城县副县长、宣传部长温剑进行访谈，与该县文体局、旅游局、民族与宗教事务局主要领导召开座谈会，了解该县文化建设的实际情况。3月16日，调查开山寺庙会，了解当地的信仰习俗。2016年4月5日，赴柳江县百朋镇布村调查，访谈壮族师公韦熙辽，搜集民间信仰资料。4月6日，与柳江县（今柳江区）文体局副局长梁建洪以及非遗办主任石海清等干部座谈，了解该县文化遗产保护的情况，促成"莫一大王"进入市级和省级非遗名录。

4. 2017年7月—2019年5月，实地调查、资料整理与壮族文化建设研究相关论文撰写，完成专著《壮族非物质文化遗产的诗性传统与文化建设的整合研究》的写作。2017年7月21日，赴位于红水河流域的忻城县调研，探访土司衙门、壮锦广场，与壮族作家、学者黄汝迪、忻城县文化馆原馆长樊圣林交流，了解当地壮族民歌传承与资料搜集情况。2018年4月30日，在广西"壮族三月三"活动期间，作为评委赴兴安县华江瑶族乡参加"歌王擂台赛"评奖活动，与广西山歌协会会长覃祥周、广西区民间文艺家协会原副主席覃悦坤以及参与歌王赛的各地歌王交流。2018年6月3日至12日，调研右江流域的非遗传承与文化保护情况。2018年7月14日至16日赴宜州市调研，参观刘三姐文化博物馆，赴环江毛南族自治县调研文化旅游开发与文化保护的情况。2018年12月10日，作为评委，赴桂林市资源县参加"湘桂歌王擂台赛"，同时，调研当地的民歌文化传承和"河灯节"的有关情况，2019年1月19日至22日，赴云南省文山壮族苗族自治州广南县八宝镇河野村调查壮族民间信仰的传承与民间文书的保护情况，与云南省文山壮族苗族自治州宣传部长、壮学会原会长黄昌礼座谈，了解当地娅王信仰以及壮族文化传承情况，搜集当地的民间文化资料。作为阶段性成果的6篇学术论文发表于C刊,获得广西社科优秀成果二等奖,把完成一本专著作为课题结题的撰写任务。

(二)总体构架

本课题的总体构架立足于将壮族诗性传统与文化建设相结合的核心理念,促使壮族诗性传统保护与文化建设事业共融共存,相得益彰。因此,本课题的整体构架如表0-1所示。

表0-1　　　　　　　　诗性传统与文化建设交融整合

	诗性传统 核心要素		交融整合 文化效应		文化建设 主要层面	
诗性 传统	诗性基因	→ ←	诗心觉醒	→ ←	理论观照	文化 建设
	生成演化	→ ←	诗志确立	→ ←	建设目标	
	传承空间	→ ←	诗境营建	→ ←	传承场域	
	传承主体	→ ←	诗礼传扬	→ ←	伦理建构	
	文化内涵	→ ←	诗思觉明	→ ←	境界提升	
	文化魅力	→ ←	诗意栖居	→ ←	文化复兴	

本课题结题成果由上篇"壮族诗性传统的多维审视"和下篇"诗性整合与壮族文化建设"两大部分构成。

上篇主要借助国内外诗学研究的相关理论,分析诗性传统的文化基因与精神特质,从时间、空间、诗性文化传承主体、诗性文化内涵、诗性文化魅力等维度,探讨壮族民歌习俗和诗性精神的文化表征;梳理壮族诗性传统的生成与演化的历史脉络,分析壮族历史进程、情感表达、人生旅程与诗性传统的变迁;勾勒壮族栖居空间、区域文化格局与壮族诗性传统的传承语境,比较壮族诗性传统和民歌习俗的空间差异以及壮族民歌传承空间转移的文化机制;确认壮族诗性传统的传承主体,辨析"刘三姐"意象隐含的民歌文化传承的真实主体与想象主体,探讨壮族民间歌者人生际遇、人文情怀与文化困惑;提炼壮族诗性传统的文化内涵,诸如关于天地神人的认知与想象、民族历史的记忆与表述、道德准则的熏染与建构、喜怒哀乐的体验与宣泄;揭示壮族诗性传统的文化魅力、诗性文化的智慧及其文明史价值和意义。

下篇重点分析如何将诗性传统与壮族文化建设相交融整合,强调通过促进诗心觉醒,明确壮族文化建设的原初真义、思想主轴、时空语境、逻辑起点、精神资源、历史镜鉴、路径选择与核心策略;基于党政有关部门和学术界的研究成果,明确壮族文化建设的目标与愿景以及广西文化建设的总体思路;从德国格林童话大道获得启迪,提出"千里歌路"的建设构想,在漓江、柳江、红水河、左江、右江流域有针对性地从不同侧重点唤醒壮族民众的文化记忆,追寻壮族的根祖,敬奉民族的圣灵,体悟民族的智慧,延续壮族的传统;主张借助诗礼传扬,感悟壮族的安身立命之道、亲属和睦之道、世态和谐之道、天人共生之道,建构壮族的伦理文化;以诗思觉明,提升壮族文化的境界;通过实现文化自知、文化自觉、文化自信、文化自强,共圆复兴的梦想。

五 理论价值与现实意义

诗性传统在漫长的人类文明演进过程中生成并延续,诗性思维与诗性智慧构成诗性传统的重要文化源泉。诗性主体借助想象、比兴、象征、隐喻、节奏和韵律等诗性文化基因和审美表征手段从事自由的审美创造活动,营建令人赏心悦目的意境。在现代审美主体沉沦的时代语境中,深度激发人的审美感知的意识和审美创造潜能,成为当代人文重建的历史使命。

诗学研究既是中外学术界关注的传统的领域,也是当下人们热议的话题。在人类心灵的深处，总萦绕着对"诗与远方"的憧憬。借用诗学理论研究壮族的民歌习俗，有助于拓展诗学研究的新领域，也有助于深化壮族民歌研究，推进壮族诗性传统与文化建设的交融整合。

具体而言，本课题的理论价值主要体现在以下几个方面。

(一) 为诗性传统和诗学研究提供新的例证

传统的诗学研究往往关注经典的诗性文化，中国的诗歌研究以汉族的诗歌文化为主轴，大多忽略了民歌习俗尤其是少数民族民歌传统的研究。壮族作为具有"以歌代言"文化传统的民族，形成了源远流长的民歌文化传统，直至21世纪，壮族许多歌者依然出口成诗，壮族民歌依然以活态的形式在民间传承，南宁成为"天下民歌眷恋的地方"。现实生活中民歌习俗的多样化传承也为诗学研究提供新的素材、新的时代语境和新的例证。

(二) 拓展壮族民歌研究的新视野

在21世纪拓展壮族民歌研究的新领域，需要在原有的研究基础上，借助诗性思维、诗性传统的理念和范畴，深度解读壮族民歌内在的文化意蕴和精神特质，探讨壮族诗性传统的衍生机制，促使文化建设，获得源自传统的文化资源，避免壮族地区文化建设事业变成"无源之水，无本之木"的"空中楼阁"，使之同壮族诗性文化传统相互阐扬，共生共赢，在当地人自愿和自主的基础上，实现民族文化的自主更新，维护民族文化的生命活力。

(三) 为壮族文化建设的深化发展提供理论参照

在党中央部署的经济建设、政治建设、社会建设、文化建设和生态文明建设的总体格局中，经济学、政治学、社会学和生态学等学科相对完备的理论体系和理论成果足以支撑其与之相对应的建设实践，唯有文化建设的学科依托和理论方法研究依然是一个薄弱环节。本课题从文化人类学的理论视角，界定了"文化"和"文化建设"的内涵和外延，反思历史上自觉或不自觉的文化建设实践的经验,确认壮族文化建设的时空语境与逻辑起点,主张在延续壮族诗性传统和诗性基因的基础上,确立"生态、世态、心态"和谐以及"天、地、人、神"共生的文化建设目标;通过借鉴国内外文化建设经验,提升壮族文化建设的品质,从"非遗"保护介入文化建设实践,构筑壮族文化传承的新机制;通过"安居、安家、安业、安身、安心"以及"饭养身、歌养心、圣养灵"的实施路径,臻至"诗意栖居"的理想境界。这些学术理念和学理思考,可为壮族文化建设提供有益的启迪和理论观照。

本课题的现实意义主要体现在以下几个方面。

第一,激活壮族诗性文化传统的潜在价值,为壮族文化建设提供精神资源。

科学进步以及人类迈向现代化的逻辑结果一方面提高了人的生存品质,另一方面也迫使越来越多的人远离青山绿水,遗忘了对自然、对人类的大爱,消解了对自然宇宙的神圣感和敬畏之心,致使人与自然、人与人、人与自身精神世界的关系发生了前所未有的变化。本课题的相关调查和研究,借助国内外非物质遗产的保护经验和文化建设的理论实践,建立壮族文化遗产保护与文化建设相整合的机制;同时,建立源自民族文化内部的文化传承与更新机制,有利于激活壮族地区丰厚的非物质文化遗产中诗性传统的潜在价值,推进非物质文化遗产保护与壮族地区的文化建设相结合,为构筑既有民族特色,又能适应时代需要的民族文化发展模式提供事实和理论的依据。

第二,推动壮族文化建设与实现"诗意人生"相交融。

在当今社会,越来越多的人在高楼大厦中过着程式化的生活,沉溺于自我陶醉的虚拟空间之中,诗性情怀消失殆尽。很有必要在面向未来的文化建设过程中,运用"保护协同建设,建设延续保护"的理念,审视壮族诗性文化遗产保护与现代文化建设的关联问题,以诗性传统蕴含的文化功能疗救人文精神的失落，让浸润其中的人们得到审美的熏陶和心灵的满足。

将诗性精神特质涵容到人类文化基因谱系之中，有助于构筑诗性空间，让人深度感知诗性智慧的文化魅力，引导现代人类从"物役"的状态中解脱出来，以丰富的想象力敞开生命存在的无限可能性，以"自为"的积极人生态度和生命体验，回归身心愉悦、心境澄明的"诗性人生"境界。

第三，为壮族地区实施乡村振兴战略提供文化支撑。

加强壮族非物质文化遗产诗性传统与文化建设的整合研究，有利于推动少数民族地区的文化遗产保护和文化建设事业迈上共生共赢的新台阶，有利于乡村振兴战略在壮族地区的有效实施，有利于为其他民族地区的文化保护、文化建设与乡村振兴实践提供参照案例。

壮族民歌习俗和诗性传统源于乡土，与乡民生活融为一体，在推进新农村文化建设和乡村振兴战略的过程中，对乡村非物质文化遗产给予足够的尊重，激活壮族文化遗产中隐含的乡村智慧，有助于遏制现代性的无限扩张，缔造诗韵清扬的现代乡村人文世界。

在实施壮族地区乡村振兴战略的过程中，延续壮族固有的诗性文化传统脉络，传承壮民族天人和谐、族群和谐以及人自身的内心精神和谐的诗性文化智慧，有助于促进壮族地区实现"生态和谐""世态和谐""心态和谐"，激发乡村文化传人的自觉意识，以非物质文化遗产的保护与传承充实人的心灵世界，从文化精神与心灵内涵上实现壮族文化的发展繁荣和民众的精神幸福。

上 篇
壮族诗性传统的多维审视

第一章　何谓诗性？
——诗性传统的文化基因与精神特质

关于诗性的内涵和精神特质，学术界从文艺学、美学、哲学或者文化人类学等不同学科给予界定。在文艺学和美学的视域中，诗性是一种意境，是一种包含韵律、节奏、和谐、隐喻的美感。在哲学领域中，诗性是一种文化智慧，是人的精神的原型和本体，是华丽语言、整饬韵律表象之后隐含的内在生命本质的深层体验，是关于人的本性与生命意义的内在追寻。文化人类学理解的诗性，则是不同区域族群的内力觉醒、思维方式、情感表达、价值观念、心灵感悟和生命意义的呈现方式。

一　"诗性"与诗性基因的文化意涵

"诗性"与"野性"、"理性"相对而言，"诗性"注重思维的自由驰骋、对外部世界的直观把握和心灵意会。诗性文化在漫长的人类文明演进过程中生成并延续，诗性基因、诗性思维、诗性智慧构成诗性传统的核心精神特质。诗性主体借助想象、比兴、象征、隐喻、节奏和韵律等诗性文化基因和审美表征手段从事自由的审美创造活动，营建令人赏心悦目的意境。在现代审美主体沉沦的时代语境中，人们能够有效保护和传承的往往不是审美客体，而是隐含其中的文化基因和审美心性。因此，深度激发人的审美感知的意识和审美创造潜能，成为当代人文重建的历史使命。

柏拉图认为：

> 诗的性质是非理性的，诗的形成是被动的，对诗的运作的探索是超越人的智能极限的。诗不是科学，因而也不受科学的检验；诗不是理性的产物，因而也不受理性的规束和制约。在生产诗的过程中看不到诗人的能动性和自主精神。……神的点拨和启示是诗的源泉。没有神明的助佑，诗人很难有所作为。①

意大利哲学家维柯在《新科学》一书中，开创性地论述了"诗性"和"诗性智慧"（Poetic Wisdom）。他认为，诗性是原始人类在思维方式、生命意识和艺术精神等方面的特性。"诗性智慧"是指原始人天然地、创造性地用"感官—想象"来认识世界，通过"比喻""感性—艺术"思维方式把握世界。

在汉语语境中，"诗"从"言"从"寺"，"寺"表声，"言"表意，指一种语言的艺术。中国先贤认为："诗言志，歌永言，声依永，律和声。"② 中国学者更多从狭义的层面理解"诗性"，可以直接解释为"诗歌的特性"，而诗歌是讲究音韵、意境和节奏的纯粹的文学表达，口头语言和书面文字都是诗性表达的重要工具。意象、想象、情趣、隐喻、节奏构成诗歌的基本要素。赋、比、兴是诗歌自古至今常用的表现手法。皎然说："取象曰比，取义曰兴，义类同者，尽入比兴。"③ 诗歌创作强调以象出义，取象体诗，言象互济，诗画相谐。正如王维诗是"诗中有画，画中有诗"。诗歌创作是物我两忘、凝神观照的审美体验过程。

中国传统艺术中的"诗性"，通常特指在中国传统的诗学精神与诗性

---

① ［古希腊］亚里士多德：《诗学》，陈中梅译注，商务印书馆2003年版，第259页。
② 冀昀主编：《尚书·虞夏书·尧典》，线装书局2007年版，第13页。
③ 李壮鹰：《诗式校注》，人民文学出版社2003年版，第31页。

文化的熏染下，不断发展并完善起来的一种审美精神，诗是"用美的文字……音律的绘画的文字……表写人的情绪中的意境"。① 诗性具有天人合一、物我互感的整体直觉性，含蓄深刻、以此达彼的符号隐喻性以及追求意境、崇尚想象的审美至上性等特质。

诗性基于人类的心灵自觉，外师造化，中得心源，蕴含着审美意韵，是人类的理智、情感、意志、感悟、想象与创造性智慧的结晶。正如《诗·大序》记载："诗者志之所之也。在心为志，发言为诗。情动于中而形于言，言之不足，故嗟叹之；嗟叹之不足，故咏歌之；咏歌之不足，不知手之舞之，足之蹈之也。情发于声；声成文，谓之音。"②

诗性以记忆和意象为思维模式，遵守韵律之上的表意法则，以无意识的运行规则为语法，因而超越了不同种族、不同语言和不同文化传统的限制，具有人类表象语言的共通的意指法则和表意原理。

在人类学看来，诗性是人的"身、心、灵"审美感知意识的整体性交融，是特定族群的思维的灵动性和想象性的集中体现，诗性的境界必定是心境澄明的精神空间。诗性人生借助生命内力的觉醒，远离世俗主义和本能主义，摆脱了消极、颓废与沉沦，而迈向生命的自由与和谐，实现心灵的解放。

诗性思维以记忆和想象为致思路径，是一种心灵习性，诗性精神昭示一种人生境界。表层的诗体、诗法、诗艺，蕴含着深层的诗情、诗意和诗心。诗性思维在人类历史上曾经是一种普适性的广泛存在，在工业革命、理性思维、逻辑推理普及之前，地球上大多数族群占主导地位的思维模式大多洋溢着浪漫的气息和诗性的想象。地球上产生了人类，就产生了语言，吟诵有节奏的语言，就有了诗歌的萌芽、生长、壮大，然后枝繁叶茂，生机盎然。作为一种心灵习性和诗性思维自然而然是人类生活的有机

---

① 宗白华：《艺境》，北京大学出版社1997年版，第21页。
② 毛苌：《诗序》，中华书局1985年版，第1页。

组成部分,是自如地表达喜怒哀乐情愫的诉说方式,不必搜肠刮肚,拼凑出生硬的语句。民歌演唱通常是见景生情,见物生歌,随心所欲,随性而发,诗思发于胸臆,诗句随口而吟咏。

文化基因(culture Gene)一词最早由牛津大学著名学者理查德·道金斯(Richrd Dawkins)在《自私的基因》中提出,他认为,"文化的传播有一点和遗传相类似,即它能导致某种形式的进化,尽管从根本上说,这种传播是有节制的"。① 文化基因与生物遗传基因相对而言,是文化传播或模仿单位。"一切生命都通过复制实体的差别性生存而进化",基因是"我们星球上普遍存在的复制实体",他借用希腊语"Mimeme",缩短成"meme",认为"meme"(中文译为"觅母")与英文"memory"(记忆)和法文"(meme)"(同样的)有关。"meme"可以从一个脑子转到另一个脑子,像精子和卵子从一个个体转向另一个个体,是一个有生命力的结构。② 学术界普遍认为,生物基因是在生物体中遗传,文化基因作为一种遗传密码则在人类文化传承谱系中世代延续,是寄寓在各种文化形态中的活跃因子,是决定人类文化系统传承与变异的核心因子和基本要素,其核心内容是价值观念和思维方式。③ 笔者认为,文化基因是隐含在文化内在结构当中的精神特质,对特定文化的内在品性的生成以及外部特征的显现具有模塑作用,并且对文化演化路向和演化过程起到关键性的制衡作用。

诗性基因是文化基因的有机组成部分,是人类与生俱来的天性,是世界各民族共有的、隐藏在人的基因谱系结构深处的文化本性。诗性基因是相对高级、纯粹而富有审美特质的文化精髓,更具体地说,诗性基因是隐

---

① [英]理查德·道金斯:《自私的基因》,卢允中、张岱云译,科学出版社1981年版,第63页。

② [英]理查德·道金斯:《自私的基因》,卢允中、张岱云译,科学出版社1981年版,第267—268页。

③ 参阅王东《中华文明的文化基因与现代传承(专题讨论)中华文明的五次辉煌与文化基因中的五大核心理念》,《河北学刊》2003年第5期;赵鹤龄、王军、袁中金、马涛《文化基因的谱系图构建与传承路径——以古滇国文化基因为例》,《现代城市研究》2014年第5期。

含在诗性文化谱系当中的诗情、诗兴、诗韵和诗境，是纯良、高雅、美好、和谐的文化遗传密码。诗性传统的文化基因和文化表征是言象互济，诗情画意交融，意象与空灵融通。

诗性传统必然包含着诗性基因，诗性基因蕴含着美感的元素，这种诗性基因能够优化人自身的文化品性，其外在表现形态能给人带来审美的愉悦，而诗性基因的繁衍、变易与分化组合决定着诗性传统的兴衰存亡。

二　诗性基因与诗性传统的衍生机制

诗性基因和诗性传统的生成和延续，依凭广阔而超凡的想象力、清晰而持久的记忆力以及强烈而敏锐的心灵感觉力。从时间的维度审视，人类的诗性传统的萌生和演变，在总体上寄寓在人类社会从原始的采集、狩猎生活，经历传统的种植业、畜牧业，演进到现代工业文明的历史进程之中。

朱光潜先生指出：

> 诗或是"表现"内在的情感，或是"再现"外来的印象，或是纯以艺术形象产生快感，它的起源都是以人类天性为基础。所以严格地说，诗的起源与人类起源一样久远。[①]

诗性传统萌生在悠远的鸿蒙初辟的远古时代，诗性文化的历史是人类文明演化史的有机组成部分，因而与人类的生命历程相始终。

诗性基因的萌生同人类早期先民的社会生活密切相关，寄寓在人类语言体系中，而语言来自人在天地间的活动，没有千百年的人类活动，不会有人的语言，傣族先哲对诗歌语言的诞生做了精彩的描述：

> 在这个时期，我们人天天走进森林，觅食充饥。在手脚不停地拣

[①] 朱光潜：《诗论》，上海古籍出版社2001年版，第7页。

栗子、果子吃的时候，往往会遇到手脚被刺刺伤、从树上摔下来、或者从悬崖上滚死等情况，受到这样的挫折和不幸时，就会发出呻吟、哀鸣和哭声；有时也比较顺利，拣到的果子多，吃得饱，大家就兴高采烈，拍脚拍手，又喊又笑……天长日久，这种悲哀和欢乐的情调，自然地成了人们的口头流传语，逐步演变成了歌。以后在抬虎抬树时，不仅肩抬的众者喊，就是欢迎和随从的老人、小孩、妇女都一齐喊，就成了全民性的音乐，于是就产生了歌谣。①

但是，在漫长的人类社会的演进历程中，诗性基因遗传流变的图谱和诗性传统演变轨迹不是"单线""单向"地由简单到复杂演化，也不是必然伴随着人类文明的进步而越来越兴盛，还有可能是恰恰相反，因为理性精神的强势制衡作用而导致诗性传统不可避免地迈向衰微的过程。

人类大脑的进化是早期人类实践活动以及造物主恩赐的结果，人类走出动物界，从蒙昧走向文明，与此相伴随的是人类感知和思维能力的强化。人类诗性语言和诗性思维源自早期人类大脑的进化、语言的诞生和感知能力的提升。诗性传统诞生的前提条件是人类学会了诗性的语言，依凭直觉和灵感，用口头语言创作了诗歌作品，作为诗歌创造者的诗性主体逐步形成。诗性语言是一种有节奏感的蕴含着审美意韵的语言。这种语言源于生活，但又是日常语言的凝练和艺术性的升华。诗性语言的外化成果就是诗歌作品。最早的诗歌作品是远在书面诗作诞生之前就形成的无法考究的口头诗作，人类历史上浩如烟海的口头诗作实际上已经随风飘逝，化为烟云。后人能看到的书面的诗歌作品已经是相当于晚近以来的诗性语言的结晶。最早的诗性语言的创造者和传承主体实为无名无姓、无从查考的早期人类，他们是受惠于生物进化而较早走出蒙昧状态的先觉者。

---

① 祜巴勐：《论傣族诗歌》，岩温扁译，中国民间文艺出版社1981年版，第22页。

从文化根基的维度审视，诗性基因和诗性传统的产生和延续，植根于歌咏习俗、诗歌创作和诗性思维的文化沃土。诗性传统在不同历史时期、不同的民族当中，之所以历经沧桑，波澜起伏，时而兴盛繁荣，时而低迷消沉，或气薄云天，或跌宕歇绝，其根源就是诗性文化根基的变迁和诗性基因谱系的变易。譬如，在人类"童年时期"，许多民族都拥有杰出的行吟诗人和民间歌手，歌咏习俗是一种广泛存在的社会现象和文化传统，《荷马史诗》的形成与古希腊行吟诗人的创作密切相关。中国的《诗经》植根于"不学诗，无以言"的文化环境，绵延至今的许多少数民族的"以歌代言"习俗，自然而然造就了特定区域族群的诗性传统。

丹纳指出："要了解艺术家的趣味与才能，要了解他为什么在绘画或戏剧中选择某个部门，为什么特别喜爱某种典型某种色彩，表现某种感情，就应当到群众的思想感情和风俗习惯中去探求。"① 他还认为"不管在复杂还是简单的情形之下，总是环境，就是风俗习惯与时代精神，决定艺术品的种类，环境只接受同它一致的品种而淘汰其余的品种，环境用重重障碍和不断攻击，阻止别的品种发展"。② 因此，"人在各个方面用各种方法培植他的聪明才智，改善他的环境。所以，不能否认，人的生活，风俗，观念，都在改变，也不能否认，客观形式与精神状态的更新一定能引起艺术的更新"。③

近人刘锡蕃在《岭表纪蛮》中说：壮乡"无论男女，皆认唱歌为其人生观上之切要问题。人而不能唱歌，在社会上即枯寂寡欢，即缺乏恋爱求偶之可能性，即不能号为通今博古，而为一蠢然如豕之顽民"。④ 在这种诗性文化海洋中，必然泛起诗性的浪花。任何人栖居其中，为了与人沟通，为了生存，为了实现自己的人生价值，不得不学会诗性语言，养成诗

---

① ［法］丹纳：《艺术哲学》，傅雷译，天津社会科学院出版社2004年版，第27页。
② ［法］丹纳：《艺术哲学》，傅雷译，天津社会科学院出版社2004年版，第73页。
③ ［法］丹纳：《艺术哲学》，傅雷译，天津社会科学院出版社2004年版，第106页。
④ 刘锡蕃：《岭表纪蛮》，台北：南天书局有限公司1987年版，第156页。

性思维习惯。因此，任何民族的诗性传统是在特定社会历史条件、思想意识、心理情感的基础上，逐渐形成和发展起来的，久而久之，形成一种民族心理定式，在特定社会中发挥各种各样的巨大功能，在这种氛围的熏陶之下，造就了大量的以民间歌手、歌师、歌王为核心的诗性传统承载主体。

从诗性传统创造和承载的主体审视，诗性传统的产生，离不开具体的人，审美感悟敏锐的真实的个体才是诗性传统的真正传人。或者说，是一个个真实的个人构成诗性传统的传承群体。尽管民间诗歌由集体创作，早期人类在集体集会时一起唱歌、跳舞、祭神，诗性传统以群体的方式传习，但是，追溯到具体的某一首民歌的草创阶段，依然离不开个人的心灵感悟。更切合实际的推测是：

> 民歌必有作者，作者必为个人，这是名理与事实所不可逃的结论。但是在原始社会之中，一首歌经个人作成之后，便传给社会，社会加以不断地修改、润色、增删，到后来便逐渐失去原有面目。我们可以说，民歌的作者首先是个人，其次是群众；个人草创，群众完成。①

某个人何以成为诗人？某个特定群体为何创造了绚丽夺目的诗歌文化？人类诗性语言、诗性思维、诗性智慧和诗性传统如何生成？至今依然有许多难解之谜。诗性习俗可以通过口传心授而传承，但是，原创性的诗歌创作大多依赖天赋，不可能像普通知识那样经由授受而习得。在许多民族当中，诗人之所以成为诗人，是由于天赋而具有迷狂、幻想、痴迷的性格特征，技艺可以习得，而诗歌创作的内在动力需要神力襄助。因为"诗人其实是一种轻盈的、展翅翱翔的、神圣的生物；只有当他沉醉于狂喜之

---

① 朱光潜：《诗论》，上海古籍出版社2001年版，第14页。

中，摆脱自我，丧失理智的时候，才能创造；当他还清醒时，人不可能创作一切，并做出预言"。① 藏族还有其他一些民族认为"诗由神授"，《格萨尔》史诗的说唱艺人是在生一场病的过程中，在迷迷糊糊、昏昏沉沉、神志不清的状态中，梦见天神将《格萨尔》塞进腹中，病愈后，神志恢复清醒，开口即会吟唱《格萨尔》史诗。② 彝、壮、苗、瑶等民族的宗教经典，譬如，《开路经》《布洛陀》《亚鲁王》《密洛陀》等作品，同时也是诗性文化的杰作，也通常由本民族的神职人员传承，他们成为神职人员往往也不是以个人的意志为转移，而是传统惯性作用以及神圣选择的结果。他们学会念经吟诗，往往也有神性力量的支撑。

无论如何，在诗性传统的生成与延续过程中，每一个个体都是具有自主性的认知主体和创造主体，因而具有完成审美创造的基本条件。任何个体不是生活在真空之中，而是依托于特定的群体，当这个群体同样具有诗性感知能力和诗性文化语境，理所当然有利于个体的诗性文化的创造。

诗性传统在未来人类历史长河中的延续，有赖于培植深厚的诗性文化沃土。人类的生存固然离不开以笛卡儿为代表的理性哲学以及建立在"我思"基础上的逻辑推演，但是，人类社会的可持续发展更需要对自然与人世间怀着真诚的热爱与悲悯之心，在现代性的迷途中返归自然和人类原真的心灵世界，让诗性传统在人类的精神家园中找到栖息的空间，即使历经了无尽苦难，依然以审美的方式揭示人类生存的本真状态。纵然诗意不复存在，诗歌创作日趋式微，有文化自觉意识的现代人类有职责坚守审美的感知、人性的关怀，留住悲悯、同情、救赎的文化基因，将人类从无尽的世俗性身体消费和对大自然的狂妄攫取中解放出来，确立审美的人生态度，实现"人生艺术化"，以"诗化的思想"和"艺术的人生观"，追寻一种"审美生存"的诗意境界。

---

① ［俄］维谢洛夫斯基：《历史诗学》，刘宁译，百花文艺出版社 2003 年版，第 437 页。
② 角巴东主：《〈格萨尔〉神授说唱艺人研究》，《青海社会科学》2011 年第 2 期。

三 诗性基因的核心特质及其文化表征

诗性传统和诗性基因蕴含着美感、真趣、生动的气韵、丰盈的神韵等精神特质,借助比兴、象征、隐喻等手法,通过感知、体验、直觉、想象、静思、妙悟,独抒性灵,表达内心的情感和真切的人文关怀,其目的是借物悦心、借神悦心、借人悦心,由悦耳悦目,经过悦心悦意而达到悦神悦志的境界,实现情感的宣泄以及"身、心、灵"的和谐与升华。

诗性精神是客观存在的审美观照,是对一种充满文化意蕴的生命境界的追求,诗性创作活动赋予生命存在的意义,超越物质性和世俗性的生存,体现人的主体性、自由性。诗性传统因为人类文化的多样性以及区域文化的差异性而具有不同的文化表征,也会随着时代潮流的变易而与时俱进地发生某种程度的变化。但是,隐含在诗性传统之中的诗性精神特质作为一种文化基因,通常会随着人类天性的遗传而寻找表达方式与外显途径。不同区域性、时代性的文化事象的消沉歇绝并不意味着作为人类文化的灵魂和真髓的文化遗传基因链的断裂。因此,诗性文化遗产保护至为关键的不只是保护作为具体门类的审美艺术形式,而是在不同的审美载体中延续隐含在文化表象背后的精神特质、文化基因及其文化表征。文化的核心就是特定符号的创造、交往、理解和解释,特定族群借助特定符号表达某种意义,由一系列的符号系统建构起意义表达的文化表征(representation)体系。表征是一种借助语言和符号对意义的生产:

> 语言能使用符号去象征、代表或指称所谓"现实"的世界中的各种物、人及事。但它们也能指称各种想象的事物和幻想的世界。或者指就任何明显的意义而言都不属于我们物质世界组成部分的各种抽象观念。[1]

---

[1] [英]斯图尔特·霍尔:《表征》,徐亮、陆兴华译,商务印书馆2003年版,第28页。

诗性精神明显具有情感性、隐喻性、具象性、想象性、整体性和创造性等特征。诗性文化中的情感性，坚守人的主体性，"以己度物"，而不是"以物度人"，将个人的情感赋予自然事物。诗性基因既有自身稳定性的精神特质，也有表达这种精神特质的手段、方法和途径。基于诗性基因和诗性精神的生命自我观照是诗意萌生的原初动力。诗性主体对自我心灵栖居的思考目的在于借助想象、隐喻、节奏、韵律等诗性基因和诗性精神的核心特质，表达诗性情感，寻找让身心安歇于尘世之外的心灵驿站。

想象（imagination）是人类特有的心理机能，也是诗性基因谱系中不可或缺的精神特质。想象的基本含义是"飞离在场"。① 人们借助想象营建诗的意境，而丰沛的想象力是诗性思维和诗意生存的重要前提。想象可以引导主体走向自由的审美活动和诗性存在，它保证艺术活动和其他精神文化创造活动成为可能，人类用自己想象出来的概念构筑只有对于人类才有意义的人文世界：

> 人类发明了一些只在人类的眼里才有价值的观念，比如说幸福和美。山后的日出只是一团能量各有不同光子，从而给人以不同的色彩感觉；只有在某个人去注视它的时候它才是美丽的。②

然而，在西方学术传统中，先哲们对想象经历了由贬低到重视的过程。柏拉图认为，想象位于人类认知过程的最低阶段，要抛弃想象，才能产生理智和理性认识，因而主张驱逐想象力。亚里士多德、贺拉斯等对"想象"持双重态度，一方面重视想象力，强调诗歌要虚构，另一方面认为诗歌要贴近现实，因而压制想象力。但丁认为《神曲》一方面包含虚构

---

① 张世英：《论想象》，《江苏社会科学》2004年第2期。
② ［法］阿尔贝·雅卡尔：《自由的遗产》，龚慧敏译，广西师范大学出版社2005年版，第232页。

的描述，体现了人文精神，另一方面，又包含思辨、证明、反驳，体现了科学精神。康德将想象分为"再生性想象"和"创造性想象"，前者是一种回忆和联想，受制于经验；后者是一种自由的创造。① 17世纪后半期和整个18世纪，笛卡儿倡导的理性精神在欧洲思想界占据统治地位，社会思潮总体倾向是轻视感觉、经验及想象等非理性因素，认为有事实依据、数量化、合乎理性逻辑的推理才是可靠的真知，一切科学都经由理性思维来审定，否则都不是科学的。维柯大胆地向这种忽视诗性想象的传统提出了挑战，强调诗性智慧的文明史价值。② 现代人类学研究更强调想象的重要性，甚至有学者认为，文化的创造有赖于生存的想象，"文化的每一个方面都诞生于想象。……因为正是人类本质属性中的想象，我们才得以成为人。它载着我们一起漂流，将我们环绕拥抱，给我们温暖安慰，让我们充满与他者的归属感"。③

中国先哲自古以来重视想象，尤其是老庄哲学充分体现了想象的智慧。《道德经》中的"道可道，非常道；名可名，非常名"，其实是通过超凡的想象，探究天地的本源，体察无边无际、无始无终的"道"。庄子"乘物以游心"（《庄子·内篇·人间世第四》）"独与天地精神往来"（《庄子·杂篇·天下第三十三》）"天地与我并生，而万物与我为一"（《庄子·内篇·齐物论第二》），刘勰《文心雕龙·神思》篇云："文之思也，其神远矣！故寂然凝虑，思接千载；悄焉动容，视通万里；吟咏之间，吐纳珠玉之声；眉睫之前，卷舒风云之色：其思理之致乎！"④ 深刻揭示了想象活动神奇微妙的情态。

隐喻（metaphor）既是一种语言现象，也是一种修辞艺术。数千年

---

① ［德］康德：《纯粹理性批判》，蓝公武译，商务印书馆1960年版，第114页。
② ［意］维柯：《新科学》，朱光潜译，商务印书馆1989年版，第175页。
③ ［美］伊万·布莱迪编：《人类学诗学》，徐鲁亚等译，中国人民大学出版社2010年版，第104—105页。
④ 赵仲邑译注：《文心雕龙译注》，漓江出版社1982年版，第248页。

来，人类通过特定的一类事物来说明、理解、映射另一类事物，使隐喻成为一种认知手段和思维方式。隐喻的陌生化功能、认知功能和美学功能可以让幽暗、隐晦的客体变得富有意味，也将纯粹的客体隐含文化的意韵，成为一种审美的对象。诗歌与隐喻有着密切的联系，隐喻、比兴和象征是诗性基因表达的核心原则。诗歌阐释的根本任务是对诗歌隐喻的把握。增强隐喻意识，提高隐喻能力，从认知的角度理解诗歌隐喻是诗歌欣赏的最好途径。

"气""气韵""节奏""韵律"是诗性基因谱系和审美文化中颇具代表性的核心范畴，广泛存在于传统美学的各个领域之中。中国古代哲学将"气"作为宇宙万物和生命的本源，"气韵"理论成为中国美学的重要基石，体现了中国先民对宇宙、人生和艺术的认知和理解。"气韵"的感知是直觉感悟式的，其表现过程充满着想象和内在心灵的感悟。"气"更多的是形而上的本体，"气韵"则是天人相合的宇宙本体的审美观照。

韵律是诗性文化的核心基因，也是诗性精神的显现形式。韵律源自审美对象自身的丰富性，是主体审美心灵与审美客体充分交融而生成的审美旋律。这种旋律是气和韵的汇融，是形而上的存在本体，也是化生万物的宇宙本源。贯穿在个体和特定群体当中至关重要的诗性基因是韵律和节奏的感知能力。人类只有对韵律和节奏有所感知、有所体悟、有所把握，才有可能生成诗性的语言和诗性的思维。韵律和节奏都源于人类的生活经验和艺术实践。

在诗歌中，诗歌创作者和吟咏者运用语言节奏，借助排比、对偶、层递、反复等表现手法，营造各式各样的语音，构筑起声韵、节律和语调，制造奇妙的音响效果，将语言变得富有诗意，令人产生愉快、哀伤或忧郁的情感体验。

其实，从更广阔的宇宙空间看，天地、日月、星辰运行的节奏，由造物主在茫茫宇宙间操控，日出日落，月圆月缺，星移斗转，亘古如斯。一切生物的生长也有内在的生命节律和生命周期。从更细微的层面看，人体内部心脏和脉搏的跳动同样具有节奏感。古人"日出而作，日入而息"，正是应和了大自然的节律。

"气韵"往往蕴含在节奏当中，无形的"气"的流转引发节奏的律动，"气"存在于天地之间，也隐藏在人的躯体之内，气血流动是生命成长之源泉。韵律是大自然的节奏和人体内在节奏"里应外合"的结果。自然界的峰峦起伏、江河流淌、云卷云舒，各有不以人的意志为转移的客观存在，随着人的观察能力的精细化，逐渐领悟到这些事象内蕴的令人愉悦的旋律。诗性节律或婉转悠扬，或激越高昂，或缠绵悱恻，或清脆欢快。侗族的蝉歌模仿蝉鸣的曲调，傣族先民认为是人们在生活中聆听潺潺流水的声音，而悟出歌的曲调：

> 在我们的祖先由狩猎的游动生活逐步转入耕种的初期，有一家母女俩在山坡上种花瓜。坡脚下淌着一股山泉，他们劳动累了，口渴了的时候，母亲就叫女儿到泉边去打水来喝。姑娘走到了泉边，她看到流水从弯曲坎坷的高处淌下来，发出清脆、柔和而婉转的声音，这声音在幽静的山林间淙淙作响，一下激昂，一下深情，由远而近，时高时低，像是在拨弄着琴弦，又像是轻微而又甜蜜的呻吟。……天长日久，山泉的声音被姑娘接受了下来，变成她自己的歌调了。从此，姑娘就用流水般优美动听的曲调，到处去唱给乡亲们听，被人们一代一代接受下来，变成了今天的傣歌调子。①

博厄斯指出：

> 毫无疑问，舞蹈可以加强人们的节奏感，而劳动的动作也可产

---

① 祜巴勐：《论傣族诗歌》，岩温扁译，中国民间文艺出版社1981年版，第26页。

生同样的效果，这不仅限于集体或个人按照某种节奏进行劳动，而且包括有规律地重复动作的手工业生产工艺，例如编筐或制陶。无论是叙事散文中的重复部分，还是装饰艺术中的节奏现象，都不是技术上的需要，这就证明了单纯从技术上去理解节奏是不够的。刺绣、绘画或玻璃串等艺术品中，有规律重复的现象可以给人以快感。①

同时，博厄斯还认为："既然韵律和节奏都有感情特色，那么，人类生活中的一切活动，只要和感情有关的都会出现有韵律或节奏的现象。"②这说明了节奏的普遍性，而从节奏的功能来说，博厄斯指出："宗教歌曲和舞蹈中的韵律和节奏发生感化人的效果；战歌的节奏使人们的士气受到鼓舞；抒情歌曲的旋律和节奏给人以舒适安逸之感，无论是歌曲或装饰艺术中，都可以看到节奏的美学价值。"③

朱光潜先生认为：

  诗歌、音乐、舞蹈原来是混合的。它们的共同命脉是节奏。在原始时代，诗歌可以没有意义，音乐可以没有"和谐"(melody)，舞蹈可以不问姿态，但是都必有节奏。后来三种艺术分化，每种均仍保存节奏，但于节奏之外，音乐尽量向"和谐"方面发展，舞蹈尽量向姿态方面发展，诗歌尽量向文字意义方面发展，于是彼此距离遂日渐其远了。④

由此可以推论，诗韵寄寓在由自然生态—生活场景—情感体验—审美

---

① [美]弗朗兹·博厄斯：《原始艺术》，金辉译，贵州人民出版社2004年版，第219页。
② [美]弗朗兹·博厄斯：《原始艺术》，金辉译，贵州人民出版社2004年版，第218—219页。
③ [美]弗朗兹·博厄斯：《原始艺术》，金辉译，贵州人民出版社2004年版，第219页。
④ 朱光潜：《诗论》，上海古籍出版社2001年版，第10页。

表达构成的整个系统当中,也流灌在诗歌、舞蹈、音乐、书法和绘画等艺术作品当中。

四 诗性传统的文化谱系及其遗传密码

诗性传统是一个异常复杂的浩如烟海的文化谱系,在不同的时空语境中弥漫着诗性基因的印迹,换言之,人生活在人类文化的海洋当中,正是文化哺育了人类,面对浩瀚的文化海洋,人类是渺小而无能为力的,包含诗性传统在内的人类文化的演进律也不以人的意志为转移。但是,人类作为有理性的动物,可以站在自然和人类文化演化史的高度,审视特定区域族群文化演进的来龙去脉,"觉知"民族文化基因,尽可能把握特定文化类型的文化脉络和起到关键作用的文化基因,然后顺应文化演进的潮流保护诗性文化遗产,保护有利于人类社会可持续发展的文化基因。未来的人类社会并非人人读诗、写诗,但是不能没有想象,不能失去情趣。如果无法体验节奏、韵律、诗意和诗境所蕴含的审美意韵,就必然导致人类文化的退化乃至衰微。

诗性传统注重人的主体性,主张"以己度物",以人的自由发展作为衡量外部世界的尺度,以审美尺度去观照万物,以感性态度去体验人生,以超验的"大我"超越感性的"小我",借助直觉、隐喻、象征、灵性而抒情达意,以"求美"作为终极目的,达到情景交融、生机盎然的境界。

从文化谱系的角度审视,诗性传统是人类文化传统的有机组成部分,是包含着人类审美感知、文化体验、超凡想象、人文感悟以及杰出艺术创造力的世代延续的文化基因和文化根脉。诗性传统的传承主体是全面发展的人,是人的全面存在,自然之道一以贯之,不只是工具理性的超迈,而是对人性的至深至爱的尊重与关怀。

诗性文化谱系中的文化基因、遗传密码和文化表征是言象互济,神韵丰盈,诗情画意交融,意象与空灵融通。诗性基因和遗传密码不可传授,只能在人生命意识中自然而然地传习；不可重复，只能通过口传心授而自主地激活。诗性基因和诗性智慧是民族生命活力的象征，是在特定的文化语境中，人的心灵自由的自发流露，人的生命价值的内在实现。诗性遗产密码涵容天地自然的气息、人文情怀的感悟和生命过程的体验，是一种人生品质和精神境界，仰望浩渺星空而悟自然的灵性，徜徉苍松翠竹中而拓宽心源，登临巍峨名山而养得浩然大气。

因而，寻找诗性文化基因，探寻文化遗传密码，优化文化遗传基因，重构现代诗性文化传承谱系，成为文化保护和现代人文重建的应有之义。

诗性基因及其遗传密码孕育于相对缓慢、舒心、恬静的生活场境之中，远离逼催，停下来静观、感知、体悟，是诗性传统生成的心理基础。然而，现代人的饮食起居按照现代社会的节奏而运行，现代人类的生活节奏变得急促而紧凑，许多人在逼迫、催促、高压中改变了符合生理节律以及生命节律的生活节奏，使诗性文化基因的生存根基饱受功利主义的侵蚀。在这种时代语境中，诗性传统的传承与保护面临存在根基瓦解的本源性危机。因为挽回、维系、延续诗性基因需要培育诗性文化沃土，而培育文化沃土是涉及人类文化演进路向的历史性浩大工程。随着都市化进程的加快、网络的发达以及现代传媒无孔不入的渗透，人类的诗情、诗心、诗意和想象力在更深的层面上被淡化、遏制和消解。当代人类已经很少有机会聆听大自然的声音，难得有闲心远眺日出日落，仰望云霞和星空，也不在意观察花开花落的过程。

由于现代性造成人与自然的对立，身体主体、消费主体代替了审美主体，人类的恣意妄为导致传统信仰体系分崩离析，超越本我的人文精神日趋衰落，道德约束走向幻灭，越来越多的人陷入放纵私欲的深渊。面对人类精神全面陷入危机的现代性困局，国内外学术界的思想精英开始深刻反思人科动物在地球上的所作所为以及经历的演化历程。人类文化遗产保护浪潮的兴起以及面向未来的人文重建，正是源自中外知识分子的文化自觉，确实有必要重新检视各民族的创造智慧，将各区域各民族的诗性传统以及诗性基因的传承融入全世界文化保护的进程之中，使之成为共建人类命运共同体的有机组成部分。甚至可以说，诗性传统的延续是非物质文化遗产保护的根本目的、核心意旨以及有效举措，若要确保未来人类持续诗意栖居在大地之上，就需要强化对诗性传统以及诗性基因遗传密码的认知、敬惜和传承。

无论如何，面向未来的人文重建和文化建设需要植根于体现人类"真、善、美"本性的诗性传统，需要对诗性传统的文化基因和精神特质具有理性而全面的认知。由此激活人类的想象力和创造力，营建灵秀祥和的诗境，培育细腻深邃的诗情，唤醒落寞破碎的诗心。

第二章 何时飞歌？

——壮族诗性基因与诗性传统的历时性审视

在人类学的视野中，诗性基因像其他遗传基因和文化基因一样，隐含在人类的生命体中，并且与人类生命进化过程相依相随，同时诞生，也将同时消歇，体现了一种永恒性和人类的共性。而诗性文化和诗性传统因为时代不同、区域不同、承载主体不同而具有时代性、差异性、民族性的特征。不同个人和不同群体具有不同的悦耳悦目、悦心悦意、悦神悦志的文化智慧，具有不拘一格的文化演进线路和文化象征谱系。

佛学理论认为自然界万事万物都难免经历"成、住、坏、空"的过程，世界上许多民族的诗性传统也经历了转型和变异的过程，越来越多的人沉醉在低级感觉的快乐之中，让表层的物质上的快感占据了人的心灵，人们的理性思维遏制了诗性思维，节奏、韵律、想象等诗性基因遭到工具理性的遏制，不再习惯于使用诗性修辞方法和表述手段，不再会用明喻、暗喻和隐喻。

然而，诗性基因具有与人类共生共存的特性，让世人看到了诗性传统延续的希望所在，即使是在现代传媒普及的年代，大自然固有的日出日落的轨迹，人类固有的脉搏的跳动和生命节律，喜怒哀乐感情的表现和传达，依然长久存在。

诗性的萌生是个复杂的过程，有赖于节奏、韵律、想象、情感表达诸多诗性基因的孕育和生成。因而诗性传统不是凝固不变的结构，而是始终处在动态演化的过程当中。诗性传统的消歇，同样源于诗性文化传承语境的变迁和诗性基因的变异。

壮族诗性传统的核心载体是壮族民歌创作、吟咏习俗和壮族歌圩，壮民族无数生命主体凝集着深刻的诗性体验，这种诗性体验和诗性文化是人类文化系统的有机组成部分。因此，需要从人类审美感知的衍生、民族文化演进历史、诗性主体生命旅程和文化时序变迁等历时性角度，审视壮族的诗性传统生成、发展、兴盛、变易、衰微的内在文化机制。

许多学者从不同的角度解释人类艺术的起源，提出了各自的独到见解，给人以思想的启迪。就壮族歌圩和民歌传统而言，钟敬文、黄勇刹、农学冠、潘其旭、黄革等学者从文化史、民俗史、文学史等角度，探讨壮族歌圩起源与民歌习俗变迁等问题，还可从人类文化基因、诗性基因、民族史、文化史和人类学时间观的角度，在相对宏阔的历时性语境中审视壮族诗性传统的演化轨迹。

一 审美感知与心灵启悟

从严格的学术意义上说，诗歌艺术和诗性传统何时起源，如何衍生，是一个无解的问题。因为在人类历史上，口述传统先于书面传统而存在，人类从远古走来，逐步进化出敏锐的味觉、触觉、听觉，学会表达喜、怒、哀、乐的情感，至于是谁率先掌握远古的言说符号，并运用有韵律的语言吟唱了人类历史上最早的诗句，已经无从查考了，人类历史上无数的歌谣已经随风飘散。但是，这并不意味着学术界不能研究诗性文化和诗性传统的生成机制。在 21 世纪人类诗性传统面临消解的时代语境中，开展诗性文化保护，使之在某种程度上得到延续的前提之一，是理解诗性传统的形成机制及其来龙去脉，回溯历史的目的是理解当下诗性传统的境况与未来演化趋势。

达尔文于 1859 年发表《物种起源》、于 1871 年出版《人类原始和性的起源》，赫胥黎于 1863 年发表《人类在自然界的位置》，从而开启了人类认识自身起源与进化的历史新篇章。考古人类学的发掘和研究成果显示，距今三四百万年前，人科从灵长类动物进化谱系中分化出来，人类遗传基因的研究成果认为：人类共同的祖先起源于 20 万年前生活在非洲的女性，这些女性被称为"线粒体夏娃"，是"人类的母亲"。[①] 这些人类先祖在谋求生存的过程中，依凭人的本能感知外界事物，借助点头、招手等肢体语言传递信号，通过呼喊、叫嚷表达某种情感，经过千百年的孕育、衍生、进化，不同人类种群约定俗成用特定的符号传达特定的相互能够领会的信息。

　　德国人类学家格罗塞在 1891 年发表《人类学和美学》一文，强调美学和人类学之间的互动，关注审美现象的普遍性、审美偏好的文化相对主义阐述和审美活动的起源问题。[②] 1893 年出版的《艺术的起源》，呼吁关注原始艺术在文化发展中的重要作用，将艺术科学的研究扩展到所有民族中间去。朱狄在《艺术的起源》一书中，根据大量的考古发掘资料探寻艺术的源头。他认为火的利用对人类的起源和艺术的起源都具有特别重大的意义。火的使用和保存，不仅加强了人类御寒的能力、照亮了洞穴、驱逐了猛兽，而且绘制洞穴壁画离不开火光的照耀，烧制陶器离不开火的热能。[③]

　　以上观点，无论何为真实，都让人意识到人自身的起源经历了漫长而复杂的过程，人类的艺术体验和感知能力随着现代人的出现以及人类语言的发展而逐步产生，也有利于人们理解人类心智力量对于世界的感知、理解、体验、想象等意识的早期形态，让人理解诗性传统的起源不

---

① ［美］斯宾塞·韦尔斯：《出非洲记：人类祖先的迁徙史诗》，杜红译，东方出版社 2004 年版，第 25 页。
② ［荷兰］范丹姆：《审美人类学：视野与方法》，李修建、向丽译，中国文联出版社 2015 年版，第 11 页。
③ 朱狄：《艺术的起源》，中国青年出版社 1999 年版，第 20 页。

仅是一个美学、诗学问题，还是一个哲学、历史学、语言学、民俗学、文化学的问题。

关于文学艺术的起源，学术史被视为经典的是"劳动说""宗教说""模仿说""符号说"等观点，与其去分辨这些理论何为事实，何为真理，不如将之作为是由于不同的认知逻辑和审视视角，导致的不同的结论。作为文学艺术核心部分的诗性传统的萌生，当然离不开早期人类的社会实践和社会生活，只是起到核心作用的是人的感知能力、记忆能力、表达能力的提升："如果不是全部也是大多数的人类独有的认知技能不是一种直接的生物遗传，而是各种历史和个体发育的过程的结果，启动这种过程的是一种人类独有的、通过生物遗传的认知能力。"① 对于诗歌艺术的起源而言，起到至为关键作用的是以"想象""愉悦""节奏""隐喻"为核心的诗性文化基因的生成。

18 世纪以来，西方学者在生物进化论的影响之下，从灵长类动物和原始部落关于美感的看法，思考艺术起源及其发展过程，认为人类艺术是渐渐从野蛮状态中摆脱出来的。以博厄斯为代表的美国人类学家非常重视人类文化的初始阶段与原始艺术的联系。不仅数以万计的原始工具被分门别类地加以研究，而且许多带有简单刻痕的原始工具受到特别的重视，人们希望从那些简单而又难解的神秘符号中，去追寻人类审美意识的最早起源以及隐藏在符号后面的艺术推动力。德国学者格罗塞在《艺术的起源》中，甚为关注原始艺术在文化演进中发挥的作用，强调以比较单纯的先民艺术作为研究的对象。但是，人类学家从世界偏远地区的原始部族生活中搜集来的艺术作品，与数万年前早期人类的艺术创作不见得具有类比性。现代残存的原始部族的艺术可以提供一些启悟，却不能将之作为史前艺术的原真形态。

---

① ［美］迈克尔·托马塞洛：《人类认知的文化起源》，张敦敏译，中国社会科学出版社 2011 年版，第 14 页。

所有的文学艺术都离不开审美感知和想象，而对诗歌而言，至为重要的基因是节奏和韵律。因此，采集、狩猎、种植、养殖等生产劳动是从人类生存需要层面上提供了物质保障，宗教祭祀以及婚姻习俗等社会活动是在社会组织与情感表述等方面，为文学艺术的萌生与延续提供了重要的载体。没有物质保障和社会载体，诗性文化基因固然无从诞生，但是，诗性传统的起源和具有普遍性的社会实践活动之间，依然存在诸多复杂的文化机制。人类对日出日落、月圆月缺的自然现象的观察，对一年四季草木枯荣的生态时间的感知，对人类个体生命从出生到老死的切实体验，或许更直接地让人类先祖领悟到自然的节律，进而感知切合生命节奏的韵律所给人带来的愉悦。

在泰勒（E. Tylor）的万物有灵论的理论视域中，早期人类认为世界上的万事万物都是一种有灵性的生命存在。原始文化的起源同无所不在的神灵紧密相关，在以神为主体的历史阶段，人类早期的艺术创造也离不开神灵的启示，先民们借助巫术仪式，表达某种诉求和愿望，一些咒语和悦神的歌舞，无疑开了人类艺术发展史的先河。随着人类认知能力的提升，人类的理性精神逐步觉醒，神的主体地位面临人性觉醒的挑战，娱神的习俗转向娱人，人的审美创造力的演化促使包括诗歌在内的艺术形态日趋完善。

现代人类的起源依然存在许多难解之谜，原始艺术在文化演进史上如何生成和变异，依然是一个众说纷纭的领域，人们不见得能够从当今残存的原始部落的艺术，窥见史前艺术的原真形态。学术界能够做到的是根据分子人类学研究成果和大量的考古学材料，推知早期人类的文化感知路径和生命创造力的显现模式。

人类有85%的遗传基因是相同的，只有大约8%的差异，共同的基因奠定了人类体质的共同性、文化起源的相通性和审美感觉的普遍性。从人类遗传以及基因谱系的角度看，包括诗性基因在内的人类文化基因在人类远祖走出非洲，迁徙到世界各地并在不同区域谋生的过程中诞生，而不同区域的自然生态环境、经济类型、生计模式，影响了人类文化基因的遗传机制。无论如何，诗性基因和诗性传统演化与人类自身的迁徙过程、生计模式的变迁历史息息相关。在漫长的人类社会发展过程中，人类祖先通过对大量的动植物的感知，感悟自身在自然界的存在，模仿流水的声音、动物的声音，传达情感，提升听觉感知能力，通过观察世间万物，养成视觉感受，隐藏在听觉和视觉中的节奏和韵律的把握及其表现能力，切实促成诗歌艺术的萌生，并在不断累积的过程中发展壮大，正如迈克尔·托马塞洛指出：

> 人类的文化传统和人造物品随着时间的推移不断进行积累改进，即所谓的积累性文化进化，这在其他动物物种是没有的。那些最复杂的人造物品或社会实践，包括工具制造业、符号交流和社会制度等，基本上不是一次性的发明，不是某个个体组成的群体一蹴而就的，而是某个个体或由个体构成的群体首先发明一种产品或一种实践的原始形式，后来的使用者或使用者们再加以改进，这些产品和实践又被另一些人采用了，经过许多代人也许没有做任何改进，但在某个时候其他个体或群体又做了改进，而这又被另一些人学到和使用了，该过程在历史上就是这样进行，这种情况被称为"棘轮效应"。①

所以，理解诗性传统的衍生与传承，需要将之置于人类社会文化特别是人的大脑进化与审美感知的历程中予以多侧面的审视。人类社会从采集狩猎、农耕文明，经历工业化、都市化，演化到当今的信息时代，都直接制衡着诗性传统的演化路向、演化轨迹以及诗性基因的生长与变异。正如藏族诗学论著《诗镜》所说："天生的才能智慧，纯真无疵的听闻，孜孜

---

① ［美］迈克尔·托马塞洛：《人类认知的文化起源》，张敦敏译，中国社会科学出版社2011年版，第4—5页。

不倦的实践,是出好诗的根本。"① 人类智慧源于人的感知能力的敏锐度和审美心灵的启蒙。若是失去了感知能力和审美表达手段,人类的诗性基因和诗性传统也将逐渐消解。

因此,人类能够敏锐地感知韵律和节奏之时,也就是诗性基因诞生之日;人类的审美感知能力强大之时,也是诗性文化繁盛之日;当人的生命节奏被改变,人们丧失对韵律美感的切实体悟,诗性传统必将消沉歇绝。诗性传统的有效延续需要关注人类整体以及个体的诗性基因的传承和习得路径,在保护诗性基因的前提下,保护诗性文化和诗性传统的延续。

二 壮族历史进程与情感表达

壮族作为人类大家庭的成员,壮族先民自身的起源、进化、迁徙的历史受制于具有普遍性的人类演进历程的制约,壮族远祖对外界的感知能力的提升,有赖于大脑进化到一定的程度,能够在观察日出日落、月圆月缺的过程中,在某种程度上体悟到大自然的节奏;在感知虎啸雷鸣、风吹草动、鸟语花香过程中,锻就敏锐的听觉、视觉、嗅觉;在采集、狩猎的实践中,体悟收获的喜悦或遗失的苦恼。大自然长年累月的寒暑交替、狂风怒号、洪水滔天,反反复复地刺激着先民们的感知系统,萌生出不同的生理和心理的反应。

(一) 壮族远祖与诗性基因的孕育

大量的考古人类学研究成果业已证明壮族聚居区是远古人类栖居的重要空间之一,分子人类学的研究成果也表明,人类远祖走出非洲,经印度、东南亚,在中国南方边疆登陆,珠江流域成为远古人类频繁活动的区域。② 壮族作为珠江流域的原住民族,自然同生息在该区域的先民具有血脉相承的关系。壮族诗性基因和诗性传统必然在该区域的生命体中孕育、

---

① [古印度]旦志:《诗镜》,《中国少数民族古代美学思想资料初编》,四川民族出版社1989年版,第135页。

② [美]斯宾塞·韦尔斯:《出非洲记——人类祖先的迁徙史诗》,杜红译,东方出版社2004年版,第99页。

生长、繁衍。

　　人类先祖喜怒哀乐等情感的萌生，有赖于人类大脑的进化和感知能力的强化。据考古人类学测量，距今大约五万年前的"柳江人"，其大脑容量接近现代人的大脑容量。由此可以推测，晚于"柳江人"两三万年的"麒麟山人""灵山人""白莲洞人""都乐人""宝积岩人""甑皮岩人""甘前人"等古人类的智力进化程度应达到更高的层次，他们的大脑结构日趋完善，对外界具有更为敏锐的感知能力。只是今人已经无法了解这些远古人类表情达意所运用的语言符号，可以肯定的是他们为了生存，在采集、狩猎的过程中会经历无数的喜悦、无奈、苦恼，面对狂风暴雨会感到恐惧，面对毒蛇猛兽的袭击会用各种方式回击以保护自己，逐步学会取火、栽培植物，他们的肢体语言、面部表情，是相互交流感情的主要途径。

　　我们无法切实探知壮族先民如何领悟并且孕育以节奏、韵律、想象为核心的诗性基因，无法用科学的方法来推测这些基因的孕育与生成机制，但是，可以从这些基因依托的器物来探知早期人类的触觉、视觉和听觉的敏锐度及其隐含的智力水平。迄今为止，壮族远祖聚居的右江河谷发现有砍砸器、刮削器、尖状器、石锤等旧石器的遗址100多处，各种石器4000多件，说明当时的古人类已经掌握当时较为先进的石器制作技术，其中"革新桥遗址"规模宏大，石器制品丰富，展现了石器制作的整个流程。或许石器只是作为一种生产工具，并不是严格意义上的艺术形态，但是，石器制作有赖于人类智力进化到一定的程度，也是人的内在创造力外化的结晶。早期人类在制作石器的过程中，锻炼了自身的观察力，敲打石器发出的声音和节奏，同样影响了先民们的听觉。或者说，在长期敲打石器、用石器敲打食物、聆听虫鸣鸟叫、风声、雨声、雷声和流水声的过程中，提升了早期人类的听觉感应能力。

　　(二) 仓吾、瓯骆族群与诗性传统的生成

　　先秦时期，栖居在华南—珠江流域的仓吾（苍梧、仓梧）、瓯骆等族群建立了各自的古国或方国，作为百越族系中重要组成部分的这些壮族先民具有自成一体的文化体系，他们创造的花山岩画、骆越铜鼓和《越人歌》，足以证明这些壮族先民具有超凡的想象力和艺术创造力，诗性传统在相当于中原地区的夏商周时期业已正式生成。

最迟在商代，壮族地区的铜铸艺术就已相当发达，武鸣勉岭出土了商代制作精美的牛头提梁卣。西周时期，壮族地区的先民们用于装饰身体器物主要有铜铃，包括胸铃、手铃、脚铃等，壮族先民佩戴这些铜铃，一方面是日常装饰之用，另一方面还是舞者和巫师必备的身体装饰，铜铃声其实还是向神灵传达心灵诉求的中介。在远古时期，巫师举行祈祷仪式，常常起舞娱神，诵祷咒语，巫师就是舞者，身带铜铃的巫师跳舞时，铜铃发出有节奏而清脆悦耳的声音，巫师本人陶醉在神人感应的迷糊状态中，也令参与者感受到心灵震撼。壮族先民就是在这种文化习俗的耳濡目染中，体悟到节奏和韵律的美妙。

作为青铜文化杰作的壮族铜鼓，既是壮族工艺制作智慧的集中体现，也是壮族审美文化的结晶。铜鼓既是权力的象征，用于政治、军事场域的发号施令，又是造型之美与声乐之美的文化源泉。壮族先民通过敲击铜鼓，协调舞蹈和音乐的节奏。正是壮族先民的宗教仪式与歌舞表演孕育并造就了壮族多种多样的艺术形式。人们在祭祀、赛神等民间信仰活动中手舞足蹈，放声吟唱，这种多元文化相交融的歌舞习俗，成为壮族诗性文化的滥觞。

流传久远的《越人歌》是壮族诗性基因和诗性传统正式生存的明证。西汉著名史学家和文学家刘向（约公元前77—前6年）的《说苑·善说》记载了《越人歌》："今夕何夕兮，搴舟中流。今日何日兮，得与王子同舟。蒙羞被好兮，不訾诟耻。心几烦而不绝兮，得知王子。山有木兮木有枝，心悦君兮君不知。"经壮族语言学专家韦庆稳先生考证，这首作于公元前528年的歌谣，是用汉字记音的壮族先民的民歌。韦先生从词汇、语法结构、歌式韵律等方面考证，发现原作中用汉字记载的《越人歌》，体现了壮语和壮歌的特点，原歌用词序和虚词来造句，主、谓、宾、定、状等成分的位置与现代壮语相同；原歌的长短句歌式、押腰脚韵等壮歌特点至今依然在壮族地区流行；原歌把"心中感激"说成"喉中感受"，正是壮族民众以"喉咙"作为思维和情感表达器官的体现。①

《越人歌》充分说明至少在公元前6世纪，距今2500多年前，壮族先民已经娴熟地运用民歌表达情感，演唱《越人歌》的歌者仅仅是许许多多诗性传统创造者和传承者之一。

（三）乌浒俚僚时代壮族诗性传统的兴盛

秦王朝统一岭南之后，中原文化汇成强大的文化洪流，流播岭外珠江流域，属于百越族系的西瓯和骆越族群进一步分化，社会组织逐步解体，壮族先民凭借顽强的毅力，在充满艰险的环境中，为了生存与发展而奋力抗争，在多民族文化的相互碰撞与激荡中，体验人世间的沧桑巨变，民族创造潜能在复杂的世局中不断积聚，壮族的诗性传统由生成到日渐成熟，普通民众亦可借助有韵律的语言表达喜怒哀乐之情感。

从民族主体来说，壮族先民的族称在汉文文献中为乌浒、俚、僚，他们是秦汉至唐宋时期华南—珠江流域诗性习俗和诗性传统的继承者和开拓者，是他们将壮族诗性文化推向新的历史台阶，壮族歌圩习俗的兴盛和歌仙刘三姐的诞生是壮族诗性传统达到兴盛状态的典型例证。

壮族先民乌浒、俚、僚等族群之所以能够创作大量的诗歌作品，壮族诗性文化演进至唐宋时期而达至鼎盛阶段，是因为民族自身智能结构不断改善的逻辑结果，也是同中原地区唐宋时期中原汉族诗词创作达到历史最高峰遥相呼应。这也是魏晋南北朝之后，中国文化领域思想自由、文风蔚起以及壮族诗性习俗与汉族诗歌文化相互交流而结出的丰硕果实。

---

① 韦庆稳：《试论百越民族的语言》，《百越民族史论集》，中国社会科学出版社1982年版，第296—297页。

刻于公元682年的《六合坚固大宅颂》以及刻于公元697年的《智城碑》已经出现了古壮字,由此说明至少在唐朝永淳年间,即公元7世纪后期,壮族文人已经熟练掌握汉语进行文学创作,借助汉字记录壮语,创制古壮字,有了古壮字,就有了记录壮族民歌的文字载体。宋代范成大之《桂海虞衡志》、周去非之《岭外代答》也有关于古壮字的记载。《桂海虞衡志·杂志》云:"俗字,边远俗陋,牒诉券约专用土俗书,桂林诸邑皆然。"① 说明至少在唐宋时代,壮族地区的土俗字已经产生并且流传甚广。

壮族诗性传统在唐宋时期演进到兴盛状态,从社会演进的历史根源的层面上审视,这是壮族历史上英雄辈出的时代,为了反抗封建王朝的羁縻统治,唐代西原州起义和宋代侬智高起义威震南天,展示了壮族民众的英雄气概,涌现了黄乾曜、黄少卿、区希范、侬智高等名垂青史的民族英雄。这些历史上真实存在的民族英雄为民族英雄史诗的创作提供了原型和文化记忆,也是壮族英雄史诗《莫一大王》诞生的社会基础,壮族历史上无数的英雄业绩,激活了壮族的诗性想象和诗歌创作智慧,壮族歌者由此塑造了"莫一大王"的英雄形象:具有超凡的力量,能用鞭子赶山,可以踏着彩虹上天,可以用竹子孕育兵马,可以死而复生。这是壮族诗性文化基因经过长期酝酿积聚,壮族诗性思维和诗性智慧演化至唐宋时期而焕发的文化之光。

在民俗文化史领域,壮族诗性传统兴盛的重要标志是壮族歌圩作为诗性传统的民俗文化根基,已经扎根在壮族先民的社会生活之中。《宜山县志》《浔州府志》等方志皆记载,刘三姐为唐时歌场上的杰出人物,生性聪明能干,酷爱唱歌,远近的青年都来找她对歌,却没人唱赢她。说明当时壮族社会的已经习歌成俗,唱歌成风,歌手辈出。

(四)俍僮时代壮族诗性传统的深化与拓展

元明清时期,生活在岭南地区的俚、僚族群逐步演化成俍、僮,《赤

---

① 范成大:《桂海虞衡志》,齐治平校补,广西民族出版社1984年版,第31页。

雅》记载:"俍兵骛悍,天下称最。"瓦氏夫人率领俍兵赴江浙沿海地区抗倭,俍兵"十出而九胜"。"僮"源于对岭南土著兵丁的称呼,后泛称岭南的原住民族。"僮"人同现代壮族存在直接的一脉相承的联系,是珠江流域颇为活跃的群体。俍僮时期的壮族诗性传统衍生于元明清时期壮族社会文化新的时代语境,壮族诗性文化的主题从关注人与神的互渗转向关注现实社会的苦难,创作主体描述个人际遇,抒发个人感情占据主导地位。诗歌风格从神奇壮丽走向刚健清新,诗歌题材由原来的以莫一大王为代表的民族英雄,转向抒发个体的人生际遇和内心情感。《嘹歌》是本时期壮族诗性文化的杰作。梁庭望先生认为:"《嘹歌》萌芽于先秦,经过漫长历史的不断充实、加工和拓展,日臻完善品,最终完成于明代"。①《嘹歌》至今依然在右江流域广为传唱。

  壮族诗性文化从远古发源,至公元13世纪而进入鼎盛时期,《嘹歌》作为这一历史阶段壮族诗性习俗的文化结晶,从多方面折射出壮族诗性传统在人类诗歌发展历史过程中的多重文化意蕴。谭绍明搜集的《嘹歌》,包括《三月歌》《日歌》《路歌》《房歌》《贼歌》共五部民间长诗,民间情歌是贯穿《嘹歌》的主线,前四部的主题是青年男女寻伴对歌、结伴出游、直抒胸臆、结婚建立家庭、共建幸福家园。《贼歌》又译为《唱离乱》,描写因为战乱造成的悲欢离合。从诗歌文化史的角度审视,这显然是"劳者歌其事"的体现,诗歌创作和传承主体表达真切的社会生活和情感生活已经成为诗歌的主流,诗性思维更为全面而深层次地融入民众的日常生活之中,韵律、节奏、想象等诗性基因更为广泛地成为普通民众情感表达的中介,或者说,普通民众的诗性感知能力更为敏锐,诗性语言的运用更为游刃有余。

  元明清时期,中原汉族文人不断南迁,在壮族地区开办书院,收徒授

---

① 梁庭望:《平果壮族嘹歌·序》,谭绍明、罗汉田:《平果壮族嘹歌·三月歌篇》,民族出版社2009年版,第2页。

业，传播中原文化，壮汉文化进一步交融，壮族社会和文化结构发生的巨大变化，中央王朝的严酷统治导致社会矛盾日趋尖锐化，此起彼伏的农民起义以及被镇压的结局，造成了壮民族沉郁、悲凉、凄楚的民族心理和文化氛围，人们用自己的诗歌表达思想感情，诗歌创作从宗教性的神圣仪式中分化出来，具有更为突出的社会性、现实性、斗争性、阶级性。壮族社会兵荒马乱，动荡不安，美好爱情受到摧残的黑暗现实在壮族文学中得到了生动、形象、深刻的反映。诗歌演唱的功能由娱神进一步转向自我情感的宣泄。譬如《嘹歌·唱离乱》抒发了壮族民众反对不义战争的思想感情，表达厌战情绪和对安宁、自由、幸福的田园生活的憧憬。《穷人苦歌》《长工苦歌》《媳妇苦歌》《孤儿苦歌》《寡妇苦歌》《鳏公苦歌》等从社会生活的各个侧面，自我抒发或由知情者编歌演唱，描绘了劳苦大众无衣无食、受尽种种苦难折磨的苦楚，揭露了腐朽没落的社会制度造成社会底层民众饱受欺凌的凄惨命运，沉郁哀婉的风格成为时代的主旋律。

（五）僮族和壮族时代壮族诗性传统的转型与更新

1840 年以降，壮族社会陷入中西文化的急剧对立和冲突之中，西方文化从不同的路径进入壮族地区，壮族民众广泛参与太平天国运动、中法战争和辛亥革命，不断接触中外新文化。壮族社会演进的节奏由此变得更为急促，壮族文化更新的机制由此发生历史性的变革，壮族民众的生命节律更加变幻莫测。具体来说，工业化进程的加快逐步取代自给自足的自然经济，集群化的生活方式逐步取代"日出而作，日入而息"的生活节奏，娱乐方式和情感表达方式的多样化冲击"以歌代言"习俗的主导地位。来自壮族外部的政治、经济、文化力量更直接地制约着以民歌为中心的壮族诗性传统的演化。20 世纪三四十年代新桂系统治时期和"文革"十年期间，壮族歌咏习俗都被"污名化"而遭到禁止，80 年代之后，国人走出非理性境况，民间文学"三套集成"的编撰和非物质文化遗产保护浪潮的兴起，壮族诗性传统起死回生，迎来前所未有的发展机遇，只是"打工潮"

"村落空壳化""诗性主体的老龄化",致使诗性传统的延续面临来自民族文化内部的沉重冲击。

可以说,从19世纪至21世纪,壮族诗性传统的核心形态——壮族民歌,经历了"禁歌""放歌""弃歌""救歌"的充溢酸甜苦辣的际遇。"禁歌"来自外部的政治力量,往往只能阻止外在的对歌活动,却阻止不了内在的情感体验和情感表达的精神需求;"放歌"是在民间场域以及政治开明时期的纵情歌唱,包括官方对歌唱习俗的宽容与歌者的纵情歌唱,这都让诗性传统获得新的生机;"弃歌"包括诗性主体特别是杰出歌师不可抗拒的生命老化,人去歌歇,也包括社会习俗的变革、歌咏场域的变迁,娱乐方式和情感表达方式的变迁,迫使人们不得不放弃了歌咏习俗;"救歌"意味着人们意识到诗歌文化具有的审美价值,自觉地搜集、抢救民歌作品,搭建对歌舞台,试图为民歌传承和发展创造有利条件。

外在的可以观察的诗性传统可以通过现代的多媒体技术进行保护、抢救,使之在未来的历史长河中得到延续,令人无可奈何的是隐含在独立生命主体中的节奏、韵律、想象、隐喻等诗性基因,在多重力量的冲击之下,发生了种种变异。数千年壮族诗性传统历经艰难曲折的发展历程,生活方式和价值观念的多元化以及信息技术的高速发展,加快了壮族民歌传承的多元化的态势,电脑网络与光碟等现代传媒的普及,已经对壮族诗性传统的未来发展产生深远的影响。现代人的生命节奏与自然运行的节奏不再像传统农耕社会那样协调,现代照明技术的高度发达已经改变了人们的作息时间,日出日落、月圆月缺、星移斗转所体现的大自然的内在韵律,已经外在于普通民众的生命节律。虚拟空间的大量信息冲击现代人的视觉和听觉,现代人对于源自大自然花草林木的象征和隐喻,逐渐感到陌生,难免影响诗性语言的生动表达。

三 社会文化演进与诗性传统的变迁

壮族诗性基因和诗性传统的演化,始终以壮族民众的生计模式、社会结构、民间风俗作为文化土壤。换言之，不同的生计模式孕育不同的娱乐方式和情感表达方式，不同的社会运作机制也对风俗习惯的变迁产生某种制衡作用，从而影响生活在其中的文化传承主体的生活节奏、生命体验和人生精神境界。而不同的生命体验和生存境界萌生不同的包括民歌在内的文学艺术。马克思在《政治经济学批判·导言》中指出："关于艺术，大家知道，它的一定的繁荣时期，绝不是同社会的一般发展成比例的，因而也绝不是同仿佛是社会组织的骨骼的物质基础的一般发展成比例的。"[1]这就意味着物质生产和艺术生产，亦即经济基础和上层建筑的演变有一种不对称的关系。不同的历史时期催生不同的艺术创作，不同的文化模式造就不同类型的艺术作品，神话和史诗只能产生在人类社会发展的早期阶段，一旦人类的理智取代了童年的想象，启蒙之光照亮了诗意朦胧的世界，理性完成了对大自然的祛魅，神话、史诗所蕴藏的诗性基因也就无处遁迹。

在中国文学发展的历程中，不同的文体与不同的时代相对应，譬如"唐诗""宋词""元曲""明清小说"，实际上是不同时代的文化传统孕育了不同的文学体裁，更确切地说是不同时期的生计模式、风俗习惯、诗性思维、情感体验、娱乐方式，造就了与之相适应的艺术样式。换言之，社会文化基础发生了变化，必然导致心灵体验和情感表达方式的更替，相应引起艺术表现模式的更新。正如马克思指出：

> 当艺术生产一旦作为艺术生产出现，它们就再不能以那种在世界史上划时代的、古典的形式创造出来；因此，在艺术本身的领域内，某些有重大意义的艺术形式只有在艺术发展的不发达阶段上才是可能的。[2]

---

[1] 《马克思恩格斯选集（第2卷）》，人民出版社1995年版，第28页。
[2] 《马克思恩格斯选集（第2卷）》，人民出版社1995年版，第28页。

马克思意识到了人类童年时代有"发展得完美的地方",因而"显示出永久的魅力",达到"一种规范和高不可及的范本",正像"一个成人不能再变成儿童,否则就变得稚气了"①。针对壮族的诗性传统而言,壮族及其先民的诗性基因的因袭和传承同样寄寓在特定的社会文化语境之中,社会文化语境的迁移,自然而然引起诗性基因的和诗性文化传承谱系的变易。当今壮族诗性文化传承主体面临前所未有的经济基础、生计模式和人文环境,不可能与先辈们拥有同样的情感体验,相应地难以创作相类似的诗性文化。今人需要理解的是:不同历史时期的壮族生计模式与诗性传统有何关联?不同的娱乐方式如何生成不同的诗性情感的表达?不同的人生礼俗如何制约民歌的展演?

(一) 生计模式变迁与诗性传统的延续

壮族及其先民的生计模式与人类历史上其他民族的谋生路径具有显而易见的对应性,始终在采集狩猎、农耕、工业化、信息化的宏阔背景下演化。壮族聚居的以珠江流域中上游为主体的"那文化区",作为汉族文化自北向南传播以及西方文化自南向北传播的重要通道,始终受到人类谋生技术演进历程的根本性的制约。如前所述,节奏、韵律、想象等诗性基因在人类蛮荒时代已经孕育,在诗性语言形成之时,远古人类通过口述方式创作和传唱诗歌作品。只是诗性表达源于情感体验,情感体验源于现实中的生活方式和生命体验,其中发挥奠基性作用的是生计模式,生计模式的变迁或早或迟引起诗性传统的革故鼎新,其间的互动过程如下。

生计模式→生活方式→生命感悟→情感体验→诗性表达→诗性传统。

具体而言,在采集狩猎时代,人们居无定所,依靠采集野果和捕猎动物充饥,人们的喜怒哀乐等情感体验与此息息相关,人们的生活方式和生活节奏与野生植物生长节律以及动物的行踪紧密相连,常常因为满载而归而满心喜悦,因为两手空空而伤心懊恼,为了赢得神灵的护佑而默念咒

---

① 《马克思恩格斯选集(第 2 卷)》,人民出版社 1995 年版,第 28 页。

语,跳舞吟诗以取悦神灵。

到了农耕时代,"传统农业看的是自然的时间周期,有机的生长情况,当时多数社会都无法准确测量时间,而且对这件事实在也没多大兴趣。毕竟,当时没有时钟、没有时刻表,重要的是太阳的运行、植物的生长周期。当时没有人人统一的工作日,而且在不同季节的生活习惯也有极大不同。农业社会的人知道太阳该在天上哪个位置,会焦急地等着雨季和收获季的征兆,但是小时的概念就不在他们心里,而年份的概念更是于他们如浮云"。① 壮族以水稻种植作为主要的谋生手段,壮语称田为"那",世世代代壮族民众临"那"而居,赖"那"而食,凭"那"而生,依"那"而乐,由"那"生神,遵循水稻的"耙田—育秧—插田—施肥—耘田—护苗—收割—晒谷—入仓"的不同进阶而安排饮食起居和生活节奏,举行春社祭祀,以祈求五谷丰登,举办秋社,以答谢神灵的护佑,年复一年,日出而作,日入而息,农闲时节对歌作乐,农忙来临,挥洒汗水,生命中自有无尽的苦与乐。

壮族诗性传统总体上在稻作文化的沃土中生长壮大,开花结果,壮民族在一年四季的耕耘中体悟生命的意义。与"那"文化区经济形态相适应的生计模式,深刻影响了壮族民众的生活方式和价值观念。古人云:仁者乐山,智者乐水。稻作文化离不开水,水的灵性在壮族的编歌、对歌过程中得到淋漓尽致的体现。无数歌手不假思索,出口成章,对答如流,充分展示了壮乡山水灵气所造就的诗性智慧。

然而,随着工业化、都市化的深化发展,传统农耕经济和生计模式面临前所未有的挑战,越来越多的壮族民众尤其是年轻人已经逐步走出传统的田园生活,壮族诗性传统正在失去赖以存在的社会文化根基。

在现代城镇中,人们更多地看到钢筋水泥建造的鳞次栉比的高楼大

---

① [以色列]尤瓦尔·赫拉利:《人类简史:从动物到上帝》,林俊宏译,中信出版社2014年版,第345页。

厦，而不是青山绿水；经常听到的是机器的轰隆声，而不是农田里的鸟叫蛙鸣。八小时工作制或者更长时间的加班加点，彻底改变了传统农耕社会的生命体验，失去了面对日出日落的想象空间。改革开放以来，相当一部分壮族人背井离乡到外地打工，在以汉族为主体的城镇里谋生，面对的是工厂里日夜运转不停的生产线，人们严格遵守确切的时间表，生活的节奏受到工厂日程安排的严格控制，追求的是步调的统一，吟诗的雅兴也由此消失殆尽。

（二）娱乐方式与诗性表达

生计模式固然是从经济基础和社会根基的层面上制约着诗性传统的演化，而娱乐方式与娱乐生活则更直接地影响人的诗性体验和诗性表达。从人类文化史的语境中审视，不同民族的娱乐生活经历从在祭祀活动中娱神，到在生产劳动之余自我愉悦的演变。娱神与娱人或多或少具有功利目的，娱乐过程兼具身体的快感和内在心灵的美感，只是不同民族、不同区域的娱乐方式多种多样，并且随着历史步伐的行进而不断发生变易。壮族及其先民的娱乐文化史是一个相对薄弱的研究领域，远古的先民们如何打发闲暇时光？借助什么手段获得心灵的愉悦？有哪些外部和内在的因素影响了人们娱乐生活的变迁？这些都还有待深入研究。

诗性表达是一种人的生命内力的觉醒，体现了人们对自由人生的本体性关怀，也是困境中的人生憧憬，荒原中的苍茫眺望，无奈与彷徨中的心灵平衡。这种诗性表达与人类娱乐手段、娱乐方式的变迁息息相关。在刻写实践诞生之前，口头创作是诗性表达的主要方式，口耳相传是诗性文化传播的主要路径。当书写进入人们的日常生活，人们更多地通过视觉获得信息，视觉效应逐渐增强，当电影、电视、电脑、手机这些现代传媒广泛进入人的日常生活，人的娱乐文化传统发生了天翻地覆的变化。诗性表达和诗性传统也在这种时代变局中消长沉浮。

在电灯进入壮族村寨之前，人们借助烧柴、点油灯照明，严冬时节围着火堆闲聊、讲故事、唱山歌，有了电灯之后，人们的夜间生活更加丰富多彩，人们的闲暇消遣模式随之变得多样化了。20世纪60年代至80年代，电影成为壮族民众娱乐生活的重要组成部分，90年代之后，电视逐步进入千家万户，占据了人们娱乐生活的大量时间。进入21世纪，电脑、手机、网络逐渐普及，更加对壮族民众的娱乐生活和认知结构产生深远的影响。这些现代传媒从根本上改变了人类的娱乐方式，越来越多的人倾向于自娱自乐，或者以家庭为单位从事各种娱乐活动，更大范围的宗族和群体层面的娱乐活动只有在有人组织的情况下，才有可能进行。

人类大脑虽然拥有巨大的开发潜力，但是大脑的容量是有限的，人们用于娱乐的时间也是有限的，人们从不同的娱乐方式中获得不同的乐趣，而不同的娱乐方式对人类大脑产生不同的刺激，形成不同的历史记忆。波兹曼认为："把诸如文字或钟表这样的技艺引入文化，不仅仅是人类对时间的约束力的延伸，而且是人类思维方式的转变，当然，也是文化内容的改变。"① 他还认为："我们认识到的自然、智力、人类动机或思想，并不是它们的本来面目，而是它们在语言中的表现形式。我们的语言即媒介，我们的媒介即隐喻，我们的隐喻创造了我们的文化的内容。"② 当以口述为核心的诗性表达方式面对书面文字和电子传媒，绚丽多彩的视觉效应逐步取代听觉感知，人类的审美体验也将变得更为多元化。

就壮族诗性文化的传承主体而言，在以口传心授为主要娱乐方式的时代，歌师尤其是富有盛名的歌师常常是娱乐生活的主角，是歌迷崇拜的对象，一旦电视、电脑在人的娱乐生活中占据越来越多的比重，必将导致娱乐重心的转移和娱乐方式的变革。属于外来的娱乐方式占据了人们的娱乐时间和精神生活空间，以传唱民歌为乐的习俗自然而然逐步边缘化，口传

---

① ［美］尼尔·波兹曼：《娱乐至死》，章艳、吴燕莛译，广西师范大学出版社2004年版，第16页。
② ［美］尼尔·波兹曼：《娱乐至死》，章艳、吴燕莛译，广西师范大学出版社2004年版，第18页。

心授的诗性表达模式要么日渐式微，要么主动适应新的娱乐方式，在复杂多样的现代传媒中寻得一席之地。

（三）人生礼俗与诗性展演

相对于娱乐习俗的变迁而言，壮族不同历史时期的诞生礼、婚礼、葬礼中的民歌展演方式的变迁，更直接地影响壮族诗性传统的传承和变易。因为每一项人生礼仪在特定的生命节点上举行，意味着人的生命轨迹的转型，告别前一个生命阶段，开启新的人生旅程，仪式主角以及其他仪式参与者在整个仪式过程中，都萌发特定情感的体验，用一种适合在仪式场合演述和语言表达情感。不管是诞生礼、婚礼还是葬礼，除了特意邀请的歌师，参与仪式者大多拥有亲属关系，因而诗性文化是在熟人社会中展演。

在壮族一些地区，为了庆祝婴儿出生，曾有在诞生礼上由外家赠送背带的习俗，唱《背带歌》是诞生礼仪中的重要环节。在仪式上，通过唱歌追溯民族历史，思考人类的起源和生命的意义，表达对新生命的祝福和期盼。同时，倡导与人为善的伦理原则，赞颂诚实、勤劳、孝顺的道德品质。

壮族婚礼仪式歌与歌圩场合所对唱的民歌不尽一致，对唱的目的也迥然不同。婚礼歌更多的是男方家族和女方家族歌者的对唱，主要是对新郎新娘以及双方家庭的祝福，同铺床、进门、敬茶、拜堂的仪式环节相交融。

在丧葬仪式上，壮族师公吟唱内容丰富的各种仪式歌，通常唱一个通宵，特别隆重的葬礼甚至要连续举办三天三夜才能完成仪式过程，其主要内容包括追念死者一生辛劳的历程、演唱民族或宗族的历史、奉送死者灵魂回归祖先之地归天、祈望主家兴旺发达。

进入21世纪，壮族的人生礼仪发生了巨大的变化，人们通常不再用背带，送背带的习俗已经消失，很少有人会唱《背带歌》了。还有相当一部分年轻人，先登记结婚，暂时不举办婚礼，生下孩子，然后将满月酒和婚礼同时举办，简省了许多环节，请歌手演唱仪式歌不再是必不可少的环节，这对演唱仪式歌的歌手而言，往往失去了表演机会；对于客人来说，难以通过人生礼仪领略民歌的精彩；对于少年儿童来说，在人生仪式上耳濡目染民歌文化的机会相应地减少了。

壮族仪式歌与歌圩场上的民歌不同之处在于说理性增强，娱乐性不甚突出，传统歌圩场上对歌的主体是不同村落的青年男女，而在仪式场合上唱歌的更多是带有专业性的仪式歌手，互动主体是主客双方，更多的是在熟人之间、在家屋中表演，在这种语境中，歌词内容必须切合仪式主题，符合仪式程式的需要。壮族仪式歌内容更多涉及伦理道德观念，以诗性的语言，宣扬处理好夫妻、父子、妯娌、兄弟、姐妹、姑嫂之间相互关系的行为准则，教育人们学会做人做事的道理，要心怀感恩，走正道，行善积德。

四　人生旅程与情感体验

诗性基因的孕育和成长归根结底寄寓在无数诗性主体的生命旅程和情感体验之中，任何生命个体都要经历孕育与出生期、婴儿至少年的成长期、青年至中年的成熟期还有老年的衰老期，人生的不同阶段有不同的情感体验。在未出生之时，母腹中的胎儿也能感受到生命的律动，出生后，人的整个生命旅程或多或少以不同的方式感悟到大自然的节奏和韵律。只是不同生命拥有不同的情感体验和诗性基因表现机制，诗性主体也在不同的生命阶段生成不同的诗性文化结晶。在历时性的视域中，人们何时习得歌唱技能？何时养成以歌代言的习惯？何时达到诗性表达的高峰期？诗性思维又在何时衰微？是值得思考的问题。

因为造物主赋予人类拥有超越动物的认知水平和思维能力，任何人都能通过生命遗传或多或少承继人类的诗性基因，只是各人的诗性基因外显形式不同而表现为参差不齐的歌咏才能，也因为诗性感悟或早或迟而在不同的人生阶段成为歌者。在诗性习俗盛行和诗性文化底蕴丰厚的地区，许多人在童年时代耳濡目染中掌握了诗性的语言和表达方式，而在诗性传统式微的情境中，人们通过有意识地传授和学习，也能学会唱歌。

从壮族个体生命旅程的角度看，壮族歌者成长历程大体上可以分为"少年启蒙与习得""青年开悟与学成""中老年传歌与情感体验的升华"三个阶段，不同年龄段的歌者具有不同的情感体验，也在诗性传统的延续过程中扮演不同的角色。

（一）少年启蒙与习得

人在青少年时期，精力充沛，情感丰富，接受能力强，想象力丰富，思维模式尚未定型，具有较强的可塑性，容易接受诗性语言的启蒙，在较短的时间内学会唱歌。人们一旦学会了语言，具备了听说能力，就在聆听长辈的歌声中领悟有节奏的诗性语言。

在以农耕为主体的壮族传统社会，在"以歌代言"习俗盛行的地区，壮族生命体在充溢诗性韵律的场境中孕育、诞生、成长，具有自然而然习得民歌的优越条件，在耳濡目染中养成诗性的思维习惯，天资敏慧者很容易成为杰出的歌才。

从悠远的蛮荒时代及至 21 世纪，不同年代的壮族儿童和少年在不同的诗性语境中成长，自然而然经历不同的生命际遇和情感体验。在部落时期，人们面临的第一要务是通过采集和狩猎获得赖以生存的食物，到了建立古国方国时代，人的活动区域逐步扩大。在羁縻和土司统治时代，阶级矛盾和民族冲突导致战乱频仍，只是民族苦难并不能消磨人们的诗性想象，人生的悲痛有可能成为激发人们以诗性语言倾诉苦情的机缘。马克思提出的艺术与经济发展的不平衡理论也在壮族文学艺术发展过程中得到印证。譬如，在壮族文学史上有一席之地的《达稳之歌》，其主人翁韦达稳1863 年出生于都安六也乡（今属大化县）首桂村，14 岁时便能唱成套的山歌，也会编唱体制很严的勒脚歌。因为婚姻不幸，被逼得走投无路，不得不在 1884 年农历五月十八日悬梁自尽，结束了短短的一生，年仅 21 岁。在她离开人世之前，用编写勒脚歌的方式，倾诉一生遭受的苦难，如泣如诉，唱给同村的唯一同情她的覃如脑听，让他用"土方块字"记录下来。

作为布洛陀古歌第七代传人的黄达佳也在少年时代学会了演唱壮族民歌。黄达佳 1946 年出生于田阳县田州镇东江村，其父亲是一名远近闻名的麽公和山歌王，平常都有许多歌手到黄家学歌。在这样的氛围之下，黄达佳自然而然知悉壮族各种习俗，也学会了不少山歌。他还跟父亲学会了唱布洛陀古歌等许多祭祀歌。改革开放之后，黄达佳担任田阳山歌协会会长，敢壮山成为祭祀壮族人文始祖布洛陀的文化圣地，黄达佳成为布洛陀祭祀大典的主祭人。

（二）青年开悟与学成

壮族青少年在成长过程中，既有一部分人依靠自身的天赋，逐渐掌握唱歌、编歌的技巧，也有一部分人通过拜师学艺，在名师的启发下，日渐娴熟地"以歌代言""以歌传情"，在对歌、斗歌中习得应对策略，施展歌才，击败对手。

还有一些男青年是因为女歌手邀请对唱山歌，却听不懂，觉得很丢人，被逼着学唱山歌。通常是先请教当地的歌师，从古壮字记载的歌本中熟悉民歌作品，然后到歌场中去磨炼，培养编歌和对歌的能力。在歌唱传统成为一种"文化迫力"的情况下，它会激励、驱使学习者努力提高自己的歌才。年轻人在学歌过程中，能够拜一名声名远扬的歌师为师，拥有一些经典性的歌书是非常重要的。青年歌手的成长历程表明，诗性文化氛围的熏陶是基础，歌师的指点和口传心授是关键，而从歌书汲取养分以及亲临歌场磨炼则是成为优秀歌手的必经之路。

然而，随着社会的发展以及文化传统的变迁，不同历史时期的壮族青年在不同的民俗场境中成长，对诗性传统的领悟情况千差万别，有的人习得歌咏技巧，还有更多的人远离了诗性传统。如果以 20 世纪 50 年代为界，此前出生的壮族青年往往比较幸运地受到传统民歌习俗的熏陶，学会对歌可以帮助他们找到婚恋对象，民歌传统自然在他们的心志中占据重要地位。而到了 50 年代之后，壮族社会经历了两年困难时期、1966—1976

年的"文化大革命"时期，20世纪80年代之后的改革开放、外出打工潮、城镇化、都市化等不同的历史阶段，这些客观存在的社会事实以前所未有的方式和幅度影响人们的生活方式和价值观念，也影响了人们对民歌文化的认知、传习和传承。当民歌不再成为谈情说爱所必需的媒介、当民歌被当作"毒草"、当歌圩日渐衰落、歌俗发生变异，必然深刻影响壮族青年人的文化养成。

（三）中老年传歌与情感体验的升华

当以歌代言成为一种习惯、吟唱民歌成为一种情感表达的重要方式，壮族歌者就不会因为年龄的增长而改变对民歌的眷恋。许多歌者步入中老年时期，或许嗓音不再那么清脆，歌声不再那么嘹亮，精力不再那么旺盛，对婚恋情歌的痴迷或许成为一种记忆，但是，随着人生阅历的丰富，他们见多识广，可以结合自身的学歌经历和体验，向青年歌手传授山歌。20世纪80年代后期，笔者拜访田阳县著名歌王李春芬，他依然饱含对民歌的热爱，常常为年轻歌手答疑解惑，被誉为"山歌校长"。2002年，笔者在罗城仫佬族自治县调查，有一位长者原来在政府部门工作，退休后开始学唱山歌，自得其乐，成为安度晚年的一种娱乐方式。

年长者通常在诗性习俗的传承过程中扮演为年轻歌者出谋划策的"军师"角色。在婚丧嫁娶的仪式歌的展演中，离不开年长歌师的主导作用，在对歌场合，通常由年轻歌手在前台表演，年长歌师在后台献计献策。与年轻歌手相比，年长歌者的想象力或许不那么丰富，创造力也许有所减弱，反应逐渐变得迟钝。但是，历经"四十而不惑""五十而知天命""六十而耳顺"的人生不同阶段，逐步能够"从心所欲"，自主把握人生，摆脱生活中的诸多羁绊，生活的节奏放慢了，通过编歌、唱歌、听歌以打发悠闲时光，以自娱自乐的方式安度晚年。特别是进入21世纪以来，年轻人多为生计而奔波，或者醉心于电视、电脑、手机中的现代传媒，无暇于传唱民歌，唯有年长者仍旧眷恋传统的民歌，活跃在城乡歌台上，以感性的态度去体验心灵自由的境界。

在不同的人生阶段,人的情感体验的重心不尽相同,由此喜欢吟唱不同类型的民歌。虽然壮族文化传统并不禁止中老年吟唱情歌,但是,多是出于娱乐的目的,甚或是回味青年时代的情感体验,也为年青一代传授情歌的对唱技巧。年长者的情致更多转向伦理教育类民歌以及仪式歌谣,自觉意识到自己应有的职责是向晚辈讲解做人做事的准则,倡导诚实、勤劳、孝顺的道德品质,正确处理好家庭成员之间相互关系,维护家庭和睦,推动社会的和谐。

在壮族诗性传统的演化历史上,不同时代的中老年人经过不同的历史变局和世事沧桑,自然而然经历不同历史时期的喜怒哀乐,对外部世界有不同的想象和期盼,对人生有不同的情感体验和文化感悟。人生步入中老年,看淡了花开花落,云卷云舒,或许不再有年轻时的豪迈与激情,但是,更能够理解天命之无奈与无常,以超验的大我超越感性的小我,以审美的而非功利的态度去观照人生,领悟人生之真趣所在,学会自得其乐,不再沉溺在虚幻的想象之中。

五 壮族民歌中的时间认知

民歌习俗和诗性传统的演化与壮族作为民族主体的历史进程密切相关,与人类诗性文化的演进轨迹遥相呼应,与壮族文化发展历史相交融,与壮族无数个体的生命成长过程息息相关,也同特定的空间和情境有关联。歌手们在山野中见物起兴,在田园里纵情飞歌,在人生礼仪的场合上展示歌才。这种歌咏习俗和诗性传统随着生态时间、社会时间和生命时间的演进而发生相应的变易。

同样,在浩如烟海的壮族民歌当中,也包含着民歌创作和传承主体对时间的感知实践和认知模式。在创世史诗中,集中体现了壮族先民对宇宙起源、天地起源、人类起源的思考;在以民族历史为题材的叙事长诗中,反映了壮族歌者对民族历史演化历程的感知；在以宗族、家庭和个人命运为主题的民歌中，也不乏歌者对于"我从哪里来""将要到哪里去"的思考和想象。

壮族地区地处亚热带，壮族民众切实感受到每一天的日出日落，每个月的月圆月缺和每一年寒来暑往的四季轮替，民歌中的"日歌"和"夜歌"与白天和黑夜相对应，在昼夜不同语境中，往往需要吟唱不同的民歌。壮族许多地方流行的《四季歌》和《十二月歌》折射出不同季节的生产、生活以及人间百态。

值得人们深思的是，在壮族社会发展的早期，壮族先民热衷于追根溯源，追问宇宙的起源和天地万物的来历，思考的时间维度横跨上千年甚至数万年，在诗性文化中体现了广阔的致思空间和久远的时间意识。但是，随着社会的进步，在人们对于宇宙万物的起源有了相对科学的认知之后，人们思考问题的时间维度却缩小了，关注的重心由天地时间、人类时间向宗族时间、家庭时间和个人时间转移，从思考千万年的天地起源转向对数百年、数十年甚至一年四季的较短时段的感知和体悟。

在自然经济时代，人们更多是为抒发自我情感体验而歌唱，而在国家权力操控的历史场境中，壮族诗性传统经历了复杂多样的际遇，或被禁止，或被污名化，或被利用。来自壮族社会外部力量的禁歌、弃歌、救歌，在一定程度上影响了壮族诗性传统的发展，而对壮族诗性传统保护和弘扬起到决定性作用的因素，还是壮民族在不同历史场域中的生命体验、诗性基因、情感表达、娱乐方式、民族意志和时间认知。时间的轮替不以人的意志为转移，诗性传统的革故鼎新也如大江东去，不可逆转，每一时代的文化主体的心智结构都会发生历史性的变革，但是，只要人们的诗心仍在，诗情依旧，诗思不绝，壮族的诗性基因和诗性传统就将作为人类文化的有机组成部分，融入人类文化演进的历史长河中，生生不息，流传久远。

第三章 何处飞歌？

——壮族诗性传统的传承空间

常言道："近水知鱼性，近山识鸟音。"人类各族群栖居在特定区域空间的自然生态环境之中，人类的生存或多或少受到特定区域土地山川、动植物繁殖和气候条件的影响，外部世界的万事万物以不同的方式，刺激人们的听觉、视觉、触觉、意觉。不只是"一方水土养一方人"，更重要的是"一方水土孕育一方文化"。

人类文化的空间差异是显而易见的，不同民族的诗性传统在不同的文化空间中生成、演化，文化空间和诗性传统之间，存在密切的互动关系。人类历史上形成的诗性传统植根于特定的地理空间，不同的区域生态系统造就不同族群的文化感知体系，相应生成不同的文化隐喻、文化象征和文化风格。

壮族诗性传统同样始终寄寓在特定的文化空间之中。壮族不同乡镇、不同县域和不同壮语方言文化区的不同壮族支系传承着不尽相同的歌咏习俗，形成相对统一而又各有地域特色的民歌文化和诗性传统，并不存在超越壮族各区域文化的形神统一的诗性传统。因此，很有必要从地理空间、文化空间和地方感（sense of place）的视角，梳理壮族诗性传统的空间分布，以此审视壮族地区诗性文化空间的生成机制和传承语境，理解不同区域的壮族及其先民的诗性想象与诗性传统。

一　壮族栖居空间与区域文化格局

在西方学术界，海德格尔认为，地方与自我之间存在亲密的关系，人通过栖居，不断重复对于地方的体验，在这种互动过程中，地方成为自我的隐喻，人被特定的地方所标记，地方成为界定"自我"与"他者"的中介。① 列斐伏尔则提出了空间的实践（spatial praxis）、空间的表征（representation of space）和表征的空间（spaces of representation）等核心概念，将人类历史的进程分为：绝对的空间、神圣的空间、历史的空间、抽象的空间、对立的空间和差异性空间等六种不同的阶段，认为"空间是种历史的产物"，既是人类历史生产的结果，也是进行再生产的基础和前提。② 20 世纪 70 年代，华裔美国学者段义孚用"恋地情结"（topophilia）、"地方恐惧"（topophobia）、"敬地情结"（geopiety）、"地方感"（sense of place）、"文化想象"（cultural imagination）作为核心概念，揭示人对环境的感知与态度。③ 从地球演化史审视，大地上本是空蒙和荒芜，人类从动物界分化出来，经过漫长的历史光阴，在地球表面上穿行，寻求适合栖居的空间。充满艰辛的人类实践活动将荒原变成田园，将生土变成熟地，将熟地变成热土，将热土变成圣地，将自然空间变成"人化空间""神化空间""诗性空间"。而"诗性空间"的生成，离不开人们对大自然的感知和想象。

壮族聚居空间既有相对的统一性，也有明显的内部差异性。在交通不便的传统社会，人们在相对狭小的地理空间范围内谋生，主要靠双足行走，活动空间受到诸多因素的限制。在宏观视野中审视，壮族拥有相对统

---

① Case, E., "Between geography and philosophy: What does it mean to be in the place-world?", *Annals of the Association of American Geographers*, 2001, 91 (4), pp. 683 – 693.
② 张子凯：《列斐伏尔〈空间的生产〉述评》，《江苏大学学报》（社会科学版）2007 年第 9 期。
③ 朱竑、刘博：《地方感、地方依恋感与地方认同等概念的辨析及研究启示》，《华南师范大学学报》（自然科学版）2001 年第 1 期。

一的位于珠江流域中上游的生存空间，但从中观和微观角度观察，壮民族文化传承主体始终在特定的地理空间生息繁衍，不同壮族文化区的生态环境生成不同的文化传统。按照不同的尺度，壮族文化空间可以分为临时性空间与长期性空间；官方主导的空间与民众主导的空间；公共性空间与私人性空间；神圣性空间与世俗性空间。

学术界通常认为，壮族及其先民自古以来以华南—珠江流域"那文化圈"作为主要栖居空间。从自然地理的角度看，这一区域北起五岭山脉，南至中南半岛，东部经珠江流域下游与中国南海相通，西部为云贵高原。壮族聚居区地势自西北向东南倾斜，地形复杂，山岭连绵，江河密布，沟壑纵横，岩洞众多，风景秀丽。这里属亚热带季风气候，气温较高，雨水丰沛，林木茂盛，雨热同季，无霜期长，植物几乎全年可以生长。与中原大地和北方草原相比，这里丰富的水土资源、动植物资源和温暖的气候以及充足的阳光，为壮民族的生活和稻作农耕创造了有利条件，人们依赖土地耕种，安土重迁。

相比较而言，北方草原游牧民族生息在一望无际的草原上，逐水草而居，天似穹庐的苍茫孕育了高亢、宏阔、曲调悠长的诗性风格。"桂林山水甲天下""广西处处有桂林"，壮族聚居空间是世界著名的喀斯特地貌集中分布区域，是山清水秀的天地灵气汇聚之地，也是诗性灵感萌生的文化沃土。栖居此地的壮族以及其他民族创造了独具一格的生态适应模式以及与稻作文化相适应的诗性传统。

壮族地区分布着广泛的石灰岩溶洞，这里的先民们在学会建造房屋之前，多以天然的山洞和树洞作为栖身之所，或洞居，或巢居。后来随着社会的进步，人们才开始搭建一些居所，并在不同的生态区位和生态环境中创造出不同的居屋形式、居屋建筑和居住习俗。壮族先民逐步走出山洞，在依山傍水的地方选择宜居的生存环境，通常以田峒边的坡地作为聚落点定居，逐步过上了定居生活。对此，覃彩銮先生认为："近田居住有利于下田劳动，便于看管田间稻禾；傍水则方便生活用水；依山既使居民的心理有一种依托感，使之作为天然屏障，挡住背面来风，又方便居民上山砍柴割草作为炊煮之薪。居所建在山坡上，还有视野开阔、空气流通、光照充足和地基稳定的特性。选择这样的地形地点为聚落地，是壮族及其先民在长期的生产和居住生活中和利用自然的结果。"①

壮族在聚居区的选择上，遵循因地制宜、因时制宜的原则，常常是经过一番勘察之后才谨慎选择居住地。依山傍水的选址既为民族的繁衍和发展提供了生存的根基和保障，又可以使建筑与自然相得益彰，世世代代"得山水之灵气，沐日月之光华"，陶冶情操，颐养浩然之气。

从文化地理学的理论视野审视，人与特定自然空间的真切的情感联结，衍生出喜欢、依恋、崇敬，或者厌恶、愤恨、恐惧等复杂的情感，由此将作为客观存在的山川田园，转变成为充满联想和寓意的文化空间。天上的日月星辰和地上的山川田园，都有可能以某种象征和隐喻进入人的情感表达的文化空间，赋予神圣的文化隐喻。

针对壮族及其栖居空间而言，也经历了数万年的将自然空间转化成人文空间的漫长过程，不同区域的壮族民众创造了各具特色的文化象征和文化符号。

诗性传统的核心是人对自然节律和音韵感知，人的心脑体悟到天地间不言而喻的审美意境，日出日落，朝霞万丈，暮霭绚丽，天际犹如画纸，霞光添作画色。泉水叮咚，无弦而鸣琴，山花无语含笑，鸟鸣暗合乐音。大自然造就的美妙绝伦的审美意象让人类观"物象"而生"心象"，聆听大自然的声音而感悟韵律的美妙，借助"比兴"而营造"意境"。

壮族地区地处热带和亚热带，气候温暖，雨量充沛，空气潮湿，林木茂盛。这种客观存在的自然生态环境，在不同的场域中，在不同的空间想象主体中，常常会呈现或积极或消极、或正面或负面、或美好或丑恶的文

---

① 覃彩銮：《试论壮族文化的自然环境》，《学术论坛》1999年第6期。

化意象。

　　壮族栖居在以珠江流域中上游为核心的连成一片的华南地区，相对于长江流域文化区和黄河流域文化区，珠江流域文化区具有相对统一的文化传统，但是，并不存在超越空间差异的大一统的壮族文化结构，笼统而没有文化空间意识地论述壮族文化的研究范式实际上已经面临基于实地调查和个案研究成果的质疑和挑战。因为壮族地区拥有各自不同的族群结构和文化传统，壮族的诗歌文化杰作分布在不同的文化空间。刘三姐歌谣、布洛陀、嘹歌、壮族排歌、抒情悲歌等歌类都具有核心传承区和影响辐射区，而随着人类历史的演进，壮族诗性文化的传承语境不断发生变化，随着壮族人口的迁徙，壮族诗性文化空间也会发生位移。政治力量的干预和传播媒介的更新，也对壮族民歌文化的传承语境起到重要的制衡作用。

　　壮族文化格局依托于覃乃昌先生所论述的"那文化圈"。[①] 然而，"那文化圈"实际上是相对于汉族地区的稻作文化以及麦作文化圈（区）而言的，不能说明更小层面的壮族文化的文化差异，而壮族区域文化格局总体上由壮语南北两大方言区构成，还可再划分13个壮语次方言文化区。因为各方言文化区语言、风俗传统的差异，不同方言区内的壮族民众创造了富有地方特色的文化杰作，崇拜当地的神灵。以壮族方言作为划分壮族文化区域的标准，更能全面而明晰地勾勒壮族区域文化格局，并对各文化区的文化象征和文化符号及其依托的地理空间，具有更为深刻的认知。

　　柳江壮族方言文化区——区域范围：柳江、来宾北部、宜州、柳城、忻城北部。该区域壮族民众崇奉莫一大王为"通天大圣"，在堂屋的神台上书写有"通天大圣莫一大王之神位"，与"天地君亲师"神位以及历代祖先神位相并列。区域文化象征和文化符号主要有：柳江人遗址、白莲洞文化、刘三姐歌谣、土司建筑、伦理歌、莫一大王祭祀、社王崇拜、柳城壮欢、象州马坪壮欢，深受桂中城市柳州汉文化的影响。

---

① 覃乃昌：《"那文化圈"论》，《广西民族研究》1999年第4期。

红水河连山壮族方言文化区——区域范围：都安、马山、上林、忻城南部、来宾南部、武宣、象州、鹿寨、荔浦、阳朔、贵港、贺州，广东连山、怀集。区域文化象征与文化符号主要有：麒麟山古人类遗址、盘古神话、盘古庙会和相关习俗、师公戏、多声部民歌、壮族悲歌、宗族习俗、传扬歌、八寨村落文化。该方言文化区位于壮族文化的中心区域，文化特色比较显著。广东连山地区流传舞火龙、舞火猫、舞春牛、抢花炮等习俗，位于壮族文化分布区域的东部前沿，有如文化孤岛。

邕北壮族方言文化区——区域范围：邕北—武鸣、邕宁北部、横县、宾阳、平果。区域文化象征与文化特质主要包括：骆越文化、歌圩传统、平果嘹歌、壮锦。该区域是壮族文化的核心区。拼音壮文以武鸣双桥一带的壮语语音为标准音。

邕南壮族方言文化区——区域范围：邕宁南部、隆安、扶绥、上思、钦州。区域文化象征与文化符号主要有：稻作文化、大石铲、歌圩习俗、壮戏、木伦、跳岭头习俗。该区域是壮族稻作文化的核心区域之一。

左江壮族方言文化区——区域范围：龙州、宁明、凭祥、崇左、大新和天等两县东部。区域文化象征与文化符号主要有：龙州天琴艺术、花山岩画、民歌习俗，是壮族文化代表作的集中分布区域。

右江壮族方言文化区——区域范围：田东、田阳、百色市右江区。区域文化象征与文化符号主要有：石器时代文化遗址、布洛陀信仰、姆六甲神话、花婆信仰、嘹歌、壮剧、舞狮、壮锦，壮族文化渊源深远。

德靖壮族方言文化区——区域范围：德保、靖西、那坡以及天等和大新两县西部、越南北部高平等省。区域文化象征与文化符号主要有：巫调、南路壮剧、绣球制作、壮锦、壮族民歌、侬智高传说与祭祀习俗、靖西药市。该区域是南壮文化的核心所在。

云南文山壮族方言文化区——区域范围：云南省富宁、广南、邱北、砚山、师宗等县,涵盖文麻、邱北和砚广3个次方言区。

文麻次方言区——云南省文山、麻栗坡、马关和开远等地自称布岱[dai^2]的壮族语言以及越南北部某些侬岱语。该区域壮族文化特色相对突出,是壮族边境文化的代表。非遗代表作与文化特质主要有：民歌习俗、麽教信仰、青铜文化、壮戏、服饰文化、坡芽歌书、神话传说、干栏建筑。

邱北次方言区——这里是壮族文化的大后方,传统文化积淀深厚,壮族原生态文化得到较好的传习。具有代表性的文化是：三月三民歌习俗、服饰文化、干栏建筑、稻作文明、森林崇拜、麽教信仰、沙支系、侬支系、土支系的服饰。

砚广次方言区——这里是壮族文化的大后方,与越南交往的前沿。区域文化象征与文化符号主要有：民歌习俗、麽教信仰、娅王崇拜、干栏建筑、服饰文化,文山市手巾舞、马关纸马舞、句町古国文化。

桂边壮族方言文化区——区域范围：田林、隆林、西林、凌云、乐业、凤山。区域文化象征与文化符号主要有：北路壮剧、民歌艺术、服饰文化、凌云巫调、岑氏土司。

桂北壮族方言文化区——区域范围：河池、南丹、天峨、东兰、巴马、融水、罗城、环江、永福、融安、三江、龙胜。区域文化象征与文化符号主要有：壮族铜鼓文化、蚂虫另崇拜、长寿文化、莫一大王信仰、民歌传统、板鞋舞、龙脊梯田、干栏建筑。壮族民俗特色相对浓郁。

二 壮族诗性传统的空间差异

诗性传统是文化传统的有机组成部分,不同区域的自然景观、生计模式、风俗习惯以不同的方式塑造了各地的文化传统。诗歌作为一种语言表达艺术,尤其是民歌作为一种口头创作,以口耳相传作为主要的传承路径,更是直接受到当地方言的深刻影响。因此,民歌植根于各地方言,

"民歌和方言之间存在着天然的联系。这种联系不但体现在歌词上,而且体现在音调上"。①

如前所述,基于13个壮族次方言文化区划分的十大壮族方言文化区,是观察壮族诗性文化和诗性传统内部差异性的重要审视视角。壮族不同方言文化区的生态环境、社会组织、民间信仰、人生礼俗、民歌传统等社会文化表象,都呈现出一定程度的区域特色。壮族传统社会中的民间歌者通常以本地方言作为编歌、唱歌、传歌的工具,在特定方言区演唱,以操当地方言的民众作为听众。若是在超越方言区的更大文化场域表演民歌,则需借用汉语(主要是西南官话)作为媒介。

审视壮族区域文化格局的另一个尺度和路径是壮族聚居区的众多的河流,因为人类文明依江河而生,江河之水滋养了沿岸的文明。不同河流水系,分别孕育了自成一体的文化传统,呈现出同中有异的文化风格。壮族作为百越民族的后裔,与百越族系的其他民族以及徙居岭南的其他民族共同创造并传承自成一体的珠江文明。珠江流域中上游是壮族的主要栖居地,壮族文化传统在珠江上游地区的漓江流域、柳江流域、红水河流域、右江流域和左江流域孕育、生成、壮大,世代相传。与此相对应,珠江上游各支流的生态系统和区域文化传统造就了具有不同文化表征的壮族诗性传统。

(一) 漓江流域的壮族诗性传统

漓江发源于华南第一高峰——海拔2141.5米的猫儿山,流经兴安、灵川、桂林市区、阳朔、平乐,经桂江汇入西江,全长227千米,干流长164千米,流域面积6050平方千米。先秦时期,漓江流域属于壮族先民西瓯人的聚居地,至公元前214年,秦王朝统一岭南,设置桂林郡、南海郡和象郡。西瓯、骆越方国解体之后,作为壮族先民的瓯骆族裔散居各地,向南迁移,汉族、侗族、瑶族等民族逐步迁移到漓江流域,直至明代,因

---

① 周振鹤、游汝杰:《方言与中国文化》,上海人民出版社1986年版,第191页。

为桂北地区屡次爆发战乱，明王朝采用"以夷制夷"的战略，从桂西地区征集壮人，用以平定战乱，驻防要隘。明代迁居桂北地区的壮人及其后裔成为漓江流域壮族诗性传统的传承主体。

漓江流域风景如画，天然生成令人赏心悦目的诗性空间，引发无数人的诗情画意。只是自古以来，本地人虽有一些吟咏桂林—漓江美景的诗作，但是，赞颂桂林诗词的创作主体是外来者。不能说散居漓江流域的壮族民众已经失去了诗情和诗兴，只是相对其他区域而言，漓江流域的壮族虽有歌唱之俗，但鲜有类似《布洛陀经诗》《嘹歌》《莫一大王》之类的经典之作，根源在于南岭民族走廊和漓江流域是中原王朝和岭南地方政治势力发生碰撞和冲突的前沿地带，壮族与汉族、瑶族由此存在复杂的互动关系。在先秦时期居住在这一区域的壮族先民社会结构已经崩解，而后移居此地的壮族被当作镇压暴乱的兵士，是阶级矛盾、民族冲突的牺牲品。幸存者在战乱平息后得以就地安置，驻守军事重地，平时为民，战时为兵。这些壮族人大多在汉族聚居的集镇和瑶族聚居的山林之间，在交通要道和具有防守作用的地方驻扎下来，建立村寨，繁衍后代，逐渐失去了同桂西、桂中原居地壮族的联系，游离于原居地的诗性文化区之外，也难以在语言不同、矛盾重重的壮汉瑶杂居的桂北地区形成与桂西地区相媲美的歌圩文化空间。

无论如何，漓江流域直至当今依然有许多壮族村落，壮族诗性传统依然在漓江流域拥有传承空间，属于桂林市管辖的龙胜各族自治县龙脊乡、阳朔县高田镇、荔浦县的马岭镇、恭城瑶族自治县的西岭镇、莲花镇和三江乡等地，都有壮族村落分布，像龙脊壮寨、高田蒙村壮族民众依然以壮语为母语，还有莫一大王信仰习俗，壮族文化基因依然得到传承。特别是壮族歌仙刘三姐因为电影《刘三姐》在漓江取景拍摄，大型山水实景演出"印象·刘三姐"落户阳朔，至今为止成功演出十多年，在国内外产生了深远影响，桂林—漓江流域依然是壮族诗性传统与文化旅游相结合的文化沃土。

(二) 柳江流域的壮族诗性传统

柳江是珠江流域中上游的重要支流，位于桂北—漓江流域和桂西—红水河流域之间，柳江的主要支流洛清江、融江、龙江，全长773千米。这里东有天平山、架桥岭，西有凤凰山，北部为南岭山脉和九万大山，东南部有大瑶山，这些山脉的环绕，使柳江流域成为自成一体的地理空间。

壮族是桂中—柳江流域的主体民族，柳江流域各个县区壮族人口占当地总人口的60%—80%。壮族文化渊源深远，具有一脉相承的人文传统，又同汉族文化发生深度交融。同桂北—漓江流域相比，这里的壮族文化得到较好的保存，同桂西—红水河流域相比，这里又在更为深广的层面上受到汉族文化的影响，壮汉文化达到较高的整合水平。

民间传说通常认为，刘三姐出生在宜州，落水在下枧河，成仙升天在柳州小龙潭和鱼峰山，传歌到桂林和漓江流域。龙江支流下枧河一带，是刘三姐传说的核心区，至今还有刘三姐打柴、对歌、幽会的扁担山、手巾岩、对歌台、订情树等风物和传说。这里的壮家人将刘三姐尊为歌仙，予以烧香膜拜，世代流传下来的刘三姐的山歌，依然赓延不绝。近年来，宜州市重点打造刘三姐文化旅游品牌，将原来的流河乡改为"刘三姐乡"，完善旅游基础设施建设，吸引中外游客，组织一系列的刘三姐山歌传唱活动，诗性传统呈现与旅游结合的复兴势头。

然而，真正体现柳江流域壮族诗性传统的是用壮语传唱的民歌——"壮欢"。其中尤以柳城太平镇、冲脉乡、柳江穿山乡、象州马坪镇等地的壮欢习俗尤为盛行，在历史上形成了以歌代言、以歌传情、以歌说理、以歌择配的文化传统。

除了传说中的壮族诗性传统的杰出代表"歌仙刘三姐"，在真实的现实生活中，柳江流域这片诗性文化沃土造就了以黄三弟、方寿德、周德康为代表的许许多多壮族诗性文化传承人，尤其是黄三弟的歌才蜚声八桂大地,享有"天上刘三姐,人间黄三弟"的美誉。

在柳江流域,壮族诗性文化符号进入了以汉族文化为主体的都市中心,柳州鱼峰山上有刘三姐雕像,山下有刘三姐故居,经常有歌者对歌,鱼峰歌圩成为位于城市中心的文化空间和非物质文化遗产传承基地,每年农历八月十五的鱼峰山歌节,周边歌手云集,在这里放声歌唱,进入21世纪之后,柳州江滨公园也成为柳州各地民歌爱好者聚会之地。宜州市有刘三姐广场,行走在街上,常能感受到山歌文化的氛围,这在广西其他城市是难得一见的文化景观。这是因为柳江流域的壮族作为西瓯、俍、僚、僮等原住民族文化的继承者,已经将先民们的诗性基因和诗性传统融入生命体之中,以歌代言的习俗尽管受到外来汉族文化和都市文明的侵蚀和遮蔽,但它总是在特定的场域中寻见生息的空间,在特定的文化语境中焕发生机活力。

(三)红水河流域的壮族诗性传统

红水河是珠江的正源,其上游为云贵高原上的南盘江和北盘江,两江进入广西汇合后,称红水河,该河段长659千米,流经广西河池市、来宾市,与柳江汇合后称黔江。红水河被誉为壮族的母亲河。这里的长寿文化现象、蚂蜗信仰习俗、铜鼓文化,皆举世闻名,以壮族三声部民歌、抒情悲歌和传扬歌为代表的壮族诗性文化杰作在壮族诗歌文化格局中熠熠生辉。

在文化地理学的视域中,红水河流域远离汉族文化中心区,壮族的原真文化得到较好保存,居于云贵高原边缘山多地少的自然环境,令人谋生不易,因而孕育了古朴阳刚、崇高劲健、恬淡知足、坚毅顽强的文化品格。

除了歌圩上纵情放歌、自编自唱、盘唱应答的短篇歌谣,红水河流域壮族诗性传统的杰作还包括具有鲜明区域特色的长篇抒情悲歌、韦拔群山歌、传扬歌。从诗歌形式上来说,这一区域流传的勒脚歌是壮族诗歌艺术精华的核心体现。壮族勒脚歌歌式特点类似音乐体裁的"回旋曲式",一组完整的勒脚歌由12句诗组成,在三组勒脚歌中,第二组的后两句重复第一组的前两句，第三组的后两句，重复第一组的后两句。这种别具一格的勒脚形式，主题得到层层深化，强化了艺术感染力，给人回肠荡气的艺术感染力，富有激情的回旋复沓，节奏和感情的起伏有致，使诗情如潮推涌，韵味无穷。

据忻城县文化部门调查，有近百部长篇抒情悲歌在红水河两岸流传，仅在忻城县就搜集到 32 部长篇悲歌，广西民间文艺家协会编选并翻译了其中的 10 篇，编成《忻城壮族悲歌选》。这类作品以女性为主体，是近代壮族女性根据自身的不幸经历，自编自唱或请歌手代编而成，核心主题是发自内心地抒发一种强烈的悲伤、凄婉、怨忿的感情。忻城悲歌的类型主要有：媳妇悲歌、寡妇悲歌、弃妇悲歌、苦恋悲歌和苦工悲歌，代表作品有《达稳之歌》《达备之歌》《乜暖之歌》《乜然之歌》《弃妇恨》《苦相思》《情恨》《特华之歌》等，这些作品的共同诗风是如泣如诉，缠绵悱恻，以情感人，震撼人心。这类作品印证了"人生不幸诗人幸"之诗学哲理，生命的苦难并不能泯灭心灵深处的诗性基因，反而激发人的诗性记忆，悲剧命运形成文化迫力，将充满苦恨的境遇转化成诗性语言，宣泄抑郁悲愤的情感，寻求情感安慰和人生解脱。

韦拔群作为革命领袖，有意识地利用山歌这一形式来传播革命思想，借助红水河流域的歌咏习俗，通过举办"歌会"活动，激发民众的阶级意识和抗争精神，可谓是壮族诗性传统与现代革命意识相结合而激发的时代火花。现代革命歌谣在红水河流域生根开花，激励当地民众干出一番惊天伟业，也凸显了红水河文化阳刚劲健的鲜明地方特色。

如果说韦拔群山歌体现的是红水河流域壮族民众敢于反抗、勇于瓦解旧世界的精神，而广泛流传在红水河两岸的《传扬歌》则是体现壮民族倡导维护社会和谐的理性意识，是说理与诗情深度融合的经典作品，体现了以理入诗、以诗扬理、相得益彰的美学意蕴和诗教传统。壮族民众以优美的山歌曲调阐明处世原则和伦理规范，将勤俭、善良、孝顺、平等、正直、和睦的价值理念，渗透到诗歌当中，以诗性语言劝导人们处理好长幼、兄弟、妯娌、邻里之间的关系，彰显了壮族诗性传统的教育意味。

（四）右江流域的壮族诗性传统

右江发源于云南省广南县大冲脑包山，源头右江上游为驮娘江和剥隘河，与澄碧河汇流后称为右江，向东流至邕宁县宋村同左江汇合成为邕江和郁江的正源。右江全长724千米，流经区域西林、隆林、田林、凌云、百色、田阳、田东、德保、平果等县市。

右江流域是壮族诗性文化的富矿区，其诗性传统渊源久远。从已经发现的古人类遗址以及石器、铜器、玉器等文化遗物看，右江流域自旧石器时代到新石器时代直至文明社会都有人类繁衍生息，这里的远古先民筚路蓝缕地开了右江流域文化发展的先河，创造并传承着独具一格的诗性文化。

右江流域民歌种类包括劳动歌、时政歌、仪式歌、生活歌、历史歌、情歌、童谣、杂歌等，内容丰富，形式多样，各地也传承着各具特色的民歌曲调，仅田阳，壮族山歌曲调就可分为：古美山歌、巴别山歌（也称德保山歌）、田州山歌，在浓郁的诗性习俗基础上，右江河谷孕育了壮族诗性文化杰作《布洛陀经诗》，布洛陀入选首批国家级非物质文化遗产名录，是壮族诗性文化的杰作，布洛陀作为壮族神话和创世史诗中的人文始祖，在右江流域普遍流传，各地都有形式多样的祭拜布洛陀活动。

进入21世纪，伴随着壮族文化的觉醒，右江流域被遮蔽的诗性传统呈现全面复兴的局面，田阳县内的敢壮山歌圩成为祭祀壮族人文始祖布洛陀的文化圣地，被称为广西最大的歌圩。近十年来，百色市、田阳县将敢壮山歌圩作为一个重要的旅游资源进行全方位的开发，每年农历三月初七到初九，认同布洛陀为人文始祖的瓯骆族裔的国内外人士聚集在敢壮山，举行规模宏大的祭典仪式，壮族诗性传统同人文始祖信仰、民族文化展演、民俗旅游开发、民族意识形态相互阐发。

郑超雄先生认为，以田东县林逢镇为界，"西部归为田州文化圈即布洛陀文化与欢木岸文化，东部归为思恩文化即嘹歌文化"。① 两个文化区分别以不同的诗性传统构成不尽相同的区域文化特色。布洛陀文化代表了壮族先民对人文世界生成过程的文化想象，而右江流域另一个诗性文化杰作——《嘹歌》，是相对晚近的壮族民众对现实生活悲喜情感体验的真实流露。《嘹歌》②（壮译音 Fwen liuz）是壮族的一部长达 20000 行的历史风俗长歌，由《三月歌》《日歌》《入寨歌》《夜歌》《建房歌》《散歌》《贼歌》（亦称《唱离乱》）等部分构成，流传在广西田东县思林镇至平果县一带，田阳、武鸣、马山等县一些地区也有部分唱本流传。

梁庭望先生认为，中国少数民族史诗和民间长诗通常可以分为"线式结构"和"扇式结构"，前者通常由历史纵向演化轨迹构成一个串联结构，譬如，柯尔克孜族的《玛纳斯》、壮族的《莫一大王》等；后者以一物一事为中心，由若干部并列组成并联结构，譬如藏族的《格萨尔》和蒙古族的《江格尔》，史诗描述的每场战争具有相对的独立性，各部分又彼此具有某种内在的关联性。作为"扇式结构"代表作的《嘹歌》以民族风情为轴心，并联演绎出 40 部长歌，"从不同角度相当完整地反映了右江、红水河下游地区壮族的历史文化和民族风情，具有百科全书的性质"③。

从壮族诗性文化格局审视，右江流域的壮族民歌文化杰作无疑在壮族文化史上占据举足轻重的地位，从历史的深厚度、艺术表达的精致度、文化内涵的丰厚度衡量，都有其他壮族文化区无可比拟之处。右江流域石器文化圈、布洛陀文化圈、嘹歌文化圈的多重叠压和悠久的历史积淀，孕育了源远流长的歌咏文化传统，养育出以李春芬、黄勇刹为代表的杰出歌

---

① 覃乃昌主编：《壮族嘹歌研究》，广西民族出版社 2008 年版，第 80 页。
② 覃乃昌主编：《壮族嘹歌研究》，广西民族出版社 2008 年版，第 3—4 页。
③ 潘其旭：《壮族〈嘹歌〉的文化内涵——壮族"嘹歌"文化研究之五》，《广西民族研究》2005 年第 3 期。

王,敢壮山成为"壮族文化圣地"。21世纪以来,一年一度的布洛陀祭祀大典产生巨大的文化效应,其实是右江流域博大精深的壮族文化在新的历史时期重新焕发时代光彩的逻辑结果。

（五）左江流域的壮族诗性传统

左江上游的主要支流有：发源于靖西县境的黑水河以及发源于越南境内的水口河、平而河,这些河流从不同的区域流入龙州和崇左,经扶绥、邕宁与右江汇合后,称为邕江。左江河段长539千米,流域面积3.16万平方千米,分属壮语方言的左江土语区和邕南土语区。左江流域无疑是壮族文化的核心区之一,尤其是举世闻名的左江岩画让人惊叹于壮族先民的杰出想象力和卓越的艺术天赋。

相比较而言,左江流域作为壮族文化积淀深厚的区域,同样具有丰富多彩的歌咏习俗。譬如,宁明县境流传着《叹苦歌》《哭嫁歌》《十二月歌》等作品,据1985年统计,该县共有歌圩55处,其中驮龙乡6处、亭亮乡3处、寨安乡23处、明江乡1处、峙浪乡5处、板棍乡7处、那楠乡3处、桐棉乡7处。[①] 龙州县直至20世纪80年代,依然有43个歌圩点,分布在金龙、下龙、水口、下冻、霞秀、上金、上龙、彬桥等乡镇。[②]

左江流域的壮族诗性传统建立在壮族神圣信仰的文化基础之上,花山岩画是春秋战国至东汉时期栖居左江流域的骆越人对神魂世界想象的产物,而至今仍以活态形式传承的龙州天琴习俗,则折射出壮族诗性传统与民间信仰水乳交融的原真形态。龙州壮族神职人员举行祭天活动时,通过手弹天琴,脚抖铁链,发出优美的乐音,喃唱着宗教经书。"做天"仪式的高潮阶段,神职人员如同神灵附体,进入迷狂沉醉状态,边弹边唱边跳,借助天琴和铜铃声响和祈祷词,迎接神灵,与圣灵沟通,祈求圣灵保佑事主平安健康,吉祥如意。弹唱天琴的巫师吟唱有关求神祭鬼、驱邪禳

[①] 宁明县志编纂委员会：《宁明县志》,中央民族学院出版社1988年版,第685—687页。
[②] 龙州县地方志编纂委员会：《龙州县志》,广西人民出版社1993年版,第781—782页。

灾、求天降雨、除瘟保安、求花保花等诵词，正是原初形态的诗性基因萌生的契机。

21世纪以来，天琴的弹唱和天琴的歌舞，淡化或褪去民间巫教的元素，强化艺术性的精髓，从龙州走向全国，从民间仪式空间走向公共舞台，展示了动人心弦的艺术魅力。相比较而言，左江流域缺乏类似创世史诗《布洛陀》、英雄史诗《莫一大王》之类的经典作品，有无数民间歌手，但其知名度和影响力难以同柳江流域的黄三弟、右江流域的李春芬相比肩。缘何左江流域有歌俗，少有长篇杰作？有歌手，鲜有杰出歌王？这是值得深思的问题。或许，从文化地理空间的角度审视，左江壮族文化区与越南和环北部湾相邻，处于中越文化、南疆海洋与内陆文化、粤东广府文化与壮族文化互动的前沿地带，外来文化自南向北、自东向西不断冲击这一区域，虽有歌咏习俗，却难以累积成鸿篇巨制式的作品，这无疑对本区域的壮族文化传承和诗性传统产生深刻的影响。

但是，左江流域自有独特的区域文化传统，随着骆越根祖祭典的引发的文化效应以及左江岩画世界文化遗产进程中所产生的连带作用，左江流域的歌圩习俗和诗性传统迎来了新的发展机遇。

三　壮族民歌传承语境的变迁

壮族民歌和诗性传统一方面基于在壮族特定的区域文化空间之中；另一方面，壮族民歌的传承也离不开特定的文化语境。马凌诺斯基认为，语言表达与"情境语境"（context of situation）和"文化语境"（context of culture）密切相关，① 美国民俗表演理论的代表人物理查德·鲍曼（Richard Bauman）将语境分为"文化语境"（cultural context）和"社会语境"（social context），还更为细致地分为"意义语境"（context of meaning）、"风俗制度语境"（institutional）、"交流系统语境"（context of communica-

---

① ［英］马凌诺斯基：《文化论》，费孝通译，华夏出版社2002年版，第6页。

tive system)、"社会基础"(social base)、"个人语境"(individual context)、"情境性语境"(situational context)、"历史语境"(historical context) 等。①壮族民歌建立在壮族民众"以歌代言"的诗性传统基础之上,正如"逢什么人讲什么话""到什么山头唱什么歌",浩如烟海的壮族民歌其实都是在特定的语境中演唱,没有离开特定语境的民歌习俗,壮族民歌文化法则约定俗成在特定的语境唱与之相适应的民歌。正是特定的文化语境创造了特定的民歌表演习俗,而特定民歌的传唱造就了特定的文化语境。民歌演唱与文化语境是相辅相成的共生关系。壮族民众在仪式场合唱仪式歌,在山野间唱情歌,在表演舞台上按照组织者和主持者的意愿表演相应的内容。壮族民歌的传承语境经历了从山野到现代都市、从人生仪式的私人性场合到公共性旅游空间的展演、从无拘无束的演唱到山歌擂台的竞技、从口耳相传的近距离互动到网络虚拟空间对唱的演化过程。社会基础、文化根基、娱乐习俗等诸多内在和外在力量的合力作用,促成了壮族民歌传承空间和语境的现代转换。

（一）从山野对歌到都市展演

"民歌"亦称"山歌",意味着民间的歌咏习俗本来属于山野,绝大多数歌圩与人们聚居的村落有一段距离,更加远离城镇和都市。尤其是在"倚歌择配"的传统社会中,本村熟悉的青年男女之间若非适婚对象,是不可以对唱情歌的。走出村落,到田间地头、在山林中,不同村落的歌者从四面八方会聚在一起,三三两两地在山底、河畔、树丛中,自由组合、挑选对手,也可以更换新的对歌者。在歌圩场上,歌手们按照一定的程序对歌,先唱初会歌、问名歌、初探歌,再唱赞美歌、初恋歌、深交歌、定情歌、盟誓歌,最后唱送别歌。当夜幕降临,若余兴未尽,可转移到村落当中继续对歌。

林木茂盛的山野生态环境有利于激发诗性的灵感,孕育诗性的想象,营造诗性的语境。李乃龙先生以切身体验揭示自然生态与民歌文化的紧密

---

① 杨利慧:《表演理论与民间叙事研究》,《民俗研究》2004年第1期。

相关，他指出：

> 自然生态对山歌的影响，通过心境这一中介。心境的特点是持续而微弱、稳定而弥散，在心理上形成淡薄而弥漫的背景，使主体的一切行为都带有它的色彩和印痕，并对主体的行为和体验起着微妙的监控作用。具体到山歌的歌唱与创作，与自然生态的优化或恶化所造成的心境大有关系。人对自然的干预日益剧烈，自然生态不复旧有模样，日趋严重地促使歌唱心境的恶化。人工绿化或许能恢复部分原初景观，但其间断裂已然无法弥补。①

壮族民众大多居住在依山傍水的村落之中，以水稻种植和旱地种植作为主要的生活来源，长年在田园和山野之间劳碌奔波，形成对特定区域生态环境的真切感知和体验，面对绿草如茵、繁花似锦的美景，诗性从中油然而生，人们情不自禁地纵情放歌，在盘唱应答中感受心灵的愉悦。然而，随着人口的增长以及人地矛盾的激化，一方水土难养一方人，人们对土地的感情由眷恋转化为厌恶。离开乡土到外面另谋生路，成为许多壮族人的人生梦想，与此相应，壮族文化传承主体由乡村向城镇转移，已是人心所向，大势所趋，壮族乡村文化的衰落以及诗性空间的转移已经成为历史的必然。其实，并没有天然屏障阻隔壮族歌者在城乡之间流动，随着壮汉文化交流日趋频繁，壮族歌手在某些特定的语境下，也有机会到都市中一展歌喉。早在20世纪30年代，远近闻名的壮族歌王黄三弟在柳州、桂林等地对歌，多有绝妙比兴和精彩唱和，令人赞叹不已。有一次黄三弟在柳州一戏院旁对歌，正在戏院里听戏的观众闻声而动，离开戏院出来听歌，戏院里空无一人，实为"三弟唱歌个个爱，看戏的人也拢来，唱得演员也来对，唱得戏院散了台"。1937年秋，黄三弟应桂剧班女主角桂枝香

---

① 李乃龙：《歌墟衰落的文化心理透视》，《南方文坛》1996年第3期。

的盛情邀请，专程赴桂林对歌，在桂林街头摆起歌台，慕名前来听歌者人山人海，将歌台围得水泄不通，在广西民歌史上传为美谈。①

黄三弟赴柳州、桂林等地对歌，是壮族和汉族歌师自发组织的歌唱活动，当前在柳州鱼峰山下和柳州江滨公园也不时有民歌爱好者对歌，壮族许多县城和乡镇也有许多歌手通过对歌以自娱自乐。更值得关注的是在党政有关部门主导下，民歌传承场域向城镇空间转移对民歌传统延续的利与弊。20世纪80年代以来，民歌演唱和歌圩习俗走出被污名化的阴霾，重新焕发生机，广西壮族自治区政府有关部门和许多市县党政机关纷纷组织在城市空间举办各种形式的歌节活动，其目的和动机常常被表述为：弘扬民族文化，发展旅游业，丰富群众文化生活，扩大地方知名度，"文化搭台，经济唱戏"，促进民歌文化交流，等等。"广西国际民歌节"原本轮流在南宁、柳州、桂林等城市举办，于1999年改名为"南宁国际民歌艺术节"，固定由南宁市举办，并将举办时间由原来的农历三月初三改在秋高气爽的11月份举行。"南宁国际民歌艺术节"连续举办十多年，在国内外产生了巨大的社会反响，"黑衣壮民歌""壮族嘹歌""龙州天琴""马山三声部民歌"等壮族文化杰作借助民歌节为世人所知晓，尤其是作为该节重要组成部分的"绿城歌台"以各市县的民歌对唱为主体，意味着山野间的民歌在现代都市中得到充分的展示机会。然而，回顾十多年来壮族民歌进入都市展演的历程，其间的成败得失依然众说纷纭。山歌走出山野是走向复兴的新契机，还是脱离原生文化根脉而走向消沉歇绝的先兆？民歌的都市展演到底能在多大程度上延续诗性传统？学术界对这些问题的思考依然莫衷一是，难以得出令人信服的结论。

从诗性基因和诗性传统的角度审视，都市空间缺乏诗性基因衍生的文化土壤和时空语境，壮族民歌在都市场域的临时性展示并不意味着获得新的发展契机，每当歌节结束，拆去临时搭起的歌台，立即人去歌歇，原来

---

① 潘其旭：《壮族歌圩研究》，广西人民出版社2010年版，第352—356页。

对歌的地方恢复常态，歌圩文化消失得了无印迹。来自各地的民歌歌手们从乡村来到陌生的城市，纵然感受到都市的繁华，也难以在都市中找到情感的归属和诗性的情致。因为在都市中，民歌演唱难以抵挡具有强烈冲击力的现代流行音乐。都市年轻人常常崇拜唱流行歌曲的歌星，并为之痴迷，为之倾倒，但却往往对来自山野的民歌无动于衷，难以体悟民歌内在的艺术魅力。在都市文明与乡村文明的冲突中，民歌文化无疑作为一种"弱势文化"而面临重重挤压，无法在现代都市中赢得一席之地。

直至21世纪，壮族文化的传承空间依然是乡村，虽然越来越多的壮族人在城镇化、工业化的进程中离开故土，在城镇中获得新的居住空间，但是，依然很难将壮族文化的传承空间延续到都市之中。因为壮族地区的都市一直以汉文化为主导，缺乏壮族文化落地生根的文化土壤，壮族人能够在城市立足的前提条件之一是在一定程度上接受汉族文化，对外交流通常离不开汉语，当汉语成为日常用语，汉文化就逐渐渗透到无意识的思维之中，漫漫淡化了对壮语以及壮族文化的真切感知。因而壮族文化传承主体以及壮族民歌展演向都市转移，不见得是壮族诗性文化获得新的传承空间的契机，而是在根本上失去壮族文化的生存根基。特别是想象、韵律、比兴等诗性基因的生成，离不开对大自然的体悟，经常聆听花开鸟鸣，目睹草长树枯，蹚着潺潺流水，漫步山道弯弯，沉醉诗境中更易萌生诗情。而在现代都市里，到处都是鳞次栉比的高楼大厦，到处是钢筋水泥建造的"森林"，在车水马龙中充塞双耳的是马达声和喇叭声，行走在马路上需要时刻警惕飞驰而过的车辆，这种城市环境绝非利于诗性思维的孕育。

（二）从人生仪式的私人性场合到公共性旅游空间的展演

在诗性习俗的传承场域中，私人性空间和公共性空间具有明显的相对性和层次性。人们既可以自娱自乐地在山野间、在劳动中独唱，也有恋人之间、夫妻之间私密性的情感倾诉，在举行人生礼仪的特定时空场域，还有以家庭、家族或者以血亲姻亲为受众群体的民歌演唱。

在传统社会中，壮族民歌与人的生老病死生命过程相伴随，根据覃九宏收集整理的《传统礼仪山歌》记载，壮族家庭当有新生婴儿降生时，女婿要带着两名歌手，到外家报喜，唱报喜歌，三天后，外婆带着外家女性亲属到主家贺喜，唱"三朝歌"，到满月时，外家带上礼物，其中尤为重要的是背带，双方唱背带歌。外婆唱："今早鲜花开满台，蜜蜂飞去又飞来；金路银路米花路，外婆送得背带来。"主家回："金线银线五彩线，孔雀开屏绣中间；四角芙蓉竞开放，看着背带笑开颜。"① 而后还有百日歌、对岁歌、破蒙歌、成人歌；在举行婚礼的过程中，新娘出嫁前唱感恩歌、辞别歌、哭嫁歌，在新郎家，歌手们唱接亲歌、祝福歌、敬酒歌、洞房歌、吉利歌等。人到年老之后，家人为长者举办寿礼，亲友们唱起祝寿歌："主人寿辰客人到，堂前齐齐献寿桃；福如东海千年在，寿比南山步步高。"当老人过世之后，人们在葬礼上唱挽歌，怀念亲人的养育之恩，表达不舍之情，同时追忆死者生平，赞颂其功德，表达后人的痛苦与无奈，歌声凄切悲凉，感人心魄。

在人生仪式上，参与者若是懂唱山歌，可以自唱，主家也常邀请歌师来当主唱，演唱空间一般是在堂屋内或屋前空阔之地，参加仪式的主体除了特意邀请的歌师，主体是主家的亲朋好友、左邻右舍，是在熟人社会中形成的小规模的演唱场域。

随着文化旅游业的发展，民歌表演广泛进入旅游场域，这些场域或依托于民族村，或在旅游景区搭起歌台，由旅游开发商主导表演的内容，游客是主要的听众和参与者，歌手主要吟唱迎客歌、敬酒歌、情歌、送客歌等，以此突出旅游特色，让游客领略民歌艺术的魅力。民歌成为一种重要的旅游资源，走出私人性空间，被推向公共性的旅游市场，由此对诗性传统的传承产生深远的影响。从积极方面看，民歌从私人空间转到公共空间，拓展了新的传承范围，为更多的人所欣赏，提高了民歌的社会效应，

---

① 覃九宏收集整理：《传统礼仪山歌》，广西民族出版社2002年版，第8—9页。

创造实实在在的经济效益,也为歌手赢得新的就业机会。然而,民歌习俗脱离原有的文化语境,若遭受非理性文化霸权的操弄,则意味着民歌展演的目的、动机、程序、节奏被打破,这将对民族文化的传承造成伤害。诗性习俗的发展有其自身规律,应当同来自内部的文化演变法则相契合,外部力量介入民族文化遗产的保护应以民族文化在开发过程中不受到损伤为前提,但是,在现实生活当中,这是难以两全其美的问题。

私人性仪式场合的民歌展演重心是在文化意涵的表达上,是在特定的人生礼仪语境中完成人生过渡程序。不在人生旅程的交替点上,就绝不可能无缘无故吟唱仪式歌,而且特定的民歌与诞生礼、婚礼、寿礼、葬礼相对应,决然不可混淆。但是,在公共性旅游空间,听众在意的是民歌的艺术形式,在乎的是是否悦耳动听,并不在乎其内在的与特定仪式场域的固定的文化关联。在私人性礼仪空间,民歌展演的是情感的体验以及审美的自由表达,超越了直接的功利性目的而创造美的意境,而在旅游空间,歌者的表演是一种职业需要,是一种谋生手段,是一种不断重复的取悦游客的商业行为。私人性仪式场合与公共性旅游空间民歌展演差异对比见表3-1。

表3-1　私人性仪式场合与公共性旅游空间民歌展演差异对比

	私人性仪式空间	公共性旅游空间
主控者	主家,仪式主体	开发商、主持人
表演主体	本地歌师	招聘的歌者
受众	以亲友为主	游客
场域	私人性的家屋	公共性的旅游景点
演唱内容	与仪式相关的传统民歌	切合游客心理的民歌
文化氛围	庄重、严肃、真切	轻松、愉快、喧闹
目的、动机	完成仪式表达	取悦游客
程序	按特定区域传统程序和步骤展演	按照游客心理压缩和改变固有程序
社会文化效应	增强熟人社会的情感联系	扩大民歌受众群体,提高知名度

（三）从无拘无束的自发演唱到官方歌台的程序化表演

壮族民歌从本质上说是"以歌代言"文化传统的外在表现，是一种艺术化的生活语言的审美流露，情动于中，经诗性思维的加工，外化而成民歌。诗性表达有感而发、无拘无束、自由自在。对于养成"以歌代言"习惯的歌手来说，他们开心时唱歌，不开心时也可以通过唱歌发泄郁闷、放松心情，可以一边走路一边唱歌，劳动中则一边干活一边唱歌，也可以在进餐的过程中唱歌，特别是歌手在一起聚会饮酒，更喜欢以歌助兴。然而，人作为社会的组成部分，总离不开特定时期国家力量的影响和操控。20世纪80年代之后，壮族民歌演唱场域和歌唱语境的明显转化是由自由自在的演唱转向党政部门主办的歌台。这些歌台大多数是为了宣传某项国家政策，需要歌师用民歌的形式，以通俗易懂的语言向民众宣传，以让国家政策家喻户晓。五年一度的全国党代会主题思想、计划生育、税收、"三个代表"、小康社会建设、和谐社会建设等，是改革开放以来官方歌台大力宣传的主题。

壮族地区党政各部门充分意识到山歌在宣传国家政策方面的效果，每逢上级布置宣传任务，通常委托文化局、文联、文化馆等单位组织宣传活动，召集歌师进行集中辅导，使之了解国家政策，让歌师根据宣传主题编好山歌，然后在县城文化广场或乡镇集市搭建歌台，规定山歌的主题和演唱程序，对歌形式多种多样。在歌台上，主持人根据事先确定好的程序安排具体的表演环节，邀请身着民族服装的歌师登台亮相，自报家门，然后神情严肃地坐在舞台上，按照既定节目顺序用自己熟悉的曲调演唱民歌。官方歌台既有用山歌宣传党的路线方针、政策的纯粹的表演，演唱完毕即可退场，也有用山歌擂台的方式，加入竞技形式，临时让歌师根据某一主题编歌，看谁编歌速度快、反应敏捷、切合主题、比兴得当，由评委打分，分出胜负。

官方举办山歌擂台赛，实际上是一种国家意志和国家力量向底层社会的渗透，官方需要借助"旧瓶装新酒"的形式，通过生动的比兴，将官方理念形象化，以利于大众理解、接受、遵行。壮族歌手素有即兴编歌的艺术天赋，遇事见景，随时吟诗，特别是优秀歌师有足够的歌才应付官方临时提出的歌唱主题，能够登上官方歌台，以深厚的民歌功底，编出符合官方意图的现代山歌，获得官方的认可。

然而，由于受到舞台表演组织者的意志、舞台空间、表演时间等诸多因素的限制，并非所有的歌手都适合从原生性的唱歌传情走向公共性的舞台表演，面对官方管控、特殊的舞台布置、陌生的听众，歌手往往身不由己，言不由衷。歌手们一方面要尊重领导和主办方的意图，另一方面要切合群众的欣赏习惯，在两者之间找到平衡点。主办方往往也能领会贯彻政策与民众娱乐之间的不同需要，在舞台演出的前半部分以政策宣讲为主题，后半部分转变为自由对唱，或者在主舞台由官方主导山歌演唱的内容，在其他地方由歌手自由对唱。

政府部门如何在政策宣传与民歌文化保护之间找到平衡点？如何维持民歌文化生态的活态性及其草根的本质？如何将民歌习俗植根于原生语境之中？还需要本着对民族文化负责的态度，在民歌文化遗产的保护与开发过程中，慎重地策划民歌舞台的展演。

根据笔者的长期观察，作为刘三姐的故乡，广西宜州市有关部门尤为热衷于举办山歌演唱会，以"万人山歌万人唱"的表演形式，实现政治宣传的社会效果，政治语汇大量编入当地流传的新民歌，山歌艺术性呈现扁平化、模式化的趋向。这是民歌新生的福音，还是民歌艺术价值和诗性精神的失落？值得深入思考。

壮族民歌的原生传承空间是歌圩和人生礼仪场合，在没有官方介入的场域中，歌手们切磋歌技，灵感迸发，随兴编歌，展示歌艺，歌手之间、歌手与听众之间建立起和谐共生的文化语境。而官方举办的山歌比赛和歌台表演，是一种文化场域的再生产，割裂了与观众的互动关系，要求在限定时间内完成表演程序，由评委根据歌才歌艺，选出优胜者。歌手们不再可能在原生的民歌语境中发自内心地抒发真情实意，也难以毫无拘束地通宵对歌。

政治与文艺虽然可以交融，但是，彼此之间遵循不同的文化逻辑，政治强调社会管理的有效性，包括民歌在内的文学艺术追求的是情感表达以及审美体验的过程，没有真情实感作为基础的民歌创作往往是粗劣的文学表达，难以引起民众的心灵共鸣而传承久远。官方应专注社会治理，尽少干扰民众的歌咏传统和民歌传承主体的"个人语境"（individual context），还歌于民，不轻易改变民歌传承的语境和传承机制。

（四）从口耳相传的近距离互动到电子传媒与虚拟空间的传唱

壮族民众赶歌圩聚会唱歌，以歌传情会友，歌手之间的对歌通常是在彼此看得见、听得到的较小范围内展开。在歌圩期间，歌手们自发云集，寻伴对歌。传统歌圩习俗日渐消失之后，当今许多年长歌手喜欢在集市上唱歌，以此消磨闲暇时光，怀旧叙情以追忆似水年华。

在近距离的壮族民歌文化的传承场，歌手们面对面即兴对歌，彼此共同创造了真挚、朴实的文化语境，双方用歌声直接交流，既是歌唱者，又是欣赏者。这种自唱自赏、自娱自乐，直接悦人耳目，更容易让人进入如痴如醉的境界。

在以歌代言的文化传统中，艺术与生活水乳交融，民歌传唱成为日常生活的组成部分，也使现实生活带上浓厚的艺术氛围。在民歌中体现出一种人的物质存在与精神世界相和谐的审美精神。

传统的民歌文化传承空间具有稳定的特征，或是以村落为单位，或是各个村落的人们聚集到一起举行歌会，冲破了内部之间的阻隔，扩大了人与人、村寨与村寨之间的交往范围，人们也因此增进相互之间的了解，增进彼此之间的情感联系。

然而，随着现代传媒技术的普及，山歌光盘、网络空间成为壮族民歌的新载体，近距离面对面的口头传唱，往往随着歌咏活动结束而结束，人们只能凭借大脑的记忆，将某些歌词存留在心间。而山歌光盘可以让人们反复聆听、欣赏对歌，超越时间、空间的限制，满足人们欣赏民歌的内心需求。

壮族民歌在漫长的历史长河中，经过无文字的口耳传承，到借助古壮字歌本的记载，再到山歌光盘和网络对歌的兴起，这三种民歌载体彼此界限清晰，但又不是决然隔离，而是互相交汇，体现着民歌文化传承语境和方式的多样性。

现代传播方式使民歌在更多层面和更广大空间内传播，其受众超越特定时空的限制，在虚拟空间中感受到壮族山歌的魅力，使壮族民歌的生命力得到延续。只是虚拟空间的山歌演唱在一定程度上被简单化，歌手和听众之间的交流变得简单化，反馈过程不同于近距离的口耳相传的场景。正如人类发明了梯子，人的攀爬能力就衰退了；人类发明了汽车，步行和奔跑能力就减弱了；人类发明了文字，大脑的记忆能力就大不如前了。民歌进入虚拟空间是人类文明演进至 21 世纪不可逆转的时代潮流，壮族民歌通过 QQ 群、微信群传播业已成为新的时尚。人们在虚拟空间听歌、对歌而产生何种形态的民歌传承链的连锁反应？还有待深思。片面地给予肯定或者质疑，都无济于事，至关重要的是理解在不同时空中壮族诗性传统的表现形态的差异性，如表 3-2 所示。

表 3-2　　　　　　近距离对歌与虚拟空间传唱的文化差异

	近距离对歌	虚拟空间传唱
主控者	基于传统习俗的文化规则，由表演者自由管控	主管虚拟空间的群主，活跃的参与者
表演主体	特定场域的歌者	自拍或由摄影师拍摄成光碟的歌手，加入 QQ 群、微信群的好友
受众	有限的小范围的少数人群	无限延伸、没有边界的虚拟空间
场域	山野、田园、家屋、仪式空间	电脑、手机中的虚拟平台

续表

	近距离对歌	虚拟空间传唱
演唱内容	根据特定语境需要表演的民歌	以娱乐为主要目的的民歌
文化氛围	强烈的现场感、真实感	虚幻感、文化碎片的展示
目的、动机	近距离与对方沟通，完成特定空间场域的表演目的	便捷沟通，超越时空限制，在陌生空间扩大民歌传播力度
程序	遵循固有的对歌程序	淡化程序与顺序
社会文化效应	口耳相传，具有不可重复性，有些民歌作品稍纵即逝	可以在虚拟空间保存影音图文资料，反复体验，引起公众关注

当前，官方媒介以及民间建构的虚拟空间都已成为壮族民歌不可或缺的载体和传播路径。值得深入思考的是由此对壮族诗性基因和民歌习俗演化将产生何种影响？几千年来，壮族民歌以近距离的对唱以及口耳相传的方式传习，由此造就了无数的杰出歌师、歌王，口传心授的传承模式可以确保壮族诗性传统延续数千年而不衰。但是，当虚拟空间逐步取代了真实的民歌传习语境，对于壮族诗性传统的延续而言，是福是祸？壮族民众的诗性基因、诗性体验、诗性表达将发生哪些变易？人们是否可以借助虚拟空间养成诗性的思维？是否有出类拔萃的歌者从中脱颖而出？壮族民歌进入大众媒介，是否意味着获得最佳的传播效果？是否意味着壮族民歌艺术文化获得真正的新生？对于这些问题的见解必然会是仁者见仁，智者见智。需要从多学科的角度，基于深度的理论阐释。

四 壮族诗性空间转移的文化机制

诗性空间的转移与人口的自然迁徙、社会组织结构的变迁、政治力量的干预以及诗性传承媒介的更新等诸多因素密切相关。千百年来，作为珠江流域的土著民族，壮族及其先民总体栖居在岭南"那文化圈"的地理区间之中，但是，因为战争、动乱、生态恶化等因素，壮族民众的生息空间发生了多样化的变迁，宗族性的迁移、以家庭或者个人为单位的人口迁移始终未曾间断，自然而然引起壮族诗性空间的挪动，而隐含其中的文化机制，则涉及生态感知、政治力量、社会风习、心灵感悟与情感表达等诸多因素。

（一）生态认知图景变迁与壮族诗性空间的迁移

壮族诗性传统寄寓在特定的生态空间和文化空间之中，壮族地区生态系统的变迁、人口的迁移、社会组织结构的更新、审美文化习俗的演化，都可推动诗性空间的转移，是谓"天心既转，人心必移"。然而，诗性空间从山野向城镇、从私人仪式空间向旅游空间、从无拘无束的自发演唱向官方歌台、从近距离的口耳相传向虚拟空间转移，是何种力量在驱动？由此对壮族诗性基因的延续和诗性传统的传承，产生哪些影响？值得深入思考。

以《越人歌》作为标志，壮族诗性传统和诗性空间历经两千多年的演化历程，壮族聚居区生态系统的演进内蕴的自然力量、壮族地区军事冲突、政权更替过程中的政治力量、壮族社会发展、风俗更替中蕴含的文化力量以及其他驱动力的共同作用，促使壮族诗性空间的位移。正是外部事件与壮族民众心灵感知的交互作用，致使壮族民歌传习空间的转移，正如有学者指出：

> 从心灵的认知图景来说，如果心灵获得的是关于精神之外的实在的知识，那么我们假设有某个连接点或交互面存在于精神和精神之外的世界之间，心灵和外部世界在此点上关联存在一种认知的转换，即从传统的形而上学连接转化为一种认知论连接。在该连接点上，我们如果无法说明心灵与外部世界的关系，那么就不能为知识成立的条件提供合法性依据，由此，在心灵认知与知识构成之间的张力就不会消解。①

---

① 殷杰、何华：《经验知识、心灵图景与自然主义》，《中国社会科学》2013年第5期。

诗性基因、诗性感知和诗性表达构成诗性空间的基本元素，人们只有切实感知外部世界山水田园、花鸟虫鱼等诸多物象，才有可能借助比兴手法，拟物言情。只有大量地目睹"树缠藤""花飞花落""蝉鸣鱼跃"的物象，才有可能通过比兴和想象，将之应用于诗性表达之中，而当生态系统被破坏，原有的生态系统已不足以支撑起人们的生存，可耕作的土地在工业化、城镇化、现代化的进程中不断遭受侵蚀，壮族传统村落和乡村文化传统不可避免呈现破败之势。在这种时代背景下，壮族民众的人心所向，是逃离农村，壮族诗性根基所依托的流水潺潺、果木茂盛、飞鸟嘤嘤的天人和谐的胜景，大多已经成为遥远的历史记忆。

（二）政治力量的制衡与诗性空间的转化

在人类社会演进过程中，官与民始终处于一种对立统一的博弈之中，官方力量的操控，迫使民众的文化习俗不可与官方意志相背离。在壮族地区，官方既包括壮族自身的统治阶层，也包括历代王朝的政治势力。壮族地区建立土司统治制度以来，历代封建王朝皆将壮族民歌传统当作"他者""异类""粗野"的"陋俗"，予以强制取缔。《岭表纪蛮》记载："清季，李彦章知思恩府，出示严禁，迄无寸效。会讫，郡人且为'竹枝词'以笑之。"① 民国初年，革命党人进行了扫除"恶习陋俗"的全国性运动，"蔓延于二十二行省之通邑大都"。蒋介石发动"新生活运动"，以礼义廉耻为标准，欲以实现社会生活的军事化、生产化和艺术化，国民政府颁布《查禁民间不良习俗办法》和《倡导民间善良习俗实施办法》等各项政策，禁查民间不良习俗，在这种情势中，广西地方政府推行了一系列旨在改良风俗的相关举措。旧桂系主政时期，推行临时约法，实施风俗之改良，新桂系统治时期，提出"建设广西，复兴中国"的口号，开展了社会风俗改革运动。1931年，广西政府颁布《广西各县市取缔婚丧生寿及陋俗规则》，将壮族歌圩、不落夫家、抢花炮等视为"伤风纪"的"陋俗"，

---

① 刘锡蕃：《岭表纪蛮》（民国影印本），上海书店1995年版，第167页。

用强势措施予以禁绝。此后，广西当局还颁布了《广西改良风俗规则》《广西乡村禁约》，企图改良广西各少数民族的"陈规陋俗"，规定"凡麇集歌圩唱和淫亵歌曲，妨害善良风俗或引起斗争者，得制止之，其不服者，处一元以上五元以下罚金，或五日以下之拘留"①。《岭表纪蛮》记载：民国 2 年（1913 年），在罗城县，"时值新岁，属境圩市，男女聚歌如云；即城外市场，亦歌声四起，驱之不去"②。该县县长甚为恼怒，抓捕歌者十余人。

中华人民共和国成立后，党和政府发起了新民歌运动，民歌地位发生翻天覆地的变化。1958 年，广西壮族自治区文化局、教育厅等八个单位发出联合通知，要求全区在国庆节前后将群众性的社会主义歌咏运动推向高潮，要求"男女老少同参加，欢乐歌声通城乡"，各机关、团体、学校、厂矿、乡、社、村、街道都要建立歌咏队，并以县文化馆、文化宫、农村俱乐部为活动中心，成立歌谣宣传站。在这样的历史背景之下，上千专业和业余文艺单位编排并上演桂剧《刘三姐》和彩调《刘三姐》，刘三姐的歌声唱响海内外。富有戏剧性变化的是，"文革"中，《刘三姐》被当作"反对暴力革命"的"毒草"。20 世纪 80 年代，"刘三姐"得以平反昭雪，重新成为文化品牌，"印象·刘三姐"成为文化部认可的文化产业的典范。这些都是国家力量凭借对文化资源的支配力，推动新的诗性文化空间得以生成。

（三）社会风习、心灵体悟与诗性空间的消长

生态环境的变迁和政治理想的操弄其实是诗性空间生成或者转移的外部力量，外部力量具有显而易见的作用，但是，起到决定性作用的依然是壮族社会内部的社会风习和心灵体悟。社会风习孕育情感表达的方式，心

---

① 广西壮族自治区地方志编撰委员会编：《广西通志·民俗志》，广西人民出版社 1992 年版，第 430 页。
② 刘锡蕃：《岭表纪蛮》（民国影印本），上海书店 1995 年版，第 156 页。

灵体悟造就诗性文化智慧。因为历史上数百年政治力量的操控虽然形成不同的社会文化体系，由此形成壮族不同区域的不同生存模式和认知图式，但是，诗性传统依然按照固有的轨迹演化，战争、苦难、人间悲剧摧残无数的民族生命，却瓦解不了深含在民众生命深处的诗性情感体验。

而当壮族特定乡村社区内部的社会风习发生了变化，譬如，以歌代言的逐渐退隐，人们失去了"静思""净思""敬思"的文化语境，人的情感表达方式发生变化，歌咏习俗在人的生命历程中不再具有举足轻重的作用，人的内心世界被世俗性理性思维所占据，无法体悟诗性的韵律、节奏，也无法用诗性语言表达感情，那么，诗性文化的衰落以及诗性空间的消失也就在所难免。

不同时代、不同年龄段的诗性文化传承主体因为岁月沉淀，境界升华，而呈现出不尽相同的想象力与创造性的天赋。远离了传统农耕的田园生活，世俗的喧嚣消解了梵净澄明的诗性语境，人们无法通过"静思"而实现心灵的超脱，无法远离世俗的污浊之气，世俗功利占据人的心灵空间，讲究超凡想象、张扬理想、浪漫抒情、意趣横生的诗性精神势必发生变异。

然而，人类之所以不同于其他的灵长类动物，是由于人类在进化过程中形成的超凡的智能结构，人类固有的回观力迫使人们坚守对自然与生命的虔诚，向往"真、善、美"和谐统一的世界，一方面期待用先进技术在地球上占据主导地位，另一方面还有发自心灵深处的返本归真、心清似玉、身神合一的精神诉求，所以，即使栖居在钢筋水泥建成的都市中，埋在心底的诗思，偶尔也会凌空升腾，面对日出日落、朝晖夕阳，屡被摧残的诗情也会油然而生，这是诗性基因得以在现代都市、旅游场域和虚拟网络空间生存的精神根源。现实中的芸芸众生日日夜夜为名忙、为利忙，在熙熙攘攘的世界中谋生创业，但是，隐埋在生命深处的切合生命原本需要的诗性基因传承链并非全然断裂。人类远离了苍茫森林和诗意田园，却依然将诗性想象和诗性韵律保留在记忆的深处，与亲近自然、回归自然的精神诉求相契合的是诗性基因的再生和诗性精神的复活。

海德格尔说：

> 接近故乡就是接近万乐之源（接近极乐）。故乡最玄奥、最美丽之处恰恰在于这种对本源的接近，绝非其他。所以，唯有在故乡才可亲近本源，这乃是命中注定的。正因为如此，那些被迫舍弃与本源的接近而离开故乡的人，总是感到那么惆怅悔恨。①

在城镇化、工业化现代化的进程中，大批青壮年远离家乡外出打工，像候鸟般地从萧条的乡村到浮华的城市之间"迁徙"，人们逐渐与大自然疏离，传统的生活模式和心灵习性在变幻了的时空中重新建构。一些外出打工者在城市里开阔了眼界，一方面逐渐嫌弃生于斯长于斯的乡村家园，视祖祖辈辈传承下来的凝聚着族群智慧与历史记忆的文化传统及其物质形态为落后与愚昧的象征；另一方面，融入城市也往往是一个艰难的过程，因此，"乡愁"成为时代性的文化纠结，重温乡村情感体验成为诗性回归的精神需求。

总而言之，壮族诗性传统始终寄寓在特定的文化空间之中。何处飞歌？并没有确切的答案，可以确知的是：不同壮语方言文化区的不同壮族支系生活在不同的地理空间和文化空间之中，形成不尽相同的地方感，传承着不尽相同的歌咏习俗，形成各有地域特色的诗性想象、民歌文化和诗性传统。因而立足人文地理的视角，将壮族诗性传统置于特定的文化空间中予以审视，是深化壮族诗性传统研究的必由之路。

---

① ［德］海德格尔：《人，诗意地安居》，郜元宝译，广西师范大学出版社2000年版，第69页。

第四章　谁是歌者？

——壮族诗性传统的传承主体

人类历史上不同民族拥有各自的诗性传统的传承主体，正如美国学者阿尔伯特·贝茨·洛德（Albert B. Lord）所说："早在人类的蒙昧时代，史诗歌手便是一个非常重要的群体，他们对人类精神和智慧的长成做出过巨大贡献。"① 他和他的导师米尔曼·帕里（Milman Parry）在20世纪30年代赴南斯拉夫搜集活态的口头史诗的资料，探讨歌手们创作、学习、传承史诗的方式，以此回答西方古典学中的"荷马问题"。他们的研究成果已经表明：早期希腊的诗歌都是口头创作，像南斯拉夫杰出歌手阿夫多，能够唱15000行到16000行的长歌，被称为"南斯拉夫的荷马"。② 回观壮族的诗歌发展历史，同样造就了不计其数的有名无名的歌者，也不乏杰出的歌手，只是他们中的大多数被历史遗忘了。因为历史往往是书写一种"胜者为王"的历史和"被支配族群"屈服的历史，"普通大众虽然确实是历史过程的牺牲品和沉默的证人，但他们同样也是历史过程的积极主体。因此，我们必须发掘'没有历史的人民'的历史——'原始人'、农民、劳工、移民以及被征服的少数族群的鲜活历史"。③ 面对21世纪全球一体化时代，我们需要省思的是：人类历史上普遍存在的作为诗性传统传

---

① ［美］阿尔伯特·贝茨·洛德：《故事的歌手》，尹虎彬译，中华书局2004年版，第38页。
② ［美］阿尔伯特·贝茨·洛德：《故事的歌手》，尹虎彬译，中华书局2004年版，第8页。
③ ［美］埃里克·沃尔夫：《欧洲与没有历史的人民》，赵丙祥等译，上海人民出版社2006年版，第2页。

承主体的歌者是如何成长的？他们的诗性思维和诗性智慧是如何习得的？他们扮演着什么样的社会角色？在不同的时空语境中，他们经历了什么样的心灵世界和人生际遇？是哪些富有诗性情怀的个体或群体对诗性传统的形成和延续发挥了关键的作用？

壮族现有人口约 1600 万，历史上有多少人作为壮族诗性传统的传承者，实际上是难计其数的，也还有相当多的汉族以及其他民族的歌者为传承壮族文化做出了杰出的贡献。或者说，历史上和现实生活中存在着大量的名不见经传的壮族诗性传统的传承主体。从先秦时期《越人歌》的演唱者到当今壮族各地的非物质文化遗产传承人，壮族诗性传统的传承主体与壮族文化演进历史始终相伴相随；从南岭山脉到北部湾畔，从云南文山壮族苗族自治州到粤西北的广东连山壮族瑶族自治县，只要是有壮族民歌流传的地方，就有壮族诗性文化的传承者。千百年来，壮族历史上涌现出许许多多各种类型的歌者，他们在不同的时代、不同的社区，承担着传承壮族民歌文化的历史责任。

从壮族诗性传统的传承主体角度审视，不同时代的壮族"歌者"扮演着不同的社会角色；不同歌者之间，有年龄、职业、区域、性别和艺术风格的诸多差异。有些是壮族史诗的传承人，有些是长诗传承人，更多的是民间歌谣传承人；既有以壮语和壮文作为创作和传承载体的传承者，也有相当多的壮族作家、诗人、学者、官员通过汉语和汉文传承壮族诗性传统；从性别角度看，男性歌者和女性歌者的不同的情感体验方式与情感表达方式，构成相互依存的民歌传承主体的二元结构。

正是无数歌者的聪明才智，创造了壮乡歌海繁花竞艳的文化景观，富有代表性和典型象征意义的壮族诗性传统传承主体主要包括：以"刘三姐"为杰出文化符号的女性歌者、以黄三弟为核心的桂中—柳江流域壮族歌师群体、以黄勇刹为核心的桂西—右江流域壮族歌师群体，他们的人生际遇、精神世界及其与延续壮族诗性传统的关系，值得从历史记忆与生命历程的现实观照等角度给予关注。

一 从"刘三女太"到"印象·刘三姐":真实主体与想象主体

壮族称年轻女性为"女太"(古壮字,音"达",意为"姑娘",作为词头冠于未婚女性的名字之前)。清道光年间编纂的《庆远府志》记载:

> 刘三女太,相传唐朝时下枧村壮女。性爱唱歌,其兄恶之,与登近河悬崖砍柴,三女太身在崖外,手攀一藤,其兄将藤砍断,三女太落水,流至梧州。州民捞起,立庙祀之,号为龙母,甚灵验。今其落水高数百尺,上有木扁挑斜插崖外,木匣悬于崖旁,人不能到,亦数百年不朽。①

广东、广西以及周边地区广泛流传着关于"刘三姐""刘三妹""刘三姑""刘三娘"的传说,清代屈大均的《广东新语》、王士祯的《池北偶谈》、陆次云的《峒溪纤志》都有关于"刘三姐""刘三妹"的相关记载,民俗学界的许多学者诸如钟敬文、蓝鸿恩、农学冠、农冠品、覃桂清、黄桂秋等学者皆撰文探讨过刘三姐传说问题。钟敬文和农学冠皆认为"刘三姐是歌圩的女儿"。②黄桂秋先生认为:"所谓的歌仙刘三姐,历史上根本就不存在,不是实有其人,而是歌海之乡的各族民众寄托自己愿望的虚拟性人物,是歌唱民族的象征性符号。"③因而,自然也就没有真正意义上的刘三姐歌书文本传世。黄先生还认为,壮族民众对刘三姐的敬仰之情促使刘三姐的神格不断升级,由掌握巫术和魔法的女巫,变成超脱尘世、长生不老的歌仙;由传唱情歌为主的爱神,逐渐演化成保佑航运平安

---

① 陈赞舜、覃祖烈:《宜山县志》,民国七年铅印本,第451页。
② 钟敬文:《刘三姐传说试论》,载《钟敬文民间文学论集》,上海文艺出版社1982年版,第111页。
③ 黄桂秋:《桂海越裔文化钩沉》,中国书籍出版社2011年版,第77页。

的水神，还有一些地方将刘三姐当作多功能的保护神，人们祭祀刘三姐，求得风调雨顺、五谷丰登、国泰民安。刘三姐是"东方狂欢文化的一种标志性符号"①。过伟先生则将刘三姐定位为"民间文化女神"。②

覃桂清在《刘三姐纵横》中，论述刘三姐是"广西贵县人"，因为王士祯、孙芳桂、张尔翮等在各自的著述中都认同刘三姐是"贵县西山人"的说法，覃先生在广东阳春等地调查发现，《肇庆府志》《阳春县志》记载来当地传歌的刘三妹，"来自广西贵县"。广西贵县民众也认为：刘三姐年轻时离开贵县，四处传歌。③ 在"刘三姐"是"虚构的歌仙"还是"真实人物"的问题上，覃先生还倾向于认为"历史上刘三姐是真有其人"。是壮族的"歌圩风俗涌现出一大批'女儿'，刘三姐是其中佼佼者"④。

关于刘三姐的历史记载和民间传说，许多记述者和民间故事讲述者通常将"刘三姐"当作"真人真事"来述说，笔者在广西罗城仫佬族自治县兰靛村调查期间，当地民众指认"刘三姐"的住处、在家族中的排行、她搓衣服的石板。很显然，此"刘三姐"非彼"刘三姐"，或者说只是当地民众认可的众多"刘三姐"文化原型的组成部分之一。

其实，关于广东、广西以及周边各地民众讲述的"歌仙刘三姐"一系列传说，无疑包含虚拟和想象的因素，覃桂清先生搜集了47条有关刘三姐的传说和歌谣，⑤ 既说明了刘三姐传说传播的广泛性和漫长的历史跨度，也从总体上说明"刘三姐传说"是一种虚构的文化想象。因为，现实中的生命体尽管长大后可以云游四方，但是，只有唯一的出生地和出生时间。另外，人活一世，不过百年，现实中不可能有人跨越时空"长生不老"。因此，与其从历史考据学的角度论证"刘三姐"其人其事的"真或假"，

---

① 黄桂秋：《桂海越裔文化钩沉》，中国书籍出版社2011年版，第84页。
② 过伟：《民间文化女神刘三姐"六维立体思维"的文化人类学探索》，载潘琦主编《刘三姐文化品牌研究》，广西人民出版社2002年版，第158页。
③ 覃桂清：《刘三姐纵横》，广西民族出版社1992年版，第43—44页。
④ 覃桂清：《刘三姐纵横》，广西民族出版社1992年版，第242—245页。
⑤ 覃桂清：《刘三姐纵横》，广西民族出版社1992年版，第259—260页。

不如从历史记忆和文化想象的角度,分析"刘三姐文化"体系中:有哪些文化元素、文化基因是现实中可能存在的可信的历史记忆?哪些情节和现象是刘三姐传说讲述者的主观想象?由此省思:"刘三姐"如何成为集体记忆的主体?如何被想象?被谁想象?始于唐宋时期,延至21世纪以至遥远未来的"刘三姐"文化基因和文化想象,缘何拥有如此漫长而强劲的生命力?

(一) 可信的历史记忆

刘三姐原本是在岭南地区的民众中流传的民间传说和民间信仰,在特殊的20世纪50年代后期,《刘三姐》在特定的社会情境下由民间文学经作家改编,以彩调剧和电影的形式,登上大雅之堂,得到官方的广泛认可,得到国家领导人的赞赏。"文革"期间,"刘三姐"被打入冷宫,受到严厉批判。改革开放之后,"刘三姐"成为文化品牌,虽然有人高喊走出"刘三姐怪圈""刘三姐圆圈",[①] 但是,并不能抹去世人对刘三姐的深刻记忆,不能扭转对刘三姐多元化的改编趋势,特别是山水实景演出"印象·刘三姐",连续十多年演出成功,取得令国人震惊的经济效益和社会效应。这是不以人的意志为转移的值得深思的文化现象,而历史记忆在其中发挥了决定性的作用。

记忆本是心理学的概念,是人类大脑对过往发生的自然事件和社会事件造成的心理印痕的回顾、编码、存储和重新叙述。大脑活动是个体行为,是个体性的现象,而人是社会的人,除了少数远离群体的隐居者,人们通常聚集而居,由此生成基于家庭、宗族以及其他文化共同体的集体记忆。集体记忆为具有共同文化传统的特定成员所分享,是立足于现在而对历史往事的一种回忆、重述和建构。

历史记忆(historical memory)与集体记忆(collective memory)、社会记忆(social memory)密切相关。历史记忆源于历史事实,是历史人物和

[①] 常弼宇执笔:《别了,刘三姐》,《南宁晚报》1989年1月5日。

历史事件在人的大脑中的投映。王明珂先生认为：

> "历史记忆"或"根基历史"中最重要的一部分，便是此"历史"的起始部分，也就是群体的共同"起源历史"。"起源"的历史记忆，模仿或强化成员同出于一母体的同胞手足之情；这是一个民族或族群根基性情感产生的基础。它们以神话、传说或被视为学术的"历史"与"考古"论述等形式流传。①

在壮族民间，刘三姐传说是作为解释歌圩起源的原因而存在，显然这不是歌圩起源的历史真实，而是满足人们解除疑惑的心理需求。这种心理需求是客观存在的，而这种答案是想象的产物。正像许多民族中流传的关于太阳、月亮和星星的故事，这种故事本身是虚构的，而太阳、月亮和星星是客观存在的。包括壮族在内的南方民族的现实生活中无可置疑地有许许多多擅长歌咏的女性，她们是民歌文化的创造和传承的主体的重要组成部分，也是歌圩场上不可或缺的重要角色。

壮族社会生活中真实存在的杰出女性歌手从壮族先民走出蛮荒岁月开始，就同特定群体中的男性歌手一起开了壮族民歌文化发源的先河，她们在壮族历史记忆中占有举足轻重的地位是不言而喻的，关于她们的生平事迹的传闻也是屡见不鲜的。南方各地关于"刘三姐""刘三妹"的传说也就在这样的历史实施基础上诞生了。

所以，不同时期、不同地区都有杰出的女性歌手，各个地区的民众传承着"同中有异""异中有同"的以女性歌手为主角的传说，刘三姐传说的讲述者因为生活背景的差异和讲述重点的不同，加之听众的不同，往往塑造了人物形象基本统一的情况下的不同细节。因而在某种程度上保留历史真实（historical reality）的同时，也难免会出现想象和虚构成分。因为：

---

① 王明珂：《历史事实、历史记忆与历史心性》，《历史研究》2001年第5期。

"在对历史真实与历史记忆关系的研究中,很多学者注意到历史事件的当事人或亲历者本身也是有主体性的,历史事件亲历者对已经逝去的历史事件的回忆难免在一定程度上受到后来环境因素的影响,难免不带有片面性。"① 何况壮族杰出女歌手不计其数,她们的事迹正如"一月映万川",进入成千上万人的记忆之中,而这种记忆的复活以及再生,有意无意间掺杂了主观想象的因素。这些因素在某种程度上遮蔽了原本的真实,但是,并不能够由此质疑原本人物及其事迹的真实性和可信度。

历史记忆通常是对历史碎片的拼合与复原,其拼合结果呈现的口述序列往往是真真假假元素的混合体。因此,需要借助"慧眼",辨清历史记忆中,哪些是记忆主体所展现的虚拟表象,哪些是深含其中的历史真实。

对于刘三姐传说而言,历史的久远性、地缘的广阔性以及传承主体的多样性,导致其中包含着数不清的变化因素,每一次口头讲述和每一篇文献记载资料,都有不尽相同的故事情节,不变的可信的母题是"能歌善唱""聪颖可爱""秀外慧中""情深而刚毅"。

譬如,屈大均在《广东新语》记载:

> 新兴女子有刘三妹者,相传为始造歌之人,生唐中宗年间。年二十,淹通经史,善为歌。千里内闻歌名而来者,或一日或二、三日,卒不能酬和而去。三妹解音律,游戏得道。尝往来两粤溪峒间,诸蛮种族最繁,所过之处,咸解其语言,遇某种人,即依某种声音,作歌与之歌和,某种人即奉之为式。②

根据以上记载,可以推知的地名、姓名、生年、"善为歌"、"解音律"、"往来两粤间"、和歌者众多、懂得多种语言等,这在大体上是可信的,至

---

① 张荣明:《历史真实与历史记忆》,《学术研究》2010年第10期。
② 屈大均:《广东新语·卷八·女语》,广东人民出版社1991年版,第235页。

少是合乎岭南民俗中隐含的文化逻辑。王士祯在《池北偶谈》中记载：刘三妹"居贵县之水南村，善歌，与邕州白鹤秀才，登西山高台，为三日歌"。张尔翮在《古今图书集成·方舆汇编·职方典》中记载：刘三妹"生于唐中宗神龙元年。甫七岁，即好笔墨，慵事针指，聪明敏达，时人呼为女神童。年十二，能通经传而善讴歌，父老奇之，偶指一物所歌，顷刻立就，不失音律"。这是壮乡歌海人们"以歌代言""出口成诗"之文化智慧的折射，现实中不乏其人。陆次云在《峒溪纤志》中将"刘三妹"与白鹤秀才对歌的地点确定为"粤西七星岩绝顶"，可理解为是民间传说的异文。这些记载通常可信，只是更可能是另一个"刘三妹"，是构成"刘三姐"形象的原型之一。

刘三姐传说更多的是在民间以口述的方式传承，这些作品经当地文人收集整理而保存下来，同样展示了民间记忆中刘三姐的风采。广西宜州民间传说认为，刘三姐生于唐朝末年，原住罗城，后受人逼迫，移居宜州中枧村，喜欢唱歌，其兄以为对歌惹事误工，强力反对，但也改变不了刘三姐嗜歌的天性。广西扶绥、贵县（贵港）、桂平、恭城、马山等地的刘三姐传说，其情节单元大体上包括：三姐酷爱唱歌、遭家兄反对；遭坏人逼婚，三姐抗婚、逃婚；与外地歌手对歌，三姐获胜，外地歌手将歌书遗弃；对歌不止，升天成歌仙。这是岭南民间对刘三姐具有共性的历史记忆，也是相对稳定的刘三姐文化基因，构成刘三姐传说文化谱系的核心和主轴。

因为民间口述传统自身具有变异性和文本的多样性，由此产生的逼婚者、对歌者、对歌场域的不同，不能因此而质疑这些故事情节的文学想象的真实性和历史记忆的可信性。

20世纪五六十年代排演的彩调剧《刘三姐》和拍摄的电影《刘三姐》，增加了更多阶级对立的情节以及其他基于当时社会语境的文学创作因素，使"刘三姐"的故事情节更加完善，形象更加丰满，影响范围更加广泛，总体上也并不违背千百年来形成的关于刘三姐的历史记忆和文化逻辑。譬如，"山歌只有心中出，哪有船载水运来""山歌好比春江水，不怕滩险湾又多""黄蜂歇在乌龟背，你敢伸头我敢锥""青藤若是不缠树，枉过一春又一春""绣球当捡你不捡，两手空空捡忧愁"等诗句，以绝妙的诗性语言展现了壮族社会文化中隐含的能歌善唱的诗性智慧、不畏强权的顽强意志、追求自由和幸福的热切渴望。

因此，一千多年来，从"刘三女太"到"印象·刘三姐"，讲述的情景和展演的语境发生了跨越时空的转移，但是，其内在的审美意蕴和以对歌为核心主题思想均未发生实质变化，内在的稳定性因为得到民众审美心理的认可而不断焕发新生活力。

（二）虚拟的文化想象

如果说"可信的历史记忆"是在现实性、真实性基础上合乎文化逻辑的想象，那么，"虚拟的文化想象"纯粹是"水中之月"，是现实中不可能真实存在的"文化幻想"和"审美幻象"。是因为"历史被人们从现实生活中分离出去，成为某种象征和幻象，事实上，这是文化投影的结果，是意识形态对人们与过去的关系进行想象性畸变的结果"[①]。"刘三姐"是广大民众在歌圩文化背景下想象而成的"典型形象"，"刘三姐"赖以产生的社会基础是客观存在的，岭南地区无数女性歌手是"刘三姐传说"的真实原型。关于这些原型的历史记忆是可信的，而超越原型之上的述说是想象和虚构的文化产物。这些虚构和幻象在人们的口述传承中"越传越玄""越传越真"，但这种"真"只是审美幻想世界的"真"。

譬如，"刘三姐"被奉为"始造歌之人"，显然是"相传"而已，是民众的想象，因为真正的民歌"始造者"，绝不是在唐代。"七日夜歌声不绝"，显得有点夸张；刘三姐的兄长反对刘三姐唱歌的可能性是存在的，

---

① 王杰：《审美幻象问题与心理学解释》，《广西师范大学学报》（哲学社会科学版）1992年第1期。

而将刘三姐推下山崖，砍断藤条的情节是想象的。刘三姐与白鹤少年、张伟望、陶、李、罗、石等秀才对歌，有真实的现实基础，而与对歌者"俱化为石"，显然是民间众多"化石"传说母体的套用。

因此，"刘三姐"文化基因和文化现象的孕育、萌芽、生成、传播，经历了千百年的漫长历史演化，不同时代、不同区域、不同族群的民众以不同的方式参与"刘三姐文化序列"的创造与传承，都将自己的文化认知、历史记忆、文化想象、审美体验和情感寄托渗入其中，刘三姐成为一种"箭垛式"的人物，凝聚了无数虚拟的情节和想象的元素。刘三姐文化形象的可塑性、变异性、复杂性、多元性，一方面给人们带来认知其文化本质的难度；另一方面，也为后人的重新阐释留下了广阔的想象空间。

譬如，20世纪五六十年代，整个中国笼罩在阶级对立、阶级斗争的时代语境中，国民的思维方式和社会心理强化了《刘三姐》的阶级意识。传说中与刘三姐对歌的秀才，本是平等、友好的歌友，甚至一同化石成仙，在电影《刘三姐》中被改编成不同阵营的相互对立关系，在对歌中相互挖苦、嘲讽，秀才们丑态百出，落荒而逃。而观众们觉得这是影片中最为精彩的部分，这种文学创作切合时代的潮流，尽管是虚拟的想象，却得到人们的认可。

在"文革"期间，"刘三姐"又被想象成"毒草"，能用山歌唱倒"地主阶级"，将《刘三姐》当作"反对枪杆子里面出政权的真理""反对暴力革命""反对无产阶级专政"，蒙上许许多多莫须有的罪名，电影《刘三姐》的扮演者黄婉秋受尽人生的折磨。这种现象基于极左思潮的干扰，是社会变态的表征。

进入21世纪，大型山水实景演出"印象·刘三姐"从2004年3月20日正式公演，至今已有十多年的历史，有道是一个创意"十年十个亿"，作为山水实景演出"印象·刘三姐"，比起电影《刘三姐》，离真实历史记忆中的"刘三姐"更加遥远。"印象·刘三姐"的核心策划人梅帅元、张艺谋虽然声称"向自然致敬、向传统致敬、向人性致敬",但是,只是借用了传统的电影《刘三姐》的一些对歌作为母题和素材,增加了制作者更多的文化想象的成分,壮族、侗族、苗族的文化元素也被融合到演出过程当中,为了吸引游客,还增加了"浴女婚俗"等作为吸引游客的噱头,试演阶段有月亮船上的"脱衣舞女"表演,更是引起大量的争议,有记者撰写《刘三姐·歌仙·脱衣舞女》的短文,文中云:有女子"披着一缕轻纱,由远而近,飘然出现在梦幻般的江面上……是对刘三姐的不敬,是对赞美劳动、歌唱爱情的淳朴民歌的亵渎"①。该文章在社会上引起巨大反响,后来,编创者在实际演出中做了改进,但是,这种虚拟和想象显然迎合了消费时代的文化趣味。

"刘三姐"再度被当作"文化符号"原型而被重新想象。这种文化再生(regeneration),既显示了"刘三姐"文化基因的强大生命力,也意味着"刘三姐"拥有深厚的文化基础,提供给后人巨大的想象空间。

因而,诗性传统的承载主体虽然离不开历史上的真实生活中的民间歌手和虚拟世界的"刘三姐",但是,更重要的是承载"刘三姐"历史记忆的广大民众。社会大众关于"刘三姐"的历史记忆和文化想象,是梅帅元、张艺谋等编创"印象·刘三姐"的重要前提条件,也是"印象·刘三姐"持续十多年演出成功的根本保证。

(三)历久弥真的文化动因

壮族民众对"刘三女太"的历史记忆,底蕴深厚,流传久远,世人对"刘三姐"始终怀着充溢审美意蕴的文化想象,其内在的文化动因在于壮族以及其他民族对于"女性""女神""歌仙"的深刻历史记忆,对于具有人类美好文化意象的普遍性的尊崇与敬仰,而现代理性思维对诗性思维的渗透与消解,更激起世人对诗性传统的珍惜。

"刘三女太""刘三姐"作为女性的杰出代表,在男性与女性构成的

---

① 缪新华:《刘三姐·歌仙·脱衣舞女》,光明网,2003年12月10日。

二元世界中具有不可或缺的地位。从性别角度审视,男女婚配是人类得以繁衍的前提。壮族的诗性习俗与男女婚恋始终具有密不可分的关系,异性之间的情歌对唱对婚姻的缔结起到至关重要的作用。壮族歌圩起源于对偶婚时代的异性之间的对唱,女性歌者和男性歌者是不可或缺的二元结构中的有机组成部分,没有女性或没有男性参与,就不能成为严格意义上的歌圩。女性歌手需要同性歌师的指点,而男性歌手对于女性歌师则是怀着追慕之心。"刘三姐"由此获得男女歌手的共同尊重,进入男性和女性的心脑记忆之中,"记忆需要来自集体源泉的养料持续不断地滋养,并且是由社会和道德的支柱来维持的。就像上帝需要我们一样,记忆也需要他人"①。南方民族较少受到"男尊女卑"观念的影响,将杰出女性奉为神灵是自然而然的事情。

农学冠先生指出:

> 这些歌,以优美的旋律、优美的音韵、优美的歌词,唤起了一切善良的人的美好心灵!古代人依恋刘三姐,是她的潇洒多情的感染,是美好理想的寄托,是智慧力量的激发。当代人依恋刘三姐,是她自由发挥的个性的召唤,是她无穷创造力的显现。刘三姐,是我国岭南的山茶花,是广西人民审美的结晶。维纳斯、祝英台、朱丽叶……都无法取代她的位置。刘三姐文化,是中华民族文化宝库中的优秀遗产。②

刘三姐因其超群绝伦、无人能比的歌唱本领而成为文化想象世界"美的化身",体现了美的本质而超越了历史时空与民族边界,"刘三女太"无疑是壮族的,而作为文化符号的"刘三姐"既属于壮族,又超越了壮

---

① [法]莫里斯·哈布瓦赫:《论集体记忆》,毕然、郭金华译,上海人民出版社2002年版,第60页。
② 农学冠:《刘三姐文化初论》,载潘琦主编《刘三姐文化品牌研究》,广西人民出版社2002年版,第92页。

族,成为汉族乃至人类共同接受、共同欣赏的"美的象征""美的隐喻""美的符号",是具有普遍性的人类审美文化基因的凝聚。从四面八方,从世界各地来观看"印象·刘三姐"的游客,实际上映现了人们喜爱山歌、崇拜歌艺超群者的具有人类普遍性的社会心理。人类成员都或多或少携带着诗性基因的文化密码,也都具有对诗性世界的文化想象和文化体验,因而也成为诗性历史记忆的承载体。换言之,具有人类普同性的历史记忆和文化想象,都以不同的显现方式参与诗性传统的延续,都对以"刘三姐"作为象征符号的诗性基因之久传不衰,发挥各自的助推作用。

在21世纪,"刘三姐"历史记忆借助"印象·刘三姐"山水实景演出而得以复活,还不只是由于梅帅元、张艺谋等的成功策划,更重要的是在人类诗性传统趋于崩解的时代语境中,重新唤起人们的诗性情怀。现代社会以物为主体的理性思维占据人类的精神世界至少已有数百年的历史,在都市化、工业化为特征的现代社会中,都市人生活在钢筋水泥构成的栖居空间。虽然远离了山水田园,告别了诗情画意,但是,人类的诗性想象和诗性精神饱经风霜却未曾歇绝,虽然萎缩却还余绪犹存,诗境消失与诗情枯竭,更令诗心和诗意变得珍贵,诗人边缘化与诗作平庸,更让世人期待诗性杰作问世。"印象·刘三姐"顺应了这样的文化语境,因而实现文化的逆袭,在喧嚣中展示静谧的诗性意境,在诗性文化边缘化中唤醒人的诗性情怀和诗性历史记忆。

总之,历史记忆与文化延续存在密切的关联,文化延续需要历史记忆作为人文根基,而文化延续在某种程度上说也是历史记忆的重生。至为关键的是要了解历史记忆的主体、历史记忆生成的方法与路径。与历史记忆相对应的是忘却,记忆主体在不同的时代语境中选择不同的记忆对象,被选中进入记忆过程的文化事象往往获得了延续和传承的机会,而没有被选中的历史事实必然就被遗忘而化为云烟。历史记忆具有历时性与选择性,记忆借助口传心授、音影图文诸多载体而代代相传。每一位有记忆能力的正常人都是历史记忆的主体，壮族诗性传统的延续确实有赖于历史记忆的有效支撑以及审美文化的现代重构。壮族诗性传统得以延续的文化根基是人类审美记忆的复活与重构。历代壮族歌师的敏锐审美感知、审美体验和审美表达能力，促进了民歌的传承、发展。而在民族文化式微的时代语境中，唤醒年青一代的审美文化记忆，重塑年轻人的心灵世界，将对壮族诗性传统的延续起到至关重要的作用。

二 壮族民间歌者的构成及其人生际遇

数千年的壮族社会历史以及以农耕为主的壮族社会生活是壮族诗性传统衍生的文化沃土，栖居在这片沃土上的千百万壮族民众是壮族诗性文化的承载者。然而，由于壮族和汉族在政治结构、社会交融和文化传播诸多方面的互动，壮族诗性传统的传承显然深受汉族文化的影响，许许多多的壮族民间歌师、壮族诗人具有多样化的社会身份和文化认同。他们无疑受到壮族民歌习俗、诗性思维和诗性智慧的熏陶，每个人的身上或多或少隐含着诗性文化基因，人们的诗性才华或隐或显地在不同的时空语境中展示。

壮族诗性传统的传承主体是多元化的复杂整体，在社会分工之前，壮族社会以农耕为主体，大多数歌者以种植业为生，乡民是壮族民歌文化的传承主体。当社会经济类型多样化之后，一部分壮族人改行从事手工业、商业活动，还有一部分人成为知识分子，或者成为政府官员。社会成员身份的多样化，相应地导致歌者社会身份的多样化。因而追问谁是歌者、歌者是谁，或者谁是壮族诗性传统的传承主体，其实是需要放在广阔的历史时空中予以审视。

在壮族民间，从性别的角度看，壮族歌者的身份天然地分为男性歌者和女性歌者；以年龄作为标准，则分为少年歌者、青年歌者、中年歌者和老年歌者；从歌唱用语来划分，可分为用壮语演唱的歌者和用汉语演唱的歌者，还有世俗性的歌者和宗教性的歌者。

"刘三姐"实际上是壮族真实生活中的女性歌师和文化虚拟空间想象性的诗性传承主体的融合体。真实的或虚拟的"刘三姐"对于诗性传统的生成与延续所起到的历史性作用是不言而喻的。然而,在现实世界无数的壮族歌者是实实在在的壮族诗性文化的承载者,正是不计其数名不见经传的民间歌手、歌师、歌王,构成了壮族歌者的整体结构,不同身份的歌者在壮族诗性传统的演化过程中起到了决定性的作用。

生活在"以歌代言"的文化场域中的每一个人,其实都是诗性传统的传承主体,只是由于天赋和人生际遇的不同,不同的人在诗性传统的延续过程中扮演不同的角色,起到不同的作用。在壮族民间,人们根据歌者的演唱水平,自然而然将歌者归为"歌迷""歌手""歌师""歌王"等不同的层级。当然这些层级的划分是相对而言的。很少有天生的歌师和歌王,绝大多数歌师、歌王年幼时是民歌爱好者,或者是普通的歌手,年长后经过历练,而逐步提升歌咏艺术水平,得到民众的认可,随着知名度和影响力的提升,其中的佼佼者则成为歌师,甚至歌王。

大多数民众通常是民歌爱好者,能听懂民歌,偶尔也能唱一唱。虽然这一层级的歌者不一定能编出优秀的民歌,但是,常常作为歌圩和其他民歌活动的参与者,起到捧场、助兴的作用,没有他们,壮族诗性传统就没有生成和传承的社会基础。

由"歌手"成为"歌师",通常需要具备较好的嗓音条件,能够流利地演唱本土民间歌曲,而由"歌师"成为"歌王",则需要具备一定的演唱天赋,有超凡的记忆能力和诗性语言的表达能力。常常能够遇事唱事,见景唱景,出口成歌,在日常生活中以及仪式场合演唱民歌,在歌圩场上一展歌才,与人对歌符合对歌的礼数,反应敏捷,酣畅淋漓,在婚丧嫁娶之类民俗仪式中应对自如,并能够培养出一批优秀的歌手,形成相对完整的民歌传承谱系。

赢得"歌王"的美誉,需要在民歌创作、对歌表演、人才培养、社会服务以及思想品德、社会声誉等方面具有更为优秀的表现和更为突出的成绩。壮族民间素有"天上刘三姐,人间黄三弟"的说法,黄三弟是壮族历史上唯一能与"歌仙刘三姐"相提并论的著名歌王。刘三姐实际上是在大量原型基础上被"想象"的歌者的化身,黄三弟则是真实存在的人物。以黄三弟及其弟子方寿德的人生际遇作为切入点和审视视角,可以理解壮族歌者在不同时代的政治意识形态的操弄中的不同境遇。

黄三弟(1907—1971)原名黄河清,因在家中排行第三而称"黄三弟",祖籍广西宜州,其先辈迫于生存压力,历经辗转而定居柳城县凤山乡赶羊屯。这里地处柳江河畔,壮汉杂居,壮族歌圩文化底蕴深厚,村边鲤鱼冲是歌者集会对歌之处,是举办歌圩的场所。黄三弟从小就深受歌圩文化习俗的熏陶,看惯了人间的酸甜苦辣。黄三弟因为家境贫困,没有上学机会,因而不识汉字。他七岁给财主打短工,到十五六岁,开始外出打长工,增加了社会阅历,增长了见识,也有更多的机会向其他歌手学习唱歌,磨炼自己的歌唱本领,在歌师张天恩的开导下,黄三弟的歌艺不断长进,歌咏天赋得到深度激发。到 20 岁左右,黄三弟已经养成"以歌代言"的心灵习性,能够遇事唱事,见物唱物,即景抒怀,歌随口出,影响力和知名度不断提高。1932 年,时任广西省府建设厅厅长的伍廷飏因其"天资敏慧"而被称为"平民文学天才"。①

黄三弟出生于社会底层,生活艰辛,两度蒙受丧妻之痛,亦不改变其坚毅、正直、善良的本性。他乐于服务乡里,用超群绝伦的歌才传播着喜庆和欢乐,给人们带来精神的享受;用心传授歌唱技艺,培养民歌传承人;用山歌调解家庭矛盾、劝人向善,使社会和睦融洽;将山歌作为武器,与恶人斗智斗勇,惩恶扬善,救人于危难之间。以黄三弟为代表的壮族歌者在 20 世纪 50 年代迎来了贫苦农民翻身解放的新时代,河清海晏,

---

① 1932 年,时任广西建设厅厅长的伍廷飏作为调查组组长,赴柳城调查,记录了一些黄三弟的山歌,并对黄三弟的歌才给予高度赞赏。

歌舞升平，诗兴盎然。黄三弟以真切的感恩之心，高唱赞歌：

> 打破樊篱飞彩凤，挣断枷锁走蛟龙；
> 放声歌唱共产党，句句赞颂毛泽东。
> 一唱壮人得解放，好比囚犯出牢笼；
> 身上枷锁全打碎，抬头见了红太阳。
> 二唱柳城换了天，万朵心花红鲜鲜；
> 十月甘蔗甜到尾，百姓日子到尾甜。①

作为在旧社会受尽压制的"歌王"，黄三弟发自内心拥护新政府，用歌声宣传党和国家的政策，然而，在"文革"期间，在人性颠倒、是非混淆、社会动乱的残酷岁月，许多歌者的命运遭受严峻的考验，人生历程饱经风霜，甚至跌落至最低谷，对诗性传统造成莫大的摧残。黄三弟被污蔑为"广西最有名的黄色歌手"，受尽折磨，身心俱疲。他的人生境况的大起大落给心灵带来了巨大的冲击，内心充满悲愤却无法通过山歌来宣泄。

1971年某一天，黄三弟在家虔诚膜拜刘三姐雕像时，监视他的人强行闯入他家，并将刘三姐雕像丢入火中。黄三弟的心灵支柱轰然坍塌，悲愤至极，含冤辞世，壮族"歌星"就这样陨落了。

黄三弟后人制作的墓志铭用精炼的语言概括了黄三弟的精神品格：

> 吾父一生含辛茹苦克勤克俭忠厚仁义光明磊落正直无私名扬四方，自幼家贫无力入学目不识丁，但天资聪颖才思敏捷，七岁之时会唱山歌，未满一十六遇事见物出口成歌动听引人，曾在柳城柳江罗城宜州等地设馆教歌广收门徒。解放前后曾多次赴柳州桂林赛歌传歌深得群众爱戴政府好评，称为广西歌王。

---

① 黄勇刹、杨钦华、方寿德：《歌王传》，广西民族出版社1984年版，第355页。

在壮族民歌传承主体的谱系中，以黄三弟为核心的柳城歌师群体有清晰的师徒传承谱系，第一代为张老溜，原居广西宜山，后定居柳城县社冲乡长槽村大木屯；第二代为张天恩、赵良斌、赖延标等；第三代为黄三弟、赵胜乾、熊兆烈、熊国斌、覃耀曦等；第四代为黄三弟的歌徒，以方寿德、方国耀为杰出代表，共50多人；第五代为方寿德的歌徒，以朱明生、黄亚桥为代表，共约120人。根据当事人的追忆和亲身经历，柳城山歌传承的谱系基本可分为三个阶段：20世纪30年代之前，老一代歌师在传歌教歌，著名歌师并未产生，民歌传承谱系正在逐步形成；30年代至90年代中期，柳城县以黄三弟为核心的谱系正式形成，群星璀璨，是该谱系的鼎盛时期，这一时期是歌王辈出的时代，连续产生了三代歌王黄三弟、方寿德、黄亚桥，他们歌艺超群，社会影响巨大，所教徒弟众多，为山歌的传承做出了巨大贡献。

在20世纪80年代，壮族歌者的人生际遇迎来了转机，他们的社会声誉得到恢复，政治地位得到确认，他们以新的姿态参与社会活动，党政有关部门也利用民间歌手宣传党的方针政策，通过举办一些山歌比赛活动，宣传禁毒、计划生育、廉政建设、"三个代表"、科学发展观、和谐社会建设、中国梦、"一带一路"建设、社会主义核心价值观等国家主流思想，以群众喜闻乐见的形式将新政策和新思想用民歌编唱出来，达到了事半功倍的宣传效果。许多歌师都参与过此类宣传比赛活动，并以获得来自政府的荣誉和奖励而感到无上光荣。然而，若从文艺美学的角度审视，民间歌师的艺术才华更应是自主性的情感表达，而不是命题性的编歌演唱，尽管许多歌师能够娴熟运用赋比兴的手法，用通俗性的诗性语言传达主流意识形态，但是，这些时政性、宣传性的民歌到底有多少文学价值，值得深思。

譬如，黄三弟的得意门生方寿德的一生也历经磨难，饱尝人世间的酸甜苦辣。国家力量始终以不同的方式影响着方寿德的民歌创作和情感表达，他的成败得失或显或隐地受到时局的制衡。课题组在访谈中得知，方寿德从起步走上群众文化活动岗位的那天起,就被群众文化活动和民间山歌的演唱这两条文艺红线紧紧地拴住了创作过程,使他更清楚地认识到群众文化娱乐和民间山歌的演唱不仅是为群众之乐而乐,更主要的还是为党为国,把人民大众的心紧紧地联结在一起,同心同德地迈步建设我们伟大的社会主义祖国。

方寿德性格坚毅,勇于面对各种挑战,以优秀的编创民歌的才华赢得许多荣誉称号。1987年春,参加广西"三月三"壮族歌会,获"广西民间歌手称号";1992年4月,参加广西首届民间歌王大奖赛,获"广西民间歌王"称号;1997年10月,参加广西"小康民谣歌王大赛",获"擂主奖"。

方寿德的山歌创作与时政密切关联,他乐于用山歌为政治服务,积极参加配合有关部门宣传党和政府的方针政策,因此获得了许多荣誉,也因为突出的民歌编创才能而被调到柳城县文化馆工作,任民间文学辅导员。方寿德协助柳城县政法、财税、计生委等部门开展山歌会宣传活动,创编相关山歌2100多首。①

方寿德虽然成为名闻遐迩的一代歌王,因为唱山歌而体验到了快乐、尊严与成就感,但是,这并不意味着他拥有富足、舒适、幸福的晚年生活。20世纪90年代,年逾七旬的方寿德独自住在柳城文化馆三楼楼梯口的一间破旧的阁楼里,房间杂乱无章,阴暗潮湿,狭窄而简陋。政府的工作重心在发展经济,兴趣点在招商引资,文化建设始终是点缀,包括歌师、歌王在内的文化人,势所必然被边缘化。

世界上许多民族的歌者因为拥有歌唱天赋而受到尊重,赢得较高的社会地位,而壮族优秀歌者在不同的社会空间的社会地位是不尽相同的。

壮族歌者既像普通人一样经历由生到死的生命旅程,也有与普通人不

---

① 宣传计划生育政策:麻雀仔多难变凤,蚜虫仔多难变龙,多子多女难管教,漆树难变山顶松。宣传征兵:广大青年要自爱,报名应征站前排,男女均可上前线,练就军地两用才。宣传税法:要想禾壮先肥秧,要想儿胖先养娘;要想国强先纳税,四化建设才辉煌。好心劝君记心上,千万莫做税法盲;盲人若骑盲马跑,不碰树根也碰墙。

同的情感体验和人生际遇。既有可以选择的人生道路，也面临着身不由己的人生困境。歌唱天赋成就他们人生的某种幸福，也不乏因为热衷吟唱而招来横祸的例证。

在壮族民间和乡村社区中，歌者成为许多仪式场合的主角，特别是在婚丧嫁娶的过程中往往扮演不可或缺的角色，自然而然得到人们的尊重。但是，在以汉文化为主导的官方语境中，壮族民歌常常被当作难登大雅之堂的"乡野之曲"，甚至被冠以"靡靡之音"等莫须有的污名。人类对于"诗性精神"并非一味秉持赞赏的态度，人类内心世界兼容美丑、善恶的双重属性。"天使"与"魔鬼"同在，人类良善的本性让"天使"显现，人类丑陋的天性则让"魔鬼"横行。当善良"天使"显现的时候，包括壮族歌者的诗性传统的传承主体就迎来人生的辉煌时光，而当"魔鬼"降临的时候，许多正直的歌者的人生际遇则将落入低谷，饱受精神和肉体的双重折磨。

三　壮族歌者的人文情怀与文化困惑

（一）壮族诗性传承主体的人文情怀

壮族诗性传承主体通常拥有高超的歌唱才艺，也因为拥有深厚的人文情怀而受到民众的敬仰。壮族歌师不仅是仪式场域中的主角，用美妙的山歌给主家带来喜庆气氛和心理慰藉，给在场的人们带来快乐和愉悦，还自觉或不自觉地成为壮族文化的传承者、传播者、社区服务者。

壮族各地有很多歌师借助光碟、数码技术录制民歌，销售歌碟，积极从事民歌的搜集、整理和传播，将民族文化的传承当作人生的志业。譬如，田阳县布洛陀文化传人黄达佳、巴马歌王陈福堂、平果县嘹歌文化传承人谭绍明、柳城壮欢歌师周德康及其团队，都对壮族民歌文化的传承怀着深厚的情感，以真切的弘扬民歌文化的责任心，促进民歌文化的传播。

壮族歌师活跃于壮族聚居区的广阔舞台上，具有民众阶层的"草根性"，同时又因为其与生俱来的流动性，使他们成为传承和传播壮族民歌文化的主力军。壮族歌师以诗言志，借歌咏言，壮族的文化观念通过民歌得以表达，民歌的社会功用得以在各种仪式场合中得到淋漓尽致的发挥。

壮族歌师的成长过程，其实也是一个歌手道德历练的过程，能够出道，既需要无数次的现场"实战"，也需要树立良好的歌德歌风。壮族歌师的社会担当和人文情怀，通常在民俗仪式上得到体现，每逢红喜事，在唱恭贺歌的同时，也唱劝善歌；遇白事，既唱哀歌，追念亡者的功德，也唱感恩歌，告慰子孙后代铭记先祖恩德。

在日常生活中壮族歌者还扮演社区服务者的社会角色，面对村落社区中的纠纷，要通过唱歌来调解，面对青少年道德迷茫，要用山歌来劝人向善，倡导乐于助人、勤劳、孝顺、诚实的为人处世原则，劝诫人们要远离黄、赌、毒。壮族各地歌师以深厚的人文情怀，热心于"以歌传道""以歌育人"，熏陶良风美俗，倡导家庭和睦与社会和谐，鼓励人们勤奋劳作，对弱者要有同情之心。在家庭生活中，对长辈要有孝顺之心，尽力赡养；夫妻之间要相互尊重，荣辱与共；兄弟妯娌之间要相互协助，以礼相让；邻里之间应当和睦相处，相敬如亲友；待客要热情厚道，礼数周全。力戒违法乱纪的恶行，养成正直善良的品格。

美国学者哈里·列文认为：

> 凭借心灵的耳朵，我们可以听到歌手们将自己惊人的记忆即兴地演唱出来，这种演唱充满了大量的名词属性形容词、修饰性的程式，并伴以单弦"古斯莱"的弹奏。这使我们较之从前更确切地了解到，史诗不仅是一种体裁，也是一种生活方式。①

其实，壮族民歌习俗和诗性传统正是壮族生活方式的集中体现，壮族

---

① ［美］阿尔伯特·贝茨·洛德（Albert B. Lord）：《故事的歌手·序》，尹虎彬译，中华书局2004年版，第35页。

歌师用歌声传播着喜庆和欢乐，给人们带来极大的精神享受；用山歌调解家庭矛盾、劝人向善，使人际关系和睦融洽。通过传唱"十月怀胎苦歌"，让人切实感知母亲养儿育女的艰辛，情真意切地借助动物的母性作为比喻，激发年轻人的孝顺之心，歌词形象生动，比喻贴切，感人至深。

壮族歌师以深厚的人文情怀和实践活动，保存了壮族文化，促进了民歌的传承和发展。他们深为关切民族文化的前途与命运，他们对民族文化的式微以及年青一代对民族文化的淡漠深为忧虑。以壮族歌师为核心的壮族民间文化传承人维系着民歌文化的延续，影响着乡民的心灵世界，对重建乡村文明起到至关重要的作用。壮族歌者是壮族乡土社会的文化精英，他们的文化经验、文化创造与文化智慧，是壮族人文重建的重要精神资源。

（二）壮族歌者的文化困惑

壮族虽有"以歌代言"的文化传统，但是，除了《布洛陀经诗》《莫一大王》《嘹歌》《达稳之歌》《达备之歌》《欢传扬》等长篇诗歌作品，大多数歌师和歌王没有属于自己的经典之作传之于世，壮族歌者命运多舛，上天赋予他们以歌代言的才华，却鲜有长篇诗作成为经典作品。或许这是由于口头文学创作易于失传的原因决定了许多作品难以传承于世。壮族歌师用古壮字记录了《布洛陀经诗》《莫一大王》《嘹歌》等经典作品，却没有将更多的优秀民歌记录下来，这是壮族民歌文化史上的遗憾。黄勇刹、杨钦华、方寿德编著的以黄三弟为主角的《歌王传》，兼用叙述语体和民歌两种手法描绘了黄三弟一生的坎坷，展示了他的出类拔萃的歌咏才华。很显然有些作品是黄三弟的原作，更多的是《歌王传》作者基于刻画人物的需要的加工和再创作。

美国学者阿尔伯特·贝茨·洛德认为："我们现在可以毫无疑问地说，《荷马史诗》的创作者是一位口头诗人。"[①] 同时他指出：

---

① ［美］阿尔伯特·贝茨·洛德：《故事的歌手》，尹虎彬译，中华书局2004年版，第204页。

口头传承作为艺术形式，与起源于"书面文学传统"的艺术形式，同样具有其复杂性和深刻的意义。从艺术形式这个词语的更广阔的意义上，口头传承和书面传统同样具有"文学性"。我们不应该把口头传承仅仅视为不太完美的、较为粗糙的、跟文学沾不上边的东西。远在书面技巧出现之前，艺术形式便已经确立，而且在古代已经高度发达。①

虽然不能简单地将壮族歌者同以荷马为代表的古罗马行吟诗人相类比，更不能不切实际地苛求壮族歌王创作出类似《荷马史诗》那样的杰作，但是，我们可以省思壮族歌者有诗性的情怀、诗性的意象、诗性的思维，也有浩如烟海的诗歌作品，缘何缺少对民族历史和民族历史事件的全方位表达？壮族名不见经传的歌者创作了英雄史诗《莫一大王》，而以黄三弟、方寿德、周德康为核心的柳城壮族歌师群体为何没有创造出史诗性的作品？现代壮族歌师能够淋漓尽致地用山歌表达爱情，用山歌唱尽人间喜怒哀乐，却鲜有传世佳作。或许壮族"以歌代言"的传统是壮族歌者更多地倾向于用山歌抒发情感，而不是通过口头创作反映重大历史事件，止步于技巧层面的精妙比兴，而未能上升到文化思想的深刻表达。究其原因，近现代以来，壮族地区的经济、政治、文化传统诸多原因在不同的层面上制约着壮族歌者的精神世界和民歌创作。

四 壮族知识分子与壮族诗性传统的延续

在壮汉民族两千多年的民族交融和文化交流的过程中，有相当一部分壮族人通过各种途径，走出乡间，进入城镇空间，进入文化教育系统，进入国家行政管理部门。这一群体融入以汉语为主导的主流社会，他们的身份主要有官员、文人、作家、诗人、教师、学者等，在此，统称这一群体

---

① ［美］阿尔伯特·贝茨·洛德：《故事的歌手》，尹虎彬译，中华书局2004年版，第204页。

为壮族知识分子。他们与壮族诗性传统有着天然的联系,其实也是壮族诗性传统的传承者,壮族许多官员和学者为壮族诗性传统的传承和发展起到了至为重要的作用。

在壮族官员群体中,张声震①、蒙光朝②、覃九宏③、农敏坚④等,都对壮族民歌以及壮族文化的保护和传承,做了大量有益的事情。壮族诗人韦其麟、黄勇刹、李志明、黄青、瑙尼、农冠品、覃承勤等,都以各自的诗歌才华,创作了许多优秀的诗歌作品,在壮族文学发展史上占有一席之地。壮族的官员和知识分子在不同的文化语境、以不同的人生经历和不同的方式,或多或少受到壮族诗性传统文化的熏沐,壮族诗性基因在他们身上延续。只是秦汉以来的壮族社会历史同中原王朝以及汉族文化具有密不可分的关系,壮族官员和壮族文人通常经历复杂的文化习得过程,兼有多重身份和复杂的文化心理认同。

对于壮族官员和文人而言,他们的母语是壮语,从小生活在壮族文化语境当中,由壮语思维和壮族文化传统构成他们的认知体系,同时,他们无一例外接受汉族文化教育,也唯有比较全面学会汉语和汉族文化,他们才有可能在以汉文化占据主导地位的主流社会谋得一官半职。然而,壮族官员和文人的文化认同呈现复杂的形态。总体上可以分为汉文化为主体、壮汉兼顾、壮文化为主体三种类型。以汉族文化为认同主体的官员和文人实际上是已经深度接受汉族文化,甚至空有壮族出身的先天性身份,后天的认知图式被汉族文化遮蔽,壮族的诗性思维和诗性传统被割断了。壮汉

---

① 张声震曾任中共南宁地委书记、柳州地区专员、中共柳州地委书记、中共广西区党委常委、组织部长、区人民政府副主席等职务,从领导岗位退下来之后,致力于壮学研究,主编《壮学丛书》,在国内外产生广泛影响。

② 蒙光朝历任来宾县县长、柳州地区文化局局长、柳州地委宣传部副部长兼地区文化局长,同时,坚持从事新民歌创作和民间文学的搜集整理和研究。

③ 覃九宏历任广西象州县县长、中共象州县委书记、合山市委书记、广西区文明办副主任等职,卸任后致力于歌圩文化的传承和弘扬,编辑出版系列山歌集。

④ 农敏坚历任中共那坡县委书记、中共平果县委书记、平果县人大主任等职务,积极推动"黑衣壮文化"和"嘹歌"等壮族文化的研究,取得丰硕成果。

兼顾型的壮族官员和文人通常可以协调处理壮汉文化的关系，壮族文化基因得到较好的延续，壮族文化记忆不曾断裂。以壮族文化为认同主体的壮族官员和文人对壮族历史文化具有系统的了解，对壮族文化具有深厚的感情，壮族的诗性情怀在他们身上得到充分的体现。

壮族作为具有以歌代言以及诗性思维传统的民族，诗性文化的影响通常超越了社会成员的阶层边界和身份的隔阂。譬如，壮族农民运动领袖韦拔群既是一位英勇善战的军事指挥员，又是一位能歌善唱的山歌手。他创作了许多脍炙人口的革命山歌，开启了民众的革命意识，激发了民众的革命热情。

壮族诗人——指用汉语作为诗歌语言的壮族诗人，凭着自己的歌才，在壮族诗歌史乃至中国诗歌史上留下深深的印记。韦其麟是用汉语作为写作语言取得巨大成功的杰出代表。他在童年时代深受壮族文化的熏陶，上大学期间，他根据壮族民间故事创作叙事诗《玫瑰花的故事》和《百鸟衣》，一举成名，饮誉海内外。农冠品出版汉文诗集有《泉韵集》（1984年）、《爱，这样开始》（1989年）、《岛国情》（1990年）、《晚开的情花》（1990年）、《醒来的大山》（1996年）及《相思在梦乡》等，他坚持立足于壮族地区的文化习俗，从中汲取营养，同时借鉴外国诗歌写作技巧，创作出具有自己艺术风格的作品。

蒙光朝于1947年参加革命，中华人民共和国成立后长期在政府部门任职，同时，他兼任中国歌谣学会理事、广西山歌学会名誉会长，一生酷爱民歌，对民歌习俗和民族文化具有浓厚的情感，数十年来坚持从事新民歌创作和民间文学的搜集整理和研究。先后出版民间长诗集《双姑传》、民间长诗《马骨胡之歌》（合作，获广西文艺创作首届铜鼓奖），编撰《传统山歌选注》。

彩调剧和电影《刘三姐》的重要创编者之一黄勇刹出生于具有"山歌之乡"美誉的广西田阳县田州镇那塘村。他母亲是位小有名气的民歌手,从小深受山歌习俗的熏陶,由热爱山歌而热爱文学,进入汉语主导的主流社会却对山歌仍一往情深,辞去政法部门的工作而专心于民间文艺事业。他与人合作翻译出版了民间长诗《嘹歌·唱离乱》《马骨胡之歌》;撰写了记述黄三弟生平的文学传记《歌王传》;撰写论著《歌海漫记》《采风的脚印》《壮族歌谣概论》三部论著,可谓硕果累累。

壮族诗人韦文俊先生早年从事民族民间文学的收集整理和研究,后来也进行诗歌、小说创作,诗歌、小说的素材多是来自民族民间文学。韦先生出生于桂中腹地红水河畔的一个壮族山村,自幼深受民间文学的熏陶,童年时代就跟着父母、叔伯等学唱壮欢,经常随伯父参与道场活动,聆听引人入胜的壮族民间神话传说故事和叙事诗体长歌,诸如《布伯》《莫一大王》《何文秀》《刘文龙》《李旦与凤娇》《梅良玉》等。近年来,韦文俊根据莫一大王传说以及多种长诗、英雄史诗的不同版本,经过精心构思,历经艰辛撰写了《壮族古代英雄莫一大王之歌》[①],为壮族诗性传统的传承,谱写了新的篇章。

---

① 韦文俊:《壮族古代英雄莫一大王之歌》,广西民族出版社2013年版。

第五章 所歌何事？

——壮族诗性传统的文化内涵

从历时性的角度审视，壮族诗性传统贯穿壮族数千年的文化历史，不同时代的壮族民歌有不同的核心意蕴，另外，从不同地理空间不同壮族文化区域角度比较，壮族各文化区的诗性传统的思想、主题和关注焦点，也呈现出一定的差异性，这就为人们理解壮族诗性传统的文化内涵带来相当大的难度。但是，这并不意味着不能超越历史时空去探寻壮族诗性传统的文化意蕴和核心主题。壮族民歌所歌何事？概而言之，以歌代言的壮族诗性传统的传承主体所思所想所吟诵的主题涉及洪荒岁月天地形成的宇宙事、沧桑巨变的天下事、爱恨交织的家国事，还有生老病死的人生事以及表达喜怒哀乐忧思伤的情感事。由此可以推论，浩如烟海的以壮族民歌为主体的壮族诗性传统是历史上不同区域壮族先哲的文化智慧的集中体现，也是壮民族宇宙观、天人观、历史观、民族观、国家观、伦理观、人生观、价值观的形象化的反映。壮族的创世史诗《布洛陀》和英雄史诗《莫一大王》深蕴着壮族诗性传统的豪迈气概、壮阔情怀以及不屈不挠的顽强意志；壮族的叙事长诗则是对壮族历史的记忆与表述；壮族伦理长诗《欢传扬》以及其他劝世歌，倡导勤俭、善良、孝顺、和谐、忠诚、正直、仁爱、宽和、谦逊、礼让、自强、廉洁、重义等优秀传统品格，成为处理人与自然、人与社会、人与人之间的道德准则。壮族民众用诗性的语言，表达对天地、山川以及人间万物起源的认知与想象,体现壮族社会的伦理和道德准则,宣泄人们喜怒哀乐的情感体验。从壮族诗性传统的生成与传承过程中,人们可以体悟到壮族歌者心之所系,情之所寄,梦之所萦,魂之所牵和灵之所托。

一 宇宙形成:天地神人的认知与想象

与其他民族相类似,壮族先民对大自然的认知也经历了从朦胧到清晰的渐进式演化的复杂过程。在壮族社会发展的蛮荒岁月,人们只能朦胧地意识到自己与自然界的不同,只能借助幻想的方式去认识自然界的万事万物,只能通过想象解释日升日落、电闪雷鸣、草木枯荣的缘由,认为有某种神秘的力量支配着天体的运行,人与大地万物之间,存在着一种物我互渗、共生共荣的神秘关联,由此衍生出壮族先民们的宇宙观和神人观。

壮族先民用多种语体描述天、地、神、人的起源以及万事万物的来历,篇幅或简或繁,或长或短,日常生活中的讲述通常用神话叙事的方式想象宇宙的起源,而在仪式空间中,壮族神职人员用歌咏的方式演唱传统经书。前者通常被当作神话作品,后者则是创世史诗的有机组成部分,两者的存在形式不同,而情节结构和内在文化意蕴却大同小异。

壮族不同区域流传的创世古歌、宇宙起源、天象神话以及人类始祖歌不尽相同,其中以姆六甲和布洛陀为创世始祖的神话和史诗具有代表性,通常认为是壮族创世女神姆六甲、创世男神布洛陀创造了天地万物。

关于姆六甲来历的解释是:在混沌时代,宇宙间只有一个由黑、黄、白三色气体混合凝成的大气团,这一气团由屎壳郎推动,有一天被螺蜂蜇咬,爆开成三片:一片上升成天,一片下沉成海,中间一片不动成地。在地上长出九十九朵鲜花,鲜花慢慢聚拢,聚化成一个姆六甲。姆六甲创造了山川大地,河水冲击岩石出现一个洞,从洞中走出创世男神布洛陀。

天地分三界，天上是上界，由雷王管理；地上是中界，由布洛陀管理；地下是下界，由"图额"（蛟龙）管理。布洛陀智慧非凡，无所不晓，无所不能，接着姆六甲继续创造并整顿自然界，安排人间秩序，处理和解决人类和自然界的矛盾和纠纷，为人们排忧解难，备受人们的顶礼膜拜。在宇宙大地未形成之时，天与地混合在一起，天不分白天黑夜，地不分高和低，也还没有月亮和太阳。布洛陀便让仙人在上边作主，做成印把来传令，派来了盘古王，创造天地万物，从此天分两半，地变两方，造出月亮和太阳……①

这显然是盘古神话的变体，是壮族民族对天地形成缘由的另一种解读和想象。

壮族先民还认为，天空和大地是可以修补的，姆六甲用吹气的方式，创造了天空，她发现天小地大，便用针线把地边缝起来，最后把线一扯，地缩小了，天就能把地盖住了。她用针线把地边一扯，大地就起了皱纹，高凸起来的地方就形成了山峰，低洼下去的地方就成了江河湖海。她还发现天空破漏了，就抓把棉花去补，这些棉花就成为白云。

壮族对人的来历与性别差异的缘由也有独特的认知。壮族民间广泛流传伏羲兄妹结婚生"磨刀石"的神话：伏羲兄妹则在人类被洪水淹没之后，躲进葫芦里得以逃生，洪水退去之后，在神的授意下结婚，生下了一个"磨刀石"模样的肉团，用刀将之砍碎，四处抛撒，衍生出许多不同民族的人。

壮族的人观认为：姆六甲是"花王圣母"，她是生育女神，她送花给谁家，谁家就生孩子。她送红花给谁家，谁家就生女孩；送白花给谁家，谁家就生男孩。若花山上的花生虫、缺水，人间的孩子便生病。主家便请师公做法事禀报花婆，祈请花婆给花除虫浇水，让花株茁壮成长，孩子便

---

① 参阅张声震主编《布洛陀经诗》有关章节，广西人民出版社1991年版。

健康成长。花婆还主宰人间婚姻的缔结,她将一株红花和一株白花栽在一起,这对男女便结为夫妻。人去世,便回归花山还原为花。

茅盾在《中国神话研究初探》中指出:"原始人的思想虽然简单,却喜欢去攻击那些巨大的问题,例如,天地缘何而始,人类从何而来,天地之外有何物,等等。他们对于这些问题的回答便是天地开辟的神话,便是他们的原始的哲学,他们的宇宙观。"① 壮族先民未能形成系统的哲学思想,却不乏对天地形成缘由进行追寻和探索的勇气。壮族先民近取诸物,驰骋想象的思绪,将浩渺无边的宇宙空间和天地的起源同可以观察的气体运行联系起来,由对岩石、花草、虫鱼的观察,想象天地和人类的起源,形成自成一体的宇宙观和人观。譬如,在红水河流域尤其是在广西天峨、凤山等县流传的《蚂𧊅歌》以及蛙神崇拜习俗则更为具体地体现了壮族认为宇宙有"天上""人间""水下"构成的"三界观",而青蛙是沟通"天上"和"人间"的使者。壮族神话并没有将青蛙当作与壮族先祖起源有血缘关系的"图腾",而认为蛙神是雷神与水神结婚所生的子女,它能上通雷神,下达水神,若人间久旱无雨,青蛙能够替人间求雨;如果久雨成涝,则能让水神疏通河流,消涝去灾。壮族铜鼓的周边塑有青蛙立雕,这正折射出壮族人认为:青蛙与天地沟通的法宝就是铜鼓,人们敲击铜鼓,其实就是呼天唤地,以此打通"天""地""神""人"之间的沟通路径。

在壮族社会发展的早期,在缺乏现代科学思维的鸿蒙初辟的岁月中,壮族先民不是运用理性的逻辑思维阐述宇宙天地的形成原因以及过程,而是用一种诗性想象和幻想的方式,表达自己对天地自然的感知。汉族传统文化认为,金、木、水、火、土是构成世界的最基本元素,壮族先民认为:气、土、水、木、火和金六种元素,是构成万物的本源,认为岩石是天地万物的原生的存在形态。《布洛陀经诗》多次提到岩石,认为天与地

---

① 茅盾:《中国神话研究初探》,上海古籍出版社2011年版,第34页。

相合未分之时，连成一块矗立的大石头，像是一块侧卧的大磐石，由于被螺蜂和拱屎虫所咬所拱，石头裂成两片，一片往上升，形成装雷公的天，一片往下沉，形成装蛟龙的地，从而生成由天上、人间、水下"三界"构成的大宇宙。有些异文则认为还有"森林"之界，在这里是以老虎为王。相对于汉族的五行学说，壮族先民强调"气"的元素，说明壮族先民对有形或无形气体的深刻观察。

以姆六甲、布洛陀、布伯、盘古、伏羲兄妹为主体的壮族创世史诗因为地域差异和演唱者不同，流传着复杂多样的抄本，有五言体、七言体、勒脚体或者嵌句等形式。虽然形式不同，但内在的精神意蕴都是凭着想象和文化智慧，借助诗性的幻象，遨游在广袤的宇宙间，忽而在天上，忽而回到地上，穿越上、中、下三界，充满着奇特瑰丽的想象。壮族的宇宙观不同于西方文化将世界分为"自然"与"人文"、"此岸"与"彼岸"、"天堂"与"地狱"的二元结构，也不同于佛教的"今生"与"来世"、道教的"仙界"与"俗界"划分模式，而是借助诗性想象构拟了天、地、水、山、木、花、人、鸟、蛙以及其他自然物彼此关联而浑然一体的壮族宇宙观、天人观，这种想象和认知经过了漫长的萌芽和衍生过程。因为：

> 现代人类的成人认知不仅产生于发生在好几百万年的时间段内的基因事件，而且还产生于文化事件，这些文化事件发生的时间跨度是数十万年，同时，也产生于个人事件，这些个人事件发生在个体发育的时间尺度上，其时间跨度是几万个小时。[1]

直至21世纪，壮族民众在很多仪式场合吟诵《布洛陀经诗》，自发地参与布洛陀祭祀仪式。壮族崇拜布洛陀等神灵，既是对神灵神通广大的功

---

[1] [美]迈克尔·托马塞罗：《人类认知的文化起源》，张敦敏译，中国社会科学出版社2011年版，第223页。

力的膜拜，也是怀着感恩之心，对神灵恩德的表达怀念与崇敬之情。因为布洛陀作为壮族的人文始祖，他开天、造地、造人、造火、造米、造牛、造人间万物，安排自然界的秩序和人间秩序，人文世界由此得以化成。

值得深思的是：壮族创世神话和创世史诗中展现的天地观和宇宙观是远古时代壮族先民对天地、日月、星辰、山川河流以及动植物的基于神性思维的想象和认知，是壮族宇宙观的历史沉淀，是文本中的宇宙观。这种宇宙观多大程度上被不同时代、不同区域的壮族生命主体所认知？或者说不同历史时空的壮族人关于天地和宇宙万物的认知以及想象有何共同性和差异性？在仪式场合吟诵布洛陀经书的壮族神职人员对壮族的宇宙观有切实的感知和体认，但是，壮族普通民众尤其是在现代文明的熏陶中成长起来的壮族年轻人如何领悟壮族的宇宙观？对大自然中的天地神灵有何感知？依然未有明确的答案，有待从不同学科角度给予阐释。

二 家国情怀：民族历史的记忆与表述

壮族的诗性传统以诗性语言作为表现手段，渗入了大量的想象元素，与历史的真实存在相当长的一段距离，更多的是文学的真实而不是历史的真实。无论是"文学真实"或者"历史真实"，"以歌代言"的壮族诗性文化和诗性传统集聚着壮族先民的生活经验，记录了壮族先民对民族历史的记忆和想象。这种想象和历史记忆深深地扎根在壮族先民的生活语境中，是对自然界和人类社会历史进程和壮族历史事件的曲折反映。中国官方文献对于壮族历史的记录大多属于客位的记载，基于壮族自身主位立场的历史记忆和文献记录集中体现在壮族的英雄史诗、叙事长诗和历史歌谣等民间文献之中，壮族的历史观在壮族诗性文化当中得到多方位的呈现，壮族诗性文化所表述的是人们对真实生活的切身感受，其中隐含着对蛮荒岁月的朦胧记忆和对人间美好家园的憧憬、对封建统治的反抗、对暴政的抗争、对正义的追求、对民族英雄的敬仰、对穷兵黩武的厌恶以及对国泰民安的热切期盼。

壮族历史上发生过不计其数的部落战争,土司之间的相互掠夺和兼并在数千年的封建时代连绵不绝,封建王朝的残酷统治以及壮族人民的顽强抵抗贯穿从秦汉到明清时期的壮族社会进程,这些历史事件,都在壮族民歌中有所体现。近代以来,壮族歌者用不同篇幅的民歌作品,描绘并记录了鸦片战争、太平天国运动、中法战争、辛亥革命、五四运动、抗日战争和解放战争等诸多历史事件,壮族大量民歌的内容,包含了对侵略者的痛恨、对民族英雄的赞颂以及因战争和动乱造成的苦楚,其中凝聚着壮民族的爱恨情仇和历史记忆。同时,壮族的家国情怀以及民族观、国家观、历史观,都在壮族各地的历史歌、时政歌中得到形象化的表现。譬如,广西忻城县的《朝代歌》(又称《唱朝廷》)将历代王朝的更替编成勒脚歌传唱,尽管与历史事实不甚切合,但皆赞颂朝廷忧国忧民的情怀,倡导以民为本的仁政,为君者应以天下为己任,先天下之忧而忧,后天下之乐而乐,而普通百姓也要居安思危,关心国家,君民忧患与共。"子民吃不愁"方可国泰民安,如果社会动荡,盗贼横行,奸臣当道,老百姓就会揭竿而起。因此"天要灭妖精,人民见天亮",期待"北京王坐殿,修世道公明"[①]。

可以明确的是:壮族真实历史领域和诗歌传统中的国家观和民族观是高度重合地将壮族地区作为中国的一部分,将壮族作为中华民族的一个成员。从秦汉经唐宋到元明清时期,壮族民众反抗中原王朝的斗争不绝如缕,但往往不是出于壮族国家认同和民族认同的危机,而是壮族先民凭借顽强的毅力,在充满艰险的环境中,为了生存与发展而奋力抗争。更准确地说,是壮族地区壮汉各族人民不堪封建王朝的欺压和盘剥,是统治者与被统治者之间的阶级矛盾而不是民族矛盾激化的结果,是壮族以及其他民族为了生存揭竿而起,而不是为了脱离中原王朝以谋求分裂与独立。譬

---

① 卢庆云搜集整理,樊圣林翻译:《朝代歌》(未刊稿),流传在广西忻城县及其周边壮族聚居区。

如，壮族历史上影响深远的侬智高起义，建立了"大历国"和"南天国"，并不是谋求民族的独立，其前提是多次请求归附宋王朝，却屡次遭受拒绝，为了抗击交趾国的入侵，唯有建立政权，凝结力量，方可维护国土完整和安宁。侬智高义军有力抵御了交趾国对中国南疆的侵扰，给一向对邻国采取屈辱求和政策的宋王朝注入强心针，维护了国家的尊严和利益。

元明清时期，壮族社会的主要矛盾是土司统治集团同土民的矛盾，中原封建王朝的残酷压迫剥削与壮族人民求生存、求自主的矛盾。封建王朝和土司制度的双重统治，激起壮族人民一次又一次地揭竿而起，目的是为了免除苛捐杂税，打击了封建王朝的统治。随着中央王朝对壮族地区的有效管辖以及壮汉文化的深度交融，明清时期壮族的国家认同水平进一步提高，特别是面对倭寇以及西方列强的入侵，壮汉民族命运共同体日趋得到强化，明嘉靖年间，瓦氏夫人率俍兵奔赴东南沿海抗倭前线，"十出而九胜"，屡建奇功，更是壮汉国家认同与国家利益高度统一的明证。

客观存在的社会现实中真实发生的历史事件以及壮族民众的家国情怀与历史记忆是壮族诗性传统生成和演化的文化根基，壮族的历史观由此投射到壮族的民歌创作之中。换言之，壮族的历史事件是壮族民歌反映的核心主题，也是壮族歌者借以表达历史认知和家国情怀的根由，壮族的家国观和民族认同心理也在壮族英雄史诗《莫一大王》以及大量的历史题材的叙事长诗与民间歌谣中得到生动的展示。

在壮族地区，以"莫一大王"为中心的叙事和演唱，有诸多不同的版本、体裁和大量的异文，"莫一大王"在壮族神话谱系的神性和神格也存在不同的认知与定位。从总体上说，有关"莫一大王"的神话、传说、叙事长诗、英雄史诗形成于壮族地方势力与中原王朝时而和平共处，时而对立冲突的时代，在历史学的视野中，莫一大王是部落酋长的形象，在神话学视野中，莫一大王是与创世神姆六甲、布洛陀、反抗神布伯等神祇一脉相承的英雄神和民族守护神。在柳江流域，壮族堂屋的神台上供奉着莫一大王神位，民间传说认为：远古时候，壮族覃、韦、廖、蓝、谭五姓村落发生瘟疫，是莫一大王用神药拯救了五姓民众，故将之作为民族家园的守护神予以顶礼膜拜。

　　黄勇刹、蒙光朝、韦文俊整理翻译的英雄史诗《莫一大王》作为各种异文的代表之作，集中体现了壮族的家国情怀和历史观念，该史诗是壮族主体意识的觉醒的产物，是历代壮族的历史感知和历史记忆的文化结晶。莫一天生身高臂长，虎背熊腰，力大无比，走向抗争之路源于官差的逼迫，源于官差催粮并打死莫一之父，弃进深潭。莫一潜下深潭寻找父亲遗骸，遇见大水牯，获赠宝珠而拥有飞天、压日、赶山、种竹育兵等神奇的力量，莫一不是被壮人封王或自我称王，而是源于在朝廷里揭露胡差官陷害皇帝的阴谋，而被皇帝封为第十三个大王。莫一并不追求功名利禄，不贪恋荣华富贵，他白天在京当大王，晚上骑着神马回山乡，与乡民共商开发壮乡的大计，与妻子共度良宵。因为他的妻子怀孕，家婆骂她是"山中杨梅树，暗中结子暗开花"。莫一之妻为了证明自己的清白，偷藏莫一的靴子以示于家婆。莫一找不到靴子，无法飞回京城，便用泥巴赶做了一对。他怕太阳升起时皇帝早朝自己要迟到，便用手把刚升起来的太阳压下去，莫一这一神奇力量被皇帝当作心腹之患。莫一因此大难临头，被皇帝关进牢房，只能逃回家乡，日夜练武，以求生存。由广西来宾县（今兴宾区）壮族师公黄永合演唱的《莫一大王》则说：莫一进京赶考，中了解元，朝廷因贼兵围攻，陷入困境，皇帝出榜征兵御敌，莫一揭榜，用神功歼灭了外敌，因而被封为大王。后来，皇帝得知莫一有手压太阳的神力，担心其谋反，欲将之关押，莫一不得已与皇兵对峙，又担心战争杀人太多而自刎，皇帝懊悔洒泪，封莫一为阴间大将。[①]《莫一大王》的异文以及不同版本为数繁多，但是，各种版本的核心意旨都歌颂了壮族人民为了救

---

　　① 黄永合演唱，蒙光朝搜集、翻译：《莫一大王》，载韦守德、韦苏文主编《广西民间叙事长诗集成》，广西民族出版社2012年版，第6—10页。

亡图存而不屈不挠的斗争精神，体现了追求民族平等、憧憬国泰民安的家国情怀，体现了壮族归属中央朝廷的国家认同和归属意识，只是因为被陷害而蒙冤，是为了民族的生存而抗争。

壮族家国情怀和历史记忆还蕴含在壮族民间流传的浩如烟海的民间歌谣之中。这些历史歌谣记叙了自明清时期至20世纪40年代壮族聚居区烽火连绵的历史事实，大量的以鸦片战争、太平天国运动、中法战争、辛亥革命、抗日战争和解放战争为题材的历史歌谣，从不同的侧面展示了壮族的历史记忆和家国情怀。

首先，面临外敌入侵时，壮族民众依凭勇猛顽强和不怕牺牲的精神，投身抗击斗争。譬如，流传在广西中越边境壮族聚居区的《中法战争史歌》，① 叙述了中法战争的始末，揭露了法帝国主义者的罪恶阴谋，痛斥了清王朝投降卖国的可耻行径，歌颂了壮族人民和汉族人民一道英勇抗击侵略者的顽强斗志和爱国主义精神。流传在邕宁区那楼乡的民歌《收回失地并不难》唱道："国难临头心正紧，中华不幸被侵占"；"四万万人同心干，收回失地并不难"。② 这首歌体现了壮族民众对日寇暴行的憎恨以及战胜敌人的决心。

其次，当封建王朝因为腐败无能濒临崩溃之时，壮族民众积极投入太平天国运动和辛亥革命，为救国救民而浴血奋斗。壮族民间流传着大量歌颂萧朝贵、石达开等革命将领光辉业绩的歌谣，生动描绘了太平军的革命声威，讴歌太平军纪律严明、爱民如子的精神风貌："人人称颂太平军，重义气来讲良心；见到财主不放过，见到穷人笑盈盈。"③ 表达了壮族人民对太平军的深切怀念，抒发了太平军将领气贯长虹的豪情壮志。壮族地区是孙中山开展推翻清王朝革命斗争的主要活动基地之一，壮族人民积极

---

① 参阅《中国歌谣集成·广西卷（上）》有关章节，中国社会科学出版社1992年版。
② 赖昌瑶演唱，芦艺、李启梧采录，王矿新主编：《广西民间文学作品精选·南宁市卷》，广西民族出版社1996年版，第367页。
③ 参阅太平天国历史博物馆编《太平天国歌谣》有关章节，上海文艺出版社1962年版。

投入推翻封建帝制并建立中华民国历史伟业之中,编唱《辛亥革命歌》等歌谣,赞颂孙中山领导辛亥革命的历史功勋。

最后,从新民主主义革命时期到 21 世纪,壮族人民与中国共产党同呼吸,共命运,为建立中华人民共和国而前赴后继,为中华人民共和国成立而欢呼雀跃,为"文革"十年而痛心疾首,为改革开放奔小康而纵声欢唱,壮族民歌创作伴随着壮族社会历史变迁而交相辉映。壮族歌咏习俗是民族的心声,是民族思想感情外化的结晶,素有以歌代言歌唱传统的壮族人民,用歌声伴随历史的脚步,从远古走来,表达对民族、对国家、对社会的真切感知与爱憎情感,壮族民歌创作和诗性文化传统生动而形象地映现了壮族社会的历史演进轨迹。

从历史记忆和家国情怀的角度审视,壮族人民为了民族革命而与汉族以及其他民族同胞同生共死,共赴疆场,义无反顾,体现了坚强意志和顽强斗争的精神,壮族以中华民族认同为根基的国家认同得到进一步强化。从鸦片战争到抗日战争,从中华人民共和国成立到 21 世纪的小康社会建设以及对实现中华民族伟大复兴"中国梦"的共同追寻,壮族作为中华民族一员的国家认同与情感归依更为明晰。正是:

> 莲蓬结子心连心,壮汉苗瑶一家亲;
> 共同建设自治区,好像春花簇簇新。①

壮族不同阶层、不同时代、不同区域的特定群体之国家认同或强烈或薄弱,民族归属或明晰或模糊,但是,壮族人民并没有将民族认同与国家认同作为对立的存在,从不怀疑自己属于中国人。体现壮族家国情怀的诗作在壮族地区广为流传,许多作品立意新颖,感情真挚,是壮族民族认同和国家认同心理的自然流露。

---

① 周作秋、黄绍清等:《壮族文学发展史》,广西人民出版社 2007 年版,第 1326—1327 页。

三　社会伦理：道德准则的熏染与建构

以社会秩序的建构、伦理道德的推行与高尚情操的养成为题材和主题的壮族民歌在壮族诗性文化史以及壮族各区域的民歌传统中占有显而易见的重要地位。壮族民歌传承主体通常是社会伦理道德的践行者和宣传者，许多歌师通过民歌宣讲为人处世的道德准则，调解民间纠纷，倡导互敬互爱的伦理规范。壮族创世史诗、英雄史诗、伦理长诗和民间歌谣也成为壮族伦理价值观的重要载体。布洛陀作为壮族的人文始祖，也是"天—地—人"之间伦理秩序的建构者，他让"天界""中界""下界"之间和睦相处，上界管水，下界管火，中界需要水，上界就把雨水洒下来；中界需要火，下界就把火生起来。这种互相帮助的共生法则成为壮族伦理道德的文化根基。

社会伦理道德基于人类有别于动物的文明规范，也是处理人与人、人与社会、人与自然之间的基本行为准则。人类各区域族群借助家庭教育、学校教育和社会教育，陶冶诚信、宽恕、恭敬、礼让、自强、知耻、明智、刚毅的思想品格，养成正义、仁爱、中和、孝顺、勤俭的道德情操。壮族人民在数千年的社会发展和文化演进过程中，逐步形成既有人类共性也有壮族特色的伦理教育模式和道德养成机制，除了家庭教育和学校教育，壮族歌者热心于用民歌宣传为人处世的伦理准则和道德观念，倾注大量的情感和才智，编创了不计其数的伦理道德教育歌。这些作品既是壮族社会伦理思想的结晶，也是人们处理父子、母女、婆媳、兄弟之间以及其他人际关系的伦理准则。壮族伦理歌的核心主题是倡导敬老重孝的传统以及其他善行美德，谴责违反人类本性的假丑恶行为。壮族歌者善于运用生动的比兴和贴切的比喻，劝导那些不敬老人、不养父母、没有良心的不孝子女，也对"黄、赌、毒"等丑恶行为给予严厉的批评。

俗谚云："百行孝为先"，壮族地区普遍流传的《十月怀胎歌》，极为细腻地描绘了母亲十月怀胎之苦，由此告诫子女对父母要有感恩之心。譬如，广西崇左市流传的《十月怀胎歌》唱道："一月怀胎在娘身，一点阴阳造化成；好比草木逢春茂，乾坤造成始由根"，到二月，"娘始怀胎吐苦水"，三月，"阿娘走动多谨慎，生怕胎儿肚中伤"，四月，"开始受气在娘心"，五月，"容颜改变多憔悴"，六月，"胎儿骚动娘忧虑"，七月，"七孔八窍自分明"，八月，"脸浮脚肿娘艰辛"，九月，"担心胎儿半路生"，十月，"腹痛阵阵如刀割，头昏眼黑失三魂"，"分娩母咬铁钉断，绣鞋踏成烂鞋跟"；"阿爸看到心难忍，忙去烧香拜祖神"，"孩儿落地哭三声，娘在床上笑吟吟"，由此，"奉劝世人孝父母，修心报答养育心，想起血盆受苦楚，铁石肝肠也痛心"①。广西宁明县流传的《赞娘恩》细腻刻画了为娘之苦累："娘乳不是长江水，点点都是骨肉浆，孩儿微笑娘欢喜，儿叫啼哭母愁心"，孩子长大后，"朝朝送子习书文，勤习书文娘欢喜，懒习书文娘伤心"，祈愿世人学会感恩行孝："世人若要行孝道，当学羔羊孝母亲。""想起父母如天地，厨中饭菜莫尝先。先铲一碗供三宝，再铲一碗敬娘亲"，"唯愿父母增延寿，跟随父母早起身，世人若要会孝道，要学修行便到心"。②

广西马山县流传的《百岁歌》③为五言勒脚体伦理歌，108节，加反复共432行，与其他版本不同之处在于以人的生命旅程作为线索和主体结构，详细讲述了母亲怀孕的艰辛和养育的恩情，然后从20岁到100岁，每十年作为一个阶段，咏唱各人生各阶段的生理和心理的变化，不同年龄段的为人准则和道德规范，最后用100多行勒脚歌教导年轻人对父母要照顾，永远铭记父母养育之恩。

除了传扬孝道，壮族劝世歌还涉及其他为人处世之道，主张夫妻之间要互相忍让，兄弟姐妹之间要互相帮助，婆媳之间要互相尊重，告诫人们

---

① 黄勤昌演唱，凌敏权采录，雷庆多主编：《归龙塔的传说》，广西民族出版社1998年版，第264—266页。
② 陆思礼演唱，黄任凡采录，谭冠堂、吕少贤主编：《花山风韵》，广西民族出版社1998年版，第288—289页。
③ 罗宾、韦清源搜集，梁庭望、罗宾翻译，梁庭望、罗宾译注：《壮族伦理道德长诗传扬歌译注》，广西民族出版社2005年版，第229—257页。

要修身养性，忠诚好善，莫沾社会恶习，疾恶除邪。常见的针对不同对象、不同内容的劝世歌有：《交友歌》《教女歌》《节俭歌》《戒淫歌》《戒赌歌》《戒烟歌》《爱鸟歌》等。这些诗作用生动的比兴，深刻的哲理，劝导人们"诸恶莫作，众善奉行"，把作恶的危害以及行善的果报都刻画得入木三分。譬如，忻城县勒脚体《十劝歌》劝导为人要"勤俭排在先"，勤俭才能"有吃有穿""富世人"，没有田，就"进山去挖地"，"还要养禽畜"。此外，在为人处世方面，"要敬天和地"，还要孝敬父母，"忘情天不容""行善人就赢，暴躁人就败""傲慢者无知""肚饥莫做贼""做贼挨人恨"。要远离赌博："讲到赌钱人，心冷到膝盖""赌博人做贼，挨抓拿去关。"人与人之间，要互相帮助："劝到哥和妹，不要相争吵""兄弟共一路，互照顾就好""成一世夫妻""来相逢结发"，因而要互敬互爱，"外出交朋友，人爱人十分"。① 武宣县壮族"劝世歌"唱道："夫妻吵架也常有，千万莫要记成仇；灶头洗碗有相碰，莫要一冲三斗油。兄弟之间要忍让，姐妹之间要相帮；哪点不合好好讲，做爹做娘心才宽。有的为人太可恶，做人媳妇打家婆；有日雷公隆隆响，看你哪点躲得着。"②

还有一些民歌彰显的道德情怀主要是"讲良心""重情义""有骨气""争硬气""心正""忠厚""勤俭""良言善语""知恩感恩"等。劝导任何人不可做伤风败俗、违法乱纪之事："有败风俗切莫做，有损人格切莫谋；出门就走康庄道，莫走小路给刺勾。"③ "告知子孙勤耕作，做队出工同回家；教导子孙勿嫖赌，饮吹嫖赌四败家。"④

---

① 卢庆云搜集整理，樊圣林翻译：《十劝歌》（未刊稿），流传在广西忻城县及其周边壮族聚居区。
② 覃来升、黄善廷、覃和瑞编唱，覃取义整理，黄业初主编：《广西民间文学作品精选·武宣卷》，广西民族出版社1991年版，第300—301页。
③ 覃来升、黄善廷、覃和瑞编唱，覃取义整理，黄业初主编：《广西民间文学作品精选·武宣卷》，广西民族出版社1991年版，第301页。
④ 奚济桐演唱，芦艺、李启梧采录，王矿新主编：《广西民间文学作品精选·南宁市卷》，广西民族出版社1996年版，第387页。

象州壮族歌王黄玉萍编创了《四劝青年歌》，劝导青年人："莫赌钱""心莫歪""莫糊涂""莫偷扒""坏事千万莫沾边""莫做懒汉走江湖""莫去街头卖假药"。①

梁庭望、罗宾译注的《壮族伦理道德长诗传扬歌译注》② 是壮族伦理道德观念的凝聚和结晶，其中许多作品，用诗性的语言，阐述勤劳、善良、正直和简朴等道德原则的重要性。诗中褒扬"勤劳"的品行，劝诫世人要"安分""走正道"，不要靠遗产过活。即使命运一时处于低谷，也要克勤克俭，坚守正直的品格，不要"败家"，才会实现家业的兴旺。同时，《传扬歌》抨击懒汉不劳而获的行为，认为"邻家借衣裙，懒人遭憎恶""人家有酒肉，谁让懒人沾"，通过鄙弃反面典型，倡导通过辛勤劳动，获得安身立命的资本。

该伦理长诗共分为20个部分：（1）天下不公平；（2）财主；（3）官家；（4）穷人；（5）志气；（6）求嗣；（7）养育；（8）训诲；（9）勤俭；（10）善良；（11）交友；（12）孝敬；（13）睦邻；（14）择婿；（15）为妻；（16）夫妇；（17）妯娌；（18）分家；（19）鳏寡；（20）后娘。其核心主题是阐明和传播做人的道理：其中个人品德讲究勤劳、节俭、善良、正直、简朴，要孝敬，不忤逆；要勤劳，不懒惰；要诚实，不诈骗；要正直，不偷赌。与人相处的社会伦理则强调要尊友，不欺友；要睦邻，不扰邻；夫妻相敬、兄弟相帮、妯娌相让、择偶看人品，不要嫌贫爱富，孤儿敬重后母、后母爱护孤儿、鳏寡由大家共同悉心关照。邻里之间"莫为鸡相吵，莫为猪相斗""莫为树相争，莫为菜动手""既然做邻居，相敬如亲友"。③

在壮族诗性文化演进史中，以伦理道德的建构为主题的"传扬歌"

---

① 黄玉萍演唱：《四劝青年歌》，李生安、陆汉高主编：《象州的传说》，广西民族出版社2000年版，第281—282页。
② 梁庭望、罗宾译注：《壮族伦理道德长诗传扬歌译注》，广西民族出版社2005年版，第5—81页。
③ 梁庭望、罗宾译注：《壮族伦理道德长诗传扬歌译注》，广西民族出版社2005年版，第5—81页。

"劝世歌""教育歌"占据显而易见的重要地位,这类作品历史渊源之久远,分布范围之广阔,演唱者以及受众之庞大,文化底蕴之深厚,文化价值之珍贵,都值得从文学、教育学、伦理学、社会学等多学科的角度,给予高度重视。

概而言之,壮族伦理歌浩博繁盛,久传不衰,具有以下几个方面的原因。

首先,源于人性中真善美与假丑恶并存以及人类文明演化"求真""向善""崇美"的文化本性。

人之"性本善"或"性本恶"始终难以辨明,更多的情形是"魔鬼与天使同在""行善与作恶并存"。壮族社会当中不可避免地存在"假丑恶"之不良行径,也始终有乡贤和歌师在乡土社会中扮演着文化传承者、伦理道德宣讲者的角色,劝人"向善"是维护社会稳定、家庭和睦和人生幸福的根本保证。壮族伦理歌的魅力在于借助动听悦耳的民歌传唱以及审美熏陶,化解民众之间的矛盾,引导人们向善,以真情感化人心,潜移默化地让人受到精神洗礼,完成了"礼"的教育。

其次,源于壮族乡土社会的家庭伦理、宗族传统与社会道德的维系机制。

壮族民众大多聚族而居,以农耕为主要的谋生手段,人从呱呱坠地开始,就生活在由父母和兄弟姐妹以及相关亲属构成的人际网络结构当中。按照费孝通先生提出的"差序格局"理论,中国社会结构"好像把一块石头丢在水面上所发生的一圈圈推出去的波纹。每个人都是他社会影响所推出去的圈子的中心。被圈子的波纹所推及的就发生联系"①。而要维系家庭成员和亲属之间的和谐关系,则必须建立起一整套伦理规范,让世人明白:"为人子者行孝义,苍天眼见地耳闻;功德圆满有报应,荣华富贵定降临。"②从而确保家庭和睦、家族兴旺以及社会的和谐运行。

---

① 费孝通:《乡土中国 生育制度》,北京大学出版社1998年版,第26页。
② 黄江整理:《董永孝父》,载韦守德、韦苏文主编《广西民间叙事长诗集成》,广西民族出版社2012年版,第341页。

最后，源于壮族"以歌代言"的诗性表达方式和文化智慧。

不同民族的道德熏陶路径和模式源于各自的文化传统。西方民族大多依赖于宗教的感化，儒家讲究训导和教化，道家和道教讲究静思和修行，佛教讲究"戒、定、慧"。壮族劝世歌显然受到儒家倡导的忠孝、诚信、恭敬、仁爱、勤谨、礼义、廉耻等价值观的影响，通过诗性语言和民歌传唱传输这些伦理道德，在诗性语境中让人受到真善美的熏陶，进而明晓："行善积德天报应，作恶多端天道惩；奉劝天下众生者，积德行善才是君。"① 特别是勒脚体劝世歌，循环往复的吟唱感人心魄，具有浓郁的壮族文化韵味，闪烁着诗性智慧的光芒。

壮族社会之所以能够绵延数千年，壮族地区到处呈现人与自然、人与人以及人的身心和谐的盛景，广西成为"维护民族团结的模范""维护稳定的模范""维护统一的模范""各民族相互离不开模范"，正是源于壮族拥有深厚的注重伦理道德熏陶的诗性文化根基。

四 情感表达：喜怒哀乐的体验与宣泄

人是感情动物，人之所以为人，是因为人类具有丰富的内心情感世界。人类学作为研究人类体质和社会文化的综合性学科，始终以不同的方式、不同的角度关注人类的精神领域、情感体验和情感表达。从泰勒的"万物有灵论"到博厄斯的"文化相对论"，文化人类学始终隐含着对自然万物和"他者"文化的敬畏与尊重之情。马凌诺斯基在《西太平洋的航海者》中，描述了原始部族在库拉贸易以及其他生活习俗中的欢快、恐惧等情绪②。拉德克里夫·布朗认为情感有可能是灵魂与生俱来的，他深入论述了安达曼岛民死亡仪式中"哭"的文化现象，分析"哭"情感宣

---

① 黄江整理：《董永孝父》，载韦守德、韦苏文主编《广西民间叙事长诗集成》，广西民族出版社2012年版，第340页。
② ［英］马凌诺斯基：《西太平洋的航海者》，梁永佳、李绍明译，华夏出版社2002年版，第86页。

泄与亲属制度的关联,还认为社会关系的形成、巩固或是断裂正是源于家庭成员间的情感倾诉。本尼迪克特的《文化模式》论述了不同文化语境中"愁怨""羞愧""愉悦"的情绪展演。① 米德一直关注人类的烦恼、浮躁与忧虑的情感问题。她在《三个原始部落的性别与气质》探讨了男女不同性别的"温情""平静""粗鲁""嫉妒""凶蛮""暴戾"的情感特征。②西方其他人类学家也或多或少论及研究对象的情感世界,但是,多是零星的不成系统的研究。直至20世纪70年代,情感人类学作为人类学分支学科的地位逐步得到确立,相关研究关注人类不同族群的感官经验、情感体验、情感表达与地方文化传统的内在关联。1986年,卢茨和怀特合撰《情感人类学》一文,正式提出情感人类学(Anthropology of Emotion)的学术范式。③ 古巴裔美国学者的露丝·贝哈在《动情的观察者:伤心人类学》一书中,将个人情感体验融入田野之中,把民族志与回忆录巧妙地交织起来。④ 韩国民俗学者崔吉城以"哭泣"作为情感表达的一种民俗事象,描述"孩子的哭泣""歌谣中的眼泪""离别的眼泪""爱国者的眼泪",和葬礼、婚礼、巫术中的哭泣以及男女不同的哭泣现象。"感情的表现幅度以及涉及死亡的感情流露,与各自社会固有的制度和观念息息相关,即使说感情具有人类普遍性,却也不得不承认其在不同文化和社会里具有多样性的体现。哭泣文化的差异不是悲哀之类感情的差异,而意味着通过哭泣去表现的结构有所不同,也就是表现方式的差异。"⑤ 胡红在

---

① [美]露丝·本尼迪克特:《文化模式》,王炜等译,生活·读书·新知三联书店1988年版,第222页。
② [美]玛格丽特·米德:《三个原始部落的性别与气质》,宋践等译,浙江人民出版社1988年版。
③ Catherine Lutz & Geoffrey White, The Anthropology of Emotion, *Annual Review of Anthropology*, Vol. 15, 1986, pp. 405–436.
④ 参阅[美]露丝·贝哈《动情的观察者:伤心人类学》,韩成燕、向星译,北京大学出版社2012年版。
⑤ [韩]崔吉城:《哭泣的文化人类学——韩国、日本、中国的比较民俗研究》,《开放时代》2005年第6期。

《情感人类学研究与古琴文化》一书中从历时和共时两个维度分析了情感与艺术的关系，梳理了传统和现代人类学的情感研究。① 宋红娟提出"定向性情感"（orientative feeling）、"显性情感类型"、"隐性情感类型"等概念，提倡在有关中国社会的经验研究中加入情感人类学的方法和视角，关注普通人的情感世界及其日常生活体验。②

人类情感的孕育和萌生离不开个体感官机制的运行，但是，其文化根源是地方性知识和特定区域族群的传统习俗和社会情境。壮族的喜怒哀乐的情感表达通常以诗性语言作为情感表达的媒介，将诗歌吟咏作为人与神、人与人、个人与社会表达情感的重要途径。对于壮族民歌研究领域，数十年来学术界关注的焦点是歌谣源流、刘三姐与歌圩的关系、民歌的社会功能以及文化价值、民歌文化的传承与保护等方面，而壮族诗性文化研究的深化发展，有必要借鉴情感人类学的理论方法，探析壮族民歌隐含的情感世界，分析壮族歌者的情感生活与壮族民歌习俗的互为表里关系，进而探讨情感体验与非物质文化遗产保护的内在关联，思考情感表达与诗性传统延续的制衡机制。

古人云："诗言志，歌咏言"，民歌的核心文化内涵是源于对"喜、怒、哀、乐、忧、思、伤"的情感体验和实行表达。诗性主体生活在特定的社会历史时空中，周遭发生的事情以及自身的人生经历都会让人生发或积极或消极的复杂的情感体悟。不同民族的歌者为何而喜乐？为何而怒恨？为何而哀伤？为何而忧思？体现了各自不同的人文情怀以及情志所寄寓的重心。而不同的歌者如何借助诗性的语言表达复杂的情感？如何运用隐喻、比兴、夸张等艺术手法？有何艺术效果？则有赖于不同歌者身处的诗性文化语境及其诗性修养所达到的艺术水准。

纵观壮族诗性传统的衍生与延续的总体历程，壮族民歌中的情感体验

---

① 胡红：《情感人类学研究与古琴文化》，中国社会出版社 2013 年版，第 135 页。
② 宋红娟：《情感人类学及其中国研究取向》，《中南民族大学学报》（人文社会科学版）2012 年第 6 期。

涉及天地人文与国恨家仇，涉及生老病死的人生旅程，在婚丧嫁娶的人生礼仪中都有淋漓尽致的宣泄。

（一）"喜乐"情感的体验与表达

人的喜悦之情的产生源于人的某种需要得到满足、愿望得到实现、郁闷得到宣泄、寂寞得到排遣、苦累得到消解，理想成为现实的高兴、快乐、欢欣、愉悦、开心、澄澈、明朗、清爽、轻松而笑逐颜开的身心感受和体悟。与"喜乐"相伴生的是满足感、成功感、愉悦感、超脱感、自由感。人生为何而喜？为何而乐？既是情感特征与民族心理的表达，也是特定民族宇宙观、价值观、信仰观的体现。

从壮族诗性文化传统审视，壮族是乐观的民族，是善于用诗性语言表达喜乐情感的民族。壮族历史上流传着浩如烟海的表达"喜乐"情感的韵文作品，直至当今壮族各地民歌的传承依然以"喜乐"作为至关重要的吟唱目的，"以歌贺喜""以歌为乐"成为至关重要的仪式表达与情感体验方式。在创世史诗中，壮族先民为天界、地界和人间秩序得到安顿，为动物、植物、人类各得其所而喜乐。在漫长的历史长河中，壮族歌者为风调雨顺、五谷丰登、国泰民安而欢欣鼓舞，1949年，中华人民共和国成立，壮族歌手编创大量的民歌表达欢庆之情。譬如，广西来宾歌王韦守义演唱：

风吹乌云散，穷人得解放；山水齐起舞，江河鱼跳滩。
旱苗得甘雨，黑夜得灯光；风吹乌云散，穷人得解放。①

崇左壮族歌手梁秀荟编创的《多亏来了共产党》，首先历数旧社会的苦难："百姓穷人真可怜，肩扛锄头泪涟涟""富人财主心真凶，抓丁拉夫又逼债""有钱人家乐盈盈，穷人屋里冷冰冰"。然后倾诉穷人翻身解

---

① 韦守义演唱，石朝琪采录，载农冠品主编《中国歌谣集成·广西卷（上）》，中国社会科学出版社1992年版，第63页。

放的喜悦:"多亏来了共产党,领导穷人得解放""泥巴汉子翻了身,男女老少乐盈盈。"①

在日常社会生活中,壮族歌者为愿望得到实现、需要得到满足、情感得到表达而感到高兴。每逢新生命诞生、新婚缔结、新居落成的仪式场合,歌手们常应邀为主家唱庆贺歌,充分表达主客各方的喜悦心情。譬如,壮家婴儿降生之后,女婿携活鸡等礼物至外婆家报喜,外婆闻知后喜不自禁地唱道:"昨夜做梦游仙坡,今早起来见喜鹊;听见女婿来报喜,外婆笑得嘴难合",为成为外婆而感觉到"甜过冬蜜滴心窝";待到三天后,外婆携亲属到男方家贺"三朝",主家唱:"家堂添丁好风光,全家老少乐洋洋",外家回:"亲戚女友齐贺喜,保佑外孙得安康""今天我女当妈了,光彩也照我外婆。"小孩满月时,外婆送背带,主客同唱《背带歌》:"昨夜桌上灯花开,一股暖风进心怀;吉利日子来到了,今早喜迎外婆来。"外婆回:"月琴挂在画眉嘴,唱得阳雀到处飞;红花背带背孙女(子),背出一只鹧鸪媒。"双方都借助循环往复的对答,尽情表达喜悦的心情以及对子孙后代的良好祝愿。②待到小孩满百日,主家也邀请外家和亲戚唱《百日歌》,小孩满一岁,则唱《对岁歌》。

在传统社会,壮族青年男女喜结连理,实为人生一大喜事。虽然女方在出嫁前,会约请同伴唱《哭嫁歌》,表达依依不舍以及对父母的感恩之情,会伤心落泪,但是,在婚礼上,新郎新娘双方家庭以及亲友都以喜悦的心态,以美妙的民歌祝福新郎新娘琴瑟和鸣、幸福美满、百年偕老:"今夜姐妹坐排排,谈谈笑笑好开怀"③"打开红伞遮新娘,一路春风喜洋洋;人生路上少风雨,幸福生活甜过糖。"④在祝寿仪式上,寿

---

① 梁秀荟演唱,凌敏权采录,载雷庆多主编《归龙塔的传说》,广西民族出版社1998年版,第216—217页。
② 覃九宏搜集整理:《传统礼仪山歌》,广西民族出版社2002年版,第2页。
③ 覃九宏搜集整理:《传统礼仪山歌》,广西民族出版社2002年版,第19页。
④ 覃九宏搜集整理:《传统礼仪山歌》,广西民族出版社2002年版,第35页。

星"全家老少乐融融",亲友祝福寿星"长寿如同村边榕""家中儿孙乐陶陶""祝福阿公身体好,鹤发童颜捧仙桃"。① 这些《祝寿歌》令人备感欢欣。

在新居落成之后,壮族歌手编歌庆贺:"主家建成美华庭,满堂吉庆喜盈盈;六亲九眷齐来庆,添福添寿又添丁。"②

"求乐"是人类的本能,壮族民众"求乐""娱乐""取乐"的方式源于他们的内心世界,"以歌为乐"是祛除苦恼、烦闷、无聊、悲伤等负面情绪的灵丹妙药,所以,壮族歌者自觉不自觉地在走路时唱歌,干活时唱歌,在就餐过程中尤其是仪式场合的进餐过程中也唱歌。人们习惯于在开心时唱歌表达喜悦的心情,在不开心时唱歌以排遣烦恼的情绪,在苦中作乐正是体现了壮族的文化智慧。

(二)"怒恨"情感的感知与宣泄

儒道释所强调的"仁厚""宽恕""隐忍""戒嗔""冷静"等价值观,意在消解"愤怒""怨恨""恼怒""愤懑"的情感。儒家主张以仁厚情怀对待世间万物;道家倡导超越"喜怒哀乐"的束缚而臻至"恬淡朴素""无念无欲"的超脱境界;佛教"五戒""八戒"的核心意旨是"诸恶莫作",杜绝"贪、嗔、痴"。然而,"愤怒""怨恨""恼怒""愤懑""仇恨"等情感是人类天性的有机组成部分,当利益受到侵害,生存受到威胁,人性受到践踏,人们自然而然就会萌生愤怒之情。"怒与恨"情感的生成缘由复杂多样,表达方式和调控机制千差万别,"怒与恨"同"善与恶"的对应关系更是变化莫测。在情感人类学的视阈中,人们需要思考的是不同群体在不同的语境中为何而怒、对谁发怒、如何表达愤怒之情。在日常生活中,面对良善之人动辄发怒,是伤天害理的行为;遭受凌辱而没有愤怒与怨恨之情,则是懦夫的

---

① 覃九宏搜集整理:《传统礼仪山歌》,广西民族出版社2002年版,第167页。
② 覃九宏搜集整理:《传统礼仪山歌》,广西民族出版社2002年版,第164页。

心态。

当国家遭受侵犯，民族生存危机面临挑战，面对入侵之敌而"怒发冲冠"，是一种英雄气概，而对外敌入侵不怒不恨、奴颜婢膝、卖国求荣、奉行投降主义政策，将被当作卖国贼而被钉在历史的耻辱柱上。壮族历史上经历并体验过无数的国仇家恨，壮族社会生活中也有许多土豪劣绅以及其他作恶多端的人，他们的胡作非为令人发指。唐宋以来，壮族地区实施羁縻制度和土司制度，历代王朝和土司的敲诈勒索让壮族饱受苦难，民不聊生，令壮族人民怒火中烧，揭竿而起。近代以来，清王朝以及地方军阀对壮族民众横征暴敛，加剧社会矛盾，走投无路的壮族民众与其他民族同胞面对内忧外患、制度腐败，丧权辱国，面对西方列强的瓜分豆剖，义无反顾地以满腔悲愤和国仇家恨，投身到求亡图存的斗争当中，坚决抵抗国外势力的侵略，在深重的民族危机中求生存，也由此留下了不计其数的表达怒恨情感的文学作品。

在壮族文学发展史上，具有代表性的表达愤怒之情的壮族民间长诗当属流传于广西都安瑶族自治县的《控告土官歌》。此诗源自真实的壮族民众反抗土官敲诈勒索的事件①。《控告土官歌》隐含的愤恨情感之根源在于民众不堪沉重的徭役和摊派，源于土司统治的黑暗与残酷："要我们双肩扛两条扁担，长此下去，可怜我们的后代子孙啊！""而抚台这样的批示，却使我们气愤异常。"② 壮族民众忍无可忍而抗争，以编歌留下令人悲愤的历史记忆。

在漫长的封建王朝和土司制度的统治下，壮族百姓饱受欺压，历经苦难，实为"天下众百姓，背时命贫寒"。壮族民歌对旧社会地主豪绅的盘

---

① 清光绪年间（1883年），今都安瑶族自治县境内的都阳土司要兴建楼房，强行搜刮农民出资五百贯，当地民众向土司诉苦求情，遭到土司拒绝，不得不赴武缘（今武鸣）县、桂林、柳州等地控告土司。然而，土司贿赂县官，官官相护，欺压百姓，致使举事者被迫害致死，经8年不懈抗争，终于在龙州赢得官司，村民却付出了沉重的代价。都安壮族师公韦法门对此愤恨至极，感刻于心，编歌37章，以记其事。

② 覃九宏搜集整理：《传统礼仪山歌》，广西民族出版社2002年版，第420—421页。

剥表达了愤恨之情："世世代代当牛马，血泪还比河水多。"① "我走遍了天下，看透了这世界，到处有恶人把好人生吞活剥。"②

表达无奈、悲愤等情感诉求的是："积怨诉不完，知者明我冤""越想越有气，天理在何方""穷人不怨天，苦来不怨命；地主呀地主，血债要还清。"③

20世纪三四十年代，日本侵略军数度入侵广西，壮族和其他民族一样，遭到日本法西斯的野蛮烧杀和劫掠，壮汉等民族怀着国仇家恨，共赴国难，投入如火如荼的抗日战争中。素有以歌代言歌唱传统的壮族人民，创作了大量的革命歌谣，用以表达强烈的对日寇的愤怒：

> 日本鬼子进广西，红河两岸遭铁蹄。
> 村头红棉花乱谢，园中桃李花落枝。
> 开枪击牛剜腿肉，刺刀戳猪不要皮。
> 日本鬼子进广西，红河两岸遭铁蹄。
> 拉兵拉夫劫美女，擂破木门抢粮食。
> 村头红棉花乱谢，园中桃李花落枝。
> ——来宾县勒脚歌《红河两岸遭铁蹄》④

这首勒脚歌表达了对日寇奸淫掳掠、无恶不作的愤恨和谴责。

怒与恨的情感隐含在人的本性之中，"以歌代言"的壮族民众用歌声

---

① 韦海唱，黄本升、覃建珍翻译整理，周作秋、黄绍清等著：《壮族文学发展史》，广西人民出版社2007年版，第1174页。
② 陈三妹、黄正秀、黄若芬等演唱，覃剑萍、黄相搜集，黄勇刹翻译，农冠品主编：《中国歌谣集成·广西卷（上）》，中国社会科学出版社1992年版，第380页。
③ 来宾壮族山歌《屋顶在碗底》，引自周作秋等《壮族文学发展史》，广西人民出版社2007年版，第1324页。
④ 石冠庭演唱，石朝琪采录，载《中国歌谣集成·广西卷（上）》，中国社会科学出版社1992年版，第60页。

表达对来犯之敌以及官僚恶霸横行的愤懑，进行淋漓尽致的倾诉，这种情感表达不仅是个人情感的流露，更多的是社会心理的外显。怒恨情感离不开个人的内在体验，而其社会反响的世代传承则有赖于大众的认知和认同。正因为广大民众有相似的情感经验，方可对这类民歌产生共鸣，使这些民歌获得长久的艺术生命。

（三）"哀伤"情感的萌生与倾诉

人生在世，命运多舛，任何人都逃脱不了疾病、衰老和死亡的困扰，面对生活中时常发生的无可挽回、无法弥补的亲人故去，或是家道中落、人心险恶、世态炎凉，人们自然而然会萌生悲哀、伤痛、愁闷、无奈、伤心的情感。壮族民间流传着大量的表达"哀伤"情感的民歌作品，大体上可以分为不同的类型和主题：其一，为失去亲人而哀伤；其二，为生活凄苦而哀伤；其三，为命运不济而哀伤；等等。

第一种类型主要是指丧葬仪式上吟诵的"哭父歌""哭母歌""哭夫歌"。壮族哭丧歌在特定的充溢哀伤氛围的场境中演唱，曲调低缓，感人肺腑，催人泪下。歌师善于运用哀婉的曲调，抒发失去亲人而悲痛欲绝的哀念之情，令人潸然泪下，哀号痛哭，同时提醒后人莫忘前人的养育之恩。

在广西柳江一带，亲人去世后，家人用盆装上清水，内置铜钱和柚子叶，立灵位牌，延请师公蘸水象征性地淋洗灵位，边洗边唱《洗灵歌》，在做道场时，孝子孝孙身穿孝服，跪于灵前，一手抓糯谷，一手抓粘谷，装入罐内，边装师公边唱《装粮歌》，祭酒时，唱《奠酒歌》，每首歌都从不同侧面表达人们对失去亲人的哀伤情感以及对逝者的缅怀与感恩之情。歌中唱道："道师摇神剑，洗灵泪汪汪""金嗓也哭哑，哑像公鸭嗓""跪点香装粮，伤心泪纷纷""儿实在悲哀，拜送爹归仙""爹瞑目归阴，千金换不回，儿为爹守孝，报答爹功恩""喊千声不应，越想越凄凉"。[①]

[①] 覃瑞丰演唱，潘忠勤、熊玉初、韦兆德采录翻译，载刘沛盛主编《广西民间文学作品精选之三·柳州市卷》，广西民族出版社1991年版，第255—259页。

参与仪式者聆听这种充溢沉哀风格的挽歌，不禁顿生撕心裂肺的悲恸。

在大化瑶族自治县，壮族民众将丧葬仪式上演唱的民歌称为《祭堂歌》，在灵堂前挥泪辞别逝去的亲人，"儿伤心连""衣袖拂泪水""眼泪流不停"。①

第二种类型可称为"生活苦歌"，在衣不蔽体、食不果腹、谋生维艰的年代，壮族民众为生活凄苦而哀伤，譬如，《特华之歌》唱道：

> 生来苦难多，天天泥里翻筋斗。
> 风里雨里受折磨；喝稀粥，啃野菜。
> 没房住，没衣着；地里浇尽血和汗。②

第三种类型主要是倾诉个人生命悲剧，为命运不济而哀伤，《达稳之歌》③《达备之歌》④是倾诉自身悲惨命运的经典之作，在壮族文学史上留下了浓墨重彩的一页。在广西宜州市安马乡古育村，廖士宽根据自身无嗣之苦用勒脚歌编成了《哀叹身世之歌》，此歌堪称壮族民歌史上五言十二行勒脚歌的经典之作。该长歌严格按照勒脚歌的格律编写，合乎平仄以及押腰脚韵的规律，后人读来感受到深切的悲怆之情。廖士宽生前将歌编好，请人刻于墓门之上，成为至今发现的唯一用古壮字刻在石碑上的壮族

---

① 韦安生搜集，谭仕光翻译整理，载韦爱春主编《大化各族歌谣选》，广西民族出版社2003年版，第180—181页。

② 韦海唱，黄本升、覃建珍翻译整理，载周作秋等《壮族文学发展史》，广西人民出版社2007年版，第1174页。

③《达稳之歌》的作者是韦达稳本人，都安六也乡（今属大化县）首桂村人。生于1863年，死于1884年，年仅21岁。达稳自幼聪明能干，会编唱体制很严的勒脚歌，18岁时嫁给同村的舅表兄覃如有为妻，受到公婆和大姑的虐待，常常被打得皮开肉绽，她不得已跑回娘家，诉说自己的不幸遭遇，要求离婚，父母认为她丢了娘家的脸，不许她进家门，她只好逃离了家乡。后来，被夫家捉回，遭遇更为悲惨的虐待。她将自己的不幸遭遇编成歌唱给同情她的覃如脑听，并用古壮字记录下来，最终悬梁自尽。

④ 达备姓蒙，广西隆山县（今马山）人，嫁到上林县黄家做媳妇。原本两家门当户对，后来达备的父亲死去，家道中落，黄家嫌弃达备家境贫寒，达备受到家婆的残酷虐待，被赶回娘家，将内心的苦闷、悲伤、无奈与怨恨编成长达432句的抒情悲歌。

长篇抒情悲歌。该长歌共 15 首，原诗 120 行，用勒脚重复回环的唱法则变成 45 首，180 行。全诗讲述了作者年轻时艰苦创业，渐至丰衣足食，娶了两房妻室，皆无生育，收养两个养子，为其娶妻生子，这两个养子却忘恩负义，离开廖士宽。该长歌叙事与抒情相交融，比喻形象，抒情手法独特，唱来回肠荡气，感人至深，今人唱来依然催人泪下。

壮族哀伤之歌抒发了强烈的悲哀、凄婉、怨忿的感情，是一种如泣如诉、缠绵悱恻的心灵倾诉。在类别上总体上可分为家庭悲歌、苦工悲歌、孤儿悲歌、童养媳悲歌、盲人悲歌、寡妇悲歌、鳏夫悲歌等，悲歌中呼天抢地、痛人心肺的沉痛呼号，是不幸命运悲剧的深沉体验。壮族哀伤情感既内在于个人的情感世界，又是壮族社会文化和歌咏传统演化的产物，从中可以感知壮族个人情感和集体情感的抒发路径。这种哀伤情感的生发、升华、转换既是个人生命历程和内心世界的反映，也是壮族民歌作为言情表意手段对于身心体验的情感反应。

（四）"忧思"情感的启悟与言说

忧虑与思念是人类情感世界的重要组成部分。大量的壮族民歌以精妙的诗句表达对亲人、对朋友、对家乡以及国家表达忧思、忧愁、忧伤、忧患、忧虑、忧郁之情，以诗性言说，抒发对爱恋对象的思念和思慕的情怀。与汉族将"心"作为思维和情感表达器官有所不同的是，壮族人认为，人的喜、怒、哀、乐、忧、思、伤等情感是以"喉咙"作为感知与表达器官的。刘向《说苑》中《善说》记载的《越人歌》的最后一句"堤随河湖"，"河"便是壮语中的"喉"，原歌的"喉中感受"，译成汉语就是"心中感激"。

人类忧虑与思念的情感源于个体的生命经验，不同的人生阶段和不同的生活场域会萌生出不同的心理感悟和情感体验，不同个体会因年龄的变化而生发不同的忧虑与思念。对于情窦初开的年轻人，担忧的是如何找到意中人，对异性的思念会随着生命的成长以及自我感知度的增强而愈加情深意切。到了中老年阶段,更多的是为家人的诸多事务以及自身如何安度晚年而忧虑。远走他乡的人会情不自禁地萌生"乡愁",同样,儿行千里母担忧,彼此的思念衍生出许多动人心怀的优秀文学作品。

富有诗性传统的壮族民众对"忧虑"与"思念"的言说,自然而然具有鲜明的诗性文化色彩,善于运用诗性隐喻以及比兴手法表达忧思之情,常常忌讳直接的倾诉,而用曲折委婉的意象表达念之深和意之切。广西横县各地流传的民歌《十忧娘》在新娘出嫁后的第二天在新郎家演唱,男女双方约请歌手代表新娘新郎对唱。女方表达忧虑的重心是女儿出嫁后,再也不能常常见到母亲了,担忧嫁到贫困家庭,"日来来往忙碌去,夜间无米难思量"。而母亲担忧女儿无田种,"哪样有米来养娘",担忧家婆凶恶,家公挑剔,大嫂刻薄,担忧没屋住,"北风过岭又来凉,点灯一盏伴明月,寒霜雪落难亏娘",担忧与同队别离:"十忧尽怕离同队,一离同队而离娘;眼看青天双泪落,偕人作乐又何尝。"男方歌手则对岳母的种种担忧给予解答,力图解除女方家人的种种担忧,劝导女方"路头遥远莫凄凉",表示要努力摆脱贫困,解决温饱问题,不要为赡养爹娘而忧心,家人之间和睦相处,姐妹情深如同江水长流,而"老人讲多莫见怪,万望后代福禄强",要相信总会有栖居之所,因为"雀在树上还有对,谁人露宿在村场"。①

壮族民间更为常见的表达"忧思"主题的民歌是青年男女在定情之后的"思情歌""苦思歌"。壮族聚居区山水田园为年轻人自由表达感情提供了广阔的天地,每逢歌节,动人心扉的歌声常在山间地头回荡。在这些生机盎然的山野中,坠入爱河的青年男女可以发自内心地倾诉对恋人的爱慕和思念之情。这类民歌用夸张的手法,表达对恋人的深切思念。譬如,新近在云南省广南县八宝镇发现了记录在日常用具上的图符式的壮族歌书,这些意象性图符隐含着共800多首民歌,用"拿袜""肠相结"表达

---

① 甘书明主编:《茉莉仙子》,广西民族出版社2004年版,第340—341页。

青年男女之间的相思与苦恋之情。"拿袜"图符隐含的民歌是："妹心不在焉，拿袜又忘鞋；妹袜在梯下，妹鞋在云下。"该诗"不直言相思，却选取'拿袜忘鞋'这个细节，表现女子因为思念情郎而心不在焉的情态，真实有趣"①。

与"肠相结"图符相对应的歌词是："念妹泪不止，肠子拧成绳。拧成绳八股，八股不离散，绷紧如弓弦。爱慕妹美貌，年年盼厮守。"② 用"肠子拧成绳"作为比喻，以生理上的纠结表达思念的苦楚。而"泪水湿枕头"图符则用夸张手法表现思念之深切与痛苦："泪水流成泉，泪水流成潭。泪水浸湿枕，沾湿一身衣，洗三年不褪。"③ 这种夸张的言说感人至深。

在广西红水河流域，流传着大量的壮族七言四句表达相思的山歌：

> 蜜蜂为花飞千里，鸟为食物千里飞；
> 哥为情妹日夜想，盼会阿妹早心飞。④

还有更为夸张的苦思是：

> 想妹不见苦坏哥，想妹吃饭像吃药；
> 早晨江边去洗脸，江水流少泪流多。⑤

令人感慨万千的是，当壮族歌圩逐渐失去"倚歌择偶"的功能时，人们对歌不再是为了追寻人生的伴侣，不再是为了缔结婚姻以组建家庭，而

---

① 黄舒娜：《壮族八宝歌书及其价值》，《广西民族研究》2017年第1期。
② 黄舒娜：《壮族八宝歌书及其价值》，《广西民族研究》2017年第1期。
③ 黄舒娜：《壮族八宝歌书及其价值》，《广西民族研究》2017年第1期。
④ 王锋搜集整理，韦爱春主编：《大化各族歌谣选》，广西民族出版社2003年版，第170页。
⑤ 覃九宏收集整理：《传统情歌精选》，广西民族出版社2002年版，第105—108页。

是为了情感的娱乐，"思念"情感的表达并非真实对恋人的眷恋，虽然表达思念的诗性语言和艺术手法没变，但是，唱"思念歌"更多是为了开心，或许还是为了调侃，通过唱山歌打情骂俏，给日常枯燥的生活增添乐趣。演唱思念歌不再受到歌手年龄与婚否的约束，已婚者在许多场合可通过演唱思念歌以及其他情歌，让自己以及听众获得心灵的愉悦，获得心理的满足，而非为了强化亲密关系，更不指望由此在生活中建立真实的依恋之情。

总之，壮族诗性传统的整体结构包括创世史诗、英雄史诗、叙事长诗、说理长诗、抒情长诗以及短篇歌谣等韵文体作品，这些作品的文化内涵和核心精神可谓包罗万象。所歌何事？对于"以歌代言"的壮族民众来说，"心之所想"便是"歌之所唱"。不同历史时空中不同群体的内心世界迥然相异，吟咏的主题自然而然有所不同。令人深思的是：壮族先民更关注涉及洪荒岁月天地形成的宇宙事，在壮汉民族由对立走向和谐共处的过程中，壮族民歌伴随着社会动荡以及历史的沧桑巨变，以诗性语言记叙了爱恨交织的天下事和家国事；而历史进入现代科学知识越来越普及的时代，人们的视思之所及变得更为宽广和辽阔，但是，诗性表达主体内容所涉及的范围却日渐变得狭小，天地起源与宇宙运转之类的主题逐渐被遗忘，家国情怀与民族命运的省思亦日趋淡化，唯有表达生老病死的人生事以及表达喜怒哀乐忧思伤的情感事，成为亘古不变的核心主题。

面向未来的壮族诗性传统的延续以及壮族文化建设的深化发展，有赖于深度理解壮族先哲的文化智慧，从浩如烟海的壮族诗性文化发展史中理解壮民族的宇宙观、天人观、历史观、民族观、国家观、伦理观、人生观和喜乐观，以激活壮族诗性传统中隐含的勤俭、善良、孝顺、和谐、忠诚、正直、仁爱、宽和、谦逊、礼让、自强、廉洁、重义等优秀传统文化基因，让现代壮族文化传承主体领悟壮族诗性传统的文化内涵和核心精神，感知壮族诗性传统中隐含的情感表达与心灵寄托的文化智慧，进而唤醒日趋淡漠的民族记忆，铭记壮族经历过的欢乐与忧伤，重振民族文化的自信心，建立起符合天地人伦本性的人与自然、人与社会、人与人之间的道德准则，凝聚民族复兴的文化力量，推动壮族社会的进步和人生价值的实现。

第六章 何以迷人？
——壮族诗性传统的文化魅力

从人类文明史的演进历程审视，民歌传统和诗性思维是人类"童年时期"广泛存在的文化现象，许多民族都拥有杰出的行吟诗人和民间歌手，歌咏习俗是一种广泛存在的社会现象和文化传统，从《荷马史诗》到中国的《诗经》，从"不学诗，无以言"到壮民族的"倚歌择配""以歌代言"，见证了人类文明历史不同时期、不同国度、不同民族各具特色的民歌文化传统。引人深思的是，诗性传统缘何具有巨大的文化魅力而得到世界上各区域族群的喜爱？又缘何能够穿越原始的采集、狩猎生活，经历传统的种植业、畜牧业，延续到现代工业文明而依然显示出不可或缺的文化价值？

人类的思维模式从以神为主体的神性思维、以人为主体的诗性思维，过渡到以物为主体的理性思维，人类生活的情趣发生了巨大的变化，显而易见的事实是：在都市化、工业化为特征的现代社会中，物质文明高度发达，人们的生活水平显著提高，但是，人类的想象力和诗性精神在某种程度上萎缩了，许多民族的诗境消失、诗情枯竭、诗心破碎、诗意空寂、诗人被边缘化，诗作趋于平庸化，诗性精神并没有随着社会的进步而发扬光大。这种"物质生产"和"艺术生产"的不平衡、不相称、不同步的现象，在人类跨入21世纪之后，显得尤为突出。另外，越来越多的人已经意识到，诗性传统正因为逐步失落而显得珍贵，诗性传统是值得珍惜的文化宝藏，当下诗性语境的消解不利于人类社会的和谐发展。

就壮族而言，随着南宁国际民歌艺术节的成功举办、山水实景演出"印象·刘三姐"获得巨大成功，"壮族三月三"成为广西的法定假日，民歌在网络空间广泛流传，非遗保护日益深入人心，诗性传统中蕴含的养心智慧不断得到激活。这就意味着以民歌为中心的诗性文化传统依然拥有为世人所称道的艺术价值和文化魅力。

一 诗性思维的孕育与诗性文化的习得

作为非物质文化存在形态之一的壮族民歌在历史上繁盛一时，至今依然在一些地方遗存。壮民族"以歌代言"的习俗是诗性思维和诗性智慧的杰出代表，在人类大脑从神性思维、诗性思维到理性思维的演化序列中，壮族民歌传统和诗性思维具有一定的典型性和重要的文化史意义。壮族文化魅力的根源与壮族诗性思维的孕育息息相关，而壮族文化的传承与保护有赖于培育一种诗性思维与心灵习性。

诗性传统的文化魅力在人类文明社会的早期已经开始孕育，传统乡民的纯朴品格更有利于生成诗性的思维，乡间连绵不绝的群山、潺潺的流水、郁郁葱葱的森林、莽莽苍苍的草原更容易激起诗性的想象。除此之外，乡民们独有的心智结构更直接制约着诗性思维的形成。

美国人类学家罗伯特·路威说：

> 在绘画，雕刻，音乐等方面，初民确有了很好的始基，虽然他在工具方面，材料方面，科学知识方面都不及文明人。在文学方面，野蛮人和文明人的凭借本来就相等。无论哪一种初民语言，所含词汇都足以表达使用这种语言者的全盘经验。所以任何简陋的民族都有在诗

文方面建树成绩的机会。①

诗歌是民族情感的表达，充满灵思的类比是珍贵的审美遗产，不同族群按照各自认同的途径和方式，传达心灵本性中的美好情感。

在传统的壮族社会中，唱山歌是主要的生活方式，山歌渗透到社会生活的各个层面。生产劳动中唱歌以鼓足干劲，进新房唱贺房歌以示喜庆，祭祀时唱祭神歌以求神灵护佑，过年过节也唱歌以愉悦身心。唱歌也贯穿人生的整个过程。婴儿降生时就唱恭贺小孩出生歌，成年后学唱情歌，婚礼上的对歌更是热闹非凡，年纪大之后人们在寿礼上唱祝寿歌，老人去世后民间歌手在葬礼上为之唱丧葬仪式歌。在这种浓郁的民歌氛围和深远的歌咏文化传统之中，孕育成诗性思维的模式。

亚里士多德认为："作为一个整体，诗艺的产生似乎有两个原因，都与人的天性有关。首先，从孩提时候起人就有模仿的本能。人和动物的一个区别就在于最善模仿并通过模仿获得了最初的知识。其次，每个人都能从模仿中得到快感。"② 洛德认为，歌手学艺经历三个阶段，首先是听他人演唱，熟悉民歌习俗，其次是开口演唱，建立格律和曲调，最后是增加演唱篇目，提高演唱技能。③ 这从整体上揭示了民歌习得的大致过程。可见诗性思维养成的初始阶段是聆听与熏沐。在童年时代诗性思维主体浸染在民歌氛围浓郁的社会环境中，时常聆听长者的歌声，在模仿中感知诗歌的魅力，通过耳濡目染将独特的民歌节奏和韵律贮存在脑海中，成为记忆宝库的一个部分。在青少年时期，逐步习得诗歌思维方式，在尝试演唱中领悟诗性的韵律。民间歌者在成长的最初阶段，通常经历2年到3年的模

---

① ［美］罗伯特·路威：《文明与野蛮》，吕叔湘译，生活·读书·新知三联书店1984年版，第196页。
② ［古希腊］亚里士多德：《诗学》，陈中梅译，商务印书馆2003年版，第47页。
③ ［美］阿尔伯特·贝茨·洛德：《故事的歌手》，尹虎彬译，中华书局2004年版，第28—29页。

仿和强记时期，在这一时期内，歌者需要了解唱歌中的规则和应对技巧，知悉对歌的一般程序和套路，记下常用的情歌、历史歌、故事歌等，但还不能灵活运用，不能轻易与他人对歌。大概经过4年到5年的磨炼，才能做到出口成歌，遇事唱事，见景唱景，由普通的歌手，成长为真正意义上的歌师。

壮族歌师习得民歌传统习俗，养成诗性思维习惯，大体可以分为主动习得和被动习得。主动习得意味着歌者有意识地跟善歌的长辈学歌，甚至拜师学艺，进入著名歌师创办的民间歌馆，系统研习手抄歌本，掌握民歌知识，进行相对系统、完整、严谨、严格的编歌、对歌技巧的传授，有清晰的传承谱系。与此相反，被动习得没有集中的时间、固定的地点用以传歌和学歌，而是跟随父亲或母亲，或者他们的邻居长辈或哥姐，随时随地唱歌或对歌，主要目的是掌握传情达意的工具以便娱己娱人，也借助其中蕴含的道德法则和生活经验来认识世界、理解人生。

在以周德康为中心的广西柳城"壮欢"传承谱系中，许多歌师都有被动习得"壮欢"的经历。周德康本人学唱民歌的原因是想跟着人家去听唱歌，但又担心不懂唱歌而被讽刺，由此决心学歌。[①] 另一位歌师覃元秀是在一帮女青年的多次挑逗下开始学唱"壮欢"的，他说：

> 我大约20世纪70年代开始学的。我母亲是唱"壮欢"的能手，但她没有具体教我。她相当支持我去外头，比方说去看篮球赛。……散场了女青年来邀我们唱欢，当时我不会唱。我回来说给我妈听：那些妹崽都来拦路唱欢，说我有爱人啦这么那样的。我说我不会唱，她说你不敢唱，讽刺你、刺激你，我妈说那你就学了呗。还有一次我去罗城县大崇屯，四五个女青年来拦路唱欢。我们看打球才去，去慢了一点。她就刺激你说，你跟你爱人去田间，又回老家吃饭，怎么不慢

[①] 受访者：周德康，访谈者：覃德清，2008年3月11日于周德康寓所。

来呢。我说没有这回事的。后面我说给我妈听。我妈说这个我怎么帮你呢，我又不在场，后来真的也没有哪场欢是我妈教我的，后来自己学唱的，边听边模仿。①

民歌艺术具有排除烦忧的艺术魅力，因此，许多歌手学歌的目的是为了排解日常生活中的烦恼。20 世纪八九十年代开始学歌的韦桂梅说："我从 30 多岁开始学唱歌，没学唱歌之前，有很多忧愁和烦恼，总想找个娱乐的方式。后来就跟周主任（周德康）学唱'壮欢'，学唱'壮欢'后，忧愁就没有了，人也变得开心快乐了。"② 这恰好印证了民歌中所唱的"山歌本是古人留，留在世间解忧愁"的说法，是歌手心声的流露，也是民歌艺术得以世代相传的魅力所在。

以上众多歌手的学歌经历说明，浓郁的歌唱氛围是一种习得民歌的外因，起着启蒙作用。在盛行"以歌代言"的文化语境中，不懂唱歌者必然遭遇各种不同的尴尬。人们认为，不会唱歌者不是痴就是呆，属于不正常人一类，经常说道："牛都会叫，难道你不会唱歌？"被责问者自尊心受到伤害，催化了学习民歌的决心。经过年长日久的磨炼，民间歌手逐步能够自由演唱，在掌握了比较丰富的民歌知识和对歌技巧之后，经常出现在歌圩、歌堂、歌会等场合，寻伴对歌，以歌会友，一展歌才，也会在婚丧嫁娶等民俗仪式等场合上演唱山歌。能够自编民歌，自由进行民歌创作是诗性思维养成的标志。歌手中天资聪颖、勤奋好学者，以诗性情结充盈心间，逐渐养成诗性思维的心理惯性，从而成长为民歌文化的传承主体。

二 民歌艺术的魅力与诗性文化的智慧

壮族民歌的艺术魅力源于歌手们具有敏锐的审美感知，以及能够娴熟

---

① 受访者：覃元秀，访谈者：覃德清，2008 年 3 月 19 日于覃元秀寓所。
② 受访者：韦桂梅，访谈者：覃德清，2008 年 3 月 17 日于太平镇菜市。

掌握赋比兴等民歌艺术表达方式。在这种人神共存的社会场景中，民众经历着身份地位的转换，神圣的边缘性成为人的中心性的外在表现，人的地位变化与所处空间的变化相关，参加仪式者的内心情感也随之变化。于此，信仰便具有了一定的情感张力，它成为宣泄或者强化信众情感的实际生活手段之一，抚慰民众给其以希望。

因此，无论是在世俗性的娱乐场所还是在神圣性的仪式空间，壮族民歌都具有独具一格的展示机遇和表达的功能。歌手们可以根据不同情境的实际需要，或唱人、或唱神、或唱物、或唱景、或唱情，尤其是具有诗性智慧的歌师和歌王更是能够在不同演唱场合采用不同的演唱方式，表达与特定语境相适应的民歌意蕴。

以民歌为主体的诗性传统的艺术魅力和文化价值，主要体现在以下几个方面。

（一）民歌传统自身蕴含的审美意蕴及其诗性智慧

千百年来，一代又一代的壮族民歌传承主体浸润在"歌海"之中，形成了源远流长的民歌传统，造就了独具特色的诗性思维模式，熏沐成一种具有人类文明史意义的心灵习性。就具体的表达方式而言，民歌中的赋、比、兴直接为诗性思维和诗性传统赋予绚丽的艺术魅力，正如壮族歌王方寿德所说："山歌不离赋比兴，无赋好比人无筋，无比好比人无脑，无兴好比人无心。"

在壮族的创世史诗、英雄史诗、叙事长诗、说理长诗和浩如烟海的民间歌谣中，俯拾即是的是赋比兴以及排比、夸张、拟人、复叠、想象、象征等多种艺术手法的灵活运用。壮族民歌的风格是多种多样的，民歌中的情趣常常动人心扉。众所周知，汉族和其他许多民族的诗歌一般都是押脚韵，唯有壮侗语族诸民族的传统民歌不仅押脚韵，而且还押腰脚韵。壮族民歌的腰脚韵使壮族民歌在韵律规则上独树一帜，产生出与众不同的艺术效果。押腰脚韵不仅使壮族民歌韵律更为和谐，而且使其环环相扣，具有一种回环往复之美，增加了诗的形象性，渲染了情绪和气氛，体现出高妙的诗性智慧。

（二）在现代社会中，壮族民歌愉悦身心的文化价值得到新的阐释和彰显

在传统社会，壮族民歌与壮族民众的生计模式和人生仪式过程常常融为一体。人们在共同劳动的过程中传唱《劳动歌》，目的是为了统一步调，统一节奏，消除疲劳，提高效率，营造一呼众应、同心协力、热烈欢快的劳动场面。人们在诞生礼、婚礼、寿礼和丧葬仪式过程中讲述或者演唱《布洛陀》《布伯》《莫一大王》《侯野射太阳》《郎正射太阳》《特康射太阳》等，目的是为了表达人们对于壮族人文始祖和民族英雄的敬仰之情。但是，在现代社会，神圣性的演述空间逐渐缩小，尤其是普通民众是师巫演唱经书的聆听者而不是传习者。但是，在壮族史诗、长诗和歌谣的流传过程中，演唱者、聆听者在特定的仪式场域中构成整体性的文化空间，人们依然能够在诗中领略到离奇瑰丽的想象和神奇迷人的远古文化图景。

在大多数壮族民众解决温饱问题之后，人们的多样性的精神需求被提上日程，特别是随着科技的发展和社会的进步，越来越多的人不再夜以继日地为了生存而奔波忙碌，而拥有更多的空闲时间，传唱和聆听民歌成为人们打发空闲时间以及愉悦身心的娱乐活动之一。在田野中，课题组发现许多集镇经常有一些年长者相聚对歌，自得其乐，或者购买民歌光碟，在家中听歌，一遇精彩的对唱便会发出会心的微笑。还有许多歌王、歌师、歌迷，自发建起QQ群、微信群，在虚拟空间相互对歌、相互交流，从中获得许多乐趣。

（三）民歌文化和诗性传统为文化产业注入新生活力

改革开放以来，从"文化搭台，经济唱戏"到层出不穷的文化产业特别是民俗旅游景区的开发，为民歌进入旅游场所打开了新的通道。壮族民

歌展演成为吸引游客的重要手段，民歌为旅游业添加了一种诗情画意，使人感受到民歌文化的艺术魅力。尤其是山水实景演出"印象·刘三姐"的巨大成功，成为传统艺术与现代文化产业相得益彰、互补共赢的典范。"印象·刘三姐"的总体结构分为："序·山水传说""红色印象·对歌""绿色印象·家园""蓝色印象·情歌""金色印象·渔火""银色印象·盛典""尾声·天地唱颂"。尽管民歌只是作为一种文化符号的点缀，但是，刘三姐文化记忆激活了游客的审美意识，每逢演出旺季，便出现场场爆满、一票难求的现象，出现"一个创意救活一个企业""一年收入一个亿"的奇迹。当初，张艺谋觉得"印象·刘三姐"能持续演出 5 年已算成功，而今 15 年过去，"印象·刘三姐"依然长盛不衰，雄辩地证明了"文化是好生意"，传统文化资源具有巨大的潜力和很高的开发价值。传统文化资源依托于某种创意，在特定的时空语境中激活人们的潜在审美意识，就有可能编创出适应文化产业市场需要的意识精品，满足人们的审美需求，将非物质文化遗产转化为一种产业资源，开拓文化产业的广阔市场。

（四）作为非物质文化遗产的民歌传统是民族认同的文化标志

在非物质文化遗产保护的时代语境中，民歌传统和诗性思维多元价值日益得到人们的广泛认同，历史上对民歌的种种"污名化"认知在非遗保护的时代浪潮中逐步荡然无存。民歌文化以及诗性传统成为人类文明未来发展的精神资源，民歌传统充溢着诗性的精神是人类文明史上富有神思异彩的绚丽乐章。人类思维的精细、语言修辞法的精妙、个性美的华丽绚烂都积淀在民歌文化之中，正是"诗歌提供了一座包容着巨大而丰厚的实用知识的仓廪和宝库，是一种伦理的、政治的、历史的和技术的百科全书，是积极进取的公民必需从中汲取知识的教育贮备的核心"。[①] 壮族山歌同样内容丰富，蕴含历史与民俗的丰富知识，包含许多为人处世的道理，而

---

① ［美］约翰·迈尔斯·弗里：《口头诗学：帕里—洛德理论》，朝戈金译，社会科学文献出版社 2000 年版，第 151 页。

且说理透彻，情真意切，成为人们劝人为善的说理工具以及壮族身份认同的重要标志之一。

何为壮族？何为壮族的文化标志？壮族民歌以及隐含其中的诗性传统因为形式独特、手法多样而闻名遐迩，以歌代言的风习，形成了具有壮族特色的艺术形式以及情感表达方式，"喜歌善唱"成为民族的标志之一。尤其是以壮族各地方言为基础的民歌对唱，尤为有利于增进人们之间的民族认同心理。

尽管现代文明的传播以及人类思维模式的革故鼎新致使民歌习俗式微，诗性思维失去衍生的文化沃土，但是，壮族民歌习俗深深植根于壮族心理意识的深层结构中，特别是许多仪式性的民歌与壮族信仰融为一体，其间包含着人们对地方性神谱和神力灵验的坚定信念。仪式主持人通过演唱神圣性民歌而实现人与神的交流，借助对神圣力量的颂扬和召唤，激活仪式参与者的内心感应。这种具有象征性意义的情感表达，既是一种内心情感的抒发，更是一种具有"养灵功能"的文化智慧。

三　诗性语境的变迁与诗性心韵的传承

传统社会中的人生亲近自然而充满意趣，人们按照自然的节奏饮食起居，遵循太阳的东升西落，安排一天的行程；跟随月亮的阴晴圆缺，体验生命的节律；和着春夏秋冬变换的节拍，重复一年四季的轮回；依照世代相传的伦理道德来组织生活；崇奉传统的宗教信仰以求得心灵的慰藉；借助歌咏习俗作为表情达意的天然手段和途径，只求心灵的愉悦，不计名利的得失，像山间的野花，不管是否有人欣赏，都自然而然尽情绽放。

诗性心韵植根于对生命体验的切实感悟，随着岁月沉淀、境界升华，赋予诗人生命的想象力与创造性的天赋。诗性心韵的真谛在于"静思""净思""敬思"。"静思"是超脱了世俗的喧嚣，在宁静中酝酿诗思；"净思"是远离世俗的污浊之气，在梵净澄明中孕育诗情；"敬思"是对自然与生命的虔诚与敬畏中锤炼诗意。当"静思""净思""敬思"主导精神世界,人们就会返本归真、心清似玉、身神合一,诗思凌空升腾,诗情油然而生,诗韵发于胸臆,诗句如行云流水,诗意得以酣畅淋漓的抒发。

诗性心韵的核心蕴含自然的节律和音韵的抑扬顿挫,人的心脑体悟到不言而喻的审美意境,观"物象"而生"心象",赏"风景"而入"意境",临"实体"而化"象征"。"观物取象"是灵感思维的重要环节,诗歌的比兴依托具体物象的喻示,并将联想、想象的审美体验流灌其中。

在帕里—洛德理论看来,口头诗歌创作常有叙述的范型(narrative patterns)、常备的片语(stock phrase)和习用的场景(conventional scenes)。在演唱过程中,歌手遵循"简单而威力无比"的"程式"(formula);在典型的场景中,演述特定类型的故事型式(story-pattern or tale-type):

> 听众与艺人的互动作用,是在共时态里发生,艺人与听众共同生活在特定的传统之中,共享着特定的知识,以使传播能够顺利地完成。特定的演唱传统赋予了演唱以特定的意义。演唱之前的仪式、演唱之中的各种禁忌、演唱活动本身所蕴涵的特殊意义和特定的社会文化功能,都不是仅仅通过解读语言文本就能全面把握的。所以,如果说书面文学的文本还可以在某种程度上是"独立的自足"的话,口头史诗表演中的文本,则尤其不能在解读它时不顾它的语境。①

民歌传承建立在群体性共同思维模式和文化习俗基础之上,而不像文人阶层的诗歌创作更为依赖个人的才情。民歌传统具有原生性诗学的文化价值,诗歌的取象方法源于特定族群的生活经验、运思过程和表述机制。千百年的歌咏习俗和民歌传统造就了一种诗性心韵和诗性精神。诗性心韵

---

① [美]约翰·迈尔斯·弗里:《口头诗学:帕里—洛德理论》,朝戈金译,社会科学文献出版社2000年版,第20页。

是一种心灵习性,诗性精神昭示一种人生境界。表层的诗体、诗法、诗艺,蕴含涵着深层的诗情、诗意和诗心。诗性心韵在人类历史上曾经是一种普适性的存在,在工业革命、理性思维、逻辑推理普及之前,地球上大多数族群中占主导地位的思维模式大多洋溢着浪漫的气息和诗性的想象。地球上产生了人类,从而产生了语言;人类吟诵出有节奏的语言,也就促进了诗歌的萌芽、生长、壮大,以至枝繁叶茂、生机盎然。民歌作为一种心灵习性和诗性思维自然而然成为人类生活的有机组成部分,是自如地表达喜怒哀乐情愫的诉说方式,不必搜肠刮肚、生拼硬凑。民歌演唱通常是见景生情、见物生歌、随心所欲、随性而发,诗思发于胸臆,诗句随口而吟咏。这是一种在人类文明史上谱写出纯美乐章的诗性智慧和心智能力,而这种智慧和能力的衍生空间加入已经并将继续萎缩。

海德格尔说:

> 接近故乡就是接近万乐之源(接近极乐)。故乡最玄奥、最美丽之处恰恰在于这种对本源的接近,绝非其他。所以,唯有在故乡才可亲近本源,这乃是命中注定的。正因为如此,那些被迫舍弃与本源的接近而离开故乡的人,总是感到那么惆怅悔恨。①

在现代性主宰人类心灵之后,人们不仅逐渐远离故乡,也与大自然疏离,传统的生活模式和心灵习性在变幻了的时空中重新建构。现代社会以科学理性改造世界,以功利至上的价值取向取代神性的崇高感和诗性的浪漫情怀。终日奔波忙碌、披星戴月、疲惫不堪,"数米计薪,日以挫其志气,仰视天而不知其高,俯视地而不知其厚,虽觉如梦,虽视如盲,虽勤动其四体而心不灵"(王夫之语)。被功利俘获的现代人的心灵,聆听不

---

① [德]海德格尔:《人,诗意地安居》,郜元宝译,广西师范大学出版社2000年版,第69页。

到江水东逝的深沉旋律，任凭花开花落、鸟飞虫鸣、朝霞绚烂、落日余晖，也激不起赋诗的雅兴。

科学发达的逻辑结果是对自然宇宙神秘性的消解，用理性工具改造世界，用现代技术控制自然，越来越多的人过着程式化的生活，不能自由地思想，高贵的灵魂依附在卑微的肉体之上。人们忽视了心灵的食谱，遗忘了对自然、对人类的大爱，沉溺于自我陶醉的小资情调之中。理性思维被过分推崇，以致人类丰富的想象力被简单地当作"非理性"而遭到拒绝。源于西方文明的以物为中心的功利主义思维倾向正在侵害着东方文明的诗性传统，人类文化多样性的源泉日趋枯竭，诗性思维的孕育、萌生和外化正面临前所未有的严峻挑战。

在人满为患的喧嚣世界、屋满为患的城市空间，诗性思维失去了赖以生存的文化沃土。在钢筋水泥的森林中，难觅鸟语虫鸣、花红柳绿的情境，不见青苔的斑驳，遗失的是灵秀祥和、稳健雅朴、温润协和、气韵淳厚、柔和多姿的诗情画意。

四 诗性心灵习性与诗性传统的保护

心灵习性是民族文化的根和魂，延续本民族深层心理结构中的思维模式，是维系民族文化自主发展的根本需要，是保护民族想象力、创造力、鲜明文化表征的前提条件。如果为了追求现代科技的进步而放弃民族文化传统，就会丧失一个民族屹立于世界民族之林的文化础石，纵有民族的政治符码，却没有民族内在的精、气、神。民族的衰落，以传统文化的颓废和民族精神的萎靡为先兆；民族的复兴，必定以文化主体精神的弘扬为前导。千百年来，壮族及其先民在历史的长河中，有花山岩壁画、壮族铜鼓、"那文化"等文化成就，而影响最为深远的当是以刘三姐歌谣为代表的文化习俗。刘三姐传说以及文学再创作的文本，都是围绕着编歌、唱歌、对歌、传歌来编织故事的情节。刘三姐被誉为歌仙，被当作壮族山歌的鼻祖,"如今广西成歌海,都是三姐亲口传"。刘三姐山歌和民俗中包含的淳朴的民风、优美的诗句、杰出的诗才构成了出类拔萃的诗性的智慧,其中凝结着壮族人民的审美情操、思想感情和生活态度。"刘三姐"的艺术魅力之所以千年不衰,源于其中所蕴含的深厚文化沃土。刘三姐作为诗性文化的杰出代表,隐含在民族记忆的深处,这种民族记忆作为一种心灵习性,在不同的时代语境中被激活,从而焕发出绚丽的光彩。

砍倒了一棵树,就失去一片绿荫;灭绝了一个物种,人类就失去一个伙伴;遗失一种思维模式,多样性的人生就缺少一份精彩。诗性思维和诗性智慧是民族生命活力的象征,是在特定的文化语境中,人的心灵自由的自发流露,人的生命价值的内在实现。诗性智慧涵容天地自然的气息、人文情怀的感悟和生命过程的体验,是一种人生品质和精神境界——仰望浩渺星空而悟自然的灵性,徜徉苍松翠竹中而拓宽心源,登临巍峨名山而养得浩然大气。诗性思维不可传授,只能开启,不可重复,只能通过口传心授而自然而然地养成。

作诗凭灵感、靠直觉,诗人们迷迷惘惘,如痴如醉,完全听凭于灵感的驱使和摆布。柏拉图认为:"诗的性质是非理性的,诗的形成是被动的,对诗的运作的探索和理解是超越人的智能极限的。诗不是科学,因而也不受科学的检验;诗不是理性的产物,因而也不受理性的规束和制约。在生产诗的过程中看不到诗人的能动性和自主精神,……神的点拨和启示是诗的源泉。没有神明的助佑,诗人很难有所作为。"① 越是在人类社会的早期,神灵世界就越具有普遍性,神灵的力量就越富有控制人的力量。许多壮族歌师兼具神职人员的身份,壮族师公和道公作为神灵世界与现实世界的沟通中介通常具有歌咏的才能,学会唱祭祀歌才能与神灵沟通。广西田阳县山歌协会会长黄达佳先生自幼跟随父亲出去做法事,亲身经历了壮族的各种习俗,久而久之学会了唱许多祭祀歌,成为布洛陀古歌第七代传人

---

① [古希腊]亚里士多德:《诗学》,陈中梅译,商务印书馆2003年版,第259页。

和敢壮山祭祀布洛陀大典的主祭人。神性的庄严、浩瀚容易感召澎湃的诗情，神性思维的迷蒙、浪漫与诗性思维的幻想以及诗情画意多有异曲同工之妙，两者是相互关联的心灵习性。

当"上帝死了"之后，"上帝的存在"——传统社会以"神"为主宰的思维模式就因具有一种人类曾经拥有的思维方式而具有文化史的意义。同理，以诗性精神以及诗性智慧为核心的思维模式也因为现代人的理性思维的日渐强化而显示出应有的文明史价值。在以诗性为核心的思维结构中，神性思维多少带有诗化的色彩；在以理性为主导的思维结构中，工业化带来的激烈竞争压制了诗性思维的发展。尽管人类思维结构永远处于动态的发展历程中，但是，诗性思维形态对人类文明的可持续发展具有不可替代的理论价值和现实意义。人类不可能返回以野性思维、神性思维为主导的传统社会，而理性思维的膨胀、传统社会中诗性思维模式的式微危及人类诗意的安居。

非物质文化遗产保护已经成为当今世界的热点问题。笔者认为，非物质文化遗产保护的实质应该是保护人类曾经普遍存在而具有文明史价值的心灵习性，与诗性思维相伴随的诗性精神和诗性智慧应是非物质文化遗产保护的核心内容之一。贯穿于民间创作、民间节日等非物质遗产名录之中的主旋律，实质上是"非物质文化遗产"所强调的无形的、动态的、凝聚着人类情感和记忆的人类共有的精神财富。

诗性思维是人对充溢诗情画意境界的虔敬向往，也是人类认识外部世界的认知图式；诗性思维的运思过程是一种心灵体验，常常精骛八极、心游万仞，"观古今于须臾，抚四海于一瞬"，与神圣力量的感应和互融互摄。在具有"歌海"之称的广西，诗歌充分发挥其独特的社会文化功能。对于民歌传承主体而言，人们借诗抒发情感，宽慰心灵，愉悦心境，宣泄悲愤，消解忧愁，忘却悲伤，振作精神。

直至21世纪，由于外来文化的传播，壮族文化自身的变革以及现代传媒的普及，导致以电视、网络为中心的娱乐方式的兴起，壮族"以歌代言"的习俗日渐衰微。壮族民歌传承的普遍现象是：老年人会唱，中年人能够欣赏，部分人还会唱，年轻人不会唱，也听不懂。但是，许多壮族地区的民歌余绪犹在，以歌代言的心灵习性犹存，想象奇特的诗性思维未曾完全断裂，弥足珍贵的诗性精神和诗性智慧犹可激活。壮族歌师依然活跃在各种民间仪式场合，以歌表述生活的悲欢离合与人生的酸甜苦辣，引起人们的情感共鸣。

非物质文化遗产是"被各群体、团体、有时为个人视为其文化遗产的各种实践、表演、表现形式、知识和技能及其有关的工具、实物、工艺品和文化场所"。① 非物质文化遗产保护涉及口头传统、表演艺术、社会风俗、仪式仪礼、节日活动、民间知识、手工技艺等门类，非物质文化遗产保护的重要性为越来越多的人士所认同。但是，在实施非物质文化遗产保护的过程中，还应站在人类文明演化史的立场，审思人类的精神历程和当前面临的精神困惑。

充溢诗性精神的社会往往充满了心灵的愉悦，具有诗性智慧的人文精神世界不再空虚寂寥。维柯认为：在世界的"童年时期"，人们按本性就是些崇高的诗人，"最初的诗人们都凭自然本性才能成为诗人，而不是凭技艺"。② 人作为人，"在他所特有的存在中是由心灵和精气构成的；或则毋宁说是由理智和意志构成的"。③ 诗的本性是整个心灵沉浸到感官里去。"诗必须是真实热情的表现，是一种烈火式的想象力，使我们真正受到感动。"④

---

① "非物质文化遗产"的外延包括以下五个方面：（1）口头传说和表述，包括作为非物质文化遗产媒介的语言；（2）表演艺术；（3）社会风俗、礼仪、节庆；（4）有关自然界和宇宙的知识和实践；（5）传统的手工艺技能。进而指出"保护"非物质文化遗产是指"采取措施，确保非物质文化遗产的生命力，包括这种遗产各个方面的确认、立档、研究、保存、保护、宣传、弘扬、承传和振兴"。参阅向云驹《人类口头和非物质遗产》，宁夏人民教育出版社2004年版，第416页。

② ［意］维柯：《新科学》，朱光潜译，商务印书馆1989年版，第211页。

③ ［意］维柯：《新科学》，朱光潜译，商务印书馆1989年版，第172页。

④ ［意］维柯：《新科学》，朱光潜译，商务印书馆1989年版，第458页。

普天之下，无人不敬惜体现真善美的文化精髓，在人类历史的演进轨迹中拥有诗意的浪漫将是美妙的期待。非物质文化遗产是全人类的共同文化记忆和文明足印的历史见证，现代工业文明对人类栖居的地球造成了前所未有的破坏，凝聚人类文化智慧的传统文明濒临瓦解。远离文明中心的边陲文化、处于弱势地位的少数民族文化不断被现代文明所遮蔽，传统风俗习惯岌岌可危，多姿多彩的民间表演艺术失去观众以及存在的文化沃土，人类文化的普同性逐渐取代文化的多样性。在这样的文明历史转化的关头，人们尤需谨记："唯有保存传统才是获得生命和幸福的唯一道路。"①

在消费时代，追逐现实利益占据了人的大部分精神空间，使人们没有自由的心情去领略丰富的内心生活。因此，民歌文化保护的宗旨不是单纯为人们娱乐提供消遣，而是张扬诗性精神的人文品格，充实人的精神世界。民歌习俗的永续发展有助于维护人类异彩纷呈的文化格局，避免人类文明变成一种单调刻板的模式。这就需要人类珍惜不同生态环境中孕育的不同民族文化传统，以使口头与非物质文化绵延不绝地世代传承。源远流长的民歌传统造就的诗性思维模式，是人类文明史具有重要意义的心灵习性。在全球一体化时代，人类的思维模式面临革故鼎新的挑战和机遇，因此很有必要在实施非物质文化遗产保护的进程中，审视民歌传统和诗性思维的文化价值，尽可能挽回并延缓民歌文化习俗的式微，培育诗性思维衍生的文化沃土，激活深隐在人类心灵深处的诗性精神，由此提升人生的境界，让人感受到生命存在的主体意识，进而拥有人的完整的感性生活。

如前所述，诗性精神是人类共有的文化品质，相对于动物界而言，是人类特有的文化智慧。诗性精神属于全人类，诗性传统的保护并不局限于特定族群文化传承，而是关涉全人类在未来的诗意栖居。需要在宏阔的历

---

① ［美］约翰·迈尔斯·弗里：《口头诗学：帕里—洛德理论》，朝戈金译，社会科学文献出版社2000年版，第103页。

史时空中展开多学科的理论探索,需要反思 200 万年来以至地球不适合于人类居住之前人类与天地共生的策略。早期人类学会制作石器,学会用声音、符号交流,产生语言和文字以来,走过了既充满诗意,也遍布血腥的漫长历程,需要省思现在作为地球主人的人类,若是始终像其他动物一样,为了抢占地盘、争夺领土而排斥异类,为了掠夺地球资源而不断挑起不同民族、不同国家之间的战争,人类是否有资格永久地做这个美丽的蓝色星球的主人?

美国人类学家艾斯勒质问:"我们为什么要相互残杀和迫害呢?我们的世界为什么到处都是男人对男人以及男人对妇女的令人憎恶的残忍行为呢?人类怎么能对他们自己的同类如此野蛮残酷呢?什么东西使我们顽固地倾向残忍而不是友善,倾向战争而不是和平,倾向破坏而不是建设呢?"① 同时,她指出:

> 在这个星球上的所有生命形式中,只有我们能够耕种土地、收获果实、创作诗歌和音乐、寻求真理和正义、教孩子们读书写字——或者也教孩子们欢笑和哭泣。因为我们具有想象新的现实并通过日益先进的技术来实现这些新现实的独一无二的能力,所以在我们自身的进化中,我们确实是伙伴。但是,我们这个奇妙的物种现在似乎决心要置我们人类自身的进化于绝路,用生态灾变或核毁灭来威胁我们这个行星。②

基于诗性基因与大地之关联,诗人通常作为先知者领悟到大地的神秘,感知现代人无家可归的精神困惑,探寻返归家园的路径。守护大地、守护家园是现代生态诗学的文化基础。为了遏制大地的沦陷、拯救人的诗意栖居,

---

① [美] 理安·艾斯勒:《圣杯与剑——我们的历史,我们的未来》,程志民译,社会科学文献出版社 2009 年版,第 1 页。
② [美] 理安·艾斯勒:《圣杯与剑——我们的历史,我们的未来》,程志民译,社会科学文献出版社 2009 年版,第 1 页。

海德格尔始终关注人的生存与万物的关联，提出大地是人类栖居的家园，要借助神性尺度来指引人超越自身，从而在大地上诗意地栖居。他认为，人类实现"诗意地栖居"，就必须从根源上呼唤"存在"所昭示出的"此在与存在共在"的思想，尊重自然的内在价值，以诗意的心态守护自然。人虽然历经艰难困苦，充满劳绩，但也要诗意地安居，虽要仰望神明，直薄云天，但也不能虚幻地飞离大地，而要立足尘寰之间。① 通过调整人类自身的价值取向，力图重建人与自然、人与人以及不同民族之间的和谐关系。

人类不同族群按照各自认同的途径和方式，传达心灵本性中的美好情感。西方哲学家用理性思维把握世界，探寻宇宙的奥秘。中国先哲用"静观""体悟""默想""沉思"的方式，感知宇宙万物的运作机理，从日月流转、四季运行、万物生灭的过程中，领悟宇宙的奥秘。诗性传统是民族情感的审美表达，充满灵思的诗性文化是珍贵的文化遗产。各区域各民族文化发展的历程，一方面不以人的意志为转移；另一方面也包含着经济的制衡、社会的调控以及哲学理论的指引。因此，诗性传统的传承与保护需要辨析"不可为"和"可为"的不同路径。

"不可为"的是大自然的"天道"，是客观宇宙的内在运行机制。面对造物主的神奇创造力，人类的力量其实是渺小的，人类"可为"的是尽可能地了解、认知、遵循大自然的演化律则。与此相适应，诗性传统的传承和保护路径主要包括：

（一）建立诗性传统和诗性基因的认知体系

认知（Cognition）主要是指人类对客观对象的认识过程，包括感知、注意、记忆、思维和相关信息加工的过程。人的视觉、听觉、味觉和触觉系统在大脑的统摄之下，对声音、字符、图像等信息进行感受、输入、贮存、加工、提取、输出，形成文化基因，在大脑中留下烙印，形成的识别

---

① ［德］海德格尔：《人，诗意地安居》，郜元宝译，广西师范大学出版社2000年版，第74—75页。

纳入记忆，进而形成文化记忆。诗性传统的认知体系的建构，核心在于对诗性传统以及诗性基因传承图谱的整体把握，包括诗性历史、诗性空间、诗性传承主体、诗性文化杰作的整体把握。

（二）营建诗性传统的传承空间

诗性传统和诗性基因寄寓在特定的自然空间和虚拟空间之中，生机盎然的自然生态环境有助于诗兴的萌发，景观优美的旅游景区、"天、地、人、神"共生的生态系统、令人赏心悦目的审美环境都有利于诗意和诗性基因的优化和遗传，从而成为诗性传统衍生的空间。更为重要的是随着电脑和互联网技术迅速发展，互联网的无限延伸为存储、展示、传播、传承、共享人类各区域族群文化提供了极大便利，也为诗性传统和诗性基因的延续提供了无限广阔的文化空间。在"云时代"，① 互联网将更全面而深入地融入人们的日常生活，全方位地改变文化的存储方式和传播方式，"云"思维和"云"传播的普及将如同造纸术、印刷术的发明以及电脑的普及一样，引领人类思维模式的变革，引发人类文化的新一轮革故鼎新，由此开启人类文化发展的新纪元。诗性传统将连同其他民族文化形态，在传承载体、传承路径、传承空间、共享范围等多方面发生历史性的变革。

（三）深度体验诗性传统的文化魅力

诗性精神体现了真、善、美的人类本性，是古往今来人类获得心灵愉悦的精神资源。能够深度体验诗性传统的文化魅力，人的精神世界就不再空虚寂寥。诗性基因萌生在人类的童年时期，人类的童真造就了崇高的诗人。体验诗性传统不只是意味着欣赏诗歌作品，更重要的是体验一种童真和人类的善良、美好、真情、仁慈、博爱的积极本性。唯有体验到诗性传统的这种内在精神特质，方可激发人类敬惜和保护诗性传统的意志。

---

① "云"是一种比喻说法，指称云计算（Cloud Computing）、分布式（Distributed Computing）、并行处理（Parallel Computing）和网络计算（Grid Computing）的深化发展的逻辑结果。"云"包括几十万台、甚至上百万台计算机经过互联网联通的整体，"云"可替我们做存储和计算的工作。这是继个人计算机变革以及互联网变革之后，人类文化交流模式的第三次IT浪潮。

（四）开启诗性传统的心灵感悟

从直观的层面看，诗性传统具有悦耳悦目的文化价值，而从更深的层次看，诗性创作开启人与人、人与自然、人与神灵的心灵对话，超越了世俗的功利性的思维，以超凡的想象开启诗性的翱翔。诗性咏叹与神性叙事潜脉暗通，在诗性意蕴中包含着佛理禅意、残月孤旅与十字架下的神启，诗性空间是神性、智性相织相交的审美空间。因此，诗性传统的延续不只是有形的诗性文化的保存，而是对人的精神与信仰的切实感悟，在诗性与神性的交融中理解和把握诗性文化的脉动。

（五）践行诗性传统的文化智慧

诗的本性是借助真实的热情和烈火式的想象力，让心灵沉浸到感官当中，诗性传统的保护应是"知"与"行"的结合，将认知落实到行动中，将诗意的浪漫作为一种思维方式和观察世间万物的审视视角。通过传承诗性习俗而宣泄悲愤、消解忧愁、忘却悲伤、振作精神。诗性传统作为一种非物质文化遗产，只能口传心授、潜移默化地习得，而不能当作工具理性的知识传授。诗性智慧的践行不见得是局限于学会吟诗颂词，而是要养成一种诗性情怀，疗救因为生活节奏被打乱而产生的烦躁、无奈、抑郁、痛苦、恐惧等不良情绪。当诗性智慧真正发挥了救渡现代人类"文化迷失""美感缺失""心灵困惑"的文化功能，诗性传统的复兴和诗性基因谱系的延续就拥有了深厚的文化根基。

总之，诗性人生不只是能够纯熟地使用华丽的语言和整饬的韵律，而是以"自为"的积极人生态度接续诗性传统，通过体验生命的"美"，回归"真我"。文化保护和文化建设不只是局限在有形的硬件设施的完善，而是以经天纬地的雄才大略思考人类诗意栖居大地之上之缘由及其可能性。诗性基因决定文化的精神品格和成长过程。有关诗学研究和文化建设理应探究诗性传统和诗性基因谱系生长发育、新陈代谢、遗传变异的机制，通过基因修复和基因重组，保护诗性基因，引领诗性主体在人与自然共生的人生境界中抒发情感，宽慰心灵，愉悦心境，不断寻求审美人生的心灵和谐，表达对生命存在、生命意义和人类命运的终极关怀。

诗性基因和诗性传统是照亮幽暗、沉沦、迷茫人生的心灯，诗性思维的运思过程是一种心灵体验，是人对充溢诗情画意境界的虔敬向往。人类只有保留充满诗意的想象力和创造力，与神圣力量相感应并互融互摄，方可构筑充满诗意的可持续栖居以及"天、地、人、神"共生的精神家园。

下 篇
诗性整合与壮族文化建设

第七章　诗心觉醒:壮族文化建设的理论观照

人类的长期实践活动将纯粹自然的空间逐步变成人化的空间,建立起人与自然、人与人、人与自身精神世界之间的文化法则。作为客观的、自在的、不自觉的社会发展历史的一个组成部分,各区域各民族文化常常不以人的意志为转移而因循其固有的演进路线。但是,政治的统领、经济的制衡、社会的调控以及哲学理论的指引作用,可以在某种程度上制约文化变迁和发展的方向,文化建设由此变得具有可能性。

一　"文化建设"的原初真义与思想主轴

文化是一个抽象的价值系统,是历史积累的结果,前人创造的文化是今人开始新一轮文化建设的起点。任何时代的人不能脱离已有的文化基础而凭空创造与历史没有任何关联的文化。每一个人都以某一种方式生活,都是一个自主自足的文化主体,可以通过遗传以及自然而然的文化熏沐获得传统观念和神圣情感的体验,借助心灵的熏陶、情操的陶冶、习尚的化育、品德的修养促使天生品性的转化,养成与特定文化传统相适应的思想感情、价值观念、人生理想、审美旨趣、生活方式、文化精神和价值体系。

文化建设依托于文化学理论的指引,然而,文化学是一门正在形成中的学科,在中外学科体系中尚未拥有明确的学科定位,文化建设的学科依托和理论方法研究依然是一个薄弱环节,严格意义上的"文化建设"的理论基础、学科指导、建设主体、建设方向依然有待从不同的学科理论视野给予深入的阐释。"文化建设"如何起始?有何标志?向何处发展?何为"文化建设"的核心意涵和思想精髓?又有哪些社会文化实践活动不属于"文化建设"的范围?这些问题依然众说纷纭。任何民族文化都有外在的可以观察的"形"和"体",也有隐含在文化传承主体内心深处的"神"与"魂"。① 如何辨清"文化建设"的"形与神""体与魂"?如何避免"有形无神""有体无魂"?这些问题的答案固然莫衷一是,但却是当代中国文化建设以及相关理论研究不可回避的问题。

　　壮族是中华民族大家庭的成员,总人口约 1600 万。② 壮族先民在历史上创造了一脉相承的民族文化传统,壮族文化是中华民族文化的有机组成部分,壮族文化建设寄寓在中国文化建设的时空语境中。实施壮族文化建设,需要界定"文化建设"的内涵和外延,理解文化建设的原初真义,反思历史上自觉或不自觉的文化建设实践的经验,确认壮族文化建设的时空语境与逻辑起点,在延续壮族诗性传统和诗性基因的基础上确立"生态、世态、心态"的和谐以及"天、地、人、神"共生的文化建设目标,通过借鉴国内外文化建设经验提升壮族文化建设的品质,从"非遗"保护介入文化建设实践,构筑壮族文化传承的新机制,通过"安居、安家、安业、安身、安心"以及"饭养身、歌养心、圣养灵"的实施路径,臻至"诗意栖居"的理想境界。

　　实际上,文化建设不是孤立的存在,而是与社会演进的轨迹相同步。人类社会走出采集与狩猎为主体的生存模式,在从农耕文明向现代工业文明和后现代的生态文明迈进的过程中,不同区域族群的文化传承主体自主地建构了与当地生态环境相适应的生计模式、生活方式、文化习俗和价值

---

① 李德顺:《文化的"形体"与"灵魂"》,《中国社会科学报》2014 年 8 月 15 日第 A06 版。
② 肖永孜:《壮族人口》,广西人民出版社 2008 年版,第 224 页。

观念，这是一种无意识的自发的"文化建设"。

文化建设的内涵和外延包罗万象、漫无边际，难以把握，所以，实施文化建设的重要前提是明确"文化"的核心意涵。

英国人类学家泰勒（E. B. Tylor, 1832—1917）对文化的经典界定是：

> 文化，或文明，就其广义的民族学意义来说，是包括全部的知识、信仰、艺术、道德、法律、习俗以及作为社会成员的人所掌握和接受的任何其他的才能和习惯的复合体。①

泰勒明确了文化所包含的不同的侧面、强调了文化的"复合整体性"以及作为"社会成员应当掌握的能力和习惯"。中国文化建设理应建立在学术界广泛认可"文化"原本真义基础之上，意识到文化与人类如影随形。人类从动物界分化出来之后，发明了语言、用火、制陶，就意味着开了文化发展的先河；因为拥有文化，人类开始组建社会结构，在不同的地理空间中生息繁衍，创造与特定生态环境相适应的文化系统。

在文化建设过程中，并不能将广义的与自然相对的文化作为实践对象，切实可行的是偏向于精神文化及其传统价值观念系统的建构。通过文化的传承为特定区域民族提供规范性的思维方式、生活方式和生活模式，促使特定的文化模式对生活其中的每一个人具有规范作用和约束效力，由此塑造浸润其中的社会成员的心智结构。进一步，借助道德修持和心灵感悟，社会成员形成相对一致的宇宙观、人生观、历史观、审美观，由此确立人生信仰，养成精神品格，寻见生命寄托和心灵归属。

人的文化习得过程既可以被动地接受文化的规范作用和约束效力，也可以主动地适应特定场域的文化环境、调适人际关系和行为方式。在人类

---

① ［英］爱德华·泰勒：《原始文化》，连树声译，广西师范大学出版社 2005 年版，第 1 页。

漫长的历史长河中，许多文化先哲依凭敏锐的洞察力和文化智慧，提出富有真知灼见的哲学思想，或者构建了至今依然深刻影响人类精神世界的宗教思想和信仰体系，或者创作了影响深远的文学巨著以及音乐、绘画、雕塑等艺术杰作。这是实实在在的名副其实的"文化建设"。还有一些社会群体依靠特定的政治力量、社会组织或者教育体制，开展人文教化活动；一些宗教团体，重构信众的信仰体系；一些非政府组织依托乡村建设，推广某种文化理念，提升乡民的生存质量，对特定人群的生活方式、价值观念、思想意识、信仰形态、道德习尚和精神世界进行教化、引导、陶冶、熏陶和建构，使之发生深层次的变革，促使其人生精神境界得到升华，引领人类文化朝着"真善美"的方向发展。这也是具有积极意义的"文化建设"。只是历史上很少有个人或者组织以"文化建设"的名义提出系统的理论设想，也少有通过政治机构、社会组织和宗教团体对特定的群体或者在特定的区域内开展"文化建设"。这就给"文化建设"历史文献的梳理以及内涵和外延的界定带来相当大的难度。

笔者通过网络数据查询，相关中国文化建设的研究主要涉及中国文化建设的精神资源、区域文化发展战略、乡村文化建设、校园文化建设、企业文化建设、公共文化服务体系、文化市场与文化产业发展、文化遗产保护、文化旅游资源开发、对外文化交流和文化人才队伍建设诸多方面。以上研究主题构成文化发展战略体系的核心内容。

中国党政有关部门、社会团体、学校和学术界主要从以下几个方面开展文化建设的理论研究和实践探索。

其一，学术界侧重从哲学角度论述中国传统文化的精神特质以及现代重构，对中国文化建设发表了大量的论著。许多学者以弘扬"国学"为中心，致力于中国传统文化的梳理，整理并出版国学经典文献，以《弟子规》为中心倡导重读国学经典，开展启蒙教育；通过各种媒体向大众讲解国学，通过孔子学院和中国文化中心，向海外传播中国文化。

其二，进入21世纪，党中央先后提出"发展社会主义先进文化""建设和谐社会与和谐文化""八荣八耻""推动社会主义文化大发展大繁荣"①"推行社会主义核心价值观""实现中华民族复兴的中国梦"等战略构想,②重新组建新闻、出版、广播电视以及文化部门的组织机构，制定并出台发展文化产业和保护民族文化遗产的政策条例，借助联合国倡导的非物质文化遗产保护项目，聚焦于申报世界文化遗产和非物质文化遗产名录，实施各种类型的民族文化数字化工程，初步建立从国家级、省级、市级，到县级的"非遗"保护体系。

其三，教育系统主导的民族文化进校园教育也是传承民族文化的重要路径。教育部颁布了《完善中华优秀传统文化教育指导纲要》③，明确了开展传统文化教育的指导思想、基本原则、推进方式、支撑体系和条件保障，强调从"爱国""处世""修身"三个层面推进立德树人教育。学校是民族文化教育的中枢，肩负着传承和延续民族文化的重要历史使命。学校教育与民族文化传承的交融整合，对文化建设具有重要的理论价值和现实意义。

其四，旅游界和文化产业界营建真实的旅游场所以及虚拟的文化空间，建设民族文化资源保护与开发的新平台。尽管普遍存在借用"伪民俗"以招徕游客的现象，但是，举办民俗节日，开展民俗风情旅游，在旅游中让人领略到异域风情，依然是实现民族文化价值的路径之一。而各种类型的文化网站和数据库的建设，业已成为"云时代"文化建设的新亮点。

面对文化建设的边界难以确定的现实困境，尤为有必要借鉴文化人类学的理论方法，确立文化建设的思想主轴，避免文化建设无所不包的"泛化"倾向。笔者认为，文化建设应该以文化创造主体和传承主体为核心。文化建设的实施不仅仅是物质层面的建设，而更应该关注特定群体的生活

---

① 郭建宁：《近十年文化建设的回顾与思考》，《北京大学学报》2011年第6期。
② 郭建宁：《关于当代中国文化建设的思考》，《辽宁大学学报》2015年第3期。
③ 中华人民共和国教育部：《完善中华优秀传统文化教育指导纲要》，《中国教育报》2014年4月2日第3版。

方式、思维方式、价值观念和精神信仰的传承、延续与重构。中国文化建设应当体现地方性、民族性和时代性的统一，通过建构完整的中国文化认知图景，让世人领悟中国文化的浩博精深。同时，构筑扎实的人文根基，切实提升国民的精神境界，促使各民族各区域文化成为中华民族迈向繁荣昌盛的精神资源，引领中华儿女沿着复兴中华民族之路迈进。具体而论，包括壮民族和壮族聚居区在内的中国文化建设应当围绕以下三大主轴展开。

(一)"天、地、人、文"认知图式的现代建构

文化认知是文化建设的前提，对民族文化的历史时空未能形成明确的坐标定位而开展的文化建设必定是茫然而盲目的蛮干。文化建设需要"知天、知地、知人、知文"，才不至于不知"天高地厚"与"人贵神明"。各民族关于天地和宇宙的认知，实为文化之根脉。《圣经》认为是"神创造了天地万物"；汉族神话认为，盘古开天地，女娲抟土造人，燧人氏造火，伏羲作八卦；壮族将姆六甲和布洛陀作为创造万物的人文始祖，这些都深刻影响了不同民族的宇宙观的形成。文化教育和文化建设理应让人们认识"天—天时—历史进程""地—地域—国土疆域""人—民族—人类""文—文化—智慧杰作"的起源、演进和内在结构，建立起切合科学原理的时空观和文化认知地图。

(二)"生态、世态、心态"三重和谐伦理准则的确立

文化建设的核心脉络是由"知"而"行"、"知""行"结合，为此文化建设才不会停留在纸上谈兵的层面上。文化建设的实践路径是由深刻的体认转向伦理准则的确立，以文化智慧建立起人与自然、人与人、人与自身和谐的关系，具体方式和策略是深刻认知各民族为达至均衡和谐创立并践行的文化规则。台湾知名学者李亦园先生提出"三层次均衡和谐"理论，[①] 省思"天人和谐""民族和谐""人际和谐""人神和谐"的理论问

---

① 李亦园：《人类的视野》，上海文艺出版社1996年版，第148页。

题,关注特定区域族群时间的和谐、空间的和谐、内在的和谐、外在的和谐、人间的和谐、超自然的和谐,这实际上是"生态和谐""世态和谐""心态和谐"的不同表现形态。"生态和谐"意味着人们从大自然中获取滋养民族生命之资,建立了和谐的人地关系;"世态和谐"是指建立并奉行一整套完整的处理人与人之间关系的文化规则,包括长幼之间、男女之间、官民之间、朋友之间以及家庭、宗族、民族之间和谐共处的文化准则;"心态和谐"的意旨在于传承着愉悦身心的娱乐方式,建立起人与自身内心精神世界的和谐关系,使人的心灵得到安慰,实现精神安详和心灵幸福。

(三)"诗意栖居"与美好人文世界的建构

海德格尔认为,人类虽然充满劳绩,但是,内心深处依然渴望"诗意地栖居在大地上"。[①] 中国是诗的国度,中华民族的诗性传统依然有利于疗救中国人文化生活和精神世界的深层危机,因而,中国文化建设理应基于诗性智慧的文化法则处理人与自然、人与他人、人与自我的矛盾关系,以诗性情怀构筑"和谐人文世界"。具有以歌代言传统的壮族同样需要在文化建设过程中培植诗性的心灵,让人的心灵沉浸到诗性语境之中,拥有诗意的浪漫和多姿多彩的艺术体验,以诗性智慧构筑充溢真善美的人世间。

二 壮族文化建设的时空语境与逻辑起点

壮族文化建设是在特定的历史时空中展开的,因此,壮族文化的逻辑起点是尊重当地人的价值观和社会文化演化的历史脉络,尊重地方文化的个性,激发当地人的创造智慧,以当地传统的生计模式、生活方式和思维方式作为建设的社会根基,在吸取传统文化精华的基础上,建设适应时代发展潮流的现代新文化。

从纵向的历史发展的维度审视,当代壮族文化建设是连接壮族文化历

---

① [德]海德格尔:《人,诗意地安居》,郜元宝译,上海远东出版社2004年版,第91页。

史演进和未来发展的有机组成部分。壮族先民从洪荒时代走向现代文明社会,经历了从聚落文化、古国文化到方国文明的漫长演进轨迹。① 现代壮族文化建设是千百年来壮族文化历史的延续,现代新文化建设既不可重复前人的文化实践,也不能忽略、割裂同历史文化的血脉联系。先秦时期百越民族中的壮族先民西瓯、骆越等支系,留下了作为壮族文化象征的壮族铜鼓和花山岩画。秦之后,被称为乌浒、俚僚、俍、僮的壮族先民,在物质文化方面,创造并传承着铜鼓、干栏建筑、棉麻纺织、水稻种植、陶瓷工艺等文化形态;在制度文化方面,以都老制为核心,组建了完善的社会组织,在兵制兵法方面也取得杰出成就;在精神文化方面,基于原生宗教信仰形成了具有壮族特色的自然崇拜、图腾崇拜、祖先崇拜、盘古信仰,基于诗性文化传统,创作了以《布洛陀》、《嘹歌》和刘三姐民歌为代表的歌咏文化。这些文化成果源于壮族先民的创造智慧。现代壮族人应当知晓,这些智慧结晶是现代壮族文化建设的历史基础和逻辑起点,未来壮族文化建设应在继承传统的基础上推陈出新。

从横向的空间—区域格局审视,人的生命寄寓在特定的村落和城镇之中,人们建造了赖以躲风避雨的建筑物,安置了祖祖辈辈信奉的神灵,将自然空间转化成文化空间,使特定的山水田园成为容留文化主体的身体居住场所以及安顿灵魂的"人""神"共在的人类栖居空间。

壮族文化建设依托的地域空间是位于中国南疆的珠江流域中上游地区。珠江流域是远古人类频繁活动的区域之一,包括壮族先民文化在内的百越文化是珠江流域文化的原生本土文化。千百年来,以珠江流域中上游地区为枢纽,中原文化自北向南渗透;粤港工商文化自东向西拓殖;滇黔铜鼓工艺自西向东南亚传播;西方现代文明自南向北登陆。壮语称田为"那",珠江流域大量存在"那"字地名,说明壮族聚居区与"那文化区"相重合。② "那

---

① 郑超雄:《壮族文明起源研究·绪论》,广西人民出版社2005年版,第6—10页。
② 覃乃昌:《"那"文化圈论》,《广西民族研究》1999年第4期。

文化区"既有绵长的陆地边疆,又有广阔的海上边疆,因而成为连接"一带一路"的枢纽,是中国对东南亚地区开放的前沿,是连接中国与东盟各国的桥头堡,是中国走向东南亚和大洋洲的国际大通道。

21世纪以来,壮族生态博物馆建设、公共文化服务体系建设、政府与有关社会团体共同主持的以各种文化节日以及祭典仪式为中心的文化活动,昭示着壮族文化建设进入了政府主导的全新历史阶段。目前,对壮族文化建设具有重要意义的公共性祭典主要有:田阳敢壮山的布洛陀祭祀、武鸣县的骆越王祭祀大典、来宾市的盘古信仰祭典、靖西的民族英雄侬智高纪念活动等。这些文化信仰和崇拜心理渊源深远,深深植根于当地民众的心灵深处。政府部门、旅游界、学术界的全面参与,为壮族文化建设做了积极探索,积累了丰富的经验。然而,从更高标准来衡量,运用哲学、历史学和文化人类学等学科理论来审视,壮族文化建设现状依然存在诸多有待改进之处。

从有形的文化载体的层面审视,壮族文化的存在空间有了新的拓展。广西民族博物馆、黑衣壮生态博物馆以及龙胜古壮寨壮族生态博物馆的正式建成,还有百色、崇左等地壮族博物馆以及壮族文化传承基地的建设,壮族地区农家书屋建设、村村通电视等建设,都标志着壮族地区的文化建设取得前所未有的成就。但是,在一些政府主导的文化建设项目中,往往重在落实上级部门部署的任务,忽视民众的实实在在的文化需要。特别是壮族地区的农家书屋建设投资巨大,效果欠佳。笔者在广西阳朔、柳江、罗城、武鸣、武宣等地调查发现,大多数农家书屋没有专人管理,平时铁门紧锁,大多数图书源于出版社等单位的捐赠,偏离农民生活,借阅率甚低。

从无形的文化建设之"神"与"魂"的角度看,壮族文化建设缺乏明确的理论指引。学术界和当前实施壮族文化建设的有关部门对于壮族文化为何建设、如何建设、谁来建设、为谁建设,建设的思想资源、理论指导、实施路径和价值指向是什么,并没有清晰明确的答案。壮族文化建缺乏思想主轴,未能通过壮族文化建设而让千百万壮族民众寻见安身立命的文化根基,未能对壮族民众的生活方式、思维模式、价值观念和认知图式产生有效的影响,未能切实提升壮族民众的精神境界。因而从某种程度上说,壮族文化建设实质上是重有形之体,轻无形之魂;重外在之名,轻内在之实;有实践之行动,少切实之成效。

三 壮族文化建设的精神资源与历史镜鉴

壮族文化建设的精神资源是一个开放的系统,应当明确的是以儒道释文化为核心的中国传统文化是壮族文化建设至关重要的精神资源,壮族自成一体的基于稻作文化基础上形成的诗性传统,是壮族文化建设必须接续的人文根脉;人类历史上先哲们对人类文化演进法则的深刻认知是当代壮族以及其他民族文化建设的历史镜鉴。

(一)以儒道释为核心的中国传统文化智慧的启迪

秦王朝统一岭南之后,历代中原王朝的政治势力和文化政策对壮族社会产生了深远的影响,儒、道、释等思想从不同的路径传播到壮族地区。率先接触汉文化的壮族上层文人在唐宋时期已经广泛接受儒家学说,而道家、道教和佛教思想更多地与壮族民间信仰和本土宗教融合,成为壮族道公和师公信仰的有机组成部分。壮族麽教、壮传道教和壮传佛教成为壮族精神世界的核心组成部分。当前壮族文化建设无疑需要延续壮族文化与儒道释思想相兼容的传统,并从中获得智慧的启迪。

从构筑人文世界的模式和路径的角度审视,中国文人志士大多认同儒家的"治世"智慧、道家的"治性"智慧以及佛教的"治心"智慧,三者相辅相成,共同维系中国社会的和谐运作。对壮族地区的文化建设而言,壮族当代伦理建设应当秉承以"礼"为行为规范、以"义"为价值准绳、以"智"为认识手段的文化法则,确立官民、父子、兄弟、夫妻之间的伦理关系。壮族地区的生态文明建设尤为有必要遵循道家主张的"人法地，地法天，天法道，道法自然"的文化法则，继承道家倡导的顺应自然、清心寡欲、慈俭谦让、无为而治、抱朴守真、处柔就下的文化智慧。壮族民众信仰文化的现代重构则有必要借鉴佛学的文化智慧。佛学对社会人生具有真切的洞察力，佛教之"戒"规定了不可为之事；"定"强调心灵收摄，不可放逸；"慧"则指心灵之睿智与清明。这些主张有助于壮族民众"明心见性"，达到"悟而不迷、正而不邪、净而不染"的精神境界。

当代壮族知识分子肩负着实现壮族文化复兴的核心历史使命。在壮族文化建设的过程中，壮族仁人志士有必要继承张载提出的"为天地立心，为生民立命，为往圣继绝学，为万世开太平"的思想，以博大的胸襟，恢宏的气度，崇高的境界，超迈的情怀，引领壮族文化演进，在实现中华民族伟大复兴的时代语境中实现壮族文化的新发展。

（二）20世纪乡村建设与信仰建设经验的借鉴

在20世纪二三十年代，以晏阳初、梁漱溟为代表的社会活动家和知名学者以不同方式开展文化建设的实践，目的是济世兴邦，构建国富民强、天下康宁的人文世界，实现救亡兴国的抱负。虽然先哲们试图解决的社会和文化问题至今仍然没有得到圆满的解决，但是，他们的文化建设思想却成为当今中国文化建设的精神资源。譬如，平民教育家晏阳初（1890—1990）为了改变农村"贫、愚、弱、私"四大痼疾，提出"以生计教育救穷，以文艺教育救愚，以卫生教育救弱，以公民教育救私"的思想，至今依然具有重要的现实意义。① 现代新儒家梁漱溟一生思考"人生问题"和"中国问题"，力图通过"开出新道路"，以"救活老民族"，通过"认识老中国"，以"建设新中国"②，以毕生精力复兴中国传统文化，从学术思想和社会实践层面济世救国，他主导的乡村建设运动实为现代新儒家致

---

① 孟雷：《从晏阳初到温铁军》，华夏出版社2005年版，第4页。
② 梁漱溟：《中国文化要义·自序》，载《梁漱溟全集》第三卷，山东人民出版社1990年版，第6页。

力于复兴中国文化的理想,至今对于包括壮族文化建设在内的中国文化建设依然具有重要的启迪意义。

  从时代精神状况来看,壮族文化建设不可能处于与世隔绝的真空之中,而是同国内外的文化变迁历程息息相关。壮族文化建设面临的文化状况是当下中国普遍存在功利主义盛行、人们的道德修养低俗化的总体趋势下的产物,是"人心不古、世风日下"的诸多消极文化现象之一。中国传统文化倡导的仁爱、诚信、孝顺、礼义廉耻等传统美德面临着严峻的挑战,为了提升大众的文化素质,中国台湾地区以及海外进行了有关文化建设的探索,积累了丰富的成功经验和失败教训,我们可以对之扬弃而使之成为提升壮族文化建设品质的精神资源。譬如,圣严法师创办法鼓山文教基金会,秉持"提升人的品质,建设人间净土"的理念和"奉献我们自己,成就社会大众"的人间佛教精神,提倡"心灵环保、礼仪环保、生活环保、自然环保"的全民运动,致力于社会风俗的改良与淳化,取得了丰硕的成果。日本千叶大学宫崎清教授用了四十多年时间,在日本偏僻山村三岛町开展地域文化建设实践,引领该村发生了历史性的变化,经济效益在 20 年间提高了 10 倍,成为远近驰名的山川秀丽、民生富足的地方。[①]净空法师在安徽省庐江县汤池镇建立了庐江文化教育中心,以传授《弟子规》为中心,借助传统道德感化人心,树立"孝悌忠信、礼义廉耻"的人伦规范,提升国人的人文素养。经过多年的实践,汤池镇成为"路不拾遗,夜不闭户"的"中华传统美德示范镇",为壮族文化建设提供了难能可贵的参照。

  (三)费孝通"美美与共"与"文化自觉"理论的观照

  1990 年,在日本举行的庆祝费孝通 80 寿辰的座谈会上,费先生提出"各美其美,美人之美,美美与共,天下大同"的观点,表达了建设人类

---

① 王宏刚:《地域文化营造与民间工艺乡建设》,载《2003—2004 云南文化发展蓝皮书》,云南大学出版社 2004 年版,第 507 页。

和平新秩序的美好期待。① 1997 年，在北京大学举办的第二届社会文化人类学高级研讨班上，费先生提出"文化自觉"的构想，以此倡导人们深思"我们从哪里来？""我们现在在哪里？""我们要往哪里去？"从而激发文化的自觉。② 文化自觉以文化的自知为前提，知悉本民族文化源流、文化结构和现实处境，方可理性思考本民族文化的历史与未来，懂得珍惜本民族的文化传统，方可将心比心，尊重其他民族的文化传统，相互欣赏、相互尊重，实现文化的共生共荣。壮族文化建设面临的现实困境是许多壮族人对本民族文化之美缺乏切实的体认，缺乏传承和展示本民族美好文化的自觉性，对于壮族文化源自何处、往何处发展，也缺乏应有的思考。因而壮族文化建设不可或缺的环节是加强壮族文化认知和文化自信的教育，让越来越多的壮族人知晓本民族文化的来龙去脉，为民族文化复兴贡献自己的一份力量。

四　壮族文化建设的路径选择与核心策略

文化建设既有由外而内、由上而下的实施路径，也有由内而外、自下而上的实施办法。从历史发展角度看，更为持久的是从地方社会内部激发建设的力量源泉，充分利用当地的文化资源推动文化建设，促使新文化在同当地的历史和风土民情密切相连的过程中崛起。历史上的壮族民众习惯于以歌代言，歌咏习俗形成一种浓郁的文化氛围，以饭养身，以歌养心，成为富有壮族特色的人文传统，因此，壮族文化建设的主要路径与核心策略是：

（一）延续壮族诗性传统，保留壮族诗性基因

壮族文化的精髓在于一直流灌在壮族文化的历史长河之中的诗性精神和诗性基因，因而壮族文化建设的路径选择的前提条件之一是回溯壮民族

---

① 费孝通：《东方文明和二十一世纪和平》，载《文化与文化自觉》，群言出版社 2010 年版，第 172 页。

② 费孝通：《反思·对话·文化自觉》，载《文化与文化自觉》，群言出版社 2010 年版，第 191 页。

充满诗意的精神传统。壮族文化遗产中蕴含着深厚的诗性传统,因此壮族文化建设需要秉承"传统文化保护不可故步自封,现代文化建设切勿数典忘祖"的宗旨,深入探讨壮族诗性传统与文化建设协同发展的各种途径,激活壮族地区丰厚的非物质文化遗产中诗性传统的潜在价值,以推进非物质文化遗产保护与壮族地区的文化建设相结合,为构筑既有民族特色又能适应时代需要的民族文化发展模式提供事实和理论的依据。

延续诗性传统,留住诗性基因,壮族文化建设才可获得源自传统的文化资源,避免壮族地区文化建设事业变成"无源之水,无本之木"的"空中楼阁",使壮族诗性文化传统与现代文化建设相得益彰、共生共荣,方可实现壮族文化的自主更新,维护民族文化的生命活力。

延续壮族诗性传统的具体措施是:运用诗性思维、诗性智慧的学术理念,审视壮族区域文化格局与壮族诗性传统的传承空间,确认壮族诗性传统的传承主体、生成语境、传承媒介和文化价值。借助"诗志确立",实现"诗心觉醒",以"诗性智慧"作为壮族文化建设的理论指引,营建"诗性境界"和"诗性文化传承空间",以"诗情养育"和"诗艺传习"造就诗性文化的传承主体,在实现人生价值的基础上将诗性传统与文化建设相交融,以"诗意安居"实现壮族文化的复兴。

(二)从"非遗"保护介入文化建设实践,构筑壮族文化传承的新机制

壮族民间文学以及其他类别的非物质文化遗产隐含悦心悦意、悦神悦志的文化价值,因此应当广泛搜集壮族地区的国家级和省级非物质文化遗产资料,着重调查民间文学、节日习俗、民间音乐等类别中的壮族民歌、布洛陀、刘三姐歌谣、壮族歌圩等个案的保护现状,系统阐发其中的智慧灵光,为壮族文化建设提供完整的实证数据和思想资源。

非物质文化遗产源于乡土,与乡民生活融为一体。"非遗"隐含的乡村智慧,可以遏制现代性的无限扩张,滋养人类心灵。壮族文化建设应当从历史角度,梳理壮族的非物质文化遗产及其传承谱系,确认壮族诗性文

化保护与文化建设的历史根基和精神资源；从现实出发，研究壮族诗性文化遗产保护与文化建设取得的成绩以及存在的问题，厘清两者之间存在的互补、对立、脱节、龃龉等各种复杂关系，为两者的有效整合探寻各种路径。壮族文化的现代传承机制植根于对乡村非物质文化遗产的尊重，可以从有形的"非遗"传承空间和无形的精神资源两个途径着手，深入研究壮族地区文化建设吸纳"非遗"文化智慧的可能性，积极促进"非遗"保护与文化建设的整合，推动作为文化建设硬件设施的公共文化服务中心发展为兼容并延续壮族文化遗产的传承空间。

壮族文化建设和文化传承的终极目标是激发壮族乡村文化传承人的自觉意识，从文化精神与心灵内涵上实现壮族文化的发展繁荣和民众的精神幸福，促进壮族地区非物质文化遗产中的诗性传统延续同国家推行的文化大发展大繁荣政策相适应，激发壮族的文化自信和文化自觉，切实推进壮族的社会进步和文化发展。

（三）"身心灵"生命教育与人生境界的提升

身（body）是有形的生命体，是切实存在的"自然生命"；心（mind）是寄寓于生命中的人的知、情、意，是人的心灵的觉知、体悟与意志；灵（spirit）是人的心理结构中更高、更深层次的生命意识。[①] 壮族文化建设沿着"身、心、灵"和"真、善、美"方向演进的逻辑结果是生命价值和理想的深度实现和人生境界的全面提升。人的生命是"身、心、灵"的统一体，文化建设的崇高使命是促进生命价值的整体实现。以生命意义、身心健康、伦理道德为核心的全人生命教育，在台湾、香港等地产生了广泛的影响。[②] "全人"生命教育核心意旨是达到"身强体健，心安神宁，灵稳魂定"的境界。这也立成为壮族文化建设所追求的目标。

[①] 陈丽云等：《身心灵全人健康模式——中国文化与团体心理辅导》，中国轻工业出版社2009年版，第3页。

[②] 汪丽华：《身心灵与全人生命教育的目标》，《南昌大学学报》（人文社会科学版）2010年第4期。

壮族文化建设唯有有效提升壮族民众的生存境界，方可得到民众的真心支持和真情投入。国内外的人生境界理论值得在壮族文化建设顶层设计中有所体现。马斯洛等认为人的需要从基本的"生存需要""安全需要"，过渡到"归属的需要"，进而满足"尊重需要"以及"自我实现的需要"。[①] 丰子恺提出人的生活包括"物质生活""精神生活""灵魂生活"的"三层楼"理念[②]和冯友兰的"人生境界说"对壮族的文化建设具有宝贵的智慧启迪的意义。冯友兰认为，人生境界可分为：自然境界——自然境界如动物般任由本能地生活；功利境界——功利境界只知为自己谋利益；道德境界——道德境界还能为他人谋福利；天地境界——超越物我，自由翱漾天地间。[③] 壮族文化建设的深化发展，理应借助"饭养身、歌养心、圣养灵"的文化传统，创造丰富的物质文化让身体得到滋养；创造多彩的文学艺术实现心灵的愉悦；崇奉源于民族传统的圣灵，让灵魂有所皈依，引导人生旅途由自然境界和功利境界，向道德境界以及天地境界转化和提升。人为万物的灵长，灵性的体验和灵魂的安顿是文化建设的最高境界。壮民族创造了独具特色的宗教文化和信仰体系，壮族的布洛陀、莫一大王崇拜和祖先崇拜成为相当一部分壮族民众的精神寄托，这些精神信仰应当在壮族文化建设的格局中拥有一席之地。

（四）以"人生五安"，通向"诗意栖居"

人生五安是指"安居、安家、安业、安身、安心"，唯有在实现"人生五安"的基础上，才能实现"诗意栖居"。理想的安居方式是营建安稳舒适的家居环境，栖居的家屋符合传统的负阴抱阳、藏风聚气的风水理论，符合现代景观美学的原则，体现生态平衡的精神。人类自身的生息繁衍离不开婚姻的缔结和家庭的组建，当代壮族文化建设也应当延续壮民族

---

① ［美］马斯洛等：《人的潜能和价值》，林方译，华夏出版社1987年版，第162—168页。
② 陈梦熊编：《丰子恺思想小品》，上海社会科学院出版社1997年版，第77—80页。
③ 冯友兰：《新原人》，北京大学出版社2014年版，第61—67页。

在历史上形成的缔结婚姻家庭的文化智慧。安身意味着建立安身立命以及处理人与人关系的伦理准则,壮族的《欢传扬》以及与此相适应的伦理规范是壮民族文化智慧的集中体现之一,应当成为建构现代新的壮民族安身之道的文化资源。文化建设的核心目标之一是心灵世界的宁静与舒畅。养心与安心是壮民族文化建设过程中必不可少的重要环节。壮民族以歌代言的诗性智慧是人们实现心灵愉悦的文化传统,必将显示出弥足珍贵的文化史价值,并且在人文重建的过程中焕发新的光彩。

无论如何,壮族文化建设是中国文化建设的有机组成部分,需要借助民族学、文化人类学的理论方法,综合审视壮族的历史文化、区域文化和形态文化,立足于壮族的文化经验,进行壮族文化建设的理论思考和探索。面向未来的壮族文化建设需要借助人类文化智慧,重建人与自然的共生关系,以全新生态文化思想与发展战略,实现人与自然的真正和谐。

壮族文化建设植根于壮民族的聪明才智和民族智慧潜能外化的方式及其成果。在开展壮族文化建设的过程中,需要梳理壮族文化源流的谱系,唤醒社会记忆,保留民族特性的标志,确立民族文化的身份,激发文化自我更新的活力,延续民族生命的文化基因,让历史文化传统以及民族情感的独特表述模式成为壮族走向未来的文化动力源泉。

壮族文化建设的社会效应是诸善增长,诸恶祛除,越来越多的人心存善念,明晓人生的真谛,实现幸福的人生。壮族文化建设的有效路径和理想境界是激活壮族民众的想象力和创造力,营造灵秀祥和的文化氛围,建构"天、地、人、神"和谐共生的境界,让壮族民众从中超越自我,体悟审美自由,实现人生价值。

第八章 诗志确立：壮族文化建设的目标与愿景

《尚书·尧典》有云："诗言志，歌永言，声依永，律和声。"① 《庄子·天下篇》记载："诗以道志。"《毛诗序》说："诗者，志之所之也，在心为志，发言为诗，情动于中而形于言。"② 诗歌与心志原本融为一体。在诗性文化盛行的时代，人们热衷于以诗直抒胸臆，借助比兴、隐喻、象征等艺术手法表现心曲，抒发内心的情感，同时，以诗表达一种意愿、志向和抱负。

无论是"诗言志"，或者"诗缘情"，更多诗歌作品是情志并重，只是不同类型的诗歌有不同的侧重点，或强调诗歌的道德教化作用，或抒发个人的情感体验，更多的作品是感物吟志，是"情"与"志"的交融。

一 诗言志，志在何方？

习近平总书记指出："学诗可以情飞扬、志高昂、人灵秀。"③ 诗志之确立，并非局限于诗歌文化的传承与发展，文化建设的范围也远远超出民歌传统的保护。"诗志确立"之本意不只是传承诗歌文化，亦非不切实际希冀人人都学会作诗吟诗，而是让人体悟文化传习与建设过程中隐含的飞

---

① 冀昀主编：《尚书·虞夏书·尧典》，线装书局2007年版，第13页。
② 毛苌：《诗序》，中华书局1985年版，第1页。
③ 习近平：《习近平谈治国理政》，外文出版社2014年版，第406页。

第八章　诗志确立：壮族文化建设的目标与愿景 / 199

扬的情感、高昂的志向和灵秀的智慧，从国家政策、地方政府、乡村社区民众和学术研究等不同层面理解国家、地方政府和文化传承主体对于文化建设所预设的目标和愿景。因为有了明确的目标，才有清晰的方向；领会了官方的方针和政策，才找到根本的制度保证；理解民众的期待和愿景，才获得源源不断的前进动力。

就壮族的诗性传统和文化建设而言，壮族歌者用大量的诗歌表达自己的心志，隐含着内心的期待和对美好生活的憧憬。譬如，壮族歌手用山歌传唱"小康社会建设""社会主义核心价值观""中国梦"，实际上是用民歌表达对美好生活以及中华民族复兴的期待。只是在新时代开展壮族文化建设实践过程中，并非局限于诗歌文化的创作和传承，而是借助诗性的情怀，激活想象，弘扬理想，创造美的境界，领悟壮族诗性传统中潜藏的民众期待，点亮壮族诗性文化的智慧灵光，指明壮族文化建设的发展方向。

壮族文化建设是中国文化建设和中华民族文化建设的有机组成部分，21世纪中国文化建设目标直接规定了壮族文化建设的演进路线的前进方向。因此，理解国家层面关于文化建设目标的表述，是探讨壮族文化建设目标的重要前提。或者说，壮族文化建设需要在国家倡导的促进中华文化"大发展大繁荣"的时代语境中寻找并确立发展的方向。另外，壮族核心聚居区在广西，广西壮族自治区党政部门制定的有关广西壮族自治区文化建设的总体思路、发展规划对壮族文化建设具有直接的指导和引领作用。从区域空间格局来说，"壮族文化建设"和"广西文化建设"大体上相交叉重合，只是还有120多万壮族同胞居住在云南、湖南、广东等地，广西壮族自治区区外的壮族文化建设自然而然受到所在地文化建设规划和方针政策的深刻影响。另外，广西世居民族除了壮族，还有汉族、侗族、瑶族、苗族等11个民族，桂东、桂东南以及桂南等区域是汉族聚居区，这些区域的文化建设是广西文化建设的有机组成部分，但不属于壮族文化建设的范畴。

从文化建设的内涵和外延的视角审视，中国文化建设、壮族文化建设和广西文化建设三者之间是整体和部分的关系，是大系统和小系统的关系，彼此之间相互交融，频繁互动，并不能将三者割裂开来。中国文化建设处于统领的地位，广西文化建设和壮族文化建设是在中国文化建设的宏观统领下展开。但是，广西作为省级行政单位，需要基于当地的文化传统和实际情况，制定富有地方特色的文化发展规划和文化建设目标。壮族作为中国人口最多的少数民族，具有自成一体的文化传统，壮族民众对自身文化的传承与发展也怀着无尽的期望。

20 世纪 80 年代以来，广西壮族自治区内外的许多学者对广西文化以及壮族文化的传承发展等问题做了积极的探讨，1600 多万壮族民众既是壮族文化建设的主体，也是建设适应新时代社会发展需要的现代壮族文化的受益者。壮族文化建设的核心使命是造就"有理想、有道德、有文化、有纪律"的新一代壮族人，通过弘扬传统美德和爱国情怀，陶冶壮族民众的价值观念、思维方式、行为准则和生活方式。只是在现实生活中，壮学界以及壮族民众对于壮族文化建设依然存在很多困惑与迷茫：壮族文化向何处发展？路在何方？还需要从宏观、中观、微观，从历史积淀、现实状况和未来发展诸多层面，给予多方位的探讨。

二　文化强国：国家话语的表述

文化是民族的血脉，数千年甚至上万年来，中国境内的各区域各民族文化一直在中华民族的生命体中流淌并生生不息地延续。从 19 世纪下半叶至 20 世纪 70 年代，中华民族在内外交困中饱经历史沧桑。从 20 世纪 80 年代起至 21 世纪初叶，改革开放带来的经济发展和社会进步，自然而然促使人们重新认识中华民族文化的现代价值，在经济建设、政治建设、社会建设发展到一定程度之后，文化建设的必要性、重要性、紧迫性日益凸显出来。

早在20世纪40年代,毛泽东就提出要建设"民族的""科学的""大众的"新文化。① 改革开放以来,邓小平等党和国家领导人十分重视文化建设的战略意义。作为中国改革开放的总设计师,邓小平反复强调"物质文明"和"精神文明"建设同时抓的重要性,他指出:"不加强精神文明的建设,物质文明的建设也要受破坏,走弯路。"② 同时,他认为,加强精神文明建设"首先要着眼于党风和社会风气的根本好转"③,提倡以社会主义精神文明建设推动人的全面发展和社会全面进步,为社会主义现代化建设提供思想保证、精神动力和智力支持。

在2002年召开的中国共产党第十六次全国代表大会上,党中央将文化建设与经济建设、政治建设先并列,构成"三位一体"的格局。到了中共十七大,提出了由"经济建设、政治建设、文化建设和社会建设"构成的"四位一体"建设设想。2012年召开的中共十八大则进一步拓展到由"经济建设、政治建设、文化建设、社会建设、生态文明建设"构成的"五位一体"。这个总体布局意味着进入21世纪后,文化建设始终是党中央关注的核心议题之一,越来越多的人已经意识到经济建设是根本,政治建设是保证,文化建设是灵魂,社会建设是条件,生态文明建设是基础,彼此之间构成相互关联的有机整体。其中任何一方被忽视都会影响中华民族实现伟大复兴的进程,只有坚持"五位一体"建设协调发展,全面推进,才能形成经济富裕、政治民主、文化繁荣、社会公平、生态良好的发展格局。

作为"五位一体"建设中的"灵魂",文化建设具有不言而喻的重要性。从"体"与"魂"的关系来说,经济、政治、社会和生态文明建设是"体",而文化建设是"魂","魂"离不开"体","体"也离不开"魂",

---

① 毛泽东:《新民主主义论》,载《毛泽东选集》第二卷,人民出版社1991年版,第709页。
② 邓小平:《邓小平文选》第三卷,人民出版社1993年版,第144页。
③ 邓小平:《邓小平文选》第三卷,人民出版社1993年版,第144页。

对于任何个人或者一个民族来说，必须"体魂兼备"，如果"失魂落魄""魂不附体"，就会茫然无措，失去前进的方向和存在的意义。因此，文化建设终极目的关涉到每一个生命体的心安神宁和灵稳魂定的根本问题。

2011年10月，中国共产党第十七届中央委员会第六次全体会议认真总结了我国文化改革发展的丰富实践和宝贵经验，研究部署了深化文化体制改革的总体思路，明确描绘了社会主义文化大发展大繁荣的宏伟蓝图。全会通过了《中共中央关于深化文化体制改革推动社会主义文化大发展大繁荣若干重大问题的决定》，该文件提出的文化改革发展奋斗目标是：

> 社会主义核心价值体系建设深入推进，良好思想道德风尚进一步弘扬，公民素质明显提高；适应人民需要的文化产品更加丰富，精品力作不断涌现；文化事业全面繁荣，覆盖全社会的公共文化服务体系基本建立，努力实现基本公共文化服务均等化；文化产业成为国民经济支柱性产业，整体实力和国际竞争力显著增强，公有制为主体、多种所有制共同发展的文化产业格局全面形成；文化管理体制和文化产品生产经营机制充满活力、富有效率，以民族文化为主体、吸收外来有益文化、推动中华文化走向世界的文化开放格局进一步完善；高素质文化人才队伍发展壮大，文化繁荣发展的人才保障更加有力。全党全国要为实现这些目标共同努力，不断提高文化建设科学化水平，为把我国建设成为社会主义文化强国打下坚实基础。①

这一总体目标的表述涉及面广，涵盖了文化建设的诸多层面，具体包括价值体系、道德风尚、公民素质、文化产品、文化事业、公共文化服务

---

① 新华社北京2011年10月25日电：《中共中央关于深化文化体制改革推动社会主义文化大发展大繁荣若干重大问题的决定》2011年10月18日中国共产党第十七届中央委员会第六次全体会议通过。

体系、文化产业、文化管理体制、民族文化与外来文化、中国文化的国际传播以及文化人才队伍的建设等。

尽管文化建设的内涵和外延包罗万象，但是，其核心目标还是针对国民的价值观的培育和确立。在 2006 年 10 月召开的党的十六届六中全会上，党中央第一次明确提出了"建设社会主义核心价值体系"的重大命题和战略任务。此后，党中央进一步指出：社会主义核心价值体系是"兴国之魂"，建设社会主义核心价值体系是推动文化大发展大繁荣的根本任务。2012 年 11 月，中共十八大报告明确提出"三个倡导"："倡导富强、民主、文明、和谐，倡导自由、平等、公正、法治，倡导爱国、敬业、诚信、友善，积极培育社会主义核心价值观。"2013 年 12 月，中共中央办公厅印发《关于培育和践行社会主义核心价值观的意见》，明确将社会主义核心价值观与中华优秀传统文化和人类文明优秀成果相承接，以此凝聚全党全社会的价值共识。在由 24 字组成的社会主义核心价值观中，"富强、民主、文明、和谐"是我国社会主义现代化国家的建设目标；"自由、平等、公正、法治"是对美好社会的生动表述，也是从社会层面对社会主义核心价值观基本理念的凝练；"爱国、敬业、诚信、友善"是公民基本道德规范，是从个人行为层面对社会主义核心价值观基本理念的凝练。

习近平总书记提出实现中华民族伟大复兴的"中国梦"，对中华民族文化的传承与中国文化建设提出了许多精辟的论述。他说：

> 精神的力量是无穷的，道德的力量也是无穷的。中华文明源远流长，蕴育了中华民族的宝贵精神品格，培育了中国人民的崇高价值追求。自强不息、厚德载物的思想，支撑着中华民族生生不息、薪火相传，今天依然是我们推进改革开放和社会主义现代化建设的强大精神力量。[①]

[①] 习近平：《习近平谈治国理政》，外文出版社 2014 年版，第 158 页。

中国文化建设的总体目标实际上也是同实现"中国梦"相向而行，与中华民族复兴的历史潮流相呼应相伴随的是中华民族文化的传承发展与发扬光大，实现"文化强国"的宏伟目标。而中华民族的伟大复兴需要经济建设、政治建设、社会建设、文化建设和生态文明建设的协同共进，盛世崛起也需要靠文化的助力才能完成，中国56个民族同样需要在文化的滋养中获得前进的力量源泉。

近年来，随着中国改革开放的深化发展，中外文化的交流交锋日益频繁，中华民族的文化传承与演进面临新的机遇和挑战。社会各界从不同的侧面，通过不同的渠道介入中国传统文化的保护与传习，但是，在中华文化传承与建设的诸多方面依然存在一些模糊认识。为此，中共中央办公厅、国务院办公厅以中央文件的形式，印发了《关于实施中华优秀传统文化传承发展工程的意见》，系统阐述了中华优秀传统文化传承发展重要意义、总体要求、主要内容、重点任务、组织实施和保障措施，从建设社会主义文化强国，实现中华民族伟大复兴的历史高度，提出了延续中华文脉、全面提升人民群众文化素养的总体构想。其总体目标是：

> 到2025年，中华优秀传统文化传承发展体系基本形成，研究阐发、教育普及、保护传承、创新发展、传播交流等方面协同推进并取得重要成果，具有中国特色、中国风格、中国气派的文化产品更加丰富，文化自觉和文化自信显著增强，国家文化软实力的根基更为坚实，中华文化的国际影响力明显提升。[①]

该文件强调要"紧紧围绕实现中华民族伟大复兴的中国梦，深入贯彻新发展理念，坚持以人民为中心的工作导向，坚持以社会主义核心价值观

---

① 中共中央办公厅、国务院办公厅：《关于实施中华优秀传统文化传承发展工程的意见》，新华社，2017年1月25日。

为引领，坚持创造性转化、创新性发展，坚守中华文化立场、传承中华文化基因，汲取中国智慧、弘扬中国精神、传播中国价值，不断增强中华优秀传统文化的生命力和影响力，创造中华文化新辉煌"。①

2017年10月18日，习近平总书记在中共十九大报告中指出，要培育和践行社会主义核心价值观，要以培养担当民族复兴大任的时代新人为着眼点，将社会主义核心价值观转化为人们的情感认同和行为习惯。坚持全民行动、干部带头，从家庭做起，从娃娃抓起，深入挖掘中华优秀传统文化蕴含的思想观念、人文精神、道德规范，结合时代要求继承创新，让中华文化展现出永久魅力和时代风采。要"推动中华优秀传统文化创造性转化、创新性发展，继承革命文化，发展社会主义先进文化，不忘本来、吸收外来、面向未来，更好构筑中国精神、中国价值、中国力量，为人民提供精神指引"。②

综观党中央对于文化建设方略以及目标的论述，经历了由单一到全面、由零星到系统、由模糊到清晰、由表层到深层的转化过程。对于如何对待传统文化、如何借鉴外来文化、如何引领未来文化的发展，亦即对于"向后看""向外看""向前看"的问题，也有了越来越清晰的认识。

"向后看"的核心是尊重传统文化，延续传统文化，保护传统文化，彻底走出"破四旧""崇洋媚外""妄自菲薄""数典忘祖"的文化误区。习近平总书记明确指出，培育和弘扬社会主义核心价值观必须立足中华优秀传统文化：

> 抛弃传统、丢掉根本，就等于割断了自己的精神命脉。博大精深的中华优秀传统文化是我们在世界文化激荡中站稳脚跟的根基。中华

---

① 中共中央办公厅、国务院办公厅：《关于实施中华优秀传统文化传承发展工程的意见》，新华社，2017年1月25日。
② 习近平：《决胜全面建成小康社会　夺取新时代中国特色社会主义伟大胜利——在中国共产党第十九次全国代表大会上的报告》，新华社，2017年10月27日。

文化源远流长，积淀着中华民族最深层的精神追求，代表着中华民族独特的精神标识，为中华民族生生不息、发展壮大提供丰厚滋养。①

这是对中华民族文化现代价值的充分肯定，也是开展传统文化保护，在文化建设中融入传统文化的理论依据和思想保证。

"向外看"的实质是如何对待外来文化。随着改革开放的深化发展以及中国综合国力的提升，中国人对西方文化有了更为全面的了解，逐步建立起对外来文化的理性认知，逐步形成包容世界各民族文化多样性的开放心态，既不盲目排外，也不崇洋媚外，更不奉西方文化为圭臬。越来越多的人坚信"一花独放不是春，百花齐放春满园"，中外文化应该在平等基础上交流互鉴，取长补短，包容共赢，要以"和而不同""千灯互照"的襟怀，尊重不同国家、不同民族的文化，要"从不同文明中寻求智慧、汲取营养，为人们提供精神支撑和心灵慰藉，携手解决人类共同面临的各种挑战"②，构建人类命运共同体。

"向前看"的意思是明确文化建设的方向和达到的目标。在党的十五大报告中，党中央提出了"新三步走"和"两个一百年"的战略构想：在21世纪的第一个10年，实现国民生产总值比2000年翻一番；到建党100年时，使国民经济更加发展，各项制度更加完善；到建国100年时，基本实现现代化，建成富强民主文明的社会主义国家。在党的十八大报告中，再度强调：到中国共产党成立100年时（2021）全面建成小康社会；到中华人民共和国成立100年时（2049）建成富强、民主、文明、和谐的社会主义现代化国家。同时，实现"文化强国"和"美丽中国"，让中国思想、中国价值观在世界上有巨大的影响；促进生产空间集约高效、生活空间宜居适度、生态空间山清水秀，给自然留下更多修复空间，给农业留

---

① 习近平：《习近平谈治国理政》，外文出版社2014年版，第158页。
② 习近平：《习近平谈治国理政》，外文出版社2014年版，第262页。

下更多良田，给子孙后代留下天蓝、地绿、水清、气净的美好家园，建成美丽中国，实现中华民族永续发展。

概而言之，国家层面对中国文化建设目标的定位以及预期的发展路向体现在以下几个方面。

首先，从国家富强、民族复兴、文化繁荣的整体性高度，提出文化建设的总体目标。党中央颁布的一系列文件，系统阐发了中华民族传统文化的现代价值，确认了中华传统文化是中国人民的精神家园，蕴含着独一无二的理念、智慧、气度、神韵。中国文化的核心精神是坚守"仁义礼智信"的道德原则，主张以民为本，自强不息，厚德载物，道法自然，追求"天人合一"的境界，以"修身、齐家、治国、平天下"为人生抱负。这些文化智慧可以为人们认识和改造世界提供有益启迪，可以为治国理政提供有益借鉴。因此，在实施文化建设的过程中，要大力弘扬中华传统美德，促进社会和谐，鼓励人们积极向上向善，切实提高人民群众的思想觉悟、道德水准、文明素养，提高全社会文明程度，引导人们树立正确的历史观、民族观、国家观、文化观，建设优秀传统文化传承体系。最终目标是全面提高国家文化软实力，实现文化强国，在实现中华民族伟大复兴的进程中，让中华民族文化重新焕发绚丽的光彩。

其次，明确文化建设的具体内容以及框架结构主要包括：大力发展哲学社会科学、文学艺术、新闻出版、广播电视、科学教育、思想道德建设、网络信息传播等文化基础事业，推进文化体制改革，图书馆、博物馆、文化馆等公共文化服务体系建设，文物保护利用、文化遗产保护传承、现代文化产业体系和市场体系、中外人文交流，中国文化的国际传播能力建设，等等。在实施文化建设的过程中，既要发展城镇文化的辐射功能，也要狠抓农村文化建设，逐步使农村居民与城市居民一样，公平地享有公共文化服务。还要深化文化体制改革，促进文化产业快速发展，为文化产业快速发展创造更为宽松的政策环境。同时，提升中国文化"走出去"的整体水平，整合官方、民间的文化资源和沟通渠道，形成文化传播的合力，传播中国声音，讲好"中国故事"。

最后，明确中国文化建设的落脚点是增强文化自信，在实现中华民族复兴的进程中实现文化的大发展大繁荣，在文化建设的进程中"立德树人"，通过发挥优秀传统文化怡情养志、涵育文明的重要作用，提高全民族的思想道德素质和科学文化素质，培养一代又一代有理想、有道德、有文化、有纪律的公民，实现"立德树人""文化强国"的目标。"立德"的要义在于树立高尚的思想品德，养成高度自觉，而且融入内心的社会公德、职业道德和家庭美德。"树人"之根本在于通过文化的熏陶耳濡目染，潜移默化，久而久之，陶冶人们的情操，让人们树立正确的世界观、人生观、价值观，确立为人处世的良好品德，秀慧于中，明礼于外，成为有知识、有教养、有进取精神、有良好综合素质的合格公民。人是文化创造和文化传承的主体，唯有培养具有高度文化自信和文化涵养的公民，才是从根本上实现"文化强国"的宏伟目标。

三 文化强区：广西文化建设的总体思路

广西文化建设的核心理念、建设目标和演进轨迹同国家层面的意识形态以及战略布局相呼应，在不同年代与不同的社会背景中，对于文化建设重心的理解与目标的设定也经历了不断变迁的过程。从历史发展的维度审视，广西文化建设经历了20世纪八九十年代的"精神文明建设"到21世纪"文化强区"的演进过程；从文化建设关注的重心看，广西文化建设始终在中国文化建设的总体格局中展开，在不同时期也出台各有侧重的文化发展规划。同时，广西各界长期致力于在中国文化格局中明确广西文化的历史定位，凸显广西区域文化特色，凝练广西文化的精神特质，力图重拾广西文化自信，寻求实现"文化强区"的各种路径。

20世纪80年代至90年代，党中央提出了加强社会主义精神文明建设的总体部署，与此相对应，广西全面开启了精神文明建设的实践，先后组织"文明礼貌月""学雷锋、树新风"等活动，开展文明城市、文明行业、文明村镇、文明社区的评选活动。1992年9月25日，广西壮族自治区政府制定并印发《广西壮族自治区文化长廊建设规划》，提出用10年时间建设10条文化长廊的总体要求。

广西文化长廊建设的核心理念是：

> 以当地人文化地理为前提，以社会共建为方式，以单元达标为基点，以交通线穿越地带的县（市）、乡（镇）、村（屯）户为基础，构成具有一定密度的"馆、站、室、户、点、车"达标的文化网带，形成点连成线、线结成网、社会共建、全面开花的竞争发展机制，有效地实现文化的思想教育、知识传播、审美娱乐三大功能的覆盖。①

该规划拟建设的10条文化长廊的总体情况如表8-1所示。

表8-1　　　　　　　　广西文化长廊建设总体情况

序号	长廊名称	地理范围	文化特色与文化定位
1	中越边境文化长廊	全长1016千米，包括那坡、靖西、大新、龙州、凭祥、宁明、防城七个边境县（市）	爱国主义传统和国防教育文化特色，军民共建文化特色，文物景点旅游文化特色，边关民族风情文化特色，边贸经济文化特色，促进对外开放和周边国家的睦邻友好，发挥在全国万里文化长廊建设中的龙头作用
2	沿海文化长廊	全长760千米，主要包括防城、钦州、灵山、浦北、上思县、防城港区、合浦县、北海市等	位于沿海开放前沿，面向北部湾和东南亚，是大西南最便捷的出海通道。突出海港文化、海滩文化和南珠文化的区域特色

---

① 《广西壮族自治区文化长廊建设规划》（桂政发〔1992〕72号），1992年9月25日。

续表

序号	长廊名称	地理范围	文化特色与文化定位
3	西江流域文化长廊	长约318千米水程，主要包括贵港、桂平、平南、藤县、苍梧、梧州市等	以梧州市为龙头，利用西江经济走廊的优势，借助较发达的经济带动文化的起飞，给整个流域商品经济注入更多的文化内涵，共建经济文化长廊，展现开放型经贸商业文化特色
4	桂中民族文化长廊	全长626千米，以柳州市为龙头，分别向柳江、宜州、河池、南丹和柳城、融安、罗城回环延伸	突出民族民间风情文化系列特色，如宜山、罗城的歌圩文化，河池的铜鼓文化，融安的山歌、滨江文化，南丹的板鞋文化，三江侗族的风雨桥、鼓楼文化，融水苗族的斗马、芦笙文化，等等，重点发展旅游文化和企业文化
5	桂北旅游文化长廊	全长279千米，以闻名中外的历史文化名城和风景旅游胜地桂林市为中心，在阳朔、桂林、灵川、兴安、龙胜、资源这一地段建设高档次的旅游文化长廊	以国际知名的旅游胜地为亮点，以桂林山水、漓江风光、阳朔景色、花坪胜景为中心，展示现代都市文化与乡村民族传统文化的融合，拓宽旅游文化国际市场，建立全区对外文化开放的中心，促进多边文化交流
6	桂东南文化长廊	全长218千米，从博白经陆川、玉林、北流、容县到达岑溪县	这一区域是广西腹地商品经济相对发达的地带。应着重展示客家文化，发展高层次的经济文化，建立乡镇图书馆示范区，形成以科技文化为先导的知识密集地带
7	柳州—梧州国道文化长廊	全长476千米，以柳州市为起点，经鹿寨、荔浦、平乐、钟山、富川、贺州八步等县/区，直抵梧州市	在原有县城和大多数乡镇文化设施已经达标的基础上，文化事业建设整体平衡发展，应建成一条起点较高、体现文化多功能综合效应的示范性文化长廊
8	桂西南文化长廊	全长180千米，包括邕宁、扶绥、崇左三个县	具有浓郁西南民族风情文化特色，通过友谊关连接中越千里边境文化长廊
9	右江河谷文化长廊	全长250千米，以南宁市为龙头，包括武鸣、平果、田东、田阳和百色等县（市）	确立一批科技兴农的开发项目，举办民歌艺术节；加强文化艺术人才培训基地建设；新建一批现代化文化娱乐活动中心，建设具有相当规模的自治区群众艺术馆活动综合大楼和朝阳剧场；发展完善首府丰富多彩、管理有序的文化市场
10	红水河文化长廊	全长500多千米，包括马山、都安、大化、巴马、东兰、凤山、天峨等红水河西部沿岸各县	文化部门与水电系统携手共建这条文化长廊，将具有十分重要的意义。该长廊位于有"水力富矿"之称的红水河综合开发带，它以水电为重点，以大化水电站为龙头

广西文化长廊建设试图以交通沿线地区的文化事业为主轴，探索社会文化建设的新模式，推动全区文化建设事业的深化发展。这一举措受到文化部的高度赞赏和肯定，并于1994年在全国推广并拓宽为"万里边疆文化长廊"。此后，广西有关县市以不同的模式开展精神文明建设和文化建设的实践，皆取得一定的成效。譬如，"右江百里文明河谷""桂东文明绿洲""桂西跨省区文明通道""边境文化长廊"等项目，通过联动发展，整合力量，整体推进，形成联片创建，有效推动了广西精神文明活动的发展。但是，就整体而言，广西"十大文化长廊建设"还只是一种构想，至今没有得到真正落实，未能对广西区域文化建设产生实际性的效益。

进入21世纪，伴随着改革开放的深化发展，广西精神文明建设集中转向文化建设。2001年4月，广西壮族自治区党委、政府召开了全区文化工作会议，随后，出台了《中共广西壮族自治区委员会广西壮族自治区人民政府关于加快广西文化发展的决定》。该决定强调了广西文化发展的重要性和紧迫性，明确了广西文化发展的指导思想和战略目标，要求切实抓好广西文化发展的重点工作，加强党和政府对文化工作的领导。把广西"建设成为具有鲜明时代特点和南疆特色的民族文化自治区"。

2006年7月，广西区党委和政府召开了广西文化工作会议，研究并制定了《中共广西区委关于深化文化体制改革若干意见》等6个系列文件，同年12月28日，自治区政府出台《广西壮族自治区人民政府关于文化广西建设若干政策的规定》[桂政发]60号文件，对深化广西文化体制改革进行了新的规划和部署。在2006年11月15日召开的广西壮族自治区第九次党代会上，自治区党委提出将广西建成"具有时代气息、民族风格、开放包容的文化先进省（区），全面提升我区文化综合实力"的战略部署，随后广西区党委和政府联合出台《广西壮族自治区党委、自治区人民政府关于建设文化广西的决定》，提出了"文化广西"

建设的发展目标：

> 努力把我区建设成为具有时代气息、民族风格、开放包容的文化先进省区，实现人民群众科学文化素质和思想道德素质明显提高，文学艺术、新闻出版、广播影视文化事业全面繁荣，文化产业蓬勃发展，文化精品迭出，文化品牌响亮，对外文化交流活跃，城乡群众文化丰富多彩，文化体制和机制健全，文化市场开放有序，文化人才队伍实力较强，文化基础设施配套完善，文化发展主要指标、文化综合实力、竞争力等进入全国先进行列。[①]

党的十七届六中全会颁布了《中共中央关于深化文化体制改革推动社会主义文化大发展大繁荣若干重大问题的决定》（以下简称《决定》），吹响了建设中国特色社会主义文化强国，促进中国文化大发展大繁荣的号角。针对中央提出的文化体制改革与促进文化大发展大繁荣的相关要求，广西区党委和政府先后出台了《中共广西壮族自治区委员会关于贯彻党的十七届六中全会精神深化文化体制改革推动文化大发展大繁荣建设民族文化强区的若干意见》、《广西壮族自治区人民政府关于加快文化产业发展的实施意见》、《广西壮族自治区文化产业发展"十二五"规划》、《广西壮族自治区建设民族文化强区实施纲要》（2012—2020年）（以下简称《实施纲要》）。

《实施纲要》对于广西文化建设目标的表述是："把广西努力建设成具有时代特征、壮乡风格、和谐兼容的民族文化强区，成为在全国有较大影响力的区域文化中心、中国与东盟文化交流枢纽、中国文化走向东盟的主力省区。"这一提法突出了"时代特色""壮乡风格"，尤其是站在更高的中国与东盟的国际视野中，重新将广西定位为"区域文化中心""中国

---

① 广西壮族自治区党委、自治区人民政府：桂发〔2007〕8号，2007年1月8日。

与东盟文化交流的枢纽"。同时，提出以下"八大文化建设工程"，即：1. 社会主义核心价值体系建设工程；2. 文化精品工程；3. 公共文化服务体系建设工程；4. 文化产业倍增工程；5. 文化遗产保护利用工程；6. 文化改革创新工程；7. 文化传播交流工程；8. 文化人才工程。①

在具体实施过程中，开展"广西精神"大讨论大宣传大教育、城乡文明创建、全民读书等活动；打造20台优秀舞台剧目、20部优秀文学作品、20部电影、20部电视剧、20首经典歌曲等精品力作，要求能体现广西文化特色、彰显广西文化气派，影响深远；建设广西自然博物馆、铜鼓博物馆、美术馆等一批重大文化设施；建立具备综合服务功能的文化中心；全区所有市都建有功能完善的公共图书馆、文化馆、博物馆，同时实现全面免费开放。打造10家年产值超5亿元的文化产业园区，培育十大年销售收入超亿元的龙头文化产业集团；同时打造十大文化旅游精品、十大文化节庆精品、十大美术工艺精品等。其中，广西文化产业城、广西刘三姐演艺城、柳州文化产业园、桂林演艺之都等一批大型文化产业园区将相继在广西崛起。创建文化遗产保护利用工程，全区将建设100家左右各级各类博物馆，培育100个自治区级非物质文化遗产生产性保护示范基地，建设10个自治区级文化生态保护区，等等，以此推动文艺院团体制改革、培养文化人才、促进广西文化"走出去"。

在2018年召开的广西壮族自治区文化工作会议上，进一步提出推进民族文化强区建设的具体措施，突出抓重点、补短板、强弱项，加快推进公共文化服务体系建设，计划年内新建1200个村级公共服务中心。同时，在乡村振兴方面，提出实施文化兴盛工程和乡村振兴三年行动计划，将连续3年每年投入2亿多元新建和改扩建一批县级、乡镇文化基础设施，配齐文化器材，增强基层公共服务资源，努力把广大农村建设成为更有古道

---

① 资料来源：《广西壮族自治区文化产业发展"十二五"规划》和《广西建设民族文化强区实施纲要》。

乡愁、更加和谐稳定、更富人文情怀的美丽乡村，以此继续推动广西民族文化强区建设，为建设社会主义文化强国贡献广西力量。

从总体上说，广西党政部门坚持在总体思路和核心理念上与党中央保持高度一致。同时，立足广西的历史渊源、文化传统和当地风土民情，对广西文化建设进行总体规划，提出广西文化建设的总体目标，为实现广西文化的大发展、大繁荣提供政策保障。

在核心思想层面，广西文化建设的相关文件，一方面强调具有共同性的表述。譬如，"巩固马克思主义指导地位""坚定中国特色社会主义共同理想""推进社会主义核心价值体系建设""创作更多优秀作品""发展公益性文化事业""加快发展文化产业""推进文化体制机制改革、高素质人才队伍建设"。另一方面，也提炼出一些具有广西特色的话语。譬如，弘扬"团结和谐、爱国奉献、开放包容、创新争先"的广西精神，指明了"文化广西""文化强区"的建设方向。

在学术研究领域，许多学者基于各自的学科背景和学术视野，提出建设广西文化强区的诸多设想。吕余生、覃振锋、何颖等出版了《广西建设民族文化强区战略研究报告》，[①] 该书立足于广西壮族自治区第十次党代会提出的"建设民族文化强区"战略任务，分为"基础篇""路径篇""实施篇"三大板块，构拟了广西建设民族文化强区的宏图和路线，主要内容涉及推进社会主义核心价值体系建设、激发非物质文化遗产活力、打造文化精品与品牌、发展文化产业、完善公共文化服务体系、进行文化创新、深化对外文化交流与合作等多方面。而实现"文化强区"关键之处是将文化产业置于带动全局的地位，做大做强文化产业，使文化 GDP 增量扩大。

滕志鹏撰写的《广西民族文化传承与发展研究》，内容涉及刘三姐、铜鼓、"壮族三月三"歌圩、壮锦、桂剧、布洛陀、侗族大歌、花山岩画、

[①] 吕余生、覃振锋、何颖：《广西建设民族文化强区战略研究报告》，广西人民出版社2013年版，第11页。

依饭节、"那"文化、密洛陀、炮龙节、龙母文化、坭兴陶、漓江画派、南宁国际民歌艺术节等诸多广西文化符号，阐述具有文化象征意义的广西文化的历史渊源、审美风格、传承与保护的现状与演化的趋势，涉及面广，不乏独到见解。①

杨宁宁主编的《经济全球化背景下的广西民族文化传承与发展策略研究》，从多学科角度探讨民族文化传承与发展的理论、机制、体制和规律问题，借助具有前沿性的理念，论述民族纪录片拍摄、动漫、网络游戏开发、民歌、演艺、戏剧、服饰与民族文化传承和发展的关系，体现了前瞻性、创新性和可操作性强的特点。②

关于建设民族文化强区的路径和总体布局，程林辉和张强提出了"重点突破、民生为本、资源整合、多元发展、培育市场、人才优先"的发展路径和构建"一轴两翼"的文化产业格局。所谓"一轴"，即以桂林、柳州、南宁、北海为中轴，建设广西文化产业带和文化城市群。以西江为纽带，以梧州、贺州、玉林、贵港、来宾等城市为依托，以客家文化、宗教文化、太平天国历史文化为特色，打造桂东南文化产业圈，建立广西文化产业带的左翼；以左右江为纽带，以红色文化、民族文化、边关文化资源为特色，以百色、河池、崇左为依托，打造桂西北文化产业圈，建立广西文化产业带右翼。用"一轴"带动"两翼"，以"两翼"补充"一轴"，形成相互联动、功能互补、结构合理的广西文化产业格局。③ 这些思路和构想皆为广西文化强区建设提供了宝贵的启迪。

四 由"立"而"行"：向目标迈进

改革开放以来，广西文化建设取得了有目共睹的积极进展以及显著成

---

① 滕志鹏：《广西民族文化传承与发展研究》，西南财经大学出版社2016年版。
② 杨宁宁主编：《经济全球化背景下的广西民族文化传承与发展策略研究》，广西师范大学出版社2015年版。
③ 程林辉、张强：《广西建设民族文化强区的路径选择》，《桂海论丛》2014年第2期。

效。广西各市县的文化基础设施建设和公共文化服务体系日趋完善，花山岩画成功列入世界遗产名录，广西文化保护事业稳步推进，广西文化的影响力和软实力不断提升，文化产业的深化发展带来了良好的经济效益。尤其是"南宁国际民歌艺术节""印象·刘三姐""田阳敢壮山布洛陀祭典""壮族三月三歌节"成为广西的文化品牌和文化符号，已经在广西文化发展史上留下光辉的一页和绚丽的篇章。

（一）大地飞歌：南宁国际民歌艺术节的文化效应

南宁国际民歌艺术节（简称南宁民歌节）源于广西源远流长的民歌传统，直接来源于20世纪八九十年代广西各地举办的民歌节。人们在民歌节上以歌传情，以歌会友，地方政府通过"文化搭台"，让"经济唱戏"，趁着举办歌节之际，达到招商引资的目的。原来"广西国际民歌节"轮流在广西各市举办，为了把民歌节办得更具特色，从1999年起广西壮族自治区人民政府决定把"广西国际民歌节"更名为"南宁国际民歌艺术节"，并定于每年的9月或10月或11月固定在南宁举行，以此扩大民歌节的影响，提高南宁的知名度。1999年至今，南宁民歌节延续了近20年，一年一度的民歌盛典展示了浓郁的民族风情、开阔的国际视野和强劲的现代气息，以其浓郁的民族性、强劲的现代性、广泛的国际性、高雅的艺术性和大众参与性，先后获得IFEA（国际节庆协会）最高奖综合类铜奖、IFEA最佳杂项多媒体银奖、IFEA最佳全程电视节目银奖以及中国最具国际影响力十大节庆活动等多个奖项，在国内外产生了广泛的文化效应，已成为南宁一张亮丽的名片。

面向未来的南宁国际民歌艺术节如何转型？这是值得探讨的问题。广西各地市举办民歌节所产生的社会效益和文化效应是不言而喻的。而争议的焦点在于：山歌的传承空间到底在乡村还是城市？民歌传承是由政府主导还是由民众主导？如何才能寻见民歌传承的有效机制？对于这些问题至今依然仁智互见、莫衷一是。

"民歌"亦称"山歌",原本是山野之间的自由对唱,抒发歌者的内心情感。随着城镇化进程加快,越来越多的人移居城镇,出现了乡村的空壳化,城镇成为文化汇聚和传播的中心,民歌向城镇转移成为一种趋势。然而,民歌传统依然很难在城镇当中找到相对稳定的寄寓空间。就广西而言,在少数民族聚居的县城和集镇附近,常常有人以对歌作为一种娱乐方式,如柳州鱼峰山公园和江滨公园就常有歌者对歌。除此之外,许多城市和集镇在平时没有政府部门组织山歌对唱活动的情况下,其实是难觅民歌踪影的。即使有人组织山歌比赛,也只是热闹一时,一旦比赛结束,也就人去歌歇。或许,山歌传承空间的建构最终还是在乡村振兴和发展乡村旅游的过程中,获得新的发展机遇。

民歌之原初意涵是与文人雅曲相对而言的天籁之音,"民"与"官"相对,"民间"与"官方"相对,在传统社会中,何时唱歌、唱什么主题的歌都由民间歌手决定。而在包括南宁民歌艺术节在内的各级政府举办的各种民歌活动中,皆是由组织者定主题、定程序,参与的歌者虽然获得一种"被承认"的成就感,但是,歌者的思维和表演过程被主持人操控,难以抒发歌者的真情实感。编唱的民歌往往是应景之作,是"命题作文",独抒心灵的优秀作品难得一见。这显然不是民歌文化传承和发展的理想模式。"还歌于民""以民为主""抒发真情实感"乃是未来民歌发展的正确方向。

(二)"印象·刘三姐":源于诗性传统的文化魅力

"刘三姐"是广西的文化符号,从民间传说,到彩调剧和电影《刘三姐》,"刘三姐"已经成为一种文化记忆,深深地打动了人的心扉。为了充分发掘刘三姐的文化魅力以及潜在的人文资源价值,在1997年,广西壮族自治区文化厅委托梅帅元策划将广西民族文化同广西旅游结合起来,为此成立了广西文华艺术有限责任公司。梅帅元与张艺谋协商,于1998年底在阳朔选择了漓江与田家河的交汇处作为剧场,经多年排演,集漓江山水风情、广西少数民族文化之大成,以方圆两千米的漓江水域和十二座山峰为背景，与广袤无际的天穹相交融，构成迄今世界上最大的山水剧场，将刘三姐的经典山歌、民族风情、漓江渔火等元素融入桂林山水景致之中，让自然风光与人文景观交相辉映。"印象·刘三姐"于2003年国庆期间试演，于2004年3月20日正式公演，随后在国内外产生巨大的反响。

"印象·刘三姐"自2004年3月正式公演以来，每年演出500多场，每年累计净利润近1亿元，带动阳朔GDP增长5%，已成为广西旅游的名片。世界旅游组织官员看过演出后如是评价："这是全世界看不到的演出，从地球上任何地方买张飞机票飞来看再飞回去都值得。"2004年11月，桂林山水实景演出"印象·刘三姐"为核心项目的"中国·漓江山水剧场"被列为国家首批文化产业示范基地，"印象·刘三姐"荣获"中国十大演出盛世奖"。

随后，"印象·刘三姐"的策划团队赴国内以及国外许多著名景点策划"印象系列"，其中既有成功的案例，也有失败的教训。正像艺术创作具有不可复制性，文化演出项目的创意往往也不能简单仿效。"印象·刘三姐"演出长盛不衰，堪称奇迹。值得反思的是，"印象·刘三姐"项目被无良股东反复当作贷款抵押而资不抵债，一度宣告破产，被迫进行股权重组。由此引发人们对于商业资本与文化产业内在关系的深度思考，也让人意识到资本的投入可以创造奇迹，也可以毁掉一个很好的文化创意。这启示各界需要对于"印象·刘三姐"的转型、文化展演与旅游的关系以及文化产业的未来发展等问题进行更多元化的尝试。

文化产业未来的发展目标理应是建立起更有效的管理和制衡机制，实景演出在追求视觉效应与听觉刺激的同时，更应注意丰厚、深层的文化意蕴的体验。

（三）田阳敢壮山：文化圣地的朝觐

敢壮山位于广西壮族自治区田阳县（今百色市田阳区）百育镇六联村那贯屯，距县城18千米。敢壮山巍峨雄伟，形似龙头。相传明朝时期，江西地理先生郭子儒寻找龙脉，来到田阳，登上敢壮山，确认敢壮山就是他要找的"龙头",并题"春晓岩"三个字,还撰了一副对联:"春日初升风景朗开催燕语,晓凤微动露花轻舞伴莺啼。"在 2002 年之前,这里被称为"春晓岩歌圩",周边群众自发地在每年农历三月初七到初九来这里烧香祭拜祖公,同时,以唱山歌、舞狮等形式来表达对布洛陀的怀念,祈求先祖保佑。2002 年 6 月,知名音乐专家古笛先生来到敢壮山,认为这里是"布洛陀遗址",是"布洛陀的诞生地",以为"解开了壮族族源的千古之谜",引起了新闻媒体与社会各界的广泛关注,政府部门以及许多商家将之当作招商引资和发展旅游业的良机。但是,由于人们逐步意识到"神话想象"与"历史真实"的决然差异,知晓考古人类学意义上的"民族始祖"与文化心理认同意义上的"人文始祖"之间的不同,不再将敢壮山当作"壮族发源地"和"壮族文化发源地"。2010 年之后,广西壮学会基于民族学、文化人类学、民俗学的理论方法,对以布洛陀信仰为中心的文化习俗进行进一步的调查和研究,将布洛陀定位为"珠江流域原住民族的人文始祖",将敢壮山定位为"文化圣地"。①"人文始祖"是与"民族始祖"相对应的概念。"人文始祖"是人文科学领域的概念,既有一定的历史依据,也不乏神话和传说的想象的因素。譬如,华夏民族将炎帝、黄帝作为"人文始祖",是在历史记载、神话传说基础上形成的文化认同。而确定民族祖先的来源,需要根据考古学、人类学、民族学以及人类遗传基因学的理论方法进行探讨,必须以事实为基础,以科学的逻辑论证为原则,不能以想象为依据。

从文化建设的角度看,从"春晓岩"到"敢壮山"的神圣化过程,贯穿着人们"寻根问祖"和"认祖归宗"的文化心理。人们的内心深处始终需要有一种神圣的精神皈依,这种神圣化的驱动力促使"世俗空间"演变成"神圣空间"。当"敢壮山"成为人们向往的神圣空间之后,人们借助对布洛陀的顶礼膜拜而获得信念力量的支撑和心灵的皈依。

---

① 覃乃昌:《布洛陀:珠江流域原住民族的人文始祖》,《广西民族研究》2004 年第 2 期。

近年来，每年农历三月初七至初九，周边数万民众自发聚集敢壮山，以唱山歌、舞狮、抛绣球等丰富多彩的文体活动纪念布洛陀。"布洛陀"列入首批国家级非物质文化遗产名录，除周边民众，来自印度阿萨姆邦的阿含人、东南亚侗台语民族的代表和云南、贵州的壮族、布依族同胞也应邀参加田阳敢壮山的布洛陀祭祀仪式，布洛陀文化的影响力超越广西，超越了国界。布洛陀文化传承与保护在"壮族人文始祖"的层面上展开，成为政府部门、商家、各地信众和旅游者共同参与的文化盛典。

当然，布洛陀祭祀圈和信仰圈远未覆盖整个壮族地区，还有许多壮族民众依然对布洛陀神话以及相关信仰相当陌生。因此，对于作为文化圣地的历史记忆和民族认同心理还需要进一步强化。心灵有所寄托和皈依，灵魂不再漫无边际地游荡，正是深层次的文化建设需要解决的核心问题。

（四）"壮族三月三"：作为广西法定假日的文化意义

"三月三"原本同历史上的上巳节有某种对应关系，民间传说云："二月二，龙抬头；三月三，生轩辕"，三月三被认为是黄帝的诞辰之日。先秦时期，上巳节为"祓除畔浴"的节日，在这一天，人们到水边去祭祀，并用香熏的草药沐浴。《论语》云："暮春者，春服既成，冠者五六人，童子六七人，浴乎沂，风乎舞雩，咏而归。"其实就描写了暮春时节的沐浴之俗。魏晋以后，上巳节的主题是人们相聚水边饮宴，曲水流觞，郊外游春。王羲之与好友在会稽兰亭雅聚，饮酒赋诗，欣赏美景。王羲之挥毫作序，乘兴而书，成就了书文俱佳、举世闻名，被后人赞誉为"天下第一行书"的《兰亭集序》。至唐代，三月三之俗依然盛行，杜甫《丽人行》诗中有："三月三日天气新，长安水边多丽人"，就是对唐代长安"三月三"节日盛景的描绘。宋朝以后，理学盛行，礼教渐趋森严，上巳节风俗渐渐衰微。三月三还被当作中国的"情人节"，青年男女在春暖花开之际，外出踏青，对歌唱和，抒发真情实感，向对方表达浪漫的情爱和对美好生活的憧憬。

现在，传统的曲水流觞雅趣已经荡然无存，但是，在南方许多少数民族聚居区，三月三前后却依然有对歌、集会、祭祀的活动。尤其在广西壮族聚居区，三月三不仅是壮族的传统歌节，也是广西汉族、瑶族、侗族、苗族等少数民族共同参与的节日盛会。广西各地因为地方文化传统的差异，"三月三"节日活动之主题并不统一。有些地方以对歌、踏青、男女相亲为主要形式，而在桂南、桂西的崇左、百色等市县的壮族同胞则在农历三月三举行隆重的祭祖仪式。

从2014年农历三月三开始，广西壮族自治区将"壮族三月三"定为法定假日。全区于农历三月初三、初四放假两天，经调整和双休日相连接，会有4天的假期，有时若临近清明节，加上国家法定的清明假日，则有5天的长假。概而言之，"壮族三月三"成为法定假日之后，至少具有以下重要的文化意义。

1. 带动节日旅游经济的发展。在三月三期间，广西各市县举办相应的旅游活动，广泛吸引区内外的游客前往参观。譬如，武鸣的三月三歌圩、骆越王祭典、崇左市依托花山岩画举办的各种文化活动，都吸引着八方游客纷至沓来。

2. 重拾民族的文化记忆。每逢三月三放假，公务员不用上班，教师不用上课，学生不用上学，这是广西独有的法定假日。人们不禁省思，这是何种缘由？追根究底，就会想起源远流长的三月三文化渊源，风格多样的对歌传统，绚丽多姿的民族风情，心灵深处的文化记忆被重新激活。

3. 为文化传承和文化振兴创造新的机遇。节日是文化的重要载体，节假日为民族文化的展示、传承、振兴，带来了新的平台和场境，也由此产生相应的社会效益、文化效益和经济效益。

4. 扩大广西文化的影响力。三月三期间，广西的各种现代媒体广泛报道、转播各地三月三活动的盛况，引起国内外的广泛关注，无疑提高了广西文化的知名度和文化软实力。同时，广西文化影响力得到有效提升。

（五）文化建设目标与实施效果的多维评鉴

文化目标的确立和践行，受到文化建设主体、特定的社会文化时空语境等诸多因素的影响和制衡。党政领导部门，尤其是国家层面的文化部、省级的文化厅及其下属的文化局、文化站各个部门相关领导者的观念、意志以及领导能力，皆对文化建设的目标确立与实践过程产生深远的影响。在"五位一体"的战略布局实施过程中，相对于经济建设、政治建设、社会建设和生态文明建设而言，文化建设的目标设定、对实施效果的评估、鉴定以及衡量的尺度更为复杂多样，不同评鉴主体的立足点、价值观与评鉴机制或直接或间接影响目标的设定以及评鉴的维度。文化建设目标的类型与评鉴指标详见表8-2。

文化是复杂的存在，与文化建设的多元路径相适应的是多维评鉴指标的共存，兼顾可观察的物质基础、社会运行和无形的精神层面的目标设定和实施效果。只是在现行的以政府为主导的评鉴机制中，人们更关注的是有形的可观察的文化基础设施建设和文化产业的经济效益，往往"见物不见人"，"见人不见心志"，忽视了无形的不可直接衡量的文化的深层结构，忽视了如何通过文化建设来磨炼人的意志、增长人的见识、开阔人的视野、拓宽人的胸怀、净化人的心灵、提升人的精神境界。

表8-2　　　　　　　　文化建设目标的类型与评鉴指标

序号	类型	初级目标	中级目标	高级目标
1	物质形态、基础设施	具备基本的文化设施，满足文化活动的基本需要	全面建设各级各类博物馆、文化馆、文化站和文化服务中心	完善从中央到地方的公共文化设施建设，配备先进的现代设备
2	产业发展、经济效益	建立以影视剧、动漫、演艺活动、工艺品为核心文化产业的结构	文化产业创新水平逐步提升，经济效益显著	建立完善的文化产业创新机制，经济效益与国际影响力逐步增强
3	体制机制、社会效益	建立文化传承与保护的体制和机制	完善从国家到地方的文化建设路径，满足人民群众日益增长的文化需要	文化建设有效促进社会和谐，推动社会进步以及公民综合素质的提升

续表

序号	类型	初级目标	中级目标	高级目标
4	生活方式、道德水准	倡导健康的生活方式,力戒"贪、嗔、痴",确立与现代社会相适应的道德底线	明晓人生"需要什么"和"想要什么",遵守人伦规范,公民的道德意识明显增强	建立符合身心健康的生活方式,确立正确的世界观、人生观、价值观,全面提高国民的道德水准
5	文化传承、根脉延续	建立多元化的传统文化保护,养成敬惜传统的社会基础	建立完善的文化传承、文化保护机制	文化传承融入社会生活中,民族文化根脉得到有效延续
6	文化传播、影响范围	通过网络、文化旅游等方式,建立文化传播的各种平台	文化横向传播的范围逐渐扩大,文化知名度明显提升	现代先进技术助推文化传播模式的多样化,在国内外产生较大影响
7	文化认知、民族认同	了解本地区、本民族的文化,建立基本的认知体系	对文化历史渊源、结构特征、文化精神具有比较全面的认知	实现从认知到认同的转化,强化文化的认可度和归属感
8	精神生活、心灵愉悦	养成健康的娱乐方式,学会颐养身心的方法	具有丰富的精神生活,体会到身心的愉悦	精神生活丰富多彩,健康向上,悦心悦意,悦神悦志
9	人生价值、自信自尊	从文化建设发现人生的意义,认识自己	确立文化自觉和文化自信,从丰富的传统文化中寻见精神的源泉	通过文化建设而丰富人生,提升人生价值,获得文化自信和自尊
10	生命境界、自我实现	建构物质生活、社会生活、精神生活的统一体	精神自由度明显增强,体验内在的幸福感	人生满意度得到有效提高,人生潜能全面激发,成就感增强

文化是由显在结构和隐在结构组成的复杂整体,显在结构的文化建设易于观察,而隐在结构的难以把握。隐在结构的核心不只是优雅的谈吐和周到的待人接物的礼仪,而是需要长时间的熏陶方可生成的一种精神气质、一种心性与品位,是源于内心的仁厚情怀和自由心境。基于显在和隐在两种维度的文化建设的终极目标和评价体系依然是一个众说纷纭的领域,没有形成政府部门、学术界公认的固定的评价体系。但是,成功的文

化建设不只是有形的建筑物的高大宏伟,也不只是用经济指标来衡量。文化创造主体、传承主体是人,人生价值实现与生命境界提升理应是文化建设效果的核心指标。建筑物纵然巍然耸立,若无文化品位和精神内核,也只是钢筋加水泥的组合;即使腰缠万贯、日进斗金,若失去了道德底线,"贪、嗔、痴"无节制地蔓延,终将导致财富大厦土崩瓦解。文化的大发展大繁荣离不开文化产业的良好经济效益,文化产业的发展让很多人"富起来",但是,文化建设不同于经济建设的核心指标,意在使人"强起来""雅起来""乐起来""贵起来"。

五 "文化壮都"畅想:文化发展的愿景

广西山川秀丽、地灵人杰,中外游客前来广西旅游,除了欣赏广西各地的自然景致,还需要了解广西的文化底蕴和风土民情。壮族是广西的主体民族,但是,壮族文化的汇聚中心在哪里?展演中心在哪里?传习传承中心在哪里?体验中心在哪里?这是困惑广西文化建设的核心问题之一,许多学者和各界人士对此做了矢志不渝的探索。尤其是谢昕提出的"百越壮都"理念、陈学璞提出的在武鸣打造"中国文化壮都"的构想,开启了建设壮族文化展示与传承中心的新思路。

(一)百越壮都:放飞诗性的怀想和遐思

经过长期潜心研究构思,出生于四川省绵阳市的知名旅游企业管理专家谢昕先生于1997年5月28日提出了建设"百越壮都"的宏大构想。这一构想的核心理念是:通过一系列的群组建筑、雕塑、壁画、图表、实物等,集中展示壮族及其先民的大石铲文化、稻作文化、花山文化、铜鼓文化、歌圩文化、干栏文化、织锦文化、师公文化等。同时,汇集与壮族"同根生"的同一语族文化,将壮族、布依族、傣族、侗族、水族、仫佬族、毛南族、黎族汇集一堂展示,同时,融入与壮族"同源异流"的越南岱族、侬族、布标族,泰国的泰族,老挝的央族,印度阿萨姆邦的阿含人等的文化习俗,为东南亚、南亚及世界各地与壮族有历史文化渊源的侗台语民族提供一个认同寻根、友好交流的会堂,"吸引更多的东南亚和南亚国家的旅游者到广西来观光旅游、考察寻根,同时将有力地促进广西与东南亚各国的文化交流,扩大广西对东南亚的对外开放"①。

近20年来,谢昕先生怀着激情和梦想,克服重重困难,矢志不渝地推进"百越壮都"的建设。"百越壮都"立意高远,视野开阔,目标远大,引起广西党政领导和媒体的高度关注。

作为一个以集中反映壮族文化为主要内容的旅游景点,许多学者以及商界人士对其选址、建筑规划、文化展示等诸多问题,提出了不同的意见和建议。覃乃昌先生认为:"百越壮都"选址应考虑在依山傍水的地方,南宁市附近的青秀山和大王滩比较合适。"这个项目的嵌入将给青秀山风景区旅游增加丰富的文化内涵,使之更加充满生机和活力,更具规模和档次。从而使之真正成为南宁市的一个主题公园,进而发展成中国及世界名园。"②

"百越壮都"的总体结构经历了不断完善的过程,在"百越壮都"的规划中,拟在南宁市五象新区龟山公园建设和经营"百越壮都"文化旅游景区及其配套设施。包括系列文化产业、旅游产业开发及商品销售;度假村开发经营;房地产项目开发及商品房销售;承办展览展示活动;餐饮、酒店、旅游服务;旅游产品的零售业务;等等。具体包括以下几个部分:(1)"布洛陀宫";(2)"骆越风情城";(3)"越都风雨桥";(4)"越都动漫游戏城";(5)"越都度假村";(6)"越都健康城";(7)"越都商业城";(8)"百越壮都"三维动画演示片。还有"百越国际文化博览园""布洛陀文化广场",壮王雕像、壮王宫、壮都美食城、壮都艺术团、三姐对歌台,等等。

"百越壮都"浓缩了壮族历史文化中最古老、最传统、最深刻的内涵,

---

① 覃乃昌:《"百越壮都"旅游景点开发的意义》,《八桂侨刊》2003年第5期。
② 覃乃昌:《"百越壮都"旅游景点开发的意义》,《八桂侨刊》2003年第5期。

并巧妙地将壮民族的历史文化与现代旅游有机地融为一体。"百越壮都"的建设目标是"三高一强",即：文化品位高、科技含量高、经济和社会两种效益高和关联带动作用强,成为具有世界水平的壮族名园。"百越壮都"不仅属于南宁,也属于广西、属于中国,还将成为中国以及东南亚"百越文化圈"中各民族文化的荟萃之地。"百越壮都"建成后,将成为壮民族文化系列展示中心、广西民族文化和特色旅游的龙头景点,也将产生巨大的国际影响力和震撼力。尤其是在"一带一路"建设过程中,"百越壮都"规划付诸实施,无疑有利于增进中国与东南亚文化交流,成为中国与东盟各国交往的重要纽带。

还有学者基于当下中国与东南亚交流合作以及建设海上丝绸之路的需要,在"百越壮都"的基础上,提出了建设"华夏百越文化博览园"(暂名)的构想。其核心设想是：深入挖掘和丰富悠久灿烂的华夏和百越历史文化的内涵,突出岭南和南洋特色,通过多种形式的展示和体验,营造和开发艺术审美、文化产业、商贸合作等的价值,促进中国与东南亚,乃至其他国家和地区人士前来交流观光。建设主体是："一院二宫三场四馆五村"。一院为百越文化博物院,含百越研究交流中心。这是整个项目的灵魂。二宫为儒释道宫(庙堂)和壮族的布洛陀宫。三场是大象文化广场、铜鼓文化广场和海上丝绸之路广场。四馆(苑)是表演和展示场所,包括：越、粤、壮剧与东南亚歌舞表演馆；百越服饰馆；华南东南亚艺术馆；南方草木苑。五村是具有百越乃至南洋风貌的特色建筑和环境优美的景观人居,有稻香文化村、槟榔文化村、干栏建筑文化村、瓯骆文化村、南洋文化村。通过建设"华夏百越文化博览园""发挥百越地区的地缘优势,弘扬其历史文化价值,打造新的中国东南亚文化交流合作平台,促进中国与东南亚的友好,也促进本区域的繁荣和发展"。[①] 该构想的特点是

---

① 古小松：《华夏百越文化与东南亚——兼谈建设华夏百越文化博览园的构想》,《沿海企业与科技》2014 年第 5 期。

将华夏与百越民族作为一个整体,视野更为开阔,突出百越先民聚居区作为"海上丝绸之路"始发地的历史地位,认为这一工程对广西、对中国,乃至对世界都是功德无量的伟业。

(二)"武鸣壮都":再现骆越古国的情韵

如果说谢昕先生提出的"百越壮都"构想属于尚未真正落地的文化旅游规划,那么,南宁市武鸣区因为发现了大量的古墓群,出土了大批的青铜器以及其他文物,逐步被确认为是先秦时期骆越古国的都城所在地,在2000多年前已经是骆越文化的中心。中华人民共和国成立后,现代壮文以武鸣双桥一带的壮语为标准音,武鸣的民歌文化久盛不衰,武鸣的壮族文化积淀深厚。为此,陈学璞先生、广西旅游规划部门多年来致力于将武鸣以及大明山南麓打造成"文化壮都"。

陈学璞先生构拟的"文化壮都"主题场馆主要包括:①壮族文化博物馆:展示代表壮族和壮族先民各个历史时期的文物精品,包括新旧石器时代、秦汉、唐宋、明清等的如石斧、大石铲、铜鼓、剑矛等,以及壮锦、绣球、坭兴陶等工艺品,各式各样的壮族服饰。②壮族文化长廊,将各地壮族文化精华汇集绘成连环画,如花山岩画、田阳敢壮山、宜州下枧河、柳州鱼峰山、巴马长寿乡、忻城土司衙门等;绘制侬智高、瓦氏夫人、陆荣廷、韦拔群等壮族历史人物。③壮歌音乐厅,欣赏嘹歌、啦了啦、尼的呀、春牛调等壮族民歌,马骨胡、天琴、双笛等壮族乐器演奏。④民间文学馆,运用现代科技、动漫游戏等,演绎壮族民间传说、神话故事,如布洛陀、盘古兄弟、莫一大王、刘三姐等。⑤现代壮族展览馆:展览新中国成立后,特别是改革开放以来,制定落实党的民族政策和民族区域自治法,壮族人民生产生活出现的巨大变化,以及现代壮族艺术家创作的文学、美术、摄影、书法等作品。①

其他部分还包括文体演艺、生态体验、美食娱乐等不同园区和街区,

---

① 陈学璞:《壮族歌圩·三月三歌节·文化壮都》,《广西教育学院学报》2017年第1期。

立意高远，构思全面。

在武鸣建设"文化壮都"的相关旅游规划中，相关学者以及规划部门比较一致地认为，建设"文化壮都"，应以骆越文化、龙母文化、骆越王祭典为核心，以八桂民俗文化、东南亚民俗文化为延伸，突出"神奇大明山、度假新天堂""奇山仙境、骆越古都"的文化亮点，建设骆越文化园、八桂民俗园、东盟风情园、农业休闲园、龙母文化体验区、龙母文化新村、龙母峡谷生态探险基地、购物美食街等，兼顾文化展示、旅游体验、休闲度假和康体养生的多元功能，同时，建设中国第一个国际古骆越文化研究基地和博览中心。

骆越古都城包括祭祀广场、王宫城楼、古香古色的骆越古街、铜鼓铸作坊、陶器作坊、石器作坊等。在文化园区建设骆越图腾雕塑园、展示骆越歌舞以及铜鼓文化、龙母信仰、布洛陀文化，向游客诠释骆越民族和骆越文化的渊源，穿越时空回到骆越古国的遥远历史场境中。在八桂民俗园中，设置干栏式建筑的露台、挑廊、回廊，建设壮、瑶、苗、侗、毛南、京、仫佬等广西少数民族度假村落，体现南方民族特色的建筑风格，让人们充分领略广西少数民族风情。

武鸣作为壮族文化中心的优势是显而易见的。武鸣马头元龙坡西周至春秋墓群以及安等秧战国墓群，出土了富有地域特色的随葬品，有青铜兵器、铜鼓、生产工具、生活日用品、大量陶器和玉石器，包括镂刻细纹匕首、剑、矛、镞、斧、刮刀、釜、钵、杯等，代表了骆越青铜工艺的最高水平。大量证据已经表明：大明山南麓地区是壮族先民骆越人的祖居地，是骆越古国最早的都城所在地。

武鸣总人口近70万，80%以上是壮族人，一代枭雄陆荣廷就是武鸣人。至今武鸣依然传承着丰富多彩的壮族文化，在文化强区的时代背景中，发展文化产业、民族文化旅游，打造传统与现代交融的壮族文化枢纽的思路日益清晰。

（三）壮欢乐园：建设壮族文化传习中心的构想

"壮欢"即用壮语演唱的"壮族民歌"，已被列为广西壮族自治区和国家级非物质文化遗产名录，是壮族文化的杰出代表，具有独特的艺术魅力和文化价值。

"壮欢乐园"以"壮欢"的现代传承为中心，通过与社区文化建设、民俗旅游开发、人文教育相结合，探索少数民族地区和谐文化建设的新路径。"壮欢乐园"作为一个文化符号，体现了壮族文化符号与汉族文化的交融，是"壮欢"与"乐园"的结合，也是"壮"和"欢乐园"的统一。如果将"壮欢乐园"四个字刻印在绣球状的物体上，从不同的侧面可以读成"壮欢乐""壮欢园""乐壮欢""园欢乐"等，意趣盎然。笔者提出的"壮欢乐园"构想目的是建构"人与自然和谐""人的身心和谐"的，令世人向往的精神家园，为"和谐广西、美丽乡村"建设探索新的路径，树立民族文化传承与创新的典范。

"壮欢乐园"与上述"百越壮都""文化壮都"的理念相比较，并不强调"高、大、上"的文化定位，更侧重同壮族地区的乡村振兴相结合，更接地气，倡导让民众拥有更多参与建设的机会。其地点可以选择风景秀丽、交通便利、民俗文化特色鲜明的村寨，集中建设壮族文化的博览园，将之建设成为绿色生态、错落有致的具有鲜明壮族特色的文化园区。园区的总体功能区包括："壮欢"文化传习区、壮族民居博览园、壮族文化研究交流中心、生态壮家度假区、生态农场观光区、壮族工艺及民族工业园区等部分。

1. "壮欢"文化传习区

"壮欢"是壮族民众心灵和情感的表达，曲调优美，压腰脚韵，风格独特。但是，由于现代娱乐方式的冲击，"壮欢"的传承面临断层危机。全国壮族聚居区至今没有以"壮欢"为主题的文化园区，该园区的建设具有开创性的意义和深远的历史价值。

该区域与公共文化服务中心连成一体，是"壮欢乐园"的主入口，壮欢广场、壮欢大道（城市大道）、壮族文化研究中心是主体部分，还包括"对歌堂""传歌馆""会歌厅""学歌亭""藏歌楼""铭歌碑""赛歌台"等功能区，营造具有浓郁壮欢文化色彩的场境。

2. 壮族民居博览园

该区域以当地壮族人为主体，住户是懂得壮族历史和民俗的壮族文化传承人，是"壮欢乐园"建设的参与者。在建设过程中，应结合新农村社区建设，广泛搜集壮族民居文化元素，聘请专家设计体现壮族建筑文化内涵且风格各异、个性鲜明的壮族民居，从纵向体现不同历史时期壮民族的居住风格，从横向体现不同地区壮民族的居住风格。

3. 壮族文化研究交流中心

建设壮族文化传承中心及壮欢剧院。该中心以区内外壮族文化研究机构和社团组织为依托，建设集民族文化研究、学术交流、培训及民族餐饮等于一体的多功能壮家文化传承、传播、研究和展演的场所，成为不同区域壮族文化研究交流中心、壮族文化传播和交流的重要平台。壮欢剧院将壮族民歌、壮族舞蹈、壮族民俗等通过艺术的手法搬上舞台，最大限度展现壮族文化艺术的精华，不断提高壮族文化的创作水平和对外宣传力度，实现雅俗共赏，同时，成为各民族文化艺术交流的窗口。

4. 生态壮家度假区

该区域以绿色、无公害庄园的生态理念，建设农家小院、亭台楼阁，为少年儿童提供场地种植竹林、果树、蔬菜，提供亲近自然的机会。大自然是一个由阳光雨露—植物—动物—人类构成的完整的生态链，生态农庄应充分利用太阳能和天然的生物链，建设合乎自然本性的生态体系。尽可能利用太阳能、沼气作为能源，循环用水，利用水库养鱼，供游客垂钓；建设运动休闲空间和配套服务设施，为游客提供赏心悦目的休闲环境。

5. 生态农场观光区

旅游被誉为现代的朝阳产业，旅游对建筑、商贸、餐饮等产业具有明显的带动作用。生态农场观光旅游区与周边的养殖基地连通，植树造林，修路建亭，营造优美自然生态环境，开发特色农家旅游项目，为城市居民提供穿行于田间小路的徒步旅游，使其体验农家生活，呼吸新鲜空气，享受清静时光。以此带动农民增收及新农村建设，促进农村社会经济文化的和谐发展。

壮族先民把野生稻驯化为栽培稻，是我国最早创造稻作文明的民族之一。通过建立稻作文化认知园，具体形象地展现壮民族的稻作农耕历史文化，进一步了解壮民族耕作历史和劳动历史。还可以围绕稻作农耕的信仰习俗，展现以祭祀崇拜对象为中心的节日活动，如蛙婆祭祀、新年祭祀牛栏、开耕仪式、禾魂节、牛魂节、尝新节、糍粑节等。

在农业认知园中，尽可能种植丰富多样的农作物品种，尽可能展现各种各样的劳动工具，并建立劳动基地，让孩子们在这里体验真实的劳作，体验"童年快乐时光"，集中展现农村的儿时游戏，体验快乐、无忧无虑的童年。同时，建立生态的种养殖基地，严格采用生态生产流程，生产高品质的蔬菜、水果和畜牧产品。

6. 壮族工艺及民族工业园区

该集中区作为"壮欢乐园"的园中园，具有重要的经济价值。相关产品具有广阔的开发前景，通过集中展示壮族传统工艺，有利于人们全面认识壮族文化，也有利于通过生产性传承，促进壮族工艺品的产业化发展，让"壮欢乐园"的建设体现文化效益、社会效益与经济效益的协同发展。

该集中区的主要功能：重点打造民族工业品牌，开发壮民族工艺品，制作壮族服饰、壮锦、绣球等旅游产品；深度发掘壮医壮药文化资源，弘扬壮族康养文化；深度挖掘壮族食品种类，并选择有代表性的品种进行加工生产推向市场；开设"壮家人"餐饮店，提升壮族特色饮食的文化品位,传承民间菜肴,酢肉、龙棒(壮语音译)、五色糯米饭、煨南瓜饭、生菜包饭、压年饭、竹筒煨饭、玉米粥、艾草粥、大年粽、黑肉粽、合欢粽、蕉叶糍、酿苦瓜、腊肉等;酿制具有壮族特色的饮品,诸如小锅米酒、红薯酒、玉米酒、桑葚酒、特色水果酒等。

"壮欢乐园"将"美丽乡村建设""旅游景区建设""田园综合体建设""文化园区建设""生态和谐、世态和谐、心态和谐建设"融为一体,充分考虑经济效益、社会效益、文化效益和生态效益的和谐统一与共生共赢。

(四)"文化壮都"的空间布局与各个候选地的优势

壮族文化传承中心建设是在传承壮族传统文化的基础上,融入时代精神和现代元素,促使文化事业与文化产业相交融,提高壮族文化的自觉与自信的需要,凸显广西壮族文化特色,振兴广西文化事业与文化产业。

"文化壮都"以及其他形式的壮族文化博览园、文化传习中心的建设涉及国土规划、当地政府的部署、商家的投资、社会的基础与民众的支持诸多层面,难以一蹴而就。但是,广西壮族需要树立一个文化汇聚、展示、传习基地的理念,已经成为改革开放以来广西壮族自治区内外许多关心广西、关心壮族文化建设的各界人士的心中梦想,至于这一中心和基地落户何处、依然未有定论,人们依然在筹划和期待当中。南宁市郊、南宁市武鸣区、崇左市宁明县、百色田阳敢壮山以及柳州、宜州、桂林、来宾等地都有各自的优势,都具备创建"文化壮都"的基本条件。以上各地的历史积淀、文化符号、区位与文化优势,如表8-3所示。

表8-3 "文化壮都"候选地的历史积淀、文化符号、区位与文化优势

序号	候选地	历史积淀、文化符号	区位与文化优势
1	南宁市区及近郊	大石铲与稻作文化、首府所在地、南宁国际民歌艺术节、绿城歌台	依托首府的政治、经济与文化地位,交通便利,利于汇聚全区力量
2	南宁市武鸣区	骆越古都文化、青铜器文化、龙母文化、标准壮音	文化积淀深厚,交通便利,三月三歌圩传承久远

续表

序号	候选地	历史积淀、文化符号	区位与文化优势
3	百色市田阳区	以手斧为代表的远古文化、敢壮山布洛陀、民歌传统、麽经	位于右江河谷，闻名中外的布洛陀祭典影响深远，群众基础深厚
4	崇左市宁明县	世界遗产花山岩画、骆越故地	花山岩画成为世界遗产知名度大为提升，明江沿岸风光秀丽
5	柳州市辖区	柳江人遗址、白莲洞文化遗址、柳城壮欢、莫一大王崇拜、百里柳江	位于桂中大地，交通便利，经济基础、文化基础较好
6	宜州市辖区	刘三姐歌谣、民歌传统	刘三姐文化积淀深厚，民歌传承具有广泛的群众基础，风光秀丽
7	桂林市辖区	宝积岩、甑皮岩古人类、龙脊梯田、俍兵后裔、"印象·刘三姐"	国际旅游胜地闻名中外，壮汉文化交流的前沿，便于向海内外传播壮族文化
8	来宾市辖区	麒麟山人等考古文化、忻城土司衙门、盘古信仰、壮族师公文化、壮锦	红水河文化积淀深厚，壮文化特色浓郁
9	云南文山	娅王信仰、《坡芽歌书》《八宝歌书》、侬智高的传说	壮族原生态文化保存相对完好，壮族民歌文化底蕴深厚

无论如何，"文化壮都"作为壮族文化博览园和传习基地，其实是壮族诗性传统的传承、文化长廊建设以及"文化强区"建设的有机组成部分。在建设具有"时代特征、壮乡风格、和谐兼容"民族文化强区的过程中，切实需要解放思想，放飞梦想，以更为开阔、开放、开明的心境和胸怀，构建广西和壮族文化发展战略，在复兴中华文化、建设社会主义文化强国的新时代语境中，以"创新、协调、绿色、开放、共享"五大发展理念为指引，科学绘制广西和壮族文化改革发展的宏伟蓝图。

第九章 诗境营建:"千里歌路"与壮族文化的传承

诗性是人的身心自由的全面存在,是对人性的至深关怀,是一种超越功利的豪迈和超凡想象。"诗境"通常可以做多样化的解读和界定,从狭义上说,"诗境"即"诗性的境界",是一种令人萌发诗兴的特定场域。从广义上说,"诗境"是一种广泛存在的能够激活灵感的地理场域。任何特定范围中由山川、湖泊、田园、花草林木、飞禽走兽和特定人群构成的人文世界,都有可能成为一种诗性的空间,或者说,不同历史时空中的特定民族在特定的地理环境中,都有可能激活诗性的基因,焕发诗性的想象,运用诗性的思维,构拟诗性的境界。针对壮族文化建设而言,"诗境营建"超越狭义和微观层面的理解,从相对宏观的角度,探寻壮族聚居区的诗性文化渊源、诗性想象和诗性空间的现代重构,力图将诗性意蕴、诗性精神和诗性文化传统融入壮族文化传承以及文化体验旅游的过程之中。

一 "六脉系统"与"千里歌路"的理念

壮族诗性境界和壮族文化的传承依托于特定的时空,依托于人们对地理环境的感知和想象。因此,文化建设无法脱离特定的历史时空而凭空营建。另外,壮族文化传承离不开特定人群的文化感知和文化觉悟。换言之，文化空间植根于特定的自然环境之中，文化学意义上的诗性境界是由"山脉""水脉""龙脉""人脉""文脉""根脉"六大系统构成的相互交融的整体。

（一）"六脉系统"的意涵和结构

在中国传统文化的视域中，"脉"的本义是血管，引申为山、水、田园等事物的连贯性。基于天人相通的理念，中国古代先贤将人体中的脉理对应大自然的结构，正像人体就是一个小宇宙，人有经脉，天地山川也有相应的"地气"、"地脉"及其运行规律。有特殊禀赋的人可以通过神秘的"内视"，观察到经脉的流动，感知天地间山脉的运行规律，山脉、水脉像人的经脉一样也潜藏着一股"气"，即为"龙气"。

在人文地理学的视域中，"龙脉"实为客观存在的山川田园和文化空间想象的统一体，是显在和隐在的地理脉络的交融，亦即由起伏绵延的山脉和奔流不息的江河相互依存而构成的整体。古人将水代表财富，将土想象成龙的肉、石是龙的骨、草木是龙的毛发。人们想象中的"龙"能大能小，能屈能伸，能隐能现，能飞能潜。山势和水流就像龙一样变化多端，时隐时现。龙脉的好坏与山势和水体的情况密切相关，山脉绵延、水源充沛，富贵也相应持续久远。

世界上的绝大多数城市都是依傍大江大河而建，小村落的理想住地也是"有靠山，有水源"的地方。自古以来，中华民族被称为"龙的传人"，可以理解为中华大地上隐藏在山川田园的"龙脉"养育了世世代代中华儿女，正像人们将特定区域的河流称为"母亲河"，其实是河水滋润了一方水土，滋养了一方人。只不过人们用想象性的"龙脉"的强旺或断裂，探寻民族兴亡的缘由，运用神秘关联的"前逻辑"思维，解释山水田园与人丁兴衰的关联，强化"地灵"造就了"人杰"，相信唯有在依山傍水、山川秀丽的"龙脉旺地"，方可诞生出类拔萃的国家栋梁之材。

生态系统制约着人文世界的演化发展，两者相互制衡、相互影响的关系是不言而喻的。在中国话语中,"江山"的隐喻是"国家"和"国家政权",其实,"江"为"水龙","山"为"土龙",欲求"江山永固",就不能让"水龙""土龙"构成的风水格局被破坏。而从生态学的角度看,则是不能让山崩地裂,水源枯竭,河湖干涸。除去依附在风水学之上的"非理性""反科学""神秘化"之因素,风水学意义上的"龙脉"和生态学意义上的"天地自然之机理"各有不同的致思路径和解释方式,但实际上是"貌离"而"神合",彼此之间具有异曲同工之妙,因为特定区域的生态环境在某种程度上决定了当地居民的命运。山清水秀天蓝,才有利于人的身心健康,而山体滑坡、水体污浊、空气被污染,必然危及人的生存。

孔子曰:"智者乐水,仁者乐山。"在诗性语境中,"水"的文化表征是畅流通达、活跃灵动、敏捷透明、包容柔和、悠然淡泊、顺其自然、以柔克刚;"山"的文化意象是耸立挺拔、坚韧顽强、稳重赤诚、坚守静穆、仁慈厚道、朴实谦逊。特定地理空间的山水和自然环境模塑着不同地方的风土民情和文化风格。或者说,理解一个地方的文化特质,需要从观察特定区域的山水田园和自然生态环境入手。

人是创造文化和传承文化的主体,先有"人脉",后有"文脉"。

在文化人类学的视野中,"人脉"的主要内涵是以家族、宗族、族群和民族为主要组织形式的人类起源、繁衍与发展过程,而不是公共关系学领域所理解的有某种利益关系的人际关系。观察"人脉"的重心是了解特定区域的历史名人和杰出人才,深思"钟灵"如何"毓秀"。参照族谱,了解特定姓氏和宗族的来历、迁徙过程和世代相传的宗族谱系。更宏观层面的是关注特定区域的文化传承主体,在特定的场域中有哪些家族、宗族、族群和民族构成当地的人口结构以及传承脉络。

"文脉"即"文化的脉络"。每个区域每个民族的文化包括各种外显或内隐的行为模式,并且传承着一套象征和符号系统,以语言、文学、艺术为表现形态,以生活方式、价值观念、思维方式、道德意识为内在特质,这些特质构成了特定区域特定民族的"文脉"。

"根脉"源自悠久的民族历史,潜隐在民族生命的血脉中,是"气脉""血脉""命脉""国脉"相混融而成的综合性概念,是一个民族自立于世界民族之林所依托的社会文化根基和思想精髓,是隐含在民族生命体中的精神潜流和民族心魂,是由民族谱系、文化谱系和核心价值观凝结而成的综合整体。

"六脉系统"中的六个子系统相对独立,却又彼此相互制衡、相互贯通、相互影响,共同构成相对完整的人文世界。特别是在山岭绵延、河溪遍布的生态系统和地理空间中,人们依山傍水而居,借助文化想象寻找"龙脉",在有"龙脉"的地方营建栖居的空间,世世代代生息繁衍,家族、宗族、民族的血脉世代绵延。有人即有文化,特定的宗族和族群世代传承的语言文字、信仰习俗、伦理道德、文学艺术构成了生生不息的文化脉络。"六脉系统"的观察要点与文化表征详见表9-1。

表9-1　　　　"六脉系统"的观察要点与文化表征

名称	观察要点	文化表征
山脉	山系走向、山形、山势,植被	"土龙"寓意,空间想象,与某种动植物或某种物体的相似性,给人挺拔、稳重、坚韧不拔的文化意象
水脉	水源何来,水体特征,水质,江河、湖、潭、塘、泉、井的分布.灌溉、渔业养殖	"水龙"寓意,人与水:饮用、沐浴,呈现灵动、畅达、变通的文化表征
龙脉	山水交汇,依山傍水,负阴抱阳,山水与田园的组合	空间意象的解释,风水的传说,山清水秀、钟灵毓秀、地灵人杰的祈愿
人脉	家族、宗族的起源,人口结构,杰出人物,民族迁徙	先祖的认知和认同,名门望族,人丁兴旺、香火绵延
文脉	文化传承人,仪式主持人,文学艺术的欣赏、创作,人文传统的延续	文化的传承与习得,生活方式与风土民情、审美传统的赓续

续表

名称	观察要点	文化表征
根脉	文化的根基、"气脉""血脉""命脉"的意象、民族精神、文化品格、道德底线、价值观念、文化瑰宝	民族生命意识、庄严的民族仪式、民族根祖的认同与敬仰，民族价值体系和信仰传统的坚守

在科学不断发展的 21 世纪，我们更应当依托生态学、地理学、人类学、文化学、民俗学等科学理论，客观理解自然环境与人类生存的内在关系，借用"地脉""龙脉""人脉"的解释方式，理解山环水抱的"风水宝地"对于"文脉""根脉"赓续及其对文化建设的实践意义，在山清水秀的环境中营建怡然自得的诗性境界。

"六脉系统"一方面是回观式地理解特定场域民族文化来龙去脉的"六大维度"；另一方面也是前瞻式地探讨民族文化传承路径的"六大层面"。每一个民族的性格和文化传统皆不是从天而降，而是在漫长的人与自然、人与人的互动中，经过千百年的陶冶而生成。各民族民众在山水田园间谋生创业，日夜奔波忙碌，常常跋山涉水。在传统农耕社会中，人们常规劳作方式是上山砍柴，下田地间耕耘，到水中捕鱼，行走在崇山峻岭之间，驶舟荡漾在江河湖海中，各民族的性格由此潜移默化地养成，各民族的文化也在这种生计模式中世代绵延。

（二）"千里歌路"的核心理念

"千里歌路"的理念源于德国知名的"童话大道"的启迪，该旅游大道的起点为哈瑙（Hanau），终点为不来梅（Bremen）。从格林兄弟的出生地哈瑙一路向北，经过施泰瑙、施瓦尔姆城、马尔堡、卡塞尔、哥廷根、哈美恩，一直到不来梅。长约 600 千米的"童话大道"实现了人们追忆格林兄弟及其作品的梦想，人们对童话的渴望从未因时光变迁而有丝毫削减，并且对于探访"格林兄弟童话王国"更加充满热情与期待。"千里歌路"建设将"童话大道"作为参照，但不是简单的模仿，而是结合珠江流域的文化传统，建设具有中国特色的文化旅游线路。

"千里歌路"建设的核心意旨是：依托于珠江流域的民歌文化旅游资源，在珠江流域中上游的漓江、柳江、红水河、左江和右江五大支流，每条支流建设100千米左右、总体上约有500千米的以歌俗、歌会、歌者为主轴的文化体验旅游线路。

这五大支流的主体民族是壮、汉、苗、瑶、侗等民族，各民族创造并传承着丰富的民歌文化资源，刘三姐是珠江流域民歌传统的杰出文化象征和文化符号。"千里歌路"建设的总体构想是：将以民歌为核心的民间文化融入旅游线路，让游人领悟到珠江流域各支流源远流长而丰富多彩的民歌传统，感知珠江流域各民族作为自然生命的"身"（body），作为人的知、情、意的"心"（mind），作为心灵的觉知、体悟与意志的"灵"（spirit）的本真形态。与此相对应的是借鉴中外哲学、文化学、教育学等领域关于"身、心、灵"的理论，在文化体验旅游过程中，让人们体悟更深层次的"饭养身，歌养心，圣养灵"的文化智慧，领会特定区域民族的养身之道、养心之道和养灵之道，实现身强体健、心安神宁的生命圆满。

常言道：一方水土养一方人，一条江河孕育一种文化，江河是文明的摇篮。世界各地的江河所流经的区域，不仅灌溉着当地的田园，也滋养了栖居其间的民众及其文化。在旅游学和人类学领域，历来就有以江河流域作为调查和研究对象的传统。这是因为特定的江河流域往往具有文化类型学意义上的文化相似性和文化传统的相对统一性。随着自驾游、徒步游、养生游、研学旅行、文化体验旅游等多种旅游模式的兴起，传统的由旅行社组团，以景区、景点作为主要旅游目的地的旅游模式，已经不能满足游客多样化的旅游需要，也难以让旅客体验到旅游地多姿多彩的文化形态。越来越多的国内外游客希冀扩大旅游目的地的范围，了解和体验特定景区和景点之外的特定民族及其文化习俗，从中体验人类文化的多样性，感知各地域各民族的历史渊源和审美传统，从而增长见识，获得悦耳悦目、悦心悦意、悦神悦志的审美体验。因此，未来的旅游模式转型以及全域旅游的兴起，必然超越以"吃、住、行、游、娱、购"为核心的旅游模式，转向以"商、养、学、闲、情、奇"为核心的新的旅游模式。

纵观当下珠江流域文化体验旅游理论研究和相关实践的现状，在学术研究领域，徐松石的《粤江流域人民史》①和黄伟宗、司徒尚纪主编的《中国珠江文化史》②全面梳理了珠江文化的历史源流，是具有经典意义的研究成果。周大鸣的《珠江流域的族群与文化》从宏观的角度，阐述了珠江流域的族群构成以及文化的整体形态。③杨春宇、文传浩的《珠江流域民族文化与生态旅游研究》提出了将滇黔文化、八桂文化、岭南文化进行整体交融，建构"珠江全流域旅游文化走廊"的构想。④还有其他为数众多的涉及珠江流域历史文化、传统村落、经济发展、经济合作、生态补偿、旅游开发的研究，都对"千里歌路"建设具有重要的参照价值和启迪意义。

任何人的文化体验皆离不开"眼、耳、鼻、舌、身、意"之"六根"理念以及与"六根"相对应的"听觉、视觉、嗅觉、味觉、身觉、意觉"感知。在文化体验旅游过程中，自然景观和人文景观作用于人的视觉，而民歌演唱作用于人的听觉，茶酒美食作用于人的嗅觉和味觉，手工制作与健身活动作用于人的触觉。各种感知路径的交融与沟通，是全面而深刻体验特定区域文化意蕴的有效方式。

在 21 世纪文化体验旅游和全域旅游兴起的时代背景下，笔者一直思考珠江流域的文化传统如何融入文化体验旅游过程的问题。位于珠江中上游的广西，被誉为"歌海"，自古以来就具有源远流长的"饭养身，歌养心"的民歌文化传统。这是一笔弥足珍贵的文化资源，将之融入珠江流域

---

① 徐松石：《粤江流域人民史》，载《徐松石民族学研究著作五种》，广东人民出版社 1993 年版。
② 黄伟宗、司徒尚纪主编：《中国珠江文化史》，广东教育出版社 2010 年版。
③ 周大鸣：《珠江流域的族群与文化——宏观视野下的人类学研究》，《社会科学战线》2017 年第 2 期。
④ 杨春宇、文传浩：《珠江流域民族文化与生态旅游研究》，《学术探索》2006 年第 1 期。

文化体验旅游当中，有助于民歌文化遗产的保护，也有利于珠江流域文化体验旅游模式的建构全域旅游品味的提升。

然而，将珠江流域的民歌传统与文化体验旅游相结合，在理论上缺乏系统的探讨，在实践上还处在摸索阶段，尤其缺乏站在珠江流域的宏观视野对珠江流域民歌传统文化旅游进行整体性的研究。这是一个相当复杂的课题，需要参照国内外文化旅游的成功案例，建构基于珠江流域人文底蕴的线路和旅游模式。

二 漓江流域：壮族历史的记忆

漓江发源于广西桂林兴安县华江乡猫儿山，漓江流域东面与恭城瑶族自治县、灌阳县接壤，北面与全州县、资源县交界，西面与龙胜各族自治县、永福县相连，南面与荔浦市相接。漓江全流域属于桂林市辖区，但是，桂林市辖区超出了漓江流域的范围，兴安县北部、灌阳县、全州县、资源县的湘江、灌江、资江属于长江水系，龙胜各族自治县境内的寻江、临桂区，永福县境的义江、洛清江属于柳江水系。在此用"桂林—漓江流域"概念，意在超越单一的以水系为划分文化区的标准，而更多侧重桂林的文化传统和约定俗成的文化认同心理。龙胜各族自治县、临桂区宛田、黄沙、茶洞以及永福县的壮族聚居区不属于漓江流域，但属于桂林市，故将之同漓江流域范围内的其他壮族村落作为一个整体，审视桂林—漓江流域的山脉、水脉、龙脉、人脉、文脉和根脉的总体情况，探寻桂林—漓江流域壮族历史记忆与文化传承。

桂林—漓江流域的山脉有相互连接的山岭，但更多的是拔地而起、昂然独立的孤峰。全区域内总的地势是由北向南倾斜，四周多为绵延不断的山岭，中部为盆地、岩溶地貌或河谷地貌，有大量的峰丛、峰林、孤峰景观。北面为越城岭，耸立着海拔2141米的华南最高峰猫儿山；西部为天平山，东部为都庞岭、海洋山；南部为架桥岭。桂林—漓江流域是世界典型的喀斯特岩溶地貌发育区，漓江两岸奇峰林立，风景秀甲天下。桂林—漓江流域是长江水系和珠江水系的结合部和连接点，秦修灵渠，唐开相思埭，打通了长江流域和珠江流域的水上通道。

漓江从北到南流经兴安、灵川、桂林、阳朔等地，漓江主要支流有大榕江、小榕江、甘棠江、桃花江、相思江、遇龙河、金宝河、海洋河、潮田河、大源河等。漓江流域的山脉、水脉自成一体，在山环水绕中生成许多风水宝地，桂山漓水间诞生了许多在中华文明史上有一定地位的历史名人。譬如，临桂被誉为"状元之乡"，先后养育出赵观文、陈继昌、龙启瑞、张建勋、刘福姚、李珙、裴说等文状元或武状元，还有陈宏谋、王鹏运、况周颐、李宗仁、白崇禧等风云人物，堪称人才辈出。一代名臣陈宏谋以及"三元及第"者陈继昌的故乡临桂四塘乡一品峰下的横山村，位于临桂区两江镇的李宗仁故居，至今依然是历史文化旅游的重要目的地。

从"人脉"维度审视，随着"宝积岩人""甑皮岩人"的发现，证明桂林—漓江流域至少在两三万年前已经有远古人类在这里繁衍，至春秋战国时期，百越族系中的西瓯人是桂林—漓江流域的原住民族。秦王朝统一六国后，于公元前219年发动了对岭南百越地区的征服战争，遭到岭南越人的顽强抵抗，陷入进退两难的境地，时常警戒，致使"三年不解甲驰弩"，在凿通灵渠之后疏通粮道，再与越人战。西瓯君译吁宋虽然被杀害，但是，"越人皆入丛薄中，与禽兽处，莫肯为秦虏"（刘安：《淮南子·人间训》）。

在桂林—漓江流域留下的灵渠和秦城遗址，至今仿佛仍在诉说着两千多年前的战争烽火，也让人们明确知道能够与秦军对抗三年的西瓯人的实力。西瓯人虽然初战不利，君王被杀，但是，宁与"禽兽处"，亦不肯"为秦虏"，表现出一种宁死不屈的气节，并且重整旗鼓，"相置桀骏为将，而夜攻秦人，杀尉屠睢，伏尸流血数十万"。

秦始皇统一岭南之后，设置了桂林郡、南海郡和象郡，秦王朝覆灭后，驻守岭南的将领赵佗自立为"南越武王"，建立了割据政权。而南越国的统治者是秦王朝派出的50万大军及其后裔，南越国的臣民是百越原住民。这些岭外移民与原住民族通婚、融合，演变成当今华南地区的汉族，而世居岭南的百越人演化成当今的壮侗语族各民族。

在两千多年的历史中，由于中原地区王朝更迭、战争频仍、自然灾害频发等，不断有岭外人士移居桂林—漓江流域，甚是可以说桂林—漓江流域的历史就是一部移民的历史，不了解移民的过程就难以理解桂林—漓江流域的人脉系统。从大体上说，虽然先秦时期，岭南与中原地区已经有了大量的人员流动和文化交流，但是，大规模移民还是始自秦朝军队南征岭南时。汉武帝平定南越后，岭南与中原地区的联系更为紧密。在秦汉以降的各个历史时期，每逢中原地区动荡不安，便会掀起一波又一波移民浪潮，许多民众被迫远离故土、移居岭外，还有以颜延之为代表的诸多文人雅士或因贬官或因周游来到广西，也有不少屯田驻军将士、经商者落籍桂林。更为普遍的是相当多的岭外民众由于原居地人口密集，耕地不足，人地矛盾激化而来到桂林—漓江流域开荒拓土，建立家园。还有一部分移民是贪赃枉法的逃罪者，隐姓埋名在桂林—漓江流域择地隐居，甚或重构并美化先祖起源和迁徙缘由。

之所以在"千里歌路"的格局中突出漓江流域"壮族历史记忆"的主题，源于在桂林—漓江流域的壮族历史是被遮蔽、被遗忘的历史，许多人早已忘却了秦瓯战争的硝烟，早已遗忘了桂林—漓江流域在春秋战国时期曾是百越族系中西瓯人的主要栖居地。西瓯人因抵挡不住秦军的锋芒而向南迁徙，退隐山林，外来移民逐步成为桂林—漓江流域的主体民族。但是，直至当今，仍有许多壮族村落散布在漓江流域的山水田园之间，只不过这些村落文化传统逐步湮没在汉族文化之中。我们需要从历史记忆的角度，回归特定历史时空的语境，避免用"成王败寇"的历史逻辑，漠视特定区域文化的客观事实的存在。

就桂林旅游而言，人们习以为常的旅游项目是：漓江山水风光、历史古迹观光、农家田园风光、少数民族风情等旅游产品。中山大学编制的桂林市旅游发展规划将桂林—漓江流域划分为：桂林城市旅游资源区、漓江风光旅游资源区、阳朔田园旅游资源区、兴安灵渠与乐满地旅游资源区、兴安猫儿山旅游资源区、龙胜矮岭温泉旅游资源区、龙胜龙脊旅游资源区、资源县资江—八角寨山水旅游资源区、荔浦丰鱼岩旅游资源区、恭城儒家文化暨生态旅游资源区、全州湘江旅游资源区、天湖旅游资源区、灌阳古民居暨民族文化旅游资源区、永福寿城旅游资源区、临桂瀑布旅游资源区和平乐榕津旅游资源区。涵盖范围很广，但是，在实际实行过程中，还需深度阐发桂林的历史文脉。长期以来，举世闻名的漓江风光、阳朔田园风光、世界灌溉工程遗产灵渠、龙脊梯田风光等景点成为游客来桂林旅游的首选目的地，有意无意地忽视了包括壮族风情在内的文化体验旅游，或者说，人们普遍的旅游心态是：到桂林—漓江流域，就是看这里的自然风光，自然风光的超高知名度和超强吸引力令人难以顾及桂林—漓江流域的人文历史和文化底蕴。

另外，桂林—漓江流域虽然是西瓯古国的故地，但是，现阶段壮族聚居的核心地区在柳州—柳江流域、来宾—红水河流域、百色—右江流域、崇左—左江流域以及南宁—邕江流域，这也让人觉得开展壮族文化体验旅游的中心不在桂林—漓江流域。这种认知源于忽略了先秦时期桂林—漓江流域的远古文化脉络，忽视了目前桂林—漓江流域仍有许多壮族村落。这些壮族村落的先祖大多数是来自南丹、东兰等地的俍兵，明朝期间奉王朝之命前来平定动乱，待时局稳定之后，朝廷将位于交通要道附近的田地划给俍兵耕种，随后安营扎寨，建立村落，定居落户，繁衍后代。桂林—漓江流域有些村落的民众已经改操汉语中的西南官话，原本的壮族习俗因为时过境迁而荡然无存。但仍存部分壮族村落，依然保留讲壮语的传统、供奉花婆和莫一大王，传承着壮族的文化血脉。

桂林—漓江流域的壮族人口因为统计时间的不同而有不同的数据。以临桂县（区）为例，1957 年壮族人口为 5966 人，占全县总人口的 1.38%；据 1964 年人口普查，壮族人口为 5792 人，占全县总人口的 2.47%；至 1990 年，壮族人口为 15628 人，主要分布在茶洞（2706 人）、两江（2450 人）、南边山（1903 人）、宛田（1512 人）、渡头（1281 人）、保宁（1249 人）、中庸（1077 人）等乡镇。临桂壮族大体上记得先祖的来源，保留着壮族的花神崇拜、莫一大王信仰和传唱民歌的风俗习惯，许多族谱记载了本宗族的血脉传承，宛田、黄沙、茶洞一带的壮族依然讲壮语，保留着民族的历史记忆和身份认同。

阳朔县壮族主要聚居在高田、普益和金宝三个乡镇，2001 年的数据显示，阳朔共有壮族 33783 人，其中高田壮族 19381 人，占该镇总人口的 57.37%。值得关注的现象是，在高田镇，居住在交通便利的村落，村民们习惯于用壮语作为日常用语，而在远离交通主干道相对封闭的村落，壮语反而失传了。位于国道旁边的蒙村，大人小孩都用壮语交流，而远离国道的朗梓村以及金宝乡的壮族都改操汉语。在实地调查中，村民的解答是"不会讲汉语，出门都不懂搭车"。或许更深层次的原因是越是在相对封闭的地方，人们越需要一种超越自我而融入主流社会的心理趋向。

譬如，入选第二批中国传统村落名录的朗梓村，始建于清朝顺治年间，隶属阳朔县高田镇，距离桂林 82 千米、阳朔 22 千米、高田镇 8 千米。该村 95% 村民姓覃，始祖覃正遥，原居宜山庆远，据传是吴三桂部下的一名战将，因与清兵作战失利，在逃难中路经朗梓，见此地有 3 棵橄榄树，枝繁叶茂、硕果累累。视为吉地，故在此建立村寨，以"榄子"作为村名。至民国元年，族人认为孙中山推翻封建帝制，建立民国，至此改朝换代，梓里明朗，改村名为"朗梓"。在开寨之初，这里人烟稀少，荆棘遍地，但是，村后有青山为靠，村旁有河水奔流不息，水源充足、土地肥沃，山清水秀，被当作"五龙抢珠"的风水宝地。据 1998 年编撰的朗梓

《覃族谱书》记载，从清朝初年建村以来，朗梓崇文重教，人丁兴旺，人才辈出，素有"一门四进士，同堂两县官"之说，堪称地灵人杰。其中的代表人物覃梦榕才思敏捷，有过目不忘之才，于光绪年间考中进士，历任贵州普安、安定等县知事，因治理有方，名望甚高。他著有《地理辟谬》以及诗文集数种，在任阳朔寿阳书院山长期间，慕名前来求学者络绎不绝。

朗梓覃氏班辈排名诗为："思守祖宗业，惟怀继述先；家声希永盛，善积学宜坚。"

清朝后期"思"字辈出生，民国时期，以"守"字辈为主，中华人民共和国成立后，"祖""宗""业""惟""怀""继"等班辈相继出生，瓜瓞绵延。现存的古老建筑群，尤其是占地约2000平方米的覃氏三公祠堂——瑞枝公祠雄伟壮观，见证着朗梓覃氏家族的辉煌历史。

阳朔县朗梓村作为一个壮族村落的个案，值得从历史学、文化人类学、旅游学等学科的角度给予全方位的研究，引人深思的是朗梓自清代以来人才辈出，至今考上中专、大专和大学本科学校，在外谋得公职的人员不下100人，但是，从总体上说，朗梓覃氏宗族的壮族文化记忆已经相当淡漠，甚至烟消云散，空有"壮族"身份。从清代以来，该村覃氏族人以"壮族"之身躯，传承以儒家思想为代表的汉族文化。村中老一代壮族人还会说壮语，20世纪五六十年代及其以后出生的壮族人已经不说壮语了。"语言是文化的活化石"，语言的失落意味着思维方式和文化传统的改弦易辙。

其实，朗梓不乏记忆力超群的杰出人才。譬如，《覃族谱书》记载先祖梦榕公具有过目不忘的天赋奇才。在光绪年间，广西巡抚命其骑马自桂林南门出发，沿途默记街道两旁各个店门铺面的对联，行走四华里至北门下马后，挥笔录下所有对联，先后顺序全对，文字亦无错漏。巡抚申奏朝廷，被誉为奇才。梦榕公在桂林逛书店，发现一本《新印民刑法律全书》，意欲购买，可是书价昂贵，店主分文不减。梦榕公与堂叔便白天去书店观阅，晚上回住地记录，5天之后，把全书记录完毕，并装订成册，然后拿去给店主过目，竟然一字不差。店主骇然，视为奇才。

由是观之，桂林—漓江流域作为百越族系中西瓯古国的故地，积淀着深厚的历史文化底蕴，许多山环水绕的村镇是世间难求的风水宝地。现在，虽然在桂林—漓江流域已经没有西瓯人的踪影，但是，作为百越中西瓯、骆越人的后裔，壮侗语族各民族文化却依然是桂林—漓江流域文化体系的有机组成部分。桂林—漓江流域并不缺乏壮族身份的壮族人，也有像覃梦榕这样具有出类拔萃记忆天赋的优秀人才，壮族人身躯里流淌着西瓯、骆越先祖的血脉和遗传基因，却并未铭记壮族及其先民的历史文化源流，"人脉"和"文脉"相脱节，相应地导致民族"根脉"的衰微甚是断裂。因此，桂林—漓江流域壮族文化建设的当务之急是激活聚居于此的壮族民众的文化记忆。

作于公元前528年，距今2500多年的《越人歌》其实是先秦时期壮族先民活跃于楚越交界地带的铁证，桂林—漓江流域位于楚尾越头，是楚越文化交汇的中枢，面向未来的桂林—漓江流域文化建设，理应充分发掘以《越人歌》为代表的民歌文化资源，以《越人歌》作为一种文化符号，将壮族民歌传统融入文化体验旅游和文化建设的过程当中。

珠江流域千里歌路"桂林—漓江流域"段建设的总体思路是：以《越人歌》作为壮族民歌的象征，重新演绎鄂君子晳在游船上与越人对歌的盛况，用汉语、古越语和壮语翻唱不同版本的《越人歌》，让人们领略楚越民族之间的友好情谊。另外，用现代民歌形式编唱壮族历史歌，以壮族先民从百越族系中的西瓯、骆越，演化到乌浒、俚、僚、俍、僮和壮族的漫长过程为素材，编成"问答歌""谜语歌""历史长歌"等诸多形式，在一些文化体验旅游空间修建藏歌楼、对歌亭，要求歌者演唱的主体是历史题材，让游客体验壮族文化的悠久历史，建立起对桂林—漓江流域的相对完整的历史认知，也由此让桂林—漓江流域的壮民族实现"人脉""文脉""根脉"的和谐贯通。

三 柳江流域：壮族根祖的追寻

柳江干流发源于贵州省独山县尧梭乡里腊村境内，流经黔东南、桂北和桂中，在广西象州县石龙镇与红水河汇合后称为黔江，流经浔江，而后汇入西江和珠江。柳江干流全长773千米，主要支流是洛清江、融江和龙江。

柳江流域的行政区划以广西柳州市为主体，还有诸多支流流经区域分别隶属贵州南部的黔东南苗族侗族自治州、广西桂林市龙胜各族自治县、临桂区西部地区以及永福县的主要乡镇、河池市的金城江区、宜州区、环江毛南族自治县、罗城仫佬族自治县。行政辖区的多元化并不能阻隔柳江流域范围内的文化互动，也没有消解自成一体的柳江流域文化传统。

在"六脉系统"的审视视野中，柳江流域的北部横亘着南岭山脉、大苗山、九万大山等山脉，东部有天平山、架桥岭与漓江流域相临，西北部绵亘着西北—东南走向的凤凰山脉。境内到处是喀斯特地貌，群峰叠嶂，丘陵纵横，田园密布。

柳江是沟通黔桂粤三省区的重要通道，从清代直至20世纪50年代，黔桂的山货、木材运出，粤桂的百货、海盐运入，大部分依靠柳江航运。商品贸易的不断发展，相应地在许多水运交通中心形成农贸市场集散地，催生了商业的发展，吸引了很多商人前来经商和定居，许多圩镇也沿江兴起。

从"龙脉"的角度探视，柳江流域遍布带有"龙"字的地名，宜州母亲河为龙江，境内有九龙山、小龙河、白龙洞、龙头乡、福龙瑶族乡等，在宜州城区南3千米，九龙山因有九峰相连若龙而得名。九龙山主峰山腰有丹霞岩，岩口高20米，宽6米，入口处有椭圆形钟乳石，宛如青龙含珠。这里山秀洞奇，夕阳辉映，旧称"丹霞夕照"。在丹霞岩之南侧

第九章　诗境营建:"千里歌路"与壮族文化的传承　/　249

有九龙洞,洞前有深潭,上刻"九龙洞"三字。洞内有白色石屏,下有流石坝数条盘曲,在水中宛如九龙戏水。

柳州市城区以及周边地区的山山水水,同样与"龙"密切相关。相传在南朝梁代大同年间,柳州有"八龙见于江中",故别称"龙城"。柳州"小龙潭""大龙潭"公园景色秀丽。柳江南岸的马鞍山(亦称天马山)形如马鞍,山势宏伟挺拔,高耸入云。马鞍为古代生活、行军、祭祀等的重要工具,是民族迁徙中常用的器具。柳州马鞍山势压鱼峰山以及周边的山峦,风水理论认为这是利于外来者。清修《马平县志》记载:

> 县为附郭首邑,柳江绕其前,鹊山护其后。城之南,更有天马山相隔里许,轩鬐直上,势嫌太逼。形家谓主不胜客。故城乡内外,从戎贸易者多异省人,终鲜土著。然生齿由此繁,田野由此辟,实粤西一要地也。①

柳州附近亦有不少地方被认为是"龙脉宝地"。譬如,位于柳江区百朋镇的大武山,形如大象,也有人解读形似大虎匍匐,不远处有形如轮船的横山和昂首挺立的甘龙山、形如笔锋的甘直山,周边还有酒壶山、麒麟山、毓秀山,数座山峰遥相呼应,构成藏龙卧虎之地。百朋镇琴屯村委的金陵村,是桂系名将覃连芳②的故乡。这里被当作"美女梳妆照镜"之胜地,源自金陵村背靠数座挺拔耸立的山峰,犹如亭亭玉立的美女,村中有个水潭,如同梳妆时用的脸盆。金陵村对面的白山村后,有一座高耸的山

---

① (清)舒启修,吴光升纂,蘧义开、刘汉忠点校:《马平县志》,广西人民出版社1997年版,第11页。
② 覃连芳(1894—1959),民国时期新桂系著名将领,先后在武昌陆军中学、保定军官学校、法国央里诺斯航空学校求学,历任广西救党护国军教导团长、国民党陆军第七十四师师长,兼任柳州市建设处处长,为柳州基础设施建设做出积极的贡献。抗战期间,任三十一军副军长,参加"徐州会战""武汉会战",屡立战功。后在蒋桂矛盾中被免职,1949年移居香港,1959年在香港病逝。1982年,其后人将其骸骨安葬于金陵村后的山坡上。

崖，宽阔的白色崖壁犹如镜子。当地人以此解释覃连芳与覃氏家族兴旺发达的风水缘由。

从"人脉"角度分析，至少距今6万—5万年来，柳江流域就有远古人类在此区域生息繁衍。举世闻名的"柳江人""白莲洞人"的发现，激发了世人对华南人种及其后裔的无限遐想。

1958年9月，柳江新兴农场的员工在挖取硝泥做肥料时，发现了"柳江人"头骨化石，原本并不是严格意义上考古学的发掘，后经著名考古学家吴汝康等的研究，关于"柳江人"谜团逐步揭开。学术界通常认为与"柳江人"与北京"山顶洞人"一样，生活在距今5万年至7万年之间，"柳江人"脑部特征大多与现代人相似，已经具有了一系列现代蒙古人种的特点，是正在形成中的蒙古人种的一种早期类型，是中国以至整个东亚所发现的最早的现代人的代表，"表明我国华南有可能是蒙古人种发祥地的一部分"①。

白莲洞遗址位于柳州市东南12千米处的白面山南麓，这里的第一期文化距今3万年至2万年前后。出土的各类砾石制品，具有明显的旧石器时代风貌，"白莲洞人"的经济生活主要以采集和渔猎为主，猎取对象多为大型哺乳类动物，如剑齿象等，同时也捞取螺蚌为食。第二期文化距今约1万2千年，是华南地区旧石器时代文化向新石器时代文化过渡的典型代表，出土了大量粗犷的砾石工具、燧石石器、磨刃石器、原始穿孔石器和碾磨赤铁矿粉的碾磨石。第三期文化遗址距今12000至7000年间，出现了通体磨光石器、原始陶片和穿孔装饰品。"白莲洞人"已经会缝制衣服、用火和熟食，形成了白莲洞文化，成为远古人类的一个重要系脉。

进入有文字记载的历史时期，柳江流域的原住民族和主体民族是壮侗语族各民族及其先民。其中，侗族主要聚居在湘黔桂三省区相毗邻的地区，壮族聚居在低山丘陵地带，在柳江、柳城、融安、宜州等地，壮族人

---

① 吴汝康：《广西柳江发现的人类化石》，《古脊椎动物与古人类》1959年第3期。

口约占70%，其他还有仫佬族，毛南族，水族，汉族中的客家人、桂柳人、平话人、闽南人等不同的族系。历史上柳江流域名传青史的杰出人物首推宋朝年间的"三元及第"者冯京（1021—1094）。冯京远祖来自中原，其祖父流寓宜州，出生于今宜州市庆远镇状元湾。于1050年考中状元，官至枢密副使，参知政事，著有《潜山文集》20卷。

从某种意义上说，从考古发掘的远古人类到历史记载的壮侗民族先民，直至当今依然在柳江流域生息繁衍的诸多民族，柳江流域的人脉承继关系比较清晰，民族迁徙过程以及延续脉络基本可寻。

柳江流域的文脉源于远古人类的社会实践和文化创造，白莲洞遗址中的火光已经引领柳江流域的远古人类从蒙昧走向光明，开启柳江流域文化演进的历程。

概而言之，柳江流域的文脉流灌在当地的民俗风情之中。譬如，以花婆信仰、社王崇拜和莫一大王崇拜为核心的信仰传统，以农历七月十四中元节为标志的节日习俗，以"天上刘三姐，人间黄三弟"为象征的民歌传统，构成了柳江流域文脉系统的总体结构。

在"千里歌路"文化旅游线路的建设过程中，之所以强化"民族根祖的追寻"这一主题，是因为"寻根问祖""认祖归宗"实为人类的天性之一，而壮族民众对于"先祖从何而来"，尚有诸多模糊认知，尚是一个众说纷纭、莫衷一是的领域。许多壮族人或局限于依托族谱，探知本家族和宗族的始祖；或者将神话学意义上的人文始祖布洛陀当作民族学意义上的壮族祖先；或者将历史意义上的一代君王骆越王当作民族始祖。

2005年以来，柳州市政府启动实施"'百里柳江'景观概念控制性规划"，确定了"百里柳江"的沿江景观建设规划，明确了"百里柳江"的范围是北起柳城县大埔电站，南至柳江区红花电站，全长约120千米。在市中心段，以"一江系两壶，龙城耀四彩"为主题，营造"红绿两壶"格局。"红壶"是指完善沿江地区建筑空间格局，通过改造城市建筑景观，呈现出城市空间的美感，为城市的商贸活动、休闲娱乐提供一个美的空间；"绿壶"与红壶相对，是联结城市与自然生态的桥梁，通过强调生态景观的恢复和生态缓释功能，构建城市生态景观的展示平台。

经过十多年的建设，"百里柳江"景观建设已经初具规模、初见成效，工业文化景观区让人领略到作为工业城市的柳州曾经的辉煌；都市生活文化景观区、山水生活文化景观区、现代产业文化景观区让人感受到柳州日新月异的变化；柳州文庙的重建、柳侯公园的修缮、东门城楼、江边雕塑群、水上舞台、窑埠古镇的建设，形成各具特色的景观，从不同方面展示了柳州文化建设的新成就。譬如，新建成的柳州文庙，背靠灯台山，右临柳江水，占地面积98.33亩，建筑面积将近10000平方米，由大成殿、崇圣堂、厚德明伦堂等主体建筑组成，以唐宋建筑风格为主，又结合了一些岭南地区的特色样式。位于蟠龙山公园东北侧的人工瀑布，临江而建，总长650.59米，人工堆砌了9700多吨的景点石。主瀑布宽约220米，高约13米，是中国最长的人工瀑布。流水从山腰倾泻而下，在绿树掩映中流顺着山石，跌落柳江，气势恢宏。夜间在景观灯的照射下，瀑布与周围的山水虚实相间，蟠龙山与瀑布群交相辉映。

位于柳江大桥与文惠大桥之间音乐喷泉全长315米，宽40米，是世界最大的升降浮音乐喷泉，水下配有大功率高亮度LED灯，优雅的背景音乐不断变换着旋律，喷泉通过水柱组合成不同的造型，水中的灯光也随着喷泉与音乐而变换，排列整齐的灯光，随着音乐的高低起伏展现出光的节奏感，不同颜色的灯光为喷泉提供了丰富的观赏趣味，光与水交织在一起，在声势浩大的喷泉景观中，观众可以体会到强烈的视觉震撼。柳江江面上，还建有集文化娱乐、观光演出于一体的柳州明珠水上大舞台，成为展示各地艺术的展演场所。自2011年以来，柳州市连年举办国际水上狂欢节，来自国内外的表演团队各展风采，引起万众瞩目。

作为"百里柳江"建设的组成部分，位于柳江大桥和文惠桥的江岸陈列着柳宗元《江雪》《刘蕡巡乡》《杨廷理望岛》《徐霞客游柳》《黄庭坚放舟》《刘三姐放歌》六组雕塑作品。从总体上说,在"百里柳江"建设中,建设主体在一定程度上关注到柳州本土的人文传统。譬如,作为柳州十大重点工程项目之一的窑埠古镇,其主体建筑以灰白色、尖顶飞檐的造型为主,建有壮族风情街、苗族风情街、瑶族风情街等具有民族特色的景观。在一些文艺表演、巡游等活动中,也时常点缀着铜鼓、绣球、壮锦等壮族文化元素。譬如,广西柳州"鱼峰歌圩"全国山歌邀请赛,邀请全国各地的山歌表演者,会聚柳州,一起为市民带来各具地方特色的视听表演,在一定程度上延续了本土文化的脉络。然而,从总体上说,柳州市六组雕塑仅有《刘三姐放歌》是少数民族文化的体现,显然是强调汉族而忽视少数民族的一个表征。

此外,还有许多临时性的水上狂欢之类的节庆活动。这些活动中的部分重形式、轻内涵,借助灯光营建绚丽的夜景,其实是一种"炫美",只见"光影奇观",空有华丽的外表,没有源自本土历史的人文底蕴,只能给观众视觉快感和听觉震撼,无法直指人心,难以动人心魄。用洋妞夺人眼球,热闹一时,没有基于本土文化精髓的"真美"。这些"人造节庆"一旦结束,一切皆化为烟云,难以同民众生活相融,也同民族传统文脉的传承没有丝毫的关联。

只有柳州周边各县市的民歌爱好者自发聚集在江滨公园或鱼峰山下一展歌喉,切磋技艺,如痴如醉地唱歌、听歌,才让人感觉到柳州文脉虽然不再像以前强旺,但依然不绝如缕,给人以心灵的慰藉。

因此,"千里歌路"格局中柳江流域文化建设的重心是基于本地的"人脉",延续本地的"文脉"。

首先,民族根祖的确认:突出"柳江人"和"白莲洞人"的考古文化认知。

从严格意义上说,"民族根祖"的确认,既离不开本民族内部的"主位认同",也不能没有基于科学依据的"客位确证"。以"柳江人"和"白莲洞人"为代表的远古人类是华南—珠江流域原住民族的根祖,已经得到考古人类学界以及大多数壮族学者的认可,实现了"客位确证",只是"主位认同"还比较薄弱。在壮族民众当中,人们还是局限于认同族谱上认可的家族祖先,未能在壮族起源和历史发展的宏观层面上,追寻壮族的民族根祖,对于"柳江人"、"白莲洞人"与现代华南原住民族的关联也缺乏应有的历史认知和文化认同。这就需要通过各种路径,用多种方式,向社会大众宣传以"柳江人""白莲洞人"为代表的远古人类及其历史地位。裴文中教授为白莲洞题词:"中国可以成为世界上古人类学研究的中心,广西是中心的中心。"白莲洞外的一块奇石上雕刻有"根"字,昭示出这里就是柳江流域乃至珠江流域原住民族的根祖所在。在这个物欲横流、心灵茫然的现代社会中,人们总会在满足物质需求后,寻找其精神的寄托,"寻祖归根"就是其一。政府在进行文化建设的同时就应该着重注意这些文化特质,充分利用这些珍贵的人文资源,确立关于壮族历史源流的科学认知。

其次,英雄根祖的崇奉:唤醒莫一大王民族英雄崇拜的历史记忆。

如果说布洛陀是壮族的人文始祖,那么,莫一大王就是壮族的英雄根祖,是壮族民族英雄的文化象征,也是历代壮族的历史感知和历史记忆的文化结晶。"莫一大王"有多种多样的异文和叙述方式,既有叙事体的传说,也有歌咏体的长诗和英雄史诗。桂中、桂北壮族人民将莫一大王奉为神灵,在堂屋的神台上设有"通天大圣莫一大王之神位"。龙脊古壮寨有"莫一大王庙",莫一大王在壮族师公教神灵谱系中也是重要的神祇。可以说莫一大王植根于壮族民众心灵的深处,只是长期以来没有进入官方文化保护的视野,直到2016年才进入柳州市非物质文化遗产名录,2017年被列为广西壮族自治区非物质文化遗产。民族英雄是民族的脊梁和民族的希望,遗忘民族英雄的民族是可悲的民族。在柳江流域"千里歌路"的建设过程中，壮族歌者有责任学会传唱并传承英雄史诗《莫一大王》，也有必要在农历六月初二"莫一大王"诞辰日举办"莫一大王祭祀大典"，使之成为柳江流域壮族人的精神信仰和心灵依托。

最后，民歌根祖的敬仰：延续"天上刘三姐，人间黄三弟"的民歌传统。

当前，在整个柳江流域，民歌文化的传承和保护已经引起各界的高度重视，以"刘三姐"为核心的各类民歌文化遗产的申报与保护活动，也取得显著的成效，春节期间的歌会、"三月三"歌节以及其他民歌活动日趋频繁。宜州是首批国家级非物质文化遗产"刘三姐歌谣"的保护单位，刘三姐传说、歌谣在宜州具有深厚文化的历史渊源，然而，笔者在刘三姐故里旅游区看到的更多是表层的民歌文化的展演，很多景点的定位引来诸多争议。譬如，旅游景点"刘三姐书院"的命名显得不伦不类。"刘三姐"是民间传说中的歌仙，"书院"是儒生活动的场所，是作为刘三姐对手的秀才们的活动空间，民间歌手教歌、学歌、传歌的场所通常称为"歌馆"，弃用"歌馆"而称"书院"，既是对民歌传统的不了解，也是对儒家文化的一种攀附。另外，刘三姐景区内的"壮古佬"景区，使用了对壮族的蔑称作为景区名，伤害了壮族人民的感情，已受到学者的批评①。

壮族民间素有"天上刘三姐，人间黄三弟"的说法，刘三姐实际上是在大量原型基础上被"想象"的歌者的化身，黄三弟则是真实存在的人物。黄三弟（1907—1971）是壮族历史上唯一能与"歌仙刘三姐"相提并论的著名歌王。黄三弟及其弟子方寿德构成了影响深远的民歌传承谱系。黄勇刹、杨钦华、方寿德撰写的《歌王传》，全面展示了黄三弟的人生经历以及杰出歌才。只是因为方寿德及其几位弟子相继离世，造成民歌传承谱系面临断裂的危机，还需有待时日才能重振昔日辉煌。

---

① 谭日辉、罗树杰：《民族文化旅游展示和阐释中的科学性问题刍议——以广西宜州市刘三姐故里旅游区为例》，《广西民族研究》2017 年第 4 期。

在"千里歌路"格局中，柳江流域民歌文化传承体系的建设，应当在全面搜集民歌作品、积极开展各种民歌活动的基础上，强化当地民歌歌王、歌师、歌手和歌迷的主体地位，依托柳江流域谢庆良、何现光、李隆球、周德康、黄月香、黄月霜、韦红艳等著名歌王，建立民歌文化传承基地，让壮族歌者自发、自主、自由地传习民歌文化习俗的熏陶，让天资聪颖者养成"以歌代言"的心灵习性，让民歌传统更多地同民众的社会生活融为一体。

四 红水河流域：壮族传统的延续

在珠江流域中上游"五江流域"的格局中，漓江流域和柳江流域广泛接受了自北向南传播的中原文化的影响，壮汉文化的深度融合在一定程度上遮蔽了原生状态的壮族文化的传承。在邕江、左右江流域，广府文化沿江自东向西逆流而上，以粤语和粤东会馆为文化符号的广府文化在沿江市镇落地生根。因红水河流域山高坡陡，水流湍急，不便航运，在某种程度上阻隔了原生文化与外来文化的互动和交流，壮族文化传统在红水河流域获得相对完整的延续空间，壮民族英勇顽强的抗争精神和顺应自然的文化智慧在红水河流域的历史发展过程中得到全面的体现。

红水河是珠江水系干流西江的正源，源出云南省沾益县马雄山东麓出水洞，上游称南盘江，南流至开远市转折向东，至贵州省望谟县与北盘江汇合，始称红水河。南盘江—红水河是滇桂、黔桂之间的界河，红水河流经广西腹地，至象州县石龙镇与柳江汇合后，称为黔江。从行政区划上看，红水河流域的隶属关系比较复杂，并未与特定的行政区域形成相对固定的隶属关系，但是，秦汉以来的行政区划的变迁，并未从根本上消解红水河人文传统的统一性与连续性。中华人民共和国成立以来，红水河流域主要包含百色市的乐业县，河池市的天峨县、南丹县、东兰县、巴马瑶族自治县、凤山县、大化瑶族自治县、都安瑶族自治县，南宁市的马山县、上林县、宾阳县，来宾市的忻城县、合山市、兴宾区、象州县等地。

红水河流经红色砂贝岩层，因水色红褐而得名。不计上游南盘江的里程，红水河全长659千米，流域面积43790平方千米。在河池市境内长458.6千米，占总长69.59%，流域面积18000万平方千米，占总流域面积41.11%。红水河多峡谷、险滩、水流湍急，不利于航行，但水量大、落差集中，水力资源十分丰富，10个梯级电站成为"西电东送"的主力军。

在"六脉系统"的审视维度中，红水河流域的地理格局与人文传统自成一体。这里与云贵高原连为一体，红水河自西北向东南流淌，其南部为青龙山、都阳山、大明山，北部为凤凰山，堪称"龙凤呈祥"之地。其中广西第四高峰岑王老山海拔2062米，还有海拔1257米的布老山和海拔1760米的大明山。大明山是红水河流域与邕江流域的分水岭。红水河两岸的崇山峻岭，巍峨挺拔、连绵不绝。红水河流域的壮族民众在山岭间谋生创业，"开门日日见青山，青山日日不改颜"，在重重叠叠、气势磅礴的山岭间穿行，磨炼了壮民族的坚强意志。

红水河从云贵高原流向桂中平原，落差颇大，成为梯级电站建设的天然有利条件，奔腾不息的河水滋润着周边的田园。红水河的主要支流有天峨县境的布柳河、巴马瑶族自治县境的盘阳河、都安瑶族自治县境的刁江、发源于大明山北麓的清水河。这些支流大多穿行于岩溶发育地带的溶洞之中，忽出忽入，时隐时现，明河与伏流紧紧相连，反复变换，"动""静"相依，因应"阴柔"与"阳刚"之共存。不少明河地段，坡降陡，落差大，水流急，形成不少瀑布，也有一些支流在相对平坦的田园地间静静流淌，与周边的村落共同构成静谧清幽的美景。

在"五江流域"的总体结构中，漓江和柳江流域是喀斯特地貌发育完好的区域，遍地是赫然独立的峰林和奇秀挺拔的峰丛，而红水河流域的崇山峻岭与云贵高原连为一体，更多地呈现莽莽苍苍、恢宏磅礴的气势，红水河干流的水流、水势也不同于漓江和柳江的温婉清幽，而是汹涌澎拜，一泻千里。如果说漓江、柳江流域的山脉水脉蕴含着以"优美"为基调的文化表征，那么，红水河流域的山山水水模塑的是"壮美"的崇高情怀。因此，漓江、柳江流域虽然也诞生了李宗仁、白崇禧等能谋善战的政治人物和一代武将，但是，更多的是造就了以文见长的英才，清代贤臣陈宏谋、广西的两位"三元及第"者冯京和陈继昌，还有其他历代状元，都出生于漓江、柳江流域即是明证。而在红水河流域，从明代的俍兵、八寨起义的英雄到现代以韦拔群为领袖的农民运动，红水河流域诞生了一代又一代军事人才和英勇善战的武将，形成一脉相承的"崇义尚武"的文化传统。坚韧、勇猛、顽强、善战、嫉恶如仇、不畏强暴、敢于抗争、壮志凌云、雄心万丈、奋力拼搏成为红水河文化的内在基因和核心精神，也可以说，红水河流域的壮族民众延续了西瓯人英勇善战的民族传统。

从"人脉"与"文脉"的角度审视，民族繁衍与文化传承如影随形，江山是主，人是客。红水河流域水系发达，水源充足，气候温润，植被丰茂，动植物资源丰富，适合古代人类生活。越来越多的考古人类学发掘证明，红水河流域至少距今 2 万年前已经有远古人类在这里生息繁衍，从旧石器时代到新石器时代，形成一脉相承的族群演化序列和文化发展过程。其中具有代表性的远古人类首推距今 2 万年前的麒麟山人。1956 年 1 月 14 日，中国科学院古脊椎动物与古人类研究所野外调查队在广西来宾县桥巩圩麒麟山的一个洞穴里，发现了 1 具残破的人类头骨，1 件粗制的石器和 1 件人工打制的石片。此后，考古工作者在上林县发现了 5 处新石器时代遗址；在都安瑶族自治县加贵乡干淹岩洞穴中发现了 2 枚人类牙齿化石和一些哺乳动物化石；在都安九楞山发现 4 枚人类牙齿化石和一些脊椎动物化石；隆林各族自治县德峨乡发现 1 具人骨化石，还发现了一些夹砂陶片，被确认为新石器时代文化遗存。"目前红水河流域共发现原始文化遗存 54 处，其中旧石器时代文化遗存 6 处，新石器时代文化遗存 48 处。"①

由此可以这样认为，以麒麟山人、干淹人、九楞山人为代表的远古人类，是可以推知的更新世晚期和旧石器时代红水河流域的最早的主人，尽管在这些遗址中还没有发现陶片和磨制石器，但是，发现了与这些远古人类化石相共存的动物化石，诸如豪猪、熊、熊猫、剑齿象、巨獏、中国犀、猪、鹿、虎、牛类等。

历史演进到距今约 1 万年前的新石器时代，因为时代久远，今人无法探知红水河流域远古人类的详情，只能借助考古发掘的文物，推测当时的人口分布及其社会演化水平。从已经发现的红水河流域 48 处新石器时代文化遗址的情况看，至少在现今的兴宾区、忻城、都安、大化、东兰、巴马、隆林、天峨等 9 个区县，已经有远古人类栖居，遍布红水河流域从上游到下游的大部分区域。在这些古人类遗址的文化层中，发现了螺蚌壳堆积层、夹砂陶片、刮削器、砍砸器、骨器、双肩石斧、在上林县塘红乡石门村的石南海遗址，出土了铜刀、铜锹，说明红水河流域的原住先民沿着旧石器—新石器—铜器的演进程序，一步一步地向文明迈进。这些考古文化积淀成为红水河流域文脉的渊薮。

秦统一岭南之后，红水河流域的文脉在不同的历史时期延续、更新，其中既有历史更替过程中的新陈代谢，也有民族融合以及文化交流带来的革故鼎新，滇黔桂交界处的勾町文化、夜郎文化都为红水河文化注入了生机活力。在唐宋至明清时期实行羁縻—土司制度的历史时期，红水河流域划归不同的羁縻州和土司州管辖。

壮族文化的传承依托于壮文和汉文两大文字系统，壮族文人掌握汉字，学会用汉字表情达意，开启了壮族文化发展的历史新篇章。以汉字为载体的壮族文化脉络，最迟在唐代武周时期已经形成，广西上林县境的韦敬一和韦敬办的《大宅颂》和《智城碑》两部作品，证明红水河流域的

---

① 梁旭达：《红水河流域原始文化概述》，《广西民族研究》2000 年第 2 期。

壮族上层人物已经娴熟地掌握了汉文文学表达方式。

红水河流域各市县的历史沿革大体上经历了先秦时期以百越族系为核心的自主发展时期、秦代以后的郡县制与土司统治时期以及清代的改土归流时期等不同发展阶段。从隋唐至明清时期，红水河流域的莫氏族人和莫氏土司频繁活动于南丹州、庆远府以及红水河下游地区，其中南丹莫氏土司和忻城莫氏土司的势力尤为强盛，以忻城为中心的莫氏家族更是人才辈出，实力强大，盛极一时。忻城莫氏土司建立了完整的政治管制机构和世袭制度，共传21世土官，在明清两朝统治忻城长达500年。忻城县的莫氏土司衙署被誉为"壮乡故宫"，是全国重点文物保护单位，系亚洲现存规模最大、保存最完好的土司建筑群。

在教育与文化礼俗方面，莫氏土司制定了《官箴》、家训、学规等条文，训诫子孙为人处世要"仁民爱物""宁朴勿华""宁俭勿奢""勿荒于嬉""勿念富贵"，对待朋友要"以礼相维，以心相与"。① 莫氏土司在建筑艺术、雕刻工艺、织锦技艺、诗文创作等方面，亦多有建树，对于壮族文化的传展具有积极的作用。

桂西大地上巍峨挺拔的崇山峻岭、奔腾咆哮的红水河，陶冶了壮族民族刚猛顽强、不畏强暴、不畏艰险、不惧邪恶的民族血性，这种民族血性，掀起一阵又一阵时代狂飙，在除恶扬善中推动社会的进步。从明代的八寨农民起义②到20世纪前期的农民运动、抗日战争和解放战争，红水河流域的壮族民众用生命和热血，谱写了一曲曲动人心魄的壮丽历史篇章，涌现出许许多多具有传奇色彩的英雄人物。

在农民运动和革命战争年代，位于红水河流域中心区的东兰县壮族民

---

① 蓝承恩：《忻城莫氏土司500年》，广西人民出版社2006年版，第31页。
② 明代位于忻城、上林一带的思吉、周安、古蓬、古卯、古钵、都者、罗墨、剥丁等村寨（简称八寨），计220个屯，2120户的民众，因深受封建统治者的压迫，奋起抗暴图存。从1376年（明洪武九年）拉开起义的序幕，到嘉靖、万历年间发展到高潮，持续200余年，参加人数由几百、几千发展到数万，多次震惊明王朝统治者。

众面对封建剥削制度，揭竿而起，奋力抗争，前赴后继，做出了巨大的牺牲。该县共有革命烈士2231人。中华人民共和国成立后，东兰籍的韦国清被授予上将军衔；韦杰、覃健被授予中将军衔；覃士冕、韦祖珍被授予少将军衔；覃应机、陆秀轩成为省级干部。韦国清一生，机智灵活、英勇善战，既有大无畏的英雄气概，又有缜密善断的谋略与卓识。他历任中共广西壮族自治区委员会第一书记、自治区人民政府主席、中共广东省委第一书记、中国人民解放军政治部主任、第四、五、六、七届全国人大常委会副委员长，第十、十一、十二届中央政治局委员。自1955年至1975年长期作为广西领导的核心，为官清正廉洁、胸怀坦荡、光明磊落，为广西建设做出了巨大贡献。出生于东兰县三石镇的覃应机历任中共广西省委社会部部长、广西省公安厅厅长、广西省桂西壮族自治区人民政府主席、广西壮族自治区人民政府主席等职务，从20世纪50年代至80年代，从红水河流域东兰县走出来的韦国清与覃应机，成为主政广西30年的风云人物，这是红水河孕育的民族英才，是钟灵毓秀的结果。

在"千里歌路"的建设设想中，突出红水河流域作为"壮族传统的延续"之主题，源自红水河是壮族的"母亲河"，红水河的山山水水哺育了一代又一代壮族民众，壮族先民西瓯、骆越人的社会组织结构消解之后，其后裔以红水河流域作为大本营，在这一地理空间艰苦地谋生创业，延续民族根脉，传承民族文化。

因此，红水河流域的文化建设和文化体验旅游模式的建构，可以将红水河流域划为三大组团：上游以东兰、巴马、凤山为核心及其周边地区以红色文化、铜鼓文化、蚂𧊅节和长寿现象为核心的文化旅游区；中游以大化、都安、马山以及周边地区以壮族多声部民歌为核心的文化旅游区；下游以兴宾区盘古信仰、忻城土司文化、伦理长歌、长篇悲歌为核心的文化旅游区。具体而言，可以围绕以下三个主轴来展开。

（一）红色文化：刚强血性，英雄气概

红水河流域历代抗暴图存的革命风暴，凝结成壮族民众雄健、刚强、勇猛、坚毅的民族精神。这种崇义尚武精神理应在文化体验旅游中得到体现，在博物馆建设、文化景观建设、文化体验旅游的过程中应当梳理红水河流域的社会历史，广泛搜集历史文献资料和民间文学作品，展示俍兵的英勇、八寨起义的壮烈、韦拔群领导的农民运动的业绩，让人们深层次体验红水河流域的革命历史，感悟壮民族的英雄情结，同时，体悟到一种凛然正气、壮烈情怀，祛除懦弱、胆怯、惰性等消极心理。

（二）民俗传统：飞扬的歌声，铿锵的鼓乐

红水河流域的各族人民的艺术天赋，孕育了具有浓郁民族特色的民间文学传统，各民族有许多古老的歌谣、史诗、神话故事、民间传说等。歌谣文化是红水河流域最突出的艺术资源，数量多、内容广，有劳动歌、时政歌、仪式歌、情歌、生活歌、故事歌、儿歌等，每种类别成千上万首。红水河流域具有源远流长的民歌传统，韦翰祥翻译整理了易以凤演唱的历史传说歌《唱卜伯》[①]，南丹和忻城一带的土官和民众都崇奉莫一大王为英雄，在神龛上设立莫一大王神位。与莫一大王相关的神话传说、叙事长诗、英雄史诗在红水河流域广泛流传，成为红水河流域的重要文化符号。这一区域还流传着以《欢传扬》为代表的大量的伦理教育歌，还有长篇抒情悲歌和红色歌谣，其中，长篇悲歌《达稳之歌》《达备之歌》在壮族文学史上留下了催人泪下的历史篇章，而韦拔群的革命歌谣尤为具有文化象征的价值，可在红七军前敌委员会和东兰县革命委员会旧址——东兰武篆魁星楼、广西农民运动讲习所旧址——列宁岩、西山弄京村红七军二十一师师部旧址、东兰革命烈士陵园等地集中展示。

铜鼓是乐器，是发号施令的军器，更是备受壮族人敬奉的神器。铿锵有力的阵阵鼓声，隐含着节奏和韵律。红水河流域是铜鼓文化传承的核心区域，红水河沿岸的壮族村寨几乎村村有铜鼓，没有铜鼓的村寨和宗族被视为"冷乡冷土冷族"。人们逢年过节，或逢红白喜事，都要敲击铜鼓，

[①] 韦爱春主编：《大化各族歌谣选》，广西民族出版社2003年版，第133—140页。

表达内心情感。尤其是春节时欢度"蛙婆节",红水河畔遍地铜鼓响。2003年,河池市有关部门对全市铜鼓现状进行普查,发现全市铜鼓数量为1458面,民间收藏数量为1383面。主要分布在天峨、南丹、东兰、巴马、大化、都安等县。铜鼓文化是以铜鼓为载体,主要通过声音、技艺、舞蹈等表现方式,是一种具有丰富文化内涵的综合性文化现象。铜鼓表演应当在红水河流域的文化体验旅游中得到更充分的展示。

(三)康养智慧:长寿现象,养生习俗

世人皆知,巴马瑶族自治县是举世闻名的"世界长寿之乡",巴马的百岁长寿率为29.5/100000,为世界之最,被誉为"人间遗落的一块净土"。这里具备理想的休闲康养条件。近年来,百魔洞、百鸟岩、赐福湖等景区已经成为巴马旅游的热点景区,长寿文化体验旅游和长寿食品受到人们的热捧,缔造了"养生传奇"。2006年巴马旅游接待人数为11万人次,2013年以来巴马旅游的人数飙升至263万人次,创造了广西旅游史上的"巴马现象"。但是,由于基础设施建设不够完善,巴马旅游也出现了一些"乱象"。大量"候鸟人"和游客的涌入,冲击了巴马的旅游承载力,改变了村民们原有的生活方式,百岁长寿老人成了"景点",告别了过去习惯了的劳作,每天坐在门前等着游客前来送上长寿红包,合影留念;当地物价和景区票价一涨再涨,往日的宁静与祥和被打破了,憨厚朴实的民风发生了变化,此外还出现了房屋建筑缺少规划、环境污染、水质下降、配套不足等问题,种种现象让寿乡的生态有了被刺伤的阵痛。

针对巴马旅游出现的问题,广西壮族自治区有关部门予以高度重视,强调生态环境保护的重要性,采取一系列有效措施,如整顿污染企业,截断污染源,遏制旅游乱象的蔓延。同时,自治区发改委于2013年9月组织编制了《巴马长寿养生国际旅游区发展规划纲要》,以巴马为中心区域,将巴马、东兰、凤山、天峨、都安、大化打造成以养生度假、生态休闲、文化体验为主题功能的国家生态旅游基地。这一规划的出台,对于巴马的可持续发展，无疑多了一层保障。

在"千里歌路"建设和壮族文化建设的进程中，以巴马瑶族自治县为中心的红水河流域的长寿现象，更重要的不是作为一种旅游资源，而是作为一种具有文化启迪价值的人文资源而存在。面对身体健康、精神爽朗的百岁老人，我们应该反思的是：什么才是圆满幸福的人生？人类生存真正需要的是什么？怎样借助巴马的康养智慧，处理人与自然、人与人、人与自身的关系？怎样保护宜人的生态环境，怎样借助健康的生活方式和合理的膳食结构，为健康人生奠定良好基础？

巴马长寿现象的文化精髓在于顺应自然、道德传心、唯仁者寿。现代社会的激烈竞争与人类贪婪本性正在瓦解人类和谐社会的存在根基。红水河流域文化建设的核心要旨是：借助"千里歌路"建设，让人们体验巴马的淳厚民风、与世无争的平和心态、淳朴简单的生活、早睡早起的生活习惯、简单而富有营养的饮食、一生坚持劳动的品性，由此感悟人生的真谛，引领人们重新回归人性的本真状态，唤醒内心深处的良善，让生活变得更加切合人性，让生命变得更加有意义。

五　左江流域：民族圣灵的敬奉

左江发源于越南与广西交界的枯隆山。上游在越南境内称奇穷河，在广西凭祥市边境进入中国境内后称平而河，流至龙州县城有水口河汇入，以下称左江。东流至龙州县上金，有明江汇入，龙州至上金段又称丽江。左江流至南宁市江南区江西镇同江村三江坡与右江相汇成邕江。左江干流全长539千米，流域面积32068平方千米，其中有11579平方千米在越南境内。

左江流域北部与邕江流域相连，东部与钦江流域以及北部湾相邻，南部属于中越边境地区，西北部与右江流域的德靖台地相衔接。在"千里歌路""五江流域"的格局中，唯有左江流域横跨中越两国边境，从而具有跨国通道的意义。从行政区划上看，左江流域的主体属于今之崇左市，这里是中国西南与东南亚国家来往的门户和要塞，也是中国通往东盟的陆路大通道和重要枢纽，为中国华南经济圈、西南经济圈与东盟经济圈的连接点，自古以来就是中国通往越南的重要陆路通道，见证了中越关系的历史进程。

在"六脉系统"的视域中，左江流域的中部为河谷平原和丘陵，西北部为西大明山和德靖台地，东南部为十万大山和四方岭。最高山峰为位于宁明与防城港交界处的涢龙山，海拔1358米，其他高峰还有江州区内的西大明山，海拔1071米，龙州县境的大青山，海拔1045米，扶绥与上思县交界的蕾烟泰，海拔834米，扶绥与隆安交界处的石白山，海拔706米，大新县境的岭百梯，海拔978米，天等县境的四城岭，海拔1073米，等等。从总体上说，左江流域的山脉，是云贵高原山地的延伸，是由大桂山、大容山、十万大山西大明山以及德靖台地构成的广西第二大弧形山脉的重要组成部分。这一弧形山系的结节点在友谊关。友谊关原称镇南关，是中国"九大名关"① 之一。

友谊关作为祖国南方边防重要关隘，战略地位十分重要，是历代兵家必争之地。这里属喀斯特地形，崇山峻岭，绵延不绝。据记载，此关建于汉朝，在明代，关上设昭德台，关后建有关帝庙。到清代，建有关楼一层，两重门，门外额书"南疆重镇"，门内额书"镇南关"。

清朝光绪年间，中法战争的战火延及凭祥，冯子材率军浴血奋战，获取镇南关大捷。1907年，孙中山、黄兴、黄明堂发动镇南关起义；1949年12月11日下午6时，中国人民解放军将红旗插上镇南关，宣告广西全境解放，是日成为广西壮族自治区成立的纪念日。

---

① 中国九大名关包括：山海关、潼关、嘉峪关、居庸关、友谊关、雁门关、紫荆关、娘子关、武胜关。以上诸关，大多仅存遗址，变成国内不同区域的连接点，失去历史上的不同国家、不同政权层面的通关意义，哇有友谊关至今仍然是中越之间相互交流的重要通道。

从水脉系统看，左江上游源出越南，自西南向东北方向流淌，穿山越岭，蜿蜒曲折，成为中国与越南等东南亚国家交流的重要通道。因此，左江流域是"五江水系"中唯一具有国际通道意义的河流。

以左江为中轴，自西北向东南流入左江的支流有越南高平省境内和广西龙州县境的水口河、流经大新县境的黑水河以及发源于西大明山，流经江州区的那练河、那马河、那印河、何大河、伏廖河等，自东南一侧流向左江的最大支流是明江，明江的主要支流有发源于十万大山西北麓的派连河、公安河、思州河、大念河等。在江州区，左江的支流是响水河。众多的支流、小溪、水库，构成了左江流域的水脉系统。

左江是崇左的母亲河，是沿江300多万群众赖以生存的主要饮用水源，也是沿江工农业生产、航运、旅游景观等重要水源区。秦汉以来，南迁的中原人士从漓江，下洛清江—柳江，或沿桂江，转浔江、郁江、邕江，溯左江，向南迁徙，可以直通越南。

左江流域山川秀丽，气候温和，夏无酷暑，冬无严寒，四季宜人。左江流域是一个山水相连的整体，但是，崇左管辖的各区、市县拥有自成一体的山脉、水脉和田园构成的风景名胜和"龙脉"集结的"风水宝地"。

譬如，"天等"壮语意为"耸立的石头"，徐霞客云："石峰峭聚如林"，天等境内岩溶地貌占77%，在低山丘陵中，一座座孤峰拔地而起，四城岭海拔1073.7米，牛头岭海拔962米，九十九岭海拔928.8米，被称为"中国指天椒之乡"，人们可以从山的挺拔和指天椒的辛辣，联想到天等人不畏强暴、敢作敢为的豪爽品格。当地流传着"天等人民不等天"的俗语，天等人在北京等地开创"桂林米粉"品牌，昭示出天等人勇于挑战、主动出击、敢想敢干的精神。

龙州的风景名胜旅游区主要有小连城、红八军纪念馆、中山公园、陈勇烈祠、法国领事馆旧址、水口边贸区、苏公保衣冠墓、陆荣廷公馆旧址、棉江花山、悬棺崖葬、紫霞洞天等，龙州境内的丽江两岸植被繁茂，景色仪态万千,有"南有丽江,北有漓江"之称。龙州金龙镇的民建坳田园风光、金龙水库风光,还有龙州"美女村""长寿村"等已经名闻遐迩。

在凭祥,民众中流传这样的俗谚:"白马不出头,鲤鱼回头游。乌龟塞水头,狮子守门楼。"这实际上是用风水的思维,解释自然景观与当地人事的"神秘前关联"。"白马不出头"意谓当地人很少当上大官;借用"鲤鱼回头游"的意象,解释当地人乡情深重、依恋故土的情结;从"乌龟塞水头"联想到不让黄金被河水冲走;以"狮子守门楼"的景致,赋予文化的意义:高大险峻的狮子山,像一头昂首吼叫的狮子,守护着凭祥这片温馨的家园。

此外,左江流域的风景名胜还有江州区的左江斜塔,扶绥县的金鸡岩、笔架山、归龙潭,大新县的德天瀑布、明仕田园、黑水河风光,等等。

从"人脉"的角度看,从古到今左江流域的主体民族是壮族,顾炎武在《天下郡国利病书》中记载:"今邕州与思明府凭祥县接界,入交趾海,皆骆越地也。"① 左江一带的壮族自称"布土""布侬",与越南毗连的壮族边民被称为"布屯",居住在深山中的壮族,被称为"布弄"。除了壮族,左江流域还居住着彝族和汉族中的客家人、蔗园人等。

马援、班氏夫人、宁氏英杰、侬智高、苏元春、刘永福、冯子材、陆荣廷等历史名人在左江流域留下了浓墨重彩的历史篇章,邓小平、李明瑞、俞作豫领导的龙州起义,则在左江流域留下了可歌可泣的英雄业绩。

从文脉的角度审视,左江岩画向世人证明,这里有源远流长的壮族及其先民创造的以祖先崇拜、蛙神崇拜、圣灵崇拜为核心的文化传统,在宁明,除了具有自成一体的以花山岩画为代表的壮族文化脉络,还在清代形成用汉文从事诗歌创作的众多诗人,其中尤以农赓尧、郑邵曾、赵可广、黄体元、黎申产、黄焕中等的成就尤为突出。

左江流域或者说整个壮族文化的重要根脉无疑是以花山岩画为核心的

---

① 顾炎武:《顾炎武全集·天下郡国利病书》,上海古籍出版社2011年版,第3166页。

信仰传统。然而，以花山岩画为代表的左江岩画是两千多年来的客观存在，是壮族文化的象征。对于现代壮族文化建设而言，今人的历史性任务是对先祖圣灵的认知、对民族圣灵的敬奉和对岩画生态环境的保护。

(一) 文化认知：民族圣灵的符号

随着现代科技的进步和对花山岩画研究的深入，长期困扰人们的关于花山岩画制作的年代、制作的主体和族属，皆已得到认证，并达成共识。左江岩画绘制的年代在春秋战国至东汉时期，制作的主体是当时栖居在左江流域的壮族先民骆越人。尚有不同认知的是岩画的内涵、绘制岩画的动机、技法以及历经两千年风吹雨打而不褪色的原因。

关于花山岩画的内涵，梁庭望先生认为是祭祀壮族的"民族守护神"，① 花山岩画是祭祀蛙神的圣地；② 潘其旭先生认为是"图腾入社仪式的艺术再现和演化"；③ 还有一些学者认为是祖先崇拜、祭祀水神、雷神崇拜、生殖崇拜的体现。④ 何永艳将花山岩画和活态存在的"蚂𧏿节"相比较，认为两者都是壮族稻作文化的表征。⑤ 无论如何，因为年代久远，绘制岩画的骆越人已经远去，融会在民族历史的长河中，加上缺乏文字记载，今人只能依凭骆越人文传统对花山岩画进行多样性的解读，关于花山岩画文化内涵的阐释自然而然是仁智互见，各持一端。

相对而言，能够达成相对一致的认知是花山岩画是民族圣灵的文化符号，花山岩画的绘制者以聪颖的智慧，发明了一种神奇的颜料，这种颜料历经两千多年的日晒雨淋而不褪色，实在令人感到不可思议，心生钦佩之情。

今人还需要认知的是岩画制作的动力源泉。左江岩画绵延250多千

---

① 梁庭望：《花山之谜——壮族守护神的虔诚赞歌》，《民族艺术》1986年第2期。
② 梁庭望：《花山崖壁画——祭祀蛙神的圣地》，《中南民族学院学报》1986年第4期。
③ 潘其旭：《花山崖壁画——图腾入社仪式的艺术再现和演化》，《民族艺术》1995年第3期。
④ 陈远璋、赵晋凯：《国内学者花山岩画研究60年述略》，《歌海》2005年第1期。
⑤ 何永艳：《花山岩画与蚂𧏿节：大河流域壮族稻作文化的表征》，《广西民族研究》2018年第4期。

米，共有上千个图像，分布地点大多数处在临河的悬崖峭壁之上，环境险恶，人迹罕至，必然有一种内在精神的驱使，有一种虔诚的宗教信仰的支撑，有一种坚持笃定的民族意志的维系，方可经过数百年甚至上千年坚持不懈的绘制，终于留下这举世罕见、规模宏大的世界文化遗产。

（二）圣灵敬奉：民族情感的真诚表达

世界上各个民族都以自己独有的方式对自己的先祖和英雄表达崇敬之情。忘记祖先、漠视英雄，都是令人悲哀的事情。花山岩画是壮族及其先民"万物有灵""祖魂永在""圣灵显威"理念的凝聚和外显形式。今人需要思考的是花山岩画的敬奉主体随着瓯骆社会的解体而遗落四面八方，左江流域的主体民族从春秋战国时期历经两千多年的历史更替和大浪淘沙，早已淡忘了远古先民的经历的战火纷飞的岁月。进入20世纪80年代，花山岩画的调查和研究才由壮学界重新提上日程，直至2016年被列为世界遗产之后，才引起世人的广泛关注。这就需要在21世纪的时空语境下重新确认花山岩画作为民族圣灵寄寓空间的敬奉主体和敬奉的仪式。

花山岩画是蛙神崇拜、铜鼓崇拜、祖先崇拜相浑融的整体。遍布左江沿岸的岩画分布点，应是不同的部落、不同的支系、不同的宗族，各自绘制、各自敬奉的神圣空间。

在"五江流域"和"千里歌路"的格局中，祖先崇拜具有普遍性的意义，广泛存在于各地壮族的清明节祭典和其他节日的祭祀仪式当中，蛙神信仰和铜鼓崇拜在红水河流域具有深厚的群众基础和完善的传承机制。近年来，崇左市政府结合广西"壮族三月三"歌节，举办一系列的"骆越民族根祖"祭典活动，重新唤起了人们对壮族英雄祖先的历史记忆，产生良好的社会效应。

（三）生态维系：左江流域自然环境的保护

左江花山岩画作为世所罕见的文化景观列入世界遗产名录，实现了中国岩画类和广西世界遗产的突破。左江花山岩画人类文明史价值得到了世界的广泛认可,从某种意义上说,左江花山岩画不只是属于壮族,不只是属于广西,不只是属于中国,而是全人类共同的精神财富。花山岩画为世人探视两千多年的社会形态和信仰习俗提供了独一无二的范本。左江花山岩画作为古骆越人智慧的结晶,在奇山秀水之间存续了两千多年,依然保持了原来的绚丽色彩,这本身就是一个很了不起的奇迹。但是,近几十年来,工业生产致使空气质量下降、酸雨增多、采砂、炸石造成山体滑坡,许多人为的因素损坏了文化遗迹,左江岩画不像从前那样鲜艳,一些岩石出现风化和开裂,甚至有一些岩画色彩变得黯淡,逐步漫漶不清,保护左江流域的生态环境变成当务之急。

为了申报世界文化遗产,广西区政府花巨资保护花山岩画,取得了一定成效。必须承认的是,岩画的保护离不开左江流域的生态系统治理,有必要建立文化生态保护区,以此减少空气污染,留下一片蓝天白云,减少酸雨的危害。

文化生态系统是文化与自然环境、生产生活方式、经济形式、语言环境、社会组织、意识形态、价值观念等构成的相互作用的完整体系。现在,崇左市提出了建设国家级左江流域民族文化生态保护实验区的设想,若是能够成功并有效实施,实为利在当代、功在千秋的伟业。

在推进"千里歌路"建设的进程中,左江流域民族文化旅游具有独特的优势,应当将花山岩画、龙州天琴、大新霜降节等文化遗产作为保护、传承、展示的重点,让世人体验到左江流域本是神圣、洁净之所在,是族群灵魂的栖息地,后人理应怀着崇敬、敬畏之心,保护左江流域的山水田园和一草一木。

六 右江流域:民族智慧的体悟

右江发源于云南省广南县境内,上游由驮娘江、西洋江、八中河、剥隘河等支流构成。驮娘江流经云南省广南县、富宁县和广西壮族自治区田林县、西林县,全长 180 千米,流域面积 11600 平方千米。流经八渡后称剥隘河,与澄碧河汇合后,称右江。右江流经田阳、田东、平果、隆安等县,在南宁市西乡塘区宋圩与左江汇合,始称邕江。

右江流域北部与红水河流域相邻,南部与左江流域相连,西部为云南省文山壮族苗族自治州,东部为邕江—郁江流域。

现阶段右江流域所属行政区划的主体是百色市,外加上游地区的云南省广南县和富宁县,下游地区的南宁市隆安县和武鸣区。按不同的文化形貌划分,除了右江流域发源地的上游文化区和属于南宁市的隆安、武鸣两区县,右江流域的核心区可以再划分为三大板块:其一,由西林、隆林各族自治县、田林、乐业、凌云五县构成的"右江山地文化区",这里与云南、贵州两省接壤,是云贵高原的东部边缘;其二,由右江区、田阳、田东、平果四县区构成的"右江河谷文化区",这里是物产富饶的河谷平原地带,也是滇粤桂走廊的轴心区;其三,由那坡、德保、靖西三县(市)构成的台地文化区,这里是云贵高原的余脉,也是中越交往的前沿。

相对于珠江上游的其他支流而言,右江流域文化区尽管隶属不同的行政管辖范围,但是,自古以来,这里的山川相连,自成一体,流域内部的文化在差异中也有相对统一的形态,实为壮族文化的富集区。近两千多年来,壮族及其先民建立的古国、方国先后在右江流域称雄一时。春秋战国时期,骆越国在大明山下的武鸣盆地崛起;秦汉时期,原住民族建立了句町国;北宋时期,侬智高以德靖台地为中心,建立起南天国。骆越国、句町国和南天国历经沧桑,最终融入中华民族多元一体的格局中,但是,无论兴衰成败,右江流域的"三国兴替"都在珠江流域文化乃至中国文化史上留下了深深的历史印记。由此可以确认:右江是一条意蕴深长的河,右江流域是历史渊源深远的地理空间,是一个英雄辈出、风云激荡、饱经沧桑的地方。

在"六脉系统"的视野中,右江流域的山,除了具有"小桂林"之称的靖西，其他区域更多是土山与石山相间，许多崇山峻岭，逶迤连绵，似乎不是那么挺拔俊秀，但是，更多地呈现恢宏浩博的气势。在右江流域的北部，金钟山脉自西向东横亘在西林县北部，其最高峰斗烘坡海拔1950米；位于乐业、田林、凌云三县交界处的岑王老山，海拔2062米，俨然是右江流域北部的屏障，德靖台地的连成一体的山峦是右江南岸的依托，右江流域东北部的大明山则是武鸣盆地的大靠山。位于隆安南部的西大明山与大明山遥相呼应，同时成为左右江下游的分水岭，形成环绕右江南北两大区域的山系。

右江流域的水脉结构相当清晰，在不同河段都有不同的支流自北向南或者自南向北汇入。不同的支流以及各支流两岸的谷地、山地，构成了"大流域大系统"中地理区间中的"山水子系统"。概而言之，从源于北部山地汇入右江的主要支流有乐里河、澄碧河、百东河、布见河、濑江、武鸣河；自南向北流入右江的主要支流有福禄河、龙须河、古榕江、响水河；等等。

关于右江流域的"龙脉"，各地都有不同的认知。在民间传说当中，田阳县境内的敢壮山，原称"春晓岩"，被当作罕见的风水宝地。敢壮山位于江百色盆地的中间地带，海拔326.7米，相对高度198.9米。相传明朝时期，江西地理先生郭子儒，一生四处探寻风水宝地。他从江西顺着"龙脉"到云南探风水，又从云南顺着"龙脉"进入广西。经过反复察看，发现敢壮山坐北朝南，北接千里来龙，南为百里明堂，左有青龙守，右有白虎护，远处有右江环抱，寓意"千里来龙千里福""明堂容万马，富贵万年长"，于是认定这里就是"龙头"所在的风水宝地，随后兴奋不已，在岩壁上书写"春晓岩"三个大字。

从自然生态、人文生态和文化地理学的角度看，右江流域位于云贵高原的东部边缘，北回归线横贯其间，山林密布、气候温暖、雨水丰沛、物产富饶，除了一些山高林密的地带，这里的许多地方适合人类生息繁衍。

第九章 诗境营建:"千里歌路"与壮族文化的传承

如果说昆明、贵阳、南宁是滇黔桂三省区的文化中心,那么,右江流域则是这三个中心的结合部。因为和这三个中心保持一定的距离,从而能够自主衍生、传承本民族本区域的文化,让原生文化获得栖居的空间。同时,右江流域又是滇桂粤水陆交通的重要通道,云南文化自西向东、粤东文化自东向西传播,都在右江流域相交汇,因此,右江流域不是封闭的区域。从更宏观的层面审视,右江流域是中国和越南交往的前沿,也是中西文化互动的桥头堡,还是佛教文化自南向北、中原儒道文化自北向南传播的交汇区。马援南征、侬智高抗交趾、西林教案、粤东会馆诸多历史事件和文化遗址,见证了右江流域的历史演进、文化冲突和文化融合的轨迹。

右江流域的人脉系统虽然同样是原生性与外来性的互补,但是,作为原住民族的壮族在右江流域占有主体地位,这里的很多县份中壮族人口占80%,甚至90%以上。这里的远古人类出现时代处于云南元谋人和广东马坝人之间,大量的考古发掘证明,右江流域在距今80万年之前已经留下远古人类的印迹,直至旧石器时代、新石器时代和青铜时代,右江流域的主体民族都以顽强而旺盛的生命活力,创造并延续着右江流域的文化根脉。

春秋战国时期至东汉时期,骆越人是左右江流域的主体民族,越来越多的考古发掘已经证明,骆越人的政治、文化中心在大明山南麓的武鸣盆地,近年出版的《骆越方国研究》《骆越古国历史文化研究》等论著,让世人意识到大明山南麓地区骆越古国的都城所在地。

右江流域的著名宗族和姓氏当属黄、侬、岑三大族系,其中,由宋至中华民国一千多年的历史时期,在右江流域这片山水田园之间,先后诞生了宋代的侬智高,明代的瓦氏夫人,清代的岑毓英、岑春煊,民国时期的陆荣廷,共五位名震当世的风云人物,形成"五雄争锋"的历史格局。

右江流域的文脉源自80万年前的远古人类遗址,源自悠远的石器文化和青铜器文化,体现在布洛陀信仰、壮族嘹歌、八音、北路壮剧、三月三歌圩、绣球、壮锦、凌云壮族巫调、田林北路壮剧、隆林跳坡节、西林句町神韵、靖西提线木偶戏等国家级和省级非物质文化遗产之中。而右江流域卷帙浩繁的创世史诗、民间长诗和歌咏传统，则是壮族诗性文脉的集中体现，也是壮族诗性智慧的结晶。右江流域的文化根脉潜藏在民族生命谱系和大量的器物以及文字符号之中。

作为"千里歌路"建设的重要组成部分，在右江流域的文化建设中强调"民族智慧的体悟"，不只是因为壮族人文始祖布洛陀被当作"智慧老人"，还因为右江流域发现的石斧、大石铲、铜鼓、铜剑等器物，体现了壮族先民在远古时期的文化智慧；在右江流域建立的骆越国、句町国、南天国，还有侬智高、瓦氏夫人、岑毓英、岑春煊、陆荣廷等民族英雄豪杰，体现了壮民族的政治和军事智慧；以《布洛陀经诗》《坡芽歌书》《八宝歌书》《平果嘹歌》为代表的壮族文化杰作，集中体现了壮族的诗性智慧。

（一）石器与青铜器：远古先民文化智慧的感知

面向 21 世纪的文化建设其实是千百年来文化演化历程的一种承继、延续和更新，文化建设的智慧源泉是对民族历史文化的认知。由于壮族历史起源和发展缺乏严谨、可靠的文字记载，尤为有必要通过考古发掘而得到认证。在汉文典籍中，壮族先民的文化意象往往同"蛮荒""愚昧"相联系，难寻"聪明""智慧"的踪影。真相如何，只能用考古发现的器物来说明。

1993 年，中美联合考古队首次在百色发现距今 80 万年的百色手斧，震惊世界考古界，打破了半个多世纪来把亚洲大陆视为"文化滞后的边缘地区"的"莫维斯理论"，改写了亚洲文明进化史，美国《科学》杂志两次刊文公布这一消息。

还有其他一系列的考古发掘证明，右江流域拥有完整的从旧石器时代、新时期时代到青铜时代的文明演进序列。百色革新桥遗址再现了石器制造的整个过程,而大石铲的大量发现更让世人意识到壮族先民源远流长的稻作文明。

学会铸造和使用青铜器是人类社会进入文明阶段的重要标志之一,右江流域发现了铜鼓、铜剑、铜卣、铜戈等青铜器,这些青铜器有浓厚的地域特色。

最具代表性的青铜器是镂空细纹匕首、圆尖顶长舌圆形器、圆銎长骹矛、凤字形钺、斜刃铜钺、新月形刀、桃形镂孔镞,还有人面弓形格剑、曲刃一字格剑和铜鼓,等等。

文字是人类由野蛮进入文明社会的另一个重要标志,在广西平果感桑出土了石刻象形方块字。

梳理右江流域的远古文化史,并不是要从远古的历史中寻找文化的自尊,而是以正确、客观的民族历史观,化解民族中心主义和文化虚无主义理论对少数民族文化的歧见,以事实为依据,构拟科学的民族文化史观,为新时代的文化建设寻找文化自信的精神资源。

(二)人文始祖布洛陀:"智慧老人"的敬奉

在壮族民众当中,自古以来就流传着以"布洛陀"或"保洛陀"为主角的叙事体创世神话和韵文体创世史诗,壮族民众将布洛陀当作凭着超凡的智慧,创造世间万物的人文始祖。进入21世纪之后,一些地方官员、旅游开发者和文化人士过度炒作"布洛陀神话",使原真形态的敢壮山歌圩和布洛陀信仰被赋予"壮族起源地""壮族文化发祥地"等附加意义,引起诸多争议。在壮族文化建设和研学旅行当中,需要辨明的是民族学、人类学意义上的"民族始祖"与神话学意义上的"人文始祖"的本质上的差异。界定民族学、人类学、考古学、历史学意义上的"民族起源地""文化发祥地"必须要有科学、规范、专业的考古发掘材料作为事实依据,绝不可凭空想象。而神话学、宗教学、民间信仰场域中的"人文始祖"和"文化圣地",是特定区域的神话想象、历史传说、民俗传统、信仰习俗、文化心理认同等诸多因素合力作用的结果。

"布洛陀"原本是壮族神话人物,是壮族先民超凡想象力的产物,是壮族的创世神、始祖神和道德神。是壮族的信仰传统将之作为开创天地、创造万物的人文始祖,而不是考古人类学意义上的民族祖先。

可以将敢壮山定位为"壮族精神家园"和"文化圣地",但不宜将之作为壮族的"文化发祥地"。在文化人类学的视野中,人类脱离动物界,发明了语言,学会了用火、制造工具、使用刻画符号,就已经开了文化发展的先河,特定民族何时学会用语言交流?何时会制造工具?何时会使用某种符号表情达意?其实是无解的历史之谜,因而将某一地理区间定位为"文化发祥地",其实是一种主观想象以及商业炒作的产物。

将"布洛陀"定位为神话学和文化学意义上的"人文始祖",将敢壮山定位为"壮族文化圣地"并不影响布洛陀和敢壮山在壮族民族中拥有的神圣地位和巨大的吸引力。《布洛陀经诗》记载了布洛陀开天辟地、创造万物、安排秩序、排忧解难、规范道德、解禳病灾的创世业绩,集中体现了壮民族的由"天上""人间""水下"构成的"三界观",还有"物我合一"的生命观、"和谐共生"的社会观、"惩恶扬善"的道德观、"勤勉和睦"的家庭观。这些正是壮族先民文化智慧的体现,《布洛陀经诗》其实就是壮族的"道德经"。

(三)"三国""五雄":民族豪杰的追忆

苏秉琦先生认为,中国文明的起源发展,经过了"古国—方国—帝国"三部曲,而"古国"源于"古文化"和"古城",实际上是"古文化—古城—古国—方国—帝国"构成了中华民族的发展序列。[①] 在缔造中华帝国的过程中,壮族及其先民也创建了诸多地方政治组织和政权机构,显示出壮族民族在制度文化建设上的政治智慧。

从春秋战国时期到唐宋时期,壮族地区具有代表性的地方政权是骆越

---

① 苏秉琦:《中国文明起源新探》,生活·读书·新知三联书店1999年版,第130—131页。

国、句町国和南天国,这"三国"都位于右江流域。在右江流域,自宋朝至中华民国时期,诞生了侬智高、瓦氏夫人、岑毓英、岑春煊、陆荣廷五位威震四方的民族英豪,构成壮族历史上的"五雄"。"三国""五雄"是理解右江流域乃至整个壮族的政治智慧、军事才能和文化传统的重要切入点。常言道:"不以成败论英雄",右江流域的骆越国、句町国、南天国以及创立这"三国"的时代英豪,已经化为历史烟云,壮族"五雄"的成败得失、功过是非,任由世人评说,立场和角度的差异,自然而然会有仁智互见的观点。

位于大明山南麓的武鸣区马头镇、罗波镇、陆斡镇、两江镇出土了大量的青铜器具、玉器,仅在马头镇的元龙坡,就有500多座战国时期的墓葬群,越来越多的证据已经表明,这一区域是骆越国的政治中心。骆越古国的先民们在稻作文化、大石铲磨制、岩画绘制、棉麻纺织、水利航运、铜鼓铸造、特色兵器、玉器制造等领域,都达到令人惊讶的水平。

句町古国,壮文为Miengz Geq Gouj Nding,在壮语中,"句町"的含义有不同的解释。有学者认为,"句町"是"九个部落的联盟",也有人认为"句"为"藤","町"字有红、血亲或联盟的含义。句町国建于战国时期,兴于秦汉时期。西汉汉成帝时,句町王曾协助汉军平定益州郡内的方国反叛,被封为王,逐步发展成为滇桂地区的强大的方国;汉武帝时,句町国内附,以其地置句町县,汉昭帝时封其首领毋波为王。西林县句町古国遗址出土了豪华铜棺和铜鼓等器物,工艺精湛,表明这里曾经是中国西南的政治文化中心。

南天国是北宋时期壮族民族英雄侬智高建立的国号,初称"大历国",继称"南天国",进入邕州后改名为"大南国"。南天国的建立并非侬智高图谋反叛和独立,而是源于交趾国屡次北侵,危及宋朝南部边疆的安全,侬智高三次向宋王朝禀报,请求内附,以抗交趾,均被当时昏庸的宋王朝拒绝,不得已而起兵反宋。侬智高起义虽然被宋朝军队镇压,但是,也由此迫使宋王朝改变"重北方，轻南方"的军事部署，有利于抵御交趾的侵犯，"客观上加强了广西的边防力量，这对维护宋朝领土完整是有积极意义的"①。

在"五雄"中，侬智高的业绩已经彪炳史册，明代抗倭英雄瓦氏夫人②的英勇善战也为人们所熟知，她在中华民族抗击外敌入侵的斗争中，堪称"巾帼英雄"。清代云贵总督、抗法将领岑毓英③和曾任多省总督的岑春煊④父子，也在中国历史上留下了印迹。民国时期一代枭雄陆荣廷⑤的历史功过也自有公论。

在"千里歌路"和右江流域文化建设的过程中，追忆"三国"的历史沧桑和"五雄"的英雄业绩或历史功过，目的在于确立关于右江流域历史脉络和壮族文化传统的深度认知，铭记历史方可更好地走向未来；敬仰民族英雄，才能更好地养育一种壮阔情怀，为振奋民族精神，注入生机活力。

（四）民歌传统与诗性智慧的体验

右江流域具有底蕴深厚的民歌传统，也是民歌文化的富矿区。名闻遐迩的歌师李春芬被誉为"山歌校长"，黄勇刹参与彩调剧和电影《刘三

---

① 钟文典主编：《广西通史》第一卷，广西人民出版社1999年版，第237页。

② 瓦氏夫人（1499—1558），原名岑花，明朝嘉靖年间，亲率广西6000多名俍兵，奔赴抗倭前线，以"誓不与贼俱生"的气概，以岑家兵法，冲锋陷阵，连歼敌兵，取得节节胜利，为保国安民立下了赫赫战功，被明嘉靖皇帝封为二品夫人。

③ 岑毓英（1829—1889），字彦卿，号匡国，广西西林人，中国清末大臣。曾任云南布政使、云南巡抚、贵州巡抚、云贵总督，去世后，清廷追赠他为太子太傅，谥"襄勤"。

④ 岑春煊（1861—1933），字云阶，号炯堂老人，广西西林人。参加甲午中日战争，力主变法维新，曾任广东布政使、甘肃布政使。1900年八国联军发动侵华战争，岑春煊率军至北京"勤王"，并护送慈禧太后和光绪帝至西安，因功擢陕西巡抚，次年任山西巡抚，创办山西大学堂。后任四川总督、两广总督，任内积极推行新政，大举惩办贪官，与直隶总督袁世凯并称"南岑北袁"。1920年粤桂战争后军政府解散，岑春煊通电辞职，隐居上海，1933年逝世，著有《乐斋漫笔》。

⑤ 陆荣廷（1858—1928），原名亚宋，字干卿，广西南宁市武鸣区宁武镇雄孟村人，游勇出身，民国时期旧桂系军阀领袖。光绪二十年（1894）受清朝招抚，编为健字前营。因镇压会党有功，历任管带、督带、分统、统领。在中法战争中崭露头角，后任南方三省护法联军最高统帅，抵制孙中山发动的护法运动，成为颇有争议的人物。陆荣廷去世后，前清举人何培轩所撰写的挽联，概括了陆荣廷的一生。其联云：深山射虎，只手降龙，十年岭峤镇南关，为罪为功，今日盖棺应论定；杰出武鸣，师出岳麓，一柱南天支大厦，可歌可泣，千秋信史有公评。

姐》改编和创作,其出口成章的歌才,令人钦佩不已。

右江流域的民歌传统大体上由口耳相传的民歌传统、古壮字记载的民歌传统和图像符号记载的民歌传统构成。民歌原本是口传心授的艺术,口耳相传是原生态的民歌传承方式,在未有文字的年代和不懂使用文字的歌手之间,人们通过口头语言,面对面地学歌、对歌,在各种节庆活动和人生礼仪场合中,以歌表情达意。壮族的诸多民歌经典是借助古壮字保存下来的,其中八大卷《壮族麽经布洛陀影印译注》,堪称经典之作。

右江流域的嘹歌内容涉及壮族社会生活的各个侧面,堪称壮族的"百科全书",由谭绍明提供的《嘹歌》抄本,包括《房歌篇》《路歌篇》《贼歌篇》《日歌篇》《三月歌篇》五大部分,其他不同版本可以分为《长歌》《恋歌》《散歌》《客歌》《新歌》等系列。

《嘹歌》文化圈的中心在平果,传播到周边的田东、马山、武鸣等县区。现阶段平果县有168个行政村,其中有100个行政村、约1300个自然屯唱《嘹歌》。

图像符号记载的壮族民歌传统的经典之作是在云南富宁发现的《坡芽歌书》和在云南省广南县发现的《八宝歌书》。前者将81个图案符号刻印在一块土布上面,记录了当地81首民歌,周有光为之题词:"坡芽歌书,文字之光。"① 后者共有1072个字符,记录了当地1070首民歌,已经初具象形文字的雏形。② 这些图像符号不仅具有重要的文学价值,而且对于人们了解文字的形成过程具有重要的启迪意义。

在"千里歌路"右江段的建设过程当中,既要充分借助已有的民歌文化资源,更需要在研学旅行的时代语境中,更有效地将民族传统融入校园、融入社区、融入旅游景区,让人们切实体悟到民歌文化的艺术魅力和诗性智慧。

---

① 刘冰山主编:《中国富宁壮族坡芽歌书》,民族出版社2009年版,第1页。
② 黄舒娜:《壮族八宝歌书及其价值》,《广西民族研究》2017年第1期。

第十章　诗礼传扬：伦理建构与"人文化成"

礼是人间的秩序，礼是道德的准则，《礼记·曲礼上》云："夫礼者所以定亲疏，决嫌疑，别同异，明是非也。礼，不妄说人，不辞费。礼，不逾节，不侵侮，不好狎。修身践言，谓之善行。行修言道，礼之质也。"① 中国崇礼尚义，以"礼"规范人的言行举止，以"礼"建构日常生活规则，倡导言行一致、与人为善、礼尚往来的道德原则，由此达到"以礼乐治国"的目的。在壮族社会中，素有"以诗明礼""以诗传礼"的传统。如果说《布洛陀经诗》创制了天地万物的秩序和规范，那么，民间伦理长诗《传扬歌》（亦称《欢传扬》）则阐明了人世间的人伦规范。前者与民间信仰相交融，后者以民歌的形式吟唱安身立命、家庭和睦和世态和谐之道，在心灵感化中，确立个人家庭和社会各层面的伦理准则。适应21世纪社会发展需要的壮族伦理重建，需要在继承壮族传统伦理准则的基础上，融入新时代的伦理精神，将个人、家庭和社会三个层面的伦理重建作为彼此关联的整体，在"人文化成"的时代语境中，实现"个人、家庭、社会、自然生态"四重伦理的协同共进。

一　诗教传统与壮族社会的"人文化成"

中国传统伦理观一直强调：富贵传家不过三代，诗礼传家、仁德传

---

① 王梦鸥注译：《礼记今注今译》，新世界出版社2011年版，第2页。

家,更为久远。"礼崩乐坏""人心不古""世风日下"是千百年来中国无数仁人志士的文化焦虑。因此,伦理重建是文化建设不可忽视的核心之一。假如文化传承主体没有安身立命的伦理规范,道德失范、黄赌毒蔓延,道德底线崩解、社会腐化堕落、纷争不断,纵然家财万贯、文化设施富丽堂皇,依然是空有其表,金玉其外、败絮其中,实为国家之不幸、民族之悲哀。

季羡林先生指出:"人生一世,必须处理好三个关系:第一,人与大自然的关系,也就是天人关系;第二,人与人的关系,也就是社会关系;第三,个人身、口、意中正确与错误的关系,也就是修身问题。……我谈正确处理三个关系,正是谈伦理道德问题。因为,三个关系处理得好,人类才能顺利发展,社会才能阔步前进,个人生活才能快乐幸福。"① 人类社会寄寓在自然生态系统当中,由个人、家庭和社会组织构成,"人文化成"的文化标志是形成以特定历史发展阶段相适应的体现在个人、家庭和社会各层面的伦理原则,同时,由个人伦理作为内核,家庭伦理作为中枢,社会伦理作为根基,形成环环相扣、相互制衡的运行机制。有利于人文世界正常运作的核心要素主要有:仁爱、包容、谦敬、礼让、中和、自强、持节、知耻、明智、勇毅、孝慈、诚信、宽恕、廉洁、勤劳、节俭、敬业等道德规范。

学术界习惯于从历史文献、口头传统理解特定民族的伦理文化和道德崇尚,其实,伦理道德是一个多元构成的复杂系统,作为生命主体的每个人是伦理文化的承载主体。先哲的语录、书面的记载以及各种文学作品虽然隐含着特定民族的伦理主张和道德意识,但是,人们的行为规范、道德情操、社会风尚是伦理重建的重心所在。

"诗"与"乐"相融通,"乐"与"礼"互为表里,"诗""乐""礼"皆源于"情"。"人文化成"其实是"立于礼,成于乐"。②

---

① 季羡林:《季羡林文丛·耄耋新作·漫谈伦理道德》,沈阳出版社2002年版,第255页。
② 王梦鸥注译:《礼记今注今译》,新世界出版社2011年版,第324页。

礼乐文化贯穿于中国历史发展的整个过程，凝聚着中国历代先贤的文化智慧。"礼"是人与动物之间的本质区别，《礼记·乐记》记载："鹦鹉能言，不离飞鸟。猩猩能言，不离禽兽。今人而无礼，虽能言，不亦禽兽之心乎？……是故圣人作，为礼以教人。使人以有礼，知自别于禽兽。"①"礼"和"理"相通，"礼"与"乐"相对应、相区别，又相互交融。"礼"要合乎"道理"。"乐者为同，礼者为异。""乐由中出，礼自外作。""大乐与天地同和，大礼与天地同节。"由"音""声"构成的"乐"还是世态、人心、政情的文化表征：

> 凡音者，生人心者也。情动于中，故形于声。声成文，谓之音。是故，治世之音安以乐，其政和。乱世之音怨以怒，其政乖。亡国之音哀以思，其民困。声音之道，与政通矣。②

在中国的礼乐文化观念中，深含着"以乐施教"的理念，希冀借助礼乐传扬，沟通"天、地、人、神"，表达彼此之间和谐共生的祈愿，实现"以礼乐治国"和"国泰民安"的社会目标。正如司马迁所说："夫上古明王举乐者，非以娱心自乐，快意恣欲，将欲为治也。"③ 而"礼崩乐坏"是社会混乱、动荡不安、无理可循的表象。唯有通过"知音""知乐""知政"而形成道德品性以及人间伦理："不知声者不可以与言音，不知音者不可以言乐；知乐，则几于礼矣。礼乐皆得，谓之有德。"④ 因此，"人文化成"有赖于礼乐的辅助，而"人文化成"的逻辑结果无疑包含着礼乐体系的形成和完善。

观察壮族社会"人文化成"的文化根基和"化成"机制，同样可以

---

① 王梦鸥注译：《礼记今注今译》，新世界出版社2011年版，第3—4页。
② 王梦鸥注译：《礼记今注今译》，新世界出版社2011年版，第325—326页。
③ （汉）司马迁：《史记·乐书》，中华书局1982年版，第1236页。
④ 王梦鸥注译：《礼记今注今译》，新世界出版社2011年版，第327页。

以壮族及其先民的音乐、民歌、礼制作为切入点。壮族先民和其他民族一样,同样经历了漫长的社会实践过程,逐步走出朦胧、迷茫、困惑、冲突的心理和伦理的困境,逐步摆脱生理的本能和生存需要的冲动,学会克制,学会隐忍,学会理性地思考,深藏意识结构深处的伦理基因逐步萌发,同情、怜悯、敬畏、崇奉、诚敬的意识逐步生成,伦理文化由此拥有深厚的精神根源。

伦理精神外显在人们的言行举止之中,则成为构建和谐人世之"礼","礼成"则天下和谐,向"大同社会"迈进。"礼"的表达有赖于"乐"的熏陶,音乐的节奏不只是给人审美的感知,音律高低起伏、抑扬顿挫、强弱转化、先后顺序,与人的生命节律有一种对应关系,"乐理""乐律"在某种程度上制约人的思绪和情感表达,让人学会克制、学会约束,而"人伦规范"的实质也是要知晓"可为之事""不可为之事""应该有所为之事"。因此,在现实生活的许多场景中,人们常常以礼配乐,以乐观礼,以律拟人。因为音乐是由心而发出的声音,所以"乐理"与"伦理"是相通的。"乐"有维系民心统一协调的功能,这一功能有助于推动整个社会的和谐安定,这正是伦理建构的核心意旨所在。"礼"与"乐"的互相作用,共同感化和教育特定社会中的人群。

《乐记》中说道:"乐者,天地之和也。"我们可以将其解释为,乐理是调和天地万物的手段,使万物融合互不侵邪乃是目的,其关键所在是"调和":调和高低、长短、阴阳等。不同音色的乐器,如琴瑟笙竽笛同奏合鸣形成互不干扰而又相得益彰的效果,使听者悦耳舒心即达到了"和"的目的。将乐理推而广之到社会体系中去,人与人之间的社会活动远比乐器合奏复杂得多。只要将人在社会中的行为和诉求等相互协调及规范,即使人类社会由芸芸众生和纷繁世事构成,人类社会中的"天地之和"也不难实现。

在传统的壮族社会中,洋溢着诗性的精神,壮族民歌中深含的诗性智慧在铸造壮族伦理文化过程中的作用是显而易见的。壮族各地民歌独特的曲谱、规整的韵律，动听的旋律、优美的歌声，沁人肺腑，感人至深。"诗"与"乐"同样合二为一，交相辉映。以歌代言的文化习俗使枯燥单调的道德说教富有诗性的意味，给人审美体验的同时，获得伦理的启迪。

壮族伦理道德体系植根于壮族聚居区的生存环境和稻作文化传统，以水稻种植为主的生计模式对壮族民众精神气质产生了潜移默化的影响，赋予壮族独特的价值观和性格禀赋，陶冶了壮族民众淳朴、包容、内敛又不乏坚韧的性格，人与人之间的相处也自然深受稻作文化的熏陶。

"人文化成"离不开"良知"的觉醒、"良心"的发现和秩序的建构，离不开对"假、丑、恶"的摒弃以及对"真、善、美"的弘扬。壮族的家庭教育、社会教育的主要功能实际上是同"抑恶扬善"的过程相伴随。壮族社会的"人文化成"也经历了漫长的由朦胧到清晰、由松弛到严谨、由零星到整体的不同阶段。

作为一个擅长歌唱的民族，壮族人民创作以《布洛陀经诗》为代表的创世史诗和以《传扬歌》为代表的伦理长歌。这些作品无疑在壮族社会的"人文化成"过程中起到了举足轻重的作用。

《布洛陀经诗》包含着神圣性的敬畏，引领壮族民众遵循布洛陀创制的人间秩序。《布洛陀经诗》以神圣性的话语，阐明人世间万物的起源，蕴含了人与自然、人与动物、人与人之间的转换以及共生的和谐关系，人和世间万物本是自然界中的基本元素，彼此之间相互依存，和谐共处。《布洛陀经诗》其实是壮族关于宇宙起源、人类社会组织原则的哲理性的领悟与思考，体现了壮民族对于和谐共生境界的精神追求。

如果说《布洛陀经诗》是宗教性文本，通常在仪式场合演唱，包含许多想象性的成分，那么，壮族伦理长诗《传扬歌》则是日常生活中演唱的世俗性作品。壮族伦理长诗《传扬歌》既是壮族伦理道德的智慧结晶，也是重塑壮族伦理意识的"指南针"。壮族《传扬歌》是伦理教育的范本,其中的诗句告诫世人如何为人、如何持家、如何处理人与人关系的伦理准则,真正体现了壮族"诗在礼中""礼在诗中"的诗教传统,无疑在壮族社会"人文化成"的过程口,发挥了至关重要的作用。

壮人喜歌,壮族民间歌者虽然缺乏专业的乐与礼的训练,但是,大多在自发的传承和习歌过程中明晓乐理,使壮族山歌这一艺术形式成为壮族文化中的亮点。人们通过山歌的传唱,表达情感,调节壮族人民的日常文化生活,具有多元的功能。我们已经知道壮族青年在恋爱时常通过山歌来表达情感,却鲜有人发掘另一种教育、规范人行为的山歌——《传扬歌》的意义所在。所以说《传扬歌》的出现不但证明了壮族文化中对"和"的追求,更加体现了"礼乐陶冶"在壮族社会内部产生的积极影响,它将乐理会通人情和世间凡事。以劝诫和教育的口吻加之壮族民众喜闻乐见的山歌曲调,说理的同时娱乐身心,为壮族社会内部的自我教育和管理起到了独特而又有效的作用。

在壮族社会"人文化成"的过程中,壮族歌师扮演了重要的角色。歌师们乐于以山歌激发善心,弘扬社会正气,是社会伦理道德的维护者。许多壮族歌师依凭杰出的歌才,编创伦理教育歌,调解民间纠纷,劝人向善,倡导和气生财,劝诫婆媳和睦,阐明做人的道德、家庭道德和社会道德,为壮族社会和谐运转,提供了精神源泉。

壮族伦理准则和人伦规范是时代性、区域性、情境性、传承性、变异性和文化表征多样性的统一。也就是说,壮族伦理文化既蕴含在壮族的民歌典籍之中,更体现在不同历史时空中真实的壮族社会生活的各个层面。既有不断追求"友善""和谐""共生"的稳定性的伦理准则,坚守人与人之间、人与社会之间、人与自然之间相互尊重的行为规范,也有在不同地理空间和社会场景的不同表现形态,在采集狩猎时代、农耕时代、城镇化时代皆有不同的表现形式,特别是在市场经济时代,壮族的传统伦理道德面临着新的挑战，人伦亲情趋于淡化，功利主义的价值观不断蔓延，黄赌毒和诸多违法乱纪现象屡禁不绝，在面向未来的社会发展和壮族文化建设过程中，如何继承和传扬壮族的个人伦理、家庭伦理、社会伦理和生态伦理？如何理解壮族传统社会"人文化成"的内在机制？如何将壮族传统伦理智慧转换成人文重建的精神资源？确实是值得深思的问题。

二 个人伦理：安身立命之道

在由"个人伦理""家庭伦理""社会伦理""生态伦理"四大部分构成的伦理体系当中，"个人伦理"是其他伦理形态的基点。这是因为个人伦理的确立，意味着明确了"安身立命"的准绳，这一准绳直接影响人们的处事之道，并且在很大程度上决定了人们对待家人、对待社会、对待自然界万事万物的基本态度。

在21世纪，由于市场经济体制和消费主义的影响，壮族传统的个人伦理和安身立命之道面临严峻的挑战和重新建构的历史性机遇。越来越多的壮族年轻人不断融入全球化、现代化、城镇化的进程，基于农耕时代的安身立命传统逐步失去存在的社会根基，人们的个体意识日益增强，激发了人们追求自由、自主和平等权利的思想意识。这本是社会进步的表现。然而，如果过分强调个人自由和权益，就容易导致个人伦理准则的重新调适，甚至忽视个人的社会责任感，遗失传统的美德。

对于1600多万壮族人而言，理解不同时代、不同群体和个体的崇奉的伦理道德以及安身立命之道是一个甚为繁难的议题。因为壮族的个人伦理准则既隐含在壮族的口头传统和书面文献之中，更是活生生地体现在每一位壮族生命个体的言行举止之中。改革开放以来，壮族社会在经济生活、社会政治和文化等方面都发生了重大变革，推动了壮族传统个人伦理的现代演变。尊老爱幼、勤俭持家等传统美德继续发扬光大；男女平等观念已深入家庭生活中。但是，毋庸讳言，当前壮族个人伦理结构中也存在一些消极腐朽的因素，勤劳、善良、淳朴、诚实、孝顺等传统美德在一定程度上失落，特别是在"劣币驱除良币""老实人吃亏""笑贫不笑娼""只要我喜欢，有什么不可以""哭闹的孩子多吃奶"的伦理运作机制中，现代壮族社会中的道德水准出现了滑坡的现象，各种违背传统道德的现象层出不穷，自私、懒惰、酗酒、贪婪、欺诈、偷盗、黄赌毒以及其他违法乱纪行为屡禁不绝，不尽赡养老人义务以及其他违背道德原则的现象屡见不鲜。因此，面向未来的壮族文化建设，需要重新省思壮族个人伦理的历史和现状，需要从传统的壮族安身立命之道中，吸收文化的精粹，并且使之重新焕发生机活力。

对于每一个生命主体而言，"安身"与"立命"是彼此交融的整体，"安身"是每个人生命延续的最基本要求，"安身"的核心意旨是身体的安顿，有容身立足之所，侧重在衣食住行的基本生活满足，孔子曰："尺蠖之屈，以求信也；龙蛇之蛰，以存身也。精义入神，以致用也；利用安身，以崇德也。"① "立命"既包括身心的安顿，更强调精神境界的提升，在满足了基本物质文化需求之后，还要追求更高层次的生活品位，实现生命的终极价值和意义。

"身不安"则"命难立"。"安身是立命的外现，立命是安身的内在精神依托。没有立命也能安身，但难以真正安身；没有安身却可立命，但今天仅讲立命也不现实。从逻辑上讲，先有立命，后有安身。从实际上看，则先有安身，后才立命。"② 《孟子·尽心上》记载："尽其心者，知其性也。知其性，则知天矣。存其心，养其性，所以事天也。夭寿不贰，修身以俟之，所以立命也。"③ 孟子主张通过觉悟自己的本性，而知晓天命，

---

① （魏）王弼编著，（晋）韩康伯注，（唐）孔颖达正义：《周易正义》，中国致公出版社2009年版，第289页。
② 何少甫：《解"立"——从"三十而立"到"安身立命"》，《开封大学学报》2008年第2期。
③ 杨伯峻：《孟子译注》，中华书局1960年版，第302页。

由此而保存善心，养护本性，借助"修身"而确立生命价值，以"己命"与"天命"的协同共进，把握命运，展开人生。因而"立命主要探讨的是于生命、生活之中寻求人生终极目标和超越价值的问题。中国人的安身立命之解是将二者紧密联系起来的。于安身之处立命、于立命之处安身的生命安置，才是安身立命之正解"。①

在传统社会中，壮族民众以水稻种植为主要生计模式，一年四季依时而行，逐步形成安土重迁的价值观，衍生出勤劳节俭、善良正直、诚实守信的个人伦理道德观。这些伦理准则因为得到壮族民族的广泛认可，经过民间歌手的编唱和传扬，一方面成为壮族日常生活中的行为准则；另一方面成为壮族伦理类民歌的重要主题思想。

壮族安身立命之道与壮族的"以歌育人""以歌劝善"的传统相辅相成，相得益彰。据方寿德编撰的《歌王劝世小传》（未刊稿）记载，黄三弟有次应邀为人唱祝寿歌后，村民有感于本村的风气，要求再唱"劝善歌"，黄三弟以"十劝人们用心记"为题，唱出了一首劝善传扬歌：

> 一劝人们走正道，莫要起心把人撩；
> 火烧棉花一时过，何苦拿头去碰刀。
> 二劝人们守本分，千祈莫进赌场门；
> 赌场好比迷魂阵，进去一定死得成。
> 三劝人们莫流浪，勤紧耕读是正行；
> 勤耕良田有米煮，勤读诗书有文章。
> ……
> 九劝人们要记稳，嫖赌抢偷害本身；
> 犯了王法绳上颈，不死也挨进牢门。

---

① 郭清香：《何以安身？立命何处？——"安身立命"问题之当代价值》，《河南社会科学》2011年第3期。

十劝人们莫招祸，半夜拍门魂不落；
名字刻在石壁上，千年雨水淋不脱。①

另外，黄三弟用"劝善歌"唱出了"人穷志不穷"的伦理准则：

人穷也要有骨气，不做坏事头不低；
要向高山松柏树，风吹雨打不断枝。
……
肚饿宁可在家坐，千祈莫要去偷摸；
瘦狗还找干地睡，睡着湿地毛会脱。②

此诗将"高山松柏"作为"骨气"的隐喻，任凭风吹雨打，也傲然挺立。即使"饿死也不偷米""冻死也不偷衣"，以"瘦狗都要找干净的地方睡觉"作为比拟，生动阐明做人要有底线而不可不分青红皂白地胡作非为。

这些民歌用流传广泛的七言四句的形式，用简单、巧妙、直白的唱词，劝人向善。为人正直，内心才能坦荡。民歌语言生动，对仗整齐，构思巧妙，条理清晰，给人醍醐灌顶的忠告，可谓独具匠心。黄三弟一再告诫人们，即使穷困潦倒，也不偷抢他人钱财，而要以坚韧的意志，坚守做人的骨气和志气。

在壮族地区广泛流传的各种版本的《传扬歌》，虽然长短不一，内容略有不同，但是，总体上都巧妙地运用拟物和类比的手法，生动地阐述了做人的道理，坚守正直、诚信的道德底线，反复强调善良正直、勤劳节俭是做人之根本，偷盗、赌博、不劳而获的行为都被视为可耻的，都会受到社会的唾弃和抨击。

---

① 方寿德：《歌王劝世小传》（未刊稿），1988年，第210—213页。
② 方寿德：《歌王劝世小传》（未刊稿），1988年，第231—233页。

《传扬歌》唱词通俗易懂，妇孺老幼也能立刻领会其深意，有效抨击了民间丑恶的行为，传达了壮民族的伦理道德，在潜移默化的感染中，提升了人们自我约束、自我管理的道德意识，实际上是起到了壮族《乡村法典》的作用。

三　家庭伦理：亲属和睦之道

个人伦理道德与家庭伦理道德彼此关联，实为异曲同工，彼此之间互相影响，相互制约，个人道德观的养成源于家庭伦理道德熏陶，而家长个人的伦理道德对家庭伦理的生成具有决定性的作用。壮族家庭伦理道德观强调婚姻平等自主，重视长幼和睦有序，鼓励兄弟姐妹团结互助，共同维护家庭的团结和睦。夫妻之间应互相沟通，以诚恳的态度，善待亲友、团结邻里，不要相互指责、埋怨，要以乐观、积极的生活态度，处理生活中的困难。

改革开放以来，壮族传统家庭伦理与时代的发展相适应，适婚青年的择偶标准趋向多元与开放、自由恋爱、自主婚姻成为主流，晚婚晚育、少生优生的现代生育理论普遍得到人们的认可。在家庭关系中，相互尊重、平等相处的原则得到进一步践行，壮族家庭伦理整体上符合社会发展趋势以及人性中的善良本质。

然而，改革开放以来，由于市场经济、功利主义以及其他主客观诸多复杂的原因影响，壮族许多家庭伦理准则发生了不同程度的改变，传统家庭美德日趋淡化，家庭稳定性受到威胁，越来越多地出现家庭暴力、离婚、婚外恋、重婚等现象，对夫妻感情、家庭和睦、社会安定带来消极的影响。

具体而言，面向未来的壮族家庭伦理的重构，基于现阶段的壮族家庭结构、家庭关系、家庭伦理出现了以下几个方面的问题。

(一) 现代社会变迁引发家庭结构的变迁

和其他西部地区一样，壮族农村大量青壮年在社会转型中离开家乡到外地务工、经商，父母与孩子分开的家庭越来越多，传统壮族社会中四代同堂的联合家庭发生解体，核心家庭占据主导地位。由于壮族家庭离婚率上升，离婚家庭、空巢家庭、隔代家庭等家庭类型所占比例逐步增多，对壮族家庭伦理产生了深刻影响。

（二）家庭不和现象增多导致离婚率上升

在市场经济时代，以自我为中心的功利主义、享乐主义、个人主义、拜金主义逐步抬头，人们的恋爱观、婚姻观、家庭观发生了历史性的变迁，频繁的社会流动导致人们的社会交往范围逐步扩大，夫妻双方各自接触到越来越多的异性，各种诱惑也接连不断，婚外情的出现引发夫妻离散，越来越多的年轻夫妇认同"不求天长地久，只求曾经拥有"的理念，习惯于"闪婚闪离"。父母离异无疑会导致子女缺少正常的关爱和照顾，使子女产生孤独、愤怒、怨恨、嫉妒等心理问题，甚至导致犯罪。

（三）亲属成员之间的情感逐渐变得淡漠

随着现代交通和通信技术的发达，传统的以家庭为中心的交往、交流和娱乐方式发生了深刻的变化，不同的家庭成员拥有各自的社会关系网络、各自的社会活动空间，致使父母和子女之间、兄弟之间、姐妹之间、妯娌之间的交往和情感沟通的时间减少，不知不觉中产生了隔阂与疏离感，甚至"各人自扫门前雪，莫管他家瓦上霜"。

（四）家庭教育的偏差导致家庭伦理的混乱

由于家庭少子化，父母在"望子成龙，望女成凤"观念的影响下，往往对子女溺爱有加、娇生惯养，容易使之养成唯我独尊、自私自利的消极性格。还有许多人，身为父母，却不能言传身教，不能以身作则，甚至游手好闲、无所事事，沉溺于六合彩，聚众赌博，没有心思教育孩子，或者只注重子女的知识教育，忽视道德教育，使年轻人养成懒散、自私、不懂礼貌的负面品德，加上代沟造成的对立，常常导致父母和子女关系紧张。

（五）敬老传统面临新的挑战

壮族传统家庭伦理要求长幼有序，晚辈要尊敬和赡养老人，但是，许多家庭由于经济来源、伦理观念、生活方式以及其他各种各样的缘由，孝道传统日显淡化，不少家庭忙于增加经济收入，家庭中心由"尊老"转向"爱幼"，子女缺乏对父母的孝敬之心，出现了赡养老人纠纷的问题，一些年轻人忘记父母的养育之恩，以各种理由不尽赡养义务，甚至把年老体弱的长辈当作累赘，互相推诿赡养责任，或者只在物质上供养父母，忽视精神上的尊重，缺乏精神上的沟通，无法让长辈在精神上享受天伦之乐，从而产生精神上的孤独感，致使许多老年人的处境悲凉。

家庭伦理的形成和建构，涉及经济、教育、生活方式、价值观念、感情态度、娱乐习俗等诸多层面，改革开放和市场经济的发展一方面使家庭经济、教育等功能更加强化；另一方面却因生活方式和娱乐方式的多样化导致家庭情感功能的弱化。越来越多的壮族青壮年离开家乡，到外地务工、经商、求学，交往范围越来越广阔，形成了大范围的人口流动，传统的血缘、亲缘关系纽带日趋弱化，以学缘、友缘和业缘为纽带的社会关系网络逐渐强化。

无论如何，面向未来的壮族家庭伦理建设任重而道远，很有必要在文化建设过程中，基于亲属关系的和睦建构，推进壮族家庭传统伦理与现代生活方式的交融整合。一方面要追溯壮族传统家庭伦理的道德原则，汲取实现亲属和睦共处的文化智慧；另一方面要立足于现代社会的时代语境，通过家庭教育、学校教育、社会舆论导向等多种途径，激活传统家庭伦理的优秀基因，使之焕发新生活力，实现壮族传统家庭伦理向现代家庭伦理的转化。

家庭的组建源于婚姻的缔结，选择理想的配偶是人生的要务之一，择偶标准也包含着人们的道德观念。奉行共同的伦理道德观念是实现家庭和睦的文化基础。壮族家庭伦理既在《传扬歌》中得到反映，也切实体现在壮族民众的社会生活当中。《传扬歌》中有许多唱词，劝诫青年男女在择偶时，要注重对方的道德品质，树立正确的择偶观：

第十章 诗礼传扬:伦理建构与"人文化成" / 293

> 一劝众姑娘,学乖不学蠢。想去嫁财主,天下有几人。
> 银锭是银锭,不是锡或铜。好赖父母找,何必另换新。
> 二劝天下女,青春去不回。择得朱门时,红颜色已衰。
> 命定不由人,上天早安排。百日花必谢,守个烂世界。
> 三劝众姑娘,莫赌气在心。憋气去出嫁,吃亏多少人。
> 好赖已成家,何必闹纷纷。只怕事不成,怨天又尤人。①

这段唱词劝导女性要"学乖不学蠢""好赖父母找,何必另换新""莫赌气在心",对终身大事要思虑周全,以免留下遗憾,若是因憋气而出嫁,则"吃亏多少人"。

在择偶过程中,"人品"比"金钱"更重要,不要"嫌贫爱富",歌中唱道:

> 有女嫁婆家,莫嫌夫家贫。若要结高枝,死神来结亲。
> 不见人世间,孤儿也成人。但得夫婿好,何用问聘金。
> 女大当婚嫁,莫爱富嫌贫。只要婆家好,爹娘就放心。②

歌中劝诫青年女性要有正确的择偶观,慎重选择配偶,"但求人品好",而不能只顾"结高枝"。唯有觅得"好夫婿""好婆家",组建了和美家庭,父母才放心,同时也就尽了孝道。

从男性择偶标准而言,《传扬歌》强调女方要"会当家":

> 男儿娶媳妇,盼她来当家。如不落夫家,好人也出差。

---

① 梁庭望、罗宾译注:《壮族伦理道德长诗传扬歌译注》,广西民族出版社2005年版,第127页。
② 梁庭望、罗宾译注:《壮族伦理道德长诗传扬歌译注》,广西民族出版社2005年版,第128页。

> 煮菜又端饭，六亲走上下。说她又还嘴，嘟囔说废话。
> 娶妇当主妇，归去快回家。若想入非非，名声受糟蹋。
> 大小且不论，同龄不相差。自串村赶圩，别讲我胆大。①

这一段唱词要求新娘及时"落夫家"，说明随着社会的变迁，壮族传统的"不落夫家"之俗已经发生变化，认为"媳妇住夫家，丈夫才心安。若老回娘家，父母就为难"。这是在男性地位逐步上升之后，壮族家庭伦理关系发生的新变化。

夫妻关系是家庭伦理中的主轴，如何"为夫""为妻"？则是构成家庭成员之间相处之道的根本。壮族家庭以父系为中心，男性在家庭结构中通常处于主体和主导的地位，这就意味着男性要承担起家庭的重任，妻子则要成为坚守道德规范的"贤妻"，《传扬歌》中唱道：

> 娶得位贤妻，公婆她伺候。和气待双亲，话语甜心头。
> 心中有句话，会上下斟酌。有话不顺心，过后不计较。
> 肚里有明灯，照亮她的心。办事人敬服，话语赛金银。②

这就意味着成为"贤妻"，就要懂得孝敬双亲，和气恭顺，持家勤俭，遇到不顺心的事情，也能大气宽容，不予计较。

《传扬歌》源于生活，用生动形象的歌句告诫人们不能违反家庭伦理道德，不能不通情理，力戒懒惰，不能无理取闹，好吃懒做，爱慕虚荣，应当承担相应的责任，秉承勤劳、节俭、与人为善、夫妻和睦相处的美德。

---

① 梁庭望、罗宾译注：《壮族伦理道德长诗传扬歌译注》，广西民族出版社2005年版，第191页。
② 梁庭望、罗宾译注：《壮族伦理道德长诗传扬歌译注》，广西民族出版社2005年版，第129页。

壮族《传扬歌》还唱道:"恶狗才咬鸡,打妻非好汉。"① 强调夫妻双方在婚姻中是平等的,要和睦相亲、相敬如宾,避免暴力行为,不能打妻。夫妻双方在婚姻中要以诚相待,忠诚专一,不能不守夫德妇道,严厉抨击婚中的出轨行为:"有妻不忠贞,同室两颗心。夫奄奄一息,她找野情人。受苦三年满,守节当合情。下贱如牛马,脸面全丢尽。"②

除了夫妻关系,作为子女与父母、晚辈与长辈的关系也是《传扬歌》反复强调的主题,壮族社会将"孝道"作为家庭伦理道德的至关重要的准则。《传扬歌》以"孝"为中心,围绕从出生到死亡的生命历程以及人生各阶段,阐述了为人处世的道德规范,主张"百善孝为先",谆谆教诲年轻人要孝顺父母、善待双亲,倡导家庭和家族成员之间应当和睦相处。其中《百岁歌》和《不忘父母恩》集中咏唱了遵守孝道的重要性,教导年轻人要永远铭记父母养育之情:

  今日父过世,儿辈实哀伤。泪洒河塘边,不见父回还。
  讲父母恩情,儿永记心上。还父母情义,永远没法偿。③

这些民歌传达了儿女对于父母的深情厚谊,提醒子女要在父母健在时尽孝道,让父母衣食无忧、颐养天年。

《不忘父母恩》详述了父母养育子女的种种艰辛与不易,劝告子女要听从父母的教诲,学会做人,形成良好的道德品质,妥善处理好双亲和妻子的关系,不能只关心、疼爱妻儿而冷落双亲:

---

① 梁庭望、罗宾译注:《壮族伦理道德长诗传扬歌译注》,广西民族出版社 2005 年版,第 132 页。
② 梁庭望、罗宾译注:《壮族伦理道德长诗传扬歌译注》,广西民族出版社 2005 年版,第 132 页。
③ 梁庭望、罗宾译注:《壮族伦理道德长诗传扬歌译注》,广西民族出版社 2005 年版,第 257 页。

> 有人不懂理，处处看妻脸。不心疼父母，听妇人胡言。
> 白日脸消瘦，晚上人凄惨。养得畜生来，不懂看长远。①

如果对公婆冷言冷语或是欺负辱骂，不孝顺，其实是"不如畜生"，必然受到天地良心的严惩：

> 儿媳骂公婆，贱如马跟驴。天地未降祸，头上罪有余。
> 骂父母怎成，往前不顺利。不服侍双亲，祖先不饶你。②

对待后娘，《传扬歌》主张也应善待："后娘也是娘，肚里可撑船。儿女当亲生，长大心温暖……幼辈莫埋怨，赡养要承担。儿女想周到，事事不绕弯。"③ 引导年轻人要像孝顺亲生父母一样对待后娘，同时，后娘也要遵守家庭道德，不应做出有悖家长身份之事，不能"好吃自己沾，后娘不像娘"，不然将毫无威信可言。

对于婆媳、兄弟、妯娌之间的伦理原则，《传扬歌》倡导以"和"为贵。婆媳之间和气可生财；兄弟姐妹之间应相亲相爱，互帮互助；妯娌之间应相互尊重，不要招惹是非。只有处理好家庭成员之间微妙的关系，才能使家族和谐兴旺。

在传统社会，壮族女性有恋爱的自由，却没有自主选择婚姻的权利，嫁入婆家也意味着接受了夫家的道德标准，对丈夫、对公婆要顺从。《传扬歌》"为妻"一节阐述了壮族媳妇如何"为媳"，认为勤劳、贤惠、大度、孝顺、宽容、善良、智慧是婆家看重的品质。

---

① 梁庭望、罗宾译注：《壮族伦理道德长诗传扬歌译注》，广西民族出版社2005年版，第285页。
② 梁庭望、罗宾译注：《壮族伦理道德长诗传扬歌译注》，广西民族出版社2005年版，第286页。
③ 梁庭望、罗宾译注：《壮族伦理道德长诗传扬歌译注》，广西民族出版社2005年版，第136页。

作为具有"以歌代言"文化传统的壮族,民歌既是壮族伦理传统的载体,也是调解伦理纠纷、维护家庭和睦的工具。壮族歌师往往是壮族伦理准则的传扬者和家庭和睦的维护者。譬如,《歌王劝世小传》记载,有户人家婆媳不和,关系紧张,婆婆绰号"老麻雀",媳妇一位人称"蜂尾刺",另一位人称"假诸葛",三人之间互不相让,闹得不可开交,是全村有名的"闹架王"。族中长老请来黄三弟和徒弟前来调解纠纷。黄三弟用伦理歌苦口婆心地劝解,最终化解了婆媳之间的矛盾,一家人重新和睦相处。黄三弟以理服人,开篇就唱道:

> 五谷丰登靠天雨,耕田种地靠耙犁,
> 家庭兴旺靠和气,和气生财靠婆媳。①

接着,黄三弟用山歌奉劝婆婆要做好表率,对作为晚辈的儿媳要宽容慈爱,积极引导,帮助她学习做家务,言辞要温和,不要过于唠叨,避免双方发生矛盾:

> 未曾拦鱼先织网,未曾养蜂先做房,
> 未曾接回新媳妇,先要学会做人娘。
> 纵然接回新媳妇,也是人地两生疏,
> 家婆应当为师傅,苦口耐心教学徒。②

随后,歌师黄三弟倡导"将心比心",家婆年轻时也做过媳妇,也历经各种苦难,以此唤醒家婆年轻时的记忆:

---

① 方寿德:《歌王劝世小传》(未刊稿),1988年,第47页。
② 方寿德:《歌王劝世小传》(未刊稿),1988年,第53—54页。

> 当初你做人媳妇，家婆捧你上香炉，
> 如今人做你媳妇，何苦开口话含毒。
> 先要家婆会做老，媳妇气涨自然消，
> 婆媳和睦家兴旺，要拿蚊帐做荷包。①

劝完了婆婆后，黄三弟转而唱歌劝解两位儿媳，要懂得勤俭持家，遵守作为媳妇的礼数，要少说多做、谦让公婆，婆家才是自己的家，要为这个家尽心尽力。

劝完了婆媳双方，黄三弟让她们都认识到自己的错误，劝诫她们要心存善念，以宽容之心互相体谅对方，力所能及地为家庭出力。最后，婆媳双方各自退步，尽释前嫌，和好如初，愿意齐心协力为家族的兴旺贡献自己的力量。

黄三弟编唱的说理民歌绘声绘色、生动有趣，充满了生活的智慧和民歌的艺术魅力，感化了陷入矛盾对立的婆媳关系，乡亲们听到婆媳相处之道的山歌，也深受感染，懂得了婆媳相处的伦理规则。

对于兄弟、姊妹、妯娌之间的关系，壮族伦理同样倡导以和为贵，彼此之间要相互帮助、互相宽容、相互体谅，要患难与共、同舟共济：

> 无论富兄是穷弟，钱粮相济力相依，
> 要学木匠打墨线，扯去几远心都直。②

兄弟之间无论富贵贫贱，皆不可忘本，不要轻视、疏远贫弱者，而应该互相帮助、共渡难关。妯娌之间要相处和谐，不要挑起兄弟之间的纷争，如果兄弟反目，将会导致家族的分崩离析：

---

① 方寿德：《歌王劝世小传》（未刊稿），1988年，第62—63页。
② 方寿德：《歌王劝世小传》（未刊稿），1988年，第154页。

妯娌相劝勉，莫要心相违。小姑会相帮，不搬弄是非。

有理话不多，无理不犟嘴。欢洽手足情，远近同赞美。①

这些歌词唱出了妯娌相处之道，应该是情同姐妹，不记仇不犟嘴，更不要搬弄是非，对待丈夫的兄弟也应珍惜手足情，共同持家，对待对方家庭的孩子应视如己出。妯娌齐心，兄弟团结，才能为家族的强盛打下良好的基础。

总之，各种版本的壮族《传扬歌》全面描述了壮族家庭伦理道德的各个层面，以诗性的语言，阐明夫妻、兄弟、姐妹、妯娌的相处之道，贯穿各种伦理关系的主旨是以"和"为最高的道德标准，维系家庭和睦的关键是家庭成员间相互尊重，相互包容。夫妻之间相互关爱，家庭和睦才能长久，子女孝顺父母，婆媳之间相互理解，兄弟之间团结互助，和善相待，才能使家族兴旺发达。

四 社会伦理：世态和谐之道

千百年来，源于个人和家庭的传统伦理道德延伸成为社会公德、职业道德和深厚的家国情怀，壮族社会伦理在历史的演进过程中逐步成为人们处理各种人际关系的行为准则。广西被称为"民族团结的模范、维护统一的模范、维护稳定的模范"，"是我国民族关系'三个离不开'的模范"，其文化根基在于以"和谐共生"为主旨的壮族伦理传统为"四个模范"奠定了深厚的社会基础。在面向新时代的壮族文化建设过程中，需要继承诚实守信、公平公正、和衷共济、团结互助、与人为善、能帮就帮的优秀社会伦理道德，让壮族优秀伦理文化焕发新的光彩。

---

① 梁庭望、罗宾译注：《壮族伦理道德长诗传扬歌译注》，广西民族出版社2005年版，第133页。

(一) 团结互助、和衷共济的邻里和谐之道

在传统壮族村落社区中,人们大多聚族而居,形成"有无相资,一无所吝"的良风美俗,团结协作、慷慨助人的美德在壮族的社会生活中随处可见。若逢一家盖房子,村民们自觉出钱出力,共襄盛举;各个家庭一有红白喜事,亲朋邻居往往约定俗成地主动帮助料理,或提供场地,或提供米、酒、肉等食物,或协助款待客人;村中有妇女生孩子,邻里亲友都像办喜事那样送红糖、甜酒、鸡蛋、肉类等营养品,让产妇补养;若是有人生重病,邻居也会问寒问暖;在农忙时节,左邻右舍互帮插秧、收割,直到农忙结束。壮族民间伦理道德长诗《传扬歌》中就唱道:"左邻或右舍,早晚常相逢""春耕待插秧,有牛要相帮,挨家轮流种,合力度大忙"①。

《传扬歌》倡导邻里之间平等往来,同舟共济,不能以自私自利之心只顾自己,斤斤计较自己的得失,不关心邻里。在邻里需要帮忙的时候袖手旁观、逃避责任的人,将受到村民的鄙视、孤立和排挤。一旦这类自私自利的人家中有事,村民也会"以其人之道,还治其人之身",不会出手相帮,使之陷入孤立无援的境地。

(二) "打老同"与壮族隆礼重义之道

在壮族传统社会,素有"打老同"的习俗。"打老同"又称"认老庚",是一种遵照一定的礼俗结拜为盟友的民间习俗。"打老同"不论民族,不受地域限制,不论亲疏远近,不管是邻居还是远方的朋友,只要志同道合,性格接近,志趣相同,互为认可,都可成为"老庚"。壮族之间、壮、汉、瑶等民族之间,只要有机缘,都可以结为"老同",也有些地方习惯于结拜为"十兄弟"。一旦"打老同"或者结为"十兄弟"之后,相互间就来往频繁,互相照应,往往"不是兄弟,胜似兄弟"。结拜者之间

---

① 梁庭望、罗宾译注:《壮族伦理道德长诗传扬歌译注》,广西民族出版社2005年版,第126页。

的地位不分高低、身份没有尊卑,权利和义务都是平等的。逢年过节,相互拜访邀请,若"老同"家中逢有红白喜事,对方自然而然鼎力相助。在传统社会中,父辈结为"老庚","老庚"关系可以向下一代延续。

中华人民共和国成立以来,壮族地区的"打老同"与"十兄弟"结拜习俗多数已成过往,但是,壮族隆礼重义的文化基因依然隐含在壮族生命主体之中,由此缔结的壮民族处理人际关系的基本准则,讲究不同民族、不同宗族之间的人们要保持淳朴的关系,淡化功利色彩,重在志同道合,让"小爱"延展为"大爱"。

(三)社会担当与维护正义之道

在封建专制统治时期,壮族及其先民面临封建统治集团的残酷统治,地主阶级和农民阶级之间矛盾不断激化,面对封建官僚贪得无厌地搜刮民脂民膏以及地主阶级的残酷剥削,壮族民众多次揭竿而起,奋起抗争,坚决维护社会的正义和世道的公平。

壮族地区实行改土归流以来,封建统治阶级变本加厉地盘剥劳苦大众,《传扬歌》描述了贪官荒淫无度的腐朽生活情境:

做官忘国事,掌印不为民。妻妾陪下棋,淫乐度光阴。
倘若六畜少,心机他用尽。养肥众官人,今生享不尽。①

壮族百姓苦不堪言,借助编唱民歌,表达心中的愤懑和反抗,呼唤社会的公平正义:

凭是官是皇,怕病入膏肓。花钱如流水,还得见阎王。

---

① 梁庭望、罗宾译注:《壮族伦理道德长诗传扬歌译注》,广西民族出版社2005年版,第113页。

钱买不到命，皇帝也难当。天让人末路，不怕你嚣张。①

同时发出无奈的感叹："穷人真可怜，活路在何方？辛苦不如人，深夜泪沾裳。"面对统治阶级的贪腐和壮族百姓的苦难，《传扬歌》的编写者并没有丧失对公平正义的信心和追求，反而呼吁穷人要有志气，敢于向统治阶级反抗：

积怨诉不完，知者明我冤。虽然同祖宗，理不通当反。
猛虎扑京城，东京人震撼。越想越有气，天理在何方？②

在现实生活中，壮族民众不畏强权，矢志追求公平正义，前赴后继地发动起义，为传统社会的革故鼎新做出了积极的贡献。

（四）民族情怀与国家认同之道

壮族世世代代聚居在中国南方边疆，历史上多次受到外敌的侵扰。壮族民众为了守护祖国南疆的安全，英勇奋战，抵御外敌入侵，从宋代的侬智高抗击交趾北犯，维护国家领土安全，到明代瓦氏夫人率领俍兵赴东南沿海抗击倭寇；从近代冯子材在中法战争中取得镇南关大捷，到辛亥革命推翻清王朝的革命运动和解放战争，大量的壮族民众积极投入其中，与全国人民同甘苦，共命运，共同谱写了一曲曲动人心魄的历史篇章。无数的历史事实表明，壮族人民具有深厚的家国情怀，义不容辞地担负起保卫祖国南疆的重任，维护了国家的统一。千百年来壮族人民坚守国家至上的伦理准则，每当外族入侵之时，壮族民众挺身而出，表现出乐于奉献和敢于牺牲的崇高美德。

---

① 梁庭望、罗宾译注：《壮族伦理道德长诗传扬歌译注》，广西民族出版社2005年版，第114页。
② 梁庭望、罗宾译注：《壮族伦理道德长诗传扬歌译注》，广西民族出版社2005年版，第116页。

形成这种家国认同和伦理精神的根源在于壮族作为中国的第二大民族，与第一大民族——汉族拥有渊源深远的交融历程，两千多年来，壮汉民族在共同的国家认同中创生，在频繁的互动中促进文化的交融。

壮族的国家认同源于先秦时期，瓯骆故地诸族群向中原王朝进贡，中原王朝的势力已经波及岭南，虽然先秦时期中原政权没有对壮族先民实行实质性的统治，但是，不同政权组织和不同方国之间民间的、和平的、政治上的交往已经相当频繁。秦始皇统一岭南，设置三郡，壮族地区正式纳入中国版图，赵佗建南越国，遵从越俗，越汉进一步交融。魏晋南北朝至唐宋时期，中原动乱之时，南迁人口剧增，儒、道、释各家思想随之播布壮族地区，汉族文化的先进性、深刻性、完备性日益凸显，壮族上层人士逐渐接受汉文化。唐宋时期，柳宗元、黄庭坚等贬谪岭南，勤政爱民、树立人伦规范、传播中原文化，壮族人从之而游，汉文化水平显著提高。至此，越来越多的壮人认同汉文化，追慕汉文化。元明清时期，越来越多的私塾、书院在壮族地区兴办，①汉族中湖广人、广府人、客家人、闽南人等族群，从不同的路向，迁徙至壮族地区，汉壮族群互动与认同，由官方到民间，由表层到深层，由桂北、桂东南延伸到桂中和桂西，壮民族在文化心理上对以儒家为核心的汉文化的拒斥心理已经逐渐消失，阶级矛盾逐步取代民族矛盾成为明清时期的主要矛盾。壮汉民族之间没有宗教信仰上的分派与对立；没有生存需要方面的你死我活的竞争；没有文化传统上的对立与排斥，在情感归属、生活理想、信念追求、价值取向、审美习俗等方面相互协调。同时，壮汉民族之间频繁的交往、经济上的互补，尤其是民族间的相互通婚，织成错综复杂的婚姻网、血缘网、亲属网，将壮汉民族血肉相融地联系在一起，休戚相关、荣辱与共、唇齿相依、风雨同舟，

---

① 明嘉靖六年（1527），王守仁在南宁创办敷文书院，清代壮族地区的书院发展到198所，桂西地区也先后建起了秀阳、云峰、仕城、道南、毓秀、镇阳、经正、鹅城、崇正、云麓等书院，对于传播中原文化，起到重要的作用。

铸成民族团结、民族交融史上一座高耸的丰碑。

　　壮汉民族的文化认同在教育传统、生活方式、节日习俗等诸多层面得到了充分的体现。譬如，在广西，壮、汉、侗、苗、瑶等民族常常共度春节、元宵节、三月三歌节、中元节、中秋节和重阳节，各民族在欢度这些节日中，不仅保留了这些中华民族节日的传统习俗，而且也展示了各民族和睦相处、社会和谐、共度佳节的盛况。在面向未来的社会发展过程中，壮族人理应与其他民族一道，以深厚的家国情怀，守护故土家园，在多元一体的中华民族格局中获得归属感、认同感、尊严感与荣誉感。

五　生态伦理：天人共生之道

　　"生态伦理"或"生态道德"倡导人类将道德关怀从社会延伸到自然生态系统之中，强调人类的生存发展遵循人、自然、社会和谐发展的客观规律，不能片面以"人类中心主义"损害自然资源以及人类社会的可持续发展，满足人类需求应当以尊重和维护自然为前提，以人与人、人与自然、人与社会和谐共生为宗旨。面向未来的壮族地区生态伦理的建构，强调民族的文化自觉与道德自律，强调人与自然环境的相互依存、相互促进、共处共融。在建构中华民族命运共同体和人类命运共同体的过程中，人类面对的主要挑战是生态系统的危机，而要重建可持续发展的生态系统，迫切需要借鉴和涵容传统的生态伦理和生态文化智慧，改变经济利益至上的发展观，追求人与生态的和谐。

　　（一）壮族地区生态环境与生态伦理的现代重构

　　千百年来，壮族及其先民在华南—珠江流域中上游地区生息繁衍，逐步建立起适应这一区域自然环境的生态伦理。然而，"大跃进"时期的大炼钢铁，大片的原始森林被砍伐，"文革"十年时期，民族文化传统历经磨难。20世纪80年代以来，壮族聚居区内的一些政府和开发商片面追求经济发展，过度开发山林，加上工业化、城镇化、现代化进程中粗放型经济增长方式的冲击，壮族地区的大量资源和能源被大量消耗，山岭荒漠化、石漠化日趋严重，许多河流被污染，不少地方的林木被大量砍伐，造成水土流失、水源枯竭。一些矿场盲目开发，将有毒金属排入河中，导致水体被污染。加上化肥和农药的运用，速生桉的大面积种植，导致壮族地区的土壤肥力减弱，生物多样性被消解。壮族地区生态环境面临非常严峻的挑战，意味着壮族生态伦理的重构成为一项紧迫的任务。

壮族地区的生态系统以及生态伦理的现代重构，并不是孤立的存在，而是与其他区域的自然生态危机与重建过程紧密相连。工业化以来，许多国家和地区的政府和企业家为了无限追求利润增长，不顾自然环境的破坏，付出了难以弥补的生态代价。

包括壮族聚居区在内自然生态系统遭到破坏，其根源在于人类社会"天人共生"的传统生态伦理被人类的贪婪本性所化解，现代人近乎疯狂地追求经济的高速发展，并且依靠现代高度发达的技术，贪婪的本性得到了空前的宣泄，从而过度地向自然索取物质财富，满足贪婪的本性，其必然结果是导致生态状况的急剧恶化。

重构"天人共生""人与自然和谐"的生态伦理，有赖于法律的保障、制度约束、舆论监督，而从人性论以及生态伦理的角度来说，尤其需要有道德的感化和人性的自觉，要让越来越多的人意识到面对大自然和外部世界的浩博精深，人类只是大自然的匆匆过客，真可谓"大地是主，人是客"。在整个20世纪，伴随科学的高速发展和生产力提升，人类的私欲不断膨胀，基于无知和贪婪所带来的自负与自私的意志，肆无忌惮地发动了两次世界大战，某些强国疯狂地掠夺财富，胆大妄为地扩张与霸占各种资源，没有节制地与天地苍生争斗，杀戮同胞，征伐掠地，贪婪无度。因此，人性的贪婪是现代生态伦理重建必须跨越的最大障碍。芸芸众生的贪婪本性必须有所收敛，停止攫取远远超过自身需求的物质财富，生态伦理重建方可拥有基本的社会文化根基。古人云："爱财曰贪，爱食曰婪。"人类的良知一直对贪婪的欲望给予批判、鞭挞、否定，倡导清静、节俭、知足的传统美德，但是，贪婪作为人类的一种痼疾，一直没有得到有效控制和根除。

中国文化的核心精神是追求"天人合一"的境界，向往人和自然的和谐。中国各民族先民们认为"天"是有意志的人格神，也是自然和社会的最高主宰，"天"与"人"之间是相互感应的。因此，从历代帝王到普通百姓，都要祭天祭地，表达祈求和感激之意。这种朴素的崇尚自然的思想，是人与自然始终保持一种和谐、协调的关系的文化基础。

作为中华民族大家庭成员的壮族民众自古以来敬畏天地，崇尚自然，善待自然，形成了与大自然和谐相处的生态伦理智慧。在壮民族的宇宙观、世界观、人生观当中，一直强调人与自然的和谐共存，正如廖明君所说：

> 在历史悠久的自然崇拜文化的基础上，壮族地区形成了"以人为本、物我合一、和谐发展"的文化生态观。"以人为本"，即对自然万物的崇拜是以人类的发展为根本目的的；"物我合一"即认为人与自然万物之间不存在主客之分，你中有我，我中有你，相互依存；"和谐发展"即人与万物的发展都是不以牺牲另一方为代价的，而是一种不构成矛盾和冲突的和谐发展。①

由此可见，面向未来的壮族生态伦理重建，需要理解并继承壮民族的生态文化传统，秉承"天人和谐"的生态伦理，克服人自身的无知，超越狭隘的财富观、利益观，避免对自然资源的过度开发，明白人类生存"真正需要的是什么"。

生态伦理重建意味着创造一种处理人与自然关系的新秩序，从而达成人类与自然的和谐和睦相处，遏制人类贪婪之心无节制地泛滥。有鉴于

---

① 廖明君：《壮族自然崇拜文化》，广西人民出版社2002年版，第532页。

此，壮族生态伦理的现代建构，需要追溯壮族传统生态文化的历史渊源，需要借鉴以儒道释为核心的东方智慧，进行创造性的"化合创生"，让越来越多的人以"仁慈""包容"之心，珍惜自然，善待万物，谨守正道，自利利他，维系人与人、人与自然生态系统的和谐稳定。

（二）壮族生态伦理文化的渊源追溯与社会实践

壮族"物我合一"的生态伦理意识源于壮族的宇宙观和天人观，壮族神话集中解释了宇宙的形成、天地的来源和人类的起源。壮族"三界观"认为，宇宙由"天上""人间""水下"构成，这"三界"分别由雷王、布洛陀和"图额（蛟龙）"总管，"三界"之间相互连通，蚂蚜（青蛙）是沟通"天上""人间"的使者，人类只是"三界"中的一个有机组成部分，布洛陀安排的人间的秩序，让动物、植物和人类各得其所。

壮族"物我合一"的生态伦理还源自壮族的生命观。壮族神话认为姆六甲创造了人类，她作为创世女神，是从鲜花中诞生，她具有强大的生殖功能，能够用尿和泥造人：宇宙间一团气，旋转成一个蛋形物，拱屎虫推它转，螟蛉子钻洞，蛋裂为三，一往上飞成天，一往下沉为水，一留中间成为地。地长出花，花长出女人姆六甲。拱屎虫勤，造地大，螟蛉子懒，造天小。姆六甲抓起大地，鼓的成山，凹的成江河湖海，天地合拢。姆六甲尿涨，尿湿土地，捏泥造人，草盖泥人四十九天，泥人活，尚无性别。姆六甲采果撒向人，抓得杨桃的成为女人，抓得辣椒的成为男人。姆六甲又撒泥，泥化成了飞鸟、走兽。下雨，鸟兽和人无处躲雨，姆六甲张开双腿坐下，变成为岩洞，人和鸟兽进岩洞躲雨。①

姆六甲还被奉为生育女神——花婆，专司壮族人生育，并且护佑儿童健康成长，人死之后，也回归花山，显示出壮族遵循大自然生态律则的人文传统，认同自己的生命主体源于自然，回归自然，同时，壮族生态伦理认为，人与自然之间不是对立的关系，彼此之间相互交融，并没有不可缝

---

① 农冠品：《壮族神话集成》，广西民族出版社2007年版，第20—21页。

合的裂缝。

基于"物我合一"的生态伦理，壮族社会生活中的生态伦理原则，在壮民族习以为常的自然崇拜、山林崇拜、图腾崇拜、动植物崇拜、社王崇拜中，得到充分的表达。

譬如，红水河流域壮族民间传说认为：蚂蜴鸣叫，天就会下雨，雨水是雷鸣后的产物，蛙与雷鸣、雨水之间有着神秘的关联。人们为了祈求风调雨顺，五谷丰登，就需要祭奠蚂蜴，以此祈求天界适时降雨，保证农作物的生长能有足够的水量。当地村民从正月初一开始，通过找蚂蜴、请蚂蜴、唱蚂蜴、孝蚂蜴、葬蚂蜴等一系列的祭祀活动，来祭雷祈雨，祈求粮食丰收，反映了壮族朴素的生态伦理观，诠释了自然万物与人类和谐共生、休戚相关的深厚渊源关系。

人类生活离不开水，作为以稻作为主要生计模式的民族，壮族自古以来依水而居，对江海、河溪、湖塘、井泉、水源等更是情有独钟，认为动态的江河溪流、静态的湖塘、泉井，皆属于村落风水的组成部分，因而具有某种灵性，人们必须对水源、水体抱有敬畏之心，对水资源取之有度、用之得法，不可滥用，否则就会受到某种惩罚，造成水旱灾害。

与此同时，壮族人还认识到树林与村落兴衰的关系，林木茂盛是村落兴旺的表征，因此，甚为注意保护聚落附近的林丛植被，不能随意砍伐。同时，通常在村落背后或附近的山上种植风水林，以此涵养水源。在许多壮族村寨中，村边枝繁叶茂的大树，往往被奉为保护村寨平安的"神树"，是一个村落兴旺的象征，人人必须自觉爱护，不得砍伐，否则会招致祸灾。即使有枯枝掉落，也不能拿回家使用。这些都是壮族质朴的敬畏自然的文化心理和民族传统在社会生活当中的具体表现，这种自然生态伦理观念与现代生态伦理文化的意旨不谋而合，相向而行，其生态文化价值是不言而喻的。

（三）儒道释生态伦理智慧的镜鉴与涵摄

建构面向未来的壮族生态伦理文化观，既要继承源于壮族社会的人与自然和谐的生态意识和敬畏自然的文化传统，也要以开放的心态，吸收其他民族、其他文化传统的生态伦理智慧。

中国传统文化认为，天、地、人之间的万象原本融为一体，气脉相通，彼此之间相互关联，原本没有分别，没有对立，没有人文与自然、人与人乃至人与社会之间相互排斥。因为一切生灵原本栖居在天地之间，天地万物气脉相通，相互化育，才缔造了自然生态及人文生态，而且持续不断地发生能量交换，在彼此联动中达到人间生境的和谐。

作为中国传统文化核心的儒道释哲学思想及其关于生态伦理的真知灼见，对于调节人与自然的关系，无疑具有重要的借鉴作用。儒道释思想各有不同的文化渊源和致思路径，中国传统社会以"儒家治世、道家治性、佛家治心"作为社会治理的完成系统，说明儒道释的核心理念不乏相融相通之处。

儒家以仁为本，有对人的仁爱，推及对大自然的亲近，将融入大自然视为最大的快乐。儒家倡导"畏天命"，要敬畏自然，顺天而为，不可逆时而动，要按照自然规律办事。儒家强调的"知天命"，其实就是要求人们意识到自身的生命旅程，遵循自然规律，实现人与自然的和谐，达到"不逾矩"的境界。

道家以"慈""俭""不敢为天下先"为"三宝"，"慈"即心量广阔，融通道心、天心、地心、人心，"俭"即坚守"知止""知足"的伦理准则。道家还主张处柔就下，崇尚自然，敬畏天地，无为而治。道家提出的"人法地，地法天，天法道，道法自然"的哲学思想无疑是现代生态伦理重建的文化根基。

佛教秉承慈悲之心，善待世间万物，奉行"不杀生"的戒律，强调食素之理念，认为"心净则土净"，通过心灵的改造，促进心态的改变，才能从根本上解决生态的危机。因此，佛教主张众生通过修学，从戒入手，以戒启定，以定发慧，明心见性，回归"真性"，达到"心如明镜台"的境界。因此,壮族以及其他民族生态伦理的现代建构,有必要涵摄佛家处理人与自然的关系的文化智慧,从"治心"入手,通过推进"心灵环保",实现"生态环保"。

当前,人们大多将儒道释作为中国的文化传统来研习,其实,还需更为全面阐发儒道释经典中隐含的生态文化智慧,并且将之转化为人们的价值观和行为准则,地球生态链中的各种生命体与人类一样,有灵性、有生存权利和生命尊严,只有避免肆无忌惮地伤害自然,维护生物间的和谐共处,才能真正建构合理的生态伦理观,筑牢人与自然万物和谐共生的文化根基。

(四)通向"天人共生境界"的多重路径

"天人共生境界"以尊重和维护自然为前提,以人与自然的和谐共生为目标,以引导人们走上持续、和谐的发展道路为着眼点。而建设"天人共生"生态伦理,离不开党和政府有关部门的总体部署,离不开广大民众生活方式和价值观念的转变,唯有源自国家方针政策、社会力量的多渠道动员、文化主体的自觉与自律,方可实现人与自然的相互依存、相互促进、共处共融、共存共生。

首先,在"五位一体"的总体格局中,推动壮族地区的生态伦理重构。

面对自然资源的减少、环境污染严重、生态系统退化的严峻形势,党中央先后提出"科学发展观"和"五位一体"建设协同共进的发展思路,强调"绿水青山就是金山银山"。习近平总书记指出:"山水林田湖是一个生命共同体,人的命脉在田,田的命脉在水,水的命脉在山,山的命脉在土,土的命脉在树。"① 因此,生态文明的重建,需要基于生态系统的整体结构,建立完整的生态保护机制,通过树立尊重自然、顺应自然、保护自然的生态文明理念,将经济建设、政治建设、社会建设、文化建设和

---

① 习近平:《习近平谈治国理政》,外文出版社2014年版,第85页。

生态文明建设作为有机整体，全面推进人与自然生态环境的和谐。针对壮族地区而言，要在实现中华民族永续发展的总体格局中，推进壮族地区生态伦理的重建，深刻反思自然资源的有限性，从追求物质财富的单一性中解脱出来，追求物质文明、精神文明与生态文明融通，通过绿色发展、循环发展、低碳发展，形成符合可持续发展理念的产业结构、生产方式和生活方式，从源头上扭转生态环境恶化趋势，创造人与自然和谐共生的良好生态环境。

其次，调动各种社会力量，重构人与自然和谐共生的生活方式。重建生态伦理是关乎人民福祉和民族未来发展的长远大计，需要动员各种社会力量，激发人们的生态意识，强化法律规范、道德准则、舆论监督的制衡作用，倡导科学、健康、节俭的生活方式，提升社会道德水准，摒弃奢侈浪费的生活模式，让越来越多的人意识到正是因为人类自身的贪婪和无知，才导致生态环境的破坏。只有逐步唤醒人们顺应自然的良知，再经过几代人的矢志以求，方可养成良好的生活习惯，构建人与生态系统之间的和谐关系。生态文明建设是实现中华民族复兴伟大目标的生态基础，不能遏制生态环境恶化的势头，就背离了生产发展、生活富裕、生态良好的可持续发展目标，难以在更高层次上实现人与自然的和谐。

最后，通过心理、意识、道德等多方面文化因素，构建人与自然和谐共生的伦理原则。文化心理、价值观念、生活方式、生计模式和生态环境之间，存在环环相扣的关系，在物欲横流的时代，人类心理结构中的负面因素被各种冠冕堂皇的形式包装后，就会让人失去对自身本性的好恶、利弊、美丑、真伪的鉴别，消解对自然的敬畏心理，肆无忌惮地掠夺自然资源，疲惫不堪地聚集财富，自不量力地与自然抗争，私心日益膨胀，凌驾于道德准则之上，罔顾天地苍生。这些心理意识和潮流风尚，其实是生态伦理重建面临的根深蒂固的文化阻力。

因此，只有充分挖掘和弘扬传统生态文化智慧，从文化心理和道德基础的层面上，推进生态文化创新，促进生态文化传播，加强生态文化载体建设，才能超越人与自然"统治与被统治""征服与被征服"的二元对立关系，在生态和谐的环境中，萌生仁慈、博爱、包容之心，实现心态平衡和心理健康，共享生活的乐趣。人们体验到快乐，就会知足知止，从而通过心灵的净化，消解心灵的浮躁，在"天人共生"的时空环境中，以敬惜之心，善待万物，体悟生命的自由、尊严、快乐和幸福。

第十一章　诗思觉明:"人生三层楼"理念与壮族文化境界的提升

人的生命体是"身、心、灵"的统一体，与此相对应的是各区域各民族在长期的社会实践当中，创造了维系"身强体健""心安神宁""灵稳魂定"的文化系统，并且以此形成各具特色的物质生活、精神生活以及心灵生活的不同模式，衍生出千姿百态的物质文化、精神文化以及信仰习俗。

"身、心、灵"以及与之相伴生的物质文化、精神文化和信仰传统，既是处在统一生命体中的共存关系，也是由具体到抽象、由基本的生存需要到高层次的精神需要转化以及提升的过程。换言之，在实施文化建设的过程中，有必要基于"身、心、灵"和文化境界提升的视角，回归生命主体不同层次的价值实现机制，以诗性的想象，丰富人们的精神生活；以文化智慧的启迪，引领心灵的开悟和觉明。同时，还需辨明文化建设的不同类型、不同结构和不同境界，既要关注物质生活和有形的物质文化层面的建设，也要重视精神生活以及无形的精神文化的提升，兼顾物质文明建设和精神文明建设的协同共进，让两者相辅相成、相得益彰，满足"身、心、灵"不同层面的文化需求。

一　丰子恺"人生三层楼"理念的启迪

丰子恺先生基于弘一大师的人生经历，提出"人生三层楼"理念：

第一层楼的物质生活，第二层楼的精神生活，第三层楼的灵魂生活。物质生活就是衣食，精神生活就是学术文艺，灵魂生活就是宗教。大多数人就住在第一层楼，以追求锦衣玉食、尊荣富贵为人生的目标。有一部分凭着丰足的脚力，爬上第二层楼，全力贡献于学问的研究，或寄托于文艺的创作和创新，成为"知识分子""学者""艺术家"。还有少量的人脚力很大，不满足于"物质欲""精神欲"，就再走楼梯，爬上"第三层楼"去探究人生的究竟，追究灵魂的来源，宇宙的根本，以此满足"人生欲"。[①]

丰子恺先生的"人生三层楼"理念，实际上是一种比喻，许多人的生命历程并非必然从第一层楼到第二层楼，然后再到第三层楼。也有很多人直接从第一层楼跨上第三层楼，甚至一口气跑上三层楼。弘一法师早年安住在第一层楼；中年专心研究艺术，发挥多方面的天才，便是迁居到第二层楼了。此后，强大的"人生欲"促使他爬上第三层楼，专修净土，精研戒律。

在思考文化建设与人生境界提升的过程中，以丰子恺的"人生三层楼"理念作为切入点，目的是说明人生历程是一个动态变迁的过程，文化结构具有多层次的特点。文化建设也应当关注文化的整体结构以及包含"身、心、灵"不同层面的生命整体的完善。

与"人生三层楼"理念相对应的是由"身、心、灵"构成的生命整体。20世纪90年代初，香港大学陈丽云教授等提出"身心灵全人健康"心理辅导模式，运用中国传统文化中养生健身方法及生活哲学，从身体、情绪及思想观念三个层面介入，通过生理—心理—精神互动，使三者平衡和谐，促进团体保持健康，实现全人发展。[②] 在21世纪初，汪丽华把身、

[①] 丰子恺：《丰子恺思想小品》，上海社会科学出版社1997年版，第77—80页。
[②] 陈丽云等：《身心灵全人健康模式——中国文化与团体心理辅导》，中国轻工业出版社2009年版，第3页。

心、灵与全人生命教育相结合,提出了"身心灵全人生命教育"的理念。她认为生命教育作为人的整全生命的自我生成的教育,是个体生命全方位全层次地自我呈现和自我实现的教育。身心灵全人生命教育当然要促进个体生命在身、心、灵各个层面都趋于美好,进而实现全人生命的美好。在"身"层面的目标包括:健康地活着,快乐地活着,希望地活着;在"心"层面的目标包括:实现自我同一,实现自我价值,实现人我和谐;在"灵"层面的目标包括:知识灵性,体验灵性,意愿灵性,领悟灵性。"身、心、灵"三者的关系是:

> 身、心、灵是我们个体生命存在的三个层面,是相互贯通合为一体的生命存在整体。作为一个整体的生命存在,身、心、灵各自承担不同功能,其中"心"作为生命存在的"中枢",是生命存在的动能系统,它是否接受"灵"的指引,对于生命活动的意义呈现具有决定性作用。"心"在现实的活动中,可以分别指向身、心、灵三个方向发展,由此就会形成不同的生存状态、生活态度及生命境界。①

其实,还有国内外诸多人生境界理论同样可以为壮族文化建设的顶层设计提供弥足珍贵的启迪。譬如,马斯洛的需要层次论认为:人的基本需要包括"生存需要""安全需要",更高层次是"归属的需要""尊重需要",最高的层次是"自我实现的需要"。②"生存需要"和"安全需要"以物质文化为主体,"归属需要""尊重需要""自我价值事项"更多属于精神层面的需要。此外,冯友兰提出的"自然境界""功利境界""道德

---

① 汪丽华:《身心灵与全人生命教育的目标》,《南昌大学学报》(人文社会科学版)2010年第4期。
② [美]马斯洛等著,林方主编:《人的潜能和价值》,华夏出版社1987年版,第162—168页。

境界""天地境界"理论①对壮族的文化建设同样具有宝贵的智慧启迪的意义。

为了更明确地理解人生的不同境界,还可以借助诗性思维和诗性想象,借助青蛙、麻雀、大雁、雄鹰、鲲鹏等动物的不同隐喻和意象,更为真切地理解人生境界的差异性以及提升过程。

青蛙境界——犹如青蛙在一个水塘边栖息,跳来跳去,视野狭窄,如同坐井观天。

麻雀境界——如同小麻雀在树林里或田地间飞翔,不像青蛙离不开地面,而是飞了起来,比青蛙看得更远,视野更开阔,但是,还是在有限的圈子里自发地营生。

大雁境界——超越了狭小的空间,优雅地在天地间飞翔,冬去春来,南来北往,自由自在地享受生活的乐趣。

雄鹰境界——以犀利的目光、强劲的翅膀,审视人间百态,志存高远,有胆有识,敢作敢为,雄强博大,抱负高远。

鲲鹏境界——如大鹏一击三千里,翱翔寰宇洪荒中,与天地同心,审视人世间的沧桑,浑融宇宙之间。

梁漱溟指出:"文化不过是一个民族生活的种种方面",主要有"精神生活方面""社会生活方面""物质生活方面"。② 与此相对应的是以宗教、哲学、艺术为主的精神文化;以家族、朋友、社会为主的社会组织、伦理习惯;以饮食和起居为主的物质文化。在实施壮族文化建设的过程中,同样涉及"物质生活—物质文化""精神生活—精神文化""心灵生活—信仰传统"的问题,如果忽略文化结构的整体性,只是局限于某个层面的文化建设,就会导致文化建设过程中的某种偏颇,甚至事倍功半,不得要领,不见成效。因此,很有必要借用丰子恺先生的"三层楼"理念,

---

① 冯友兰:《新原人》,北京大学出版社2014年版,第61—67页。
② 梁漱溟:《东西文化及其哲学》,商务印书馆1999年版,第19页。

参照壮族"饭养身、歌养心、圣养灵"的文化传统,探寻提升壮族文化境界的有效路径。

壮族文化建设的总体目标和理想境界是创造丰富的物质文化让壮民族的身体得到滋养;创造并传承多姿多彩的文学艺术,实现壮族民众的心灵愉悦;崇奉源于民族传统的圣灵,抵御邪教的侵蚀,让壮民族的精神信仰有所皈依,引导壮民族的人生旅途由自然境界和功利境界,向道德境界以及天地境界转化,走出"青蛙境界"和"麻雀境界",向"大雁境界"转化,朝"雄鹰境界"和"鲲鹏境界"升腾。

二 物质生活:壮族养身之道的感知

壮族的物质生活、物质文化和养生之道同壮族聚居区的自然生态环境息息相关。以珠江流域为主体的"那文化区"的山川、田园、水土和气候条件,为壮民族提供了富有南方稻作文化特色的动植物资源,壮族及其先民借助不同生态系统中的各种资源,创造并传承着具有相对统一,而又各有地方特色的生产民俗以及体现在"衣、食、住、行"各个层面的物质文化和养生之道。

民间素有"汉族住街头、壮侗住水头、苗瑶住山头"的俗谚,说明大多数壮族村寨依山傍水而立,背靠山林,面对河溪、湖塘和田园,是常见的壮族栖居空间的地理格局。世世代代壮族民众在特定的以"那"(稻田)为核心的生态体系中,依"那"而居,凭"那"而食,赖"那"而穿,沿"那"而行。稻作文明哺育了无数壮民族生命的成长,水稻种植业的发明、演化、发展、转型过程,直接制约着壮族社会的兴衰。

在漫长的历史演进过程中,壮族及其先民在服饰文化、饮食文化、居住文化以及交通通行各个层面都有所发明,有所创造,这些文明成果凝结着壮民族的文化智慧。

(一)服饰文化:历史渊源与现代传承

服饰的实用功能是遮身蔽体,保暖防寒,更重要的是,服饰是民族文化的重要表征，是民族身份、情感表达、文化认同的重要符号。从考古材料和历史记载来看，壮族服饰文化源远流长，棉麻纺织与织锦工艺达到较高的水平。距今1万年左右，壮族聚居区的远古人类学会使用骨针，到战国时期，广西平乐银山岭战国墓葬出土了陶纺轮，在广西武鸣县马头镇战国墓中，则发现了壮族地区最早的纺织实物，说明先秦时期，壮族先民掌握了纺织工艺，逐步走出以树叶、兽皮遮身蔽体的蛮荒岁月。

自汉代以来，壮族地区的纺织业有了很大的发展，壮族先民逐步学会用藤萝类纤维来纺纱织布，学会种植苎麻，唐宋时期，壮族先民已开始采用提花技术织花，并达到较高的造诣，作为壮族服饰文化杰作的壮锦，由于织工精巧，精美华丽，经久耐用，逐步成为各地商贾争相买卖的商品。据周去非《岭外代答》卷六云："邕州左、右江峒蛮，有织白緂，白质方纹，广幅大缕，似中都之线罗，而佳丽厚重，诚南方之上服也。""柳布、象布、商人贸迁而闻于四方也。静江府古县民间织布，系轴于腰而织之，其欲他干，则轴而行，……及买以日用，乃复甚佳，视他布最耐久。"①可见当时壮人织锦工艺精湛、质地柔美，一度独领风骚，蔚成一时风尚。

明清时期，壮锦工艺日趋精巧，更为色彩绚丽，图案别致，五彩斑斓，其中万字菊花纹、万字菱纹、龙凤纹图案显得华丽贵重，尤为引人注目。同时，壮锦既作为贡品，献给朝廷，也越来越普遍进入壮族人的日常生活，广泛流行于壮族民间，深受人们喜爱。

然而，随着现代纺织技术的发展，传统的服饰制作技艺已经被现代化的服饰工艺所取代。20世纪80年代之后，由于壮锦主要依赖手工制作，产品成本高、利润低，在竞争激烈的市场经济时代没有竞争优势，壮锦制作传统工艺的传承和发展陷入了前所未有的困境，壮锦企业的生存和发展举步维艰。青少年一代对织锦的兴趣越来越淡漠，织锦人才青黄不接，留守在"竹笼机"前的均为中老年妇女。

---

① 周去非：《岭外代答》，杨武泉校注，中华书局1999年版，第223页。

进入21世纪,"壮族织锦技艺"先后被列为省级和国家级非物质文化遗产。抢救濒临失传的壮锦工艺、保护民间织锦人才,成为人们的一种文化自觉,许多机构致力于壮锦文化遗产的收集、整理、研究和开发,重新设计适合消费者需要的壮锦产品,使壮锦产品开始系列化、多样化。通过以老带新、师傅带徒弟等形式,培养新一代年轻的织锦艺人,让织锦成为一种文化产业,与市场需求相结合,由作坊提供订单,织锦者从中获得报酬,由此焕发壮锦业的生机活力。

壮锦凝结着壮民族千百年来的追求和对美好生活的憧憬。壮锦是壮族服饰文化的符号,是壮民族精神的一种寄托,也是壮族文化记忆的载体。壮锦作为国家级的非物质文化遗产,已经成为一种象征资本,成为壮族的名片,在保护民族文化多样性的时代语境中被赋予新的意义。壮锦兴盛—衰微—重振的历程给世人诸多启迪,在物质文明迅速发展的年代,大多数人过上了衣食无忧的生活,服饰文化作为身份体现与符号表征的功能得到更为充分的凸显,遮体保暖的实用功能已经被淡化而退居其次。壮锦不再只是用作背带和被面,而是更为广泛地被当作一种民族文化符号的工艺品,壮锦中的文化元素多方位渗透到服饰设计、景观设计和建筑艺术当中。壮锦图案和壮锦传说背后积淀的壮民族的文化智慧和民族精神,尤其是壮锦具有的民族文化象征符号的标志性意义,逐步得到新的阐发。

面向新时代的壮族服饰文化建设,重点还是壮族传统服饰文化的保护和传承,将传统元素融入现代服饰设计,重新阐发壮民族服饰文化的独特审美价值,使之成为发展民族经济的文化资源,成为保存民族文化传统的重要标志以及民族身份的文化符号。

20世纪80年代以来,壮族服饰文化特色迅速地消失,也由于面临失传的危机而激起有关部门的抢救意识,尤其是富有标识性的壮族服装设计被有关部门提上日程,其中壮族女性服饰设计因为融合了黑衣壮的头饰而凸显了壮族特色,成为仪式场合壮族女性服饰的重要标识,得到人们的广泛认可。遗憾的是具有独特壮族风格的男性服饰依然未能形成共识，壮族男性还缺乏大家普遍认同的民族服饰。壮族男性服饰如何融入壮族特有的文化元素、如何推陈出新、如何兼顾民族特色和现代时尚？依然是悬而未决的问题。壮学界、服装设计专家有必要精诚合作，从壮锦、铜鼓纹饰、壮族歌书图像符号中提取富有壮族特色的文化元素，使之成为壮族男性服饰的装饰，让沉寂的壮族男性服饰文化重新焕发生机。

(二) 饮食文化：生命滋养与长寿之道

壮族聚居的"那文化区"的山川田园滋养了壮族的民族生命，在辽远的蛮荒岁月，岭南山地中的飞禽、走兽、山珍花果，河溪湖塘中的田螺、鱼虾，都是壮族及其先民获取生命滋养的重要来源，亚热带地区的自然生态系统，支撑着民族生命的生息繁衍。壮族是稻作民族，"饭稻羹鱼"是主要的生活方式。壮族的主食是稻米，米饭和粥是壮族日常生活中的最重要食品。此外，还有玉米、芋头、红薯、木薯、荞麦以及各种蔬菜，提供多样化的营养补充。糯米是壮人培育的优良品种之一，色、味、香俱全的五色米饭①，现已成为壮族饮食文化的符号。

壮族饮食文化可以分为日常饮食、节庆饮食、特色小吃等不同类型。20世纪80年代以前，壮族乡村的日常饮食通常以素食为主，80年代以后，随着社会的发展，肉类食品的消费由节日性、仪式场合的饮食进入人们的一日三餐之中。壮族的特色饮食作为绿色有机食品，具有进入城市和旅游场域餐馆的经济开发价值，譬如，竹筒饭、烤乳猪、各种粽子、糍粑、生榨粉、马蹄糕、年糕、鱼生、酸肉等，已经被当作商品开发而进入餐饮市场。

壮族地区气候温暖，水量丰沛，地形复杂，适合亚热带水果的生长，水果种类繁多，素有"水果之乡"的美名。荔枝、龙眼、甘蔗、金橘、柚

---

① 五色糯米饭是用不同颜色的植物浸染而成，提取红蓝草、枫叶、紫蕃藤中的汁液，将之浸泡糯米，然后蒸熟。

子、桃子、菠萝、香蕉、黄皮、橄榄、芒果等，不胜枚举，为人们提供丰富的食物和经济来源。

壮族酿酒技术源自远古，至少在汉代，壮族地区的酿酒技术已经达到较高的水准。汉代《新论》《释名·释饮食》已经有关于"苍梧酒"的记载，壮族地区的酒类饮料主要有自家熬酿的米酒、甜酒、玉米酒、木薯酒，还有蛤蚧酒、三蛇酒等具有治病健身的功能。

广西被誉为"长寿之乡"，长寿食品被当作康养资源而受到人们的高度重视。据了解，巴马百岁老人以食粥和素食为主，辅以玉米、青菜、豆类和薯类，以茶籽油和火麻仁粉煮菜。火麻仁含有丰富的不饱和脂肪酸，经常食用可降低血压和胆固醇，防止血管硬化，达到延缓衰老和润肠通便的目的。

巴马人的饮食特点可用"粗、杂、素、淡、鲜"五字来概括。

粗：常年食用玉米、红薯、豆类、大米等粗粮，用粗加工、粗制作的方法制作饭菜，避免营养的流失。

杂：种类杂，除了以玉米为主，还有薯类、豆类、多种蔬菜和野菜，不挑食也不偏食，提供多样性的维生素和其他营养成分。

素：以素食为主，很少吃荤腥，逢年过节和红白喜事的宴席上才吃上点鱼肉，而所吃的肉类，也都以巴马特产的香猪肉为主。

淡：长寿老人养成了吃盐少的习惯，食物以清淡为主。

鲜：许多食品来自自家的田园，随采随用，避免过期，没有污染，都是天然的绿色食品。

《黄帝内经》倡导："食饮有节，起居有常"，体现了中国传统的康养智慧，壮族长寿地区的人们践行着有规律的生活，避免暴饮暴食，以知足常乐的心态、温和豁达的情怀、恬淡宁静的生活方式，过着清心寡欲、怡然自得的生活，实为融入了人与自然和谐统一的境界。

在当下实施文化建设的过程中，我们需要省思的是：随着农业技术现代化的发展,人们的食物来源日趋变得多样化,温饱问题得到全面解决,小康社会建设稳步推进,壮族地区大多数民众衣食无忧,但是,背离传统养生原则的陋习依然存在,暴饮暴食和酗酒之风日渐滋长,因为酗酒而损伤身体的案例屡见不鲜。许多人并没有意识到滋养身体真正需要多少食物和营养,只是为了一时的畅快而失去了节制。饮食文化的合理化调整应当成为现代文化建设的有机组成部分,应当让越来越多的人知晓中国传统的养生智慧,从长寿老人的养生之道获得某种启迪,秉承低脂肪、低蛋白、低盐、低热量和高维生素、高纤维素"五低两高"的饮食传统,从根本上消除现代"富贵病"的危害。

(三)居住文化:栖居空间与安身之道

居有其所,家有其屋,是人类生存的必备条件之一。流离失所实为人生的一种无奈和悲哀。壮族及其先民在漫长的历史进程中,不断寻找栖居空间和安身之所,从洞穴到树巢,从木结构的干栏建筑到现代砖瓦结构的家屋,倾注着壮族人的心力和智慧。

从考古发掘的材料看,远古时代的壮族先民在发明巢居之前,以洞穴作为躲风避雨、防御毒蛇猛兽的栖居空间。壮族地区山岭连绵,岩洞众多,为壮民族提供了天然的居住场所。特别是朝南的山洞,冬暖夏凉,适合人类居住。因此,可以推测,在学会"构木为巢"之前,壮族先民在山洞中度过了漫长的岁月。壮族自称之一为"布僮",意为"洞中之人",在壮语中"甘""敢""僮"皆有"岩洞"之意。《布洛陀经诗》记载,祖公布洛陀就住在岩洞里,壮族许多地方还将"赶歌圩"称为"窝岩""陇岩",意为"出岩洞""下岩洞",说明以岩洞作为居住空间已经深深刻印在壮族的历史记忆中。

天然生成的岩洞毕竟数量有限,随着人口的增长,"岩洞居"难以满足人的安身之需。然而,壮族聚居区山岭连绵,雨水丰沛,林木茂盛,木材资源丰富。一旦人们掌握了伐木和搭建木结构房屋的技术,"巢居"和

"干栏居"自然而然成为新的安身之所。

在新石器时代的诸多遗址中，发现了干栏式建筑的模型，至少在汉代，壮族先民已经能够建造结构规整、布局合理的干栏建筑，至唐宋以后，干栏建筑已为世人所熟知。相关记载，屡见于汉文古籍当中。宋人范成大《桂海虞衡志·志蛮》载：壮族"民居苫茅为两重棚，谓之麻栏，上以自处，下畜牛豕……牛豕之秽，升闻栈罅，习惯之；亦以其地多虎狼，不尔则人畜俱不安"。① 周去非在《岭外代答》中记载：干栏建筑"上以自处，下居鸡豚，谓之麻栏"。② 明代邝露的《赤雅》记载：僚俗与僮同"积木以居，名曰干栏"③。由此可见，在唐宋和明清时期，壮族民众以木结构房屋作为主要的栖居空间。

干栏建筑成为普遍性和代表性的壮族民居，源自壮族地区自然条件及其对特定栖居环境的适应，这里竹木资源丰富，可以"屋不瓦而盖，盖以竹；不砖而墙，墙以竹；不板而门，门以竹；其余若椽，若楞，若窗牖，若承壁，莫非竹者"。④ 以木材作为建筑材料，较为简便，制作成本相对低廉。

壮族家屋因形就势而营造，穿斗构造法和披檐营造法匠心独运，体现了诸多合理性和科学因素，凝聚着壮民族的聪明才智和创造才能。干栏建筑可建在平地，也可建在半山坡。平地适合建造全楼式干栏，山坡适合建造半楼式干栏，干栏的前半部分用梁柱支撑，后半部分直接建在削平的地面上，随山就势，使房屋与周围的自然环境合为一体，达到浑然天成的美观效果。

干栏建筑依坡势而建，离地而居，便于通风散热防潮，适合炎热多雨、地面潮湿的气候条件，体现了壮民族认识自然、适应自然、利用和主

---

① 范成大：《桂海虞衡志》，齐治平校补，广西民族出版社1884年版，第35页。
② 周去非：《岭外代答》，杨武泉校注，中华书局1999年版，第413页。
③ 邝露：《赤雅》，蓝鸿恩考释，广西民族出版社1995年版，第34页。
④ 胡朴安：《中华全国风俗志》，河北人民出版社1988年版，第408—409页。

动改造自然的文化智慧。但是，以竹木为主要建筑材料的干栏建筑的不足之处也是显而易见的。首先，在风吹雨打的过程中，竹木材料容易腐烂，难以持久，壮族缺乏经典型的建筑，根源就是相对于砖石结构的建筑而言，木结构建筑往往在历史的风吹雨打中化为乌有；其次，竹木建筑的防火性能较差，一旦发生火灾，整栋建筑就会化为灰烬；最后，随着生态环境的变化，森林被大面积砍伐，林木资源减少，干栏建筑与社会发展以及人口增长的适应性面临严峻挑战。

家屋是私人性的栖居空间，而由许多家屋和家族构成的聚落空间，则是由山水田园构成的更为完整的生态系统空间和安身之所。

壮族栖居的乡村聚落，通常位于依山傍水的田峒附近，背靠山岭，让人有一种心理依托的感觉，靠近河溪湖泉，便于解决饮水和用水灌溉田园的问题，为民族的繁衍和发展提供了生存的根基和保障，使乡村聚落与自然环境相得益彰，让人们在优美的生态环境中，陶冶精神情操，颐养浩然之气，纳山水之灵气，沐日月之光华。

20世纪80年代以来，壮族地区家屋空间和村落格局都发生了历史性的变化。砖瓦结构、钢筋水泥结构的民居逐步取代了传统建筑而成为新的栖居空间，特别是进入21世纪之后，壮族民众的经济积累逐步增长，建造两三层甚至更多层的楼房作为家屋，已经成为新的时代潮流。

许多壮族的村落生态系统随着城镇化步伐的加快和产业结构的调整，也发生了巨大的变化。水稻种植因为种子、农药、化肥成本的增加，加上谷米价格低廉，许多农田被改种经济作物。大量的青壮年外出打工，有一部分壮族民众移居集镇和城市当中，获得新的安身之所，乡村出现"空心化"。另外，壮族乡村聚落空间缺乏科学的规划，许多乡村景观格局趋于零散和无序，乡村布局混乱，许多具有民族特色的乡村文化景观不复存在。

面向未来的壮族乡村建设，应当重视壮民族的建筑传统和地方文化个性，借助景观生态学和景观美学的原理，对乡村土地利用过程中的各种景观要素和利用方式进行整体规划和设计，使乡村景观格局与自然环境中的各种生态过程和谐统一、协调发展，为人们创造安全、健康、卫生、舒适、优美的人居胜境，将人类活动对景观演变的影响导向良性循环，让壮民族在优雅恬静的自然生态环境中，获得安家、安身、安业的地理空间。

三　精神生活：耕读传家与文化场所的建设——基于壮族地区农家书屋建设的调查与反思

在丰子恺"人生三层楼"理念中，第二层楼是"精神生活"，是"学术文艺"，是人们解决了物质生活——衣、食、住、行之后的精神需要的满足。对于普通民众来说，精神生活可能无关学术，而更多的是阅读与娱乐，目的是让精神放松，心情愉悦，获得悦耳悦目、悦心悦意的开心体验。

（一）"晴耕雨读"生活方式的现代启迪

耕读传家是中国农耕社会的文化传统，耕作是为了获得生存之资，解决"第一层楼"的物质生活问题；读书是为了开阔眼界、获取知识、考取功名，获得晋升之机会。读书是家族兴旺发达的保障，也是农家子弟从社会底层走向广阔天地的重要途径。

在以农耕为主的传统社会，耕读传家以儒家道德规范的习得为主轴，强调通过对《百家姓》《三字经》《增广贤文》《四书五经》等儒学经典的学习，让族内子孙养成尊师重教、崇文慕学、诚实守信、勤勉上进、孝悌仁义的品德，通过科举取士，实现"为族争光"的目的，沿着"修身、齐家、治国、平天下"的人生进阶，完成人格成长的过程。

耕读传家作为中国文化的优秀传统，造就了不计其数的文人志士和社会贤达，孕育了大量的济世良才和文化世家。在现阶段文化建设的过程中，将耕读传家的传统融入学习型社区的建设当中，无疑有助于为当今的文化建设，注入新生活力。

耕读传家是一种乡土文化实践，许多人在晴耕雨读、春耕冬读的过程中，度过了物质生活与精神生活"双丰收"的岁月，耕读传家的理念已融入乡民们的历史记忆和日常生活之中，从某种意义上说，农家书屋和学习型社区是耕读传家的现代转型。

在现代社会，耕读传家不再是为了满足科举取士的需要，也不只是传扬"温良恭俭让"和"仁义礼智信"的道德规范，而是在信息爆炸时代，为人们不断学习新知识、新科技提供一个平台。

（二）文化建设大格局中的"农家书屋"

"农家书屋"是中央有关部门统一部署的自上而下的文化建设实践。2007年8月，中共中央办公厅、国务院办公厅印发了《关于加强公共文化服务体系建设的若干意见》，明确提出要实施包括农家书屋工程在内的五项重大公共文化工程，并进一步指出要切实保障工程实施所需的资金。"农家书屋"建设是一项面向农村、面向基层的文化建设工程，其目的是通过在农村建立农民读书组织，推动农民学习科学文化知识，活跃和丰富农村文化生活，改善农村文化环境，提高农村整体素质和农村文明程度，促进农村经济社会协调发展。

农家书屋工程在全国范围内施行，广西壮族自治区政府办公厅多次发文，明确农家书屋工程建设的重要性以及紧迫性，并转发了《关于"农家书屋"工程实施方案》。方案进一步明确了广西农家书屋工程建设的指导思想、主要任务和目标、总体思路、实施方式、建设标准、进度安排等八个方面的内容，为全区农家书屋工程建设工作的顺利开展，提供了规范性指导。该方案总体上坚持整合各种资源、不搞重复建设的原则，按照"政府组织建设、鼓励社会捐助、农民自主管理、创新运行机制"的思路实施建设。

广西各市县出台了关于农家书屋建设的相关政策，成立了相应的领导机构，组建了一支专门负责农家书屋工程建设的队伍，从县委、县政府，文体局等，到乡镇各部门都抽出专人成立了"农家书屋"工程建设协调小组，全程跟踪书屋工程的建设情况，建立了一套较完整的工作机制，积累了一定的实践经验。

"农家书屋"的建立，使广大的农民群众都能够享受到公共文化服务，这既是全面建设小康社会的重要内容，也是科学发展观的根本要求。农家书屋在充分满足基层群众精神文化需要的同时，也将会带动和激发农民群众的阅读热情，拉动农村对文化产品的需求。

（三）农家书屋建设现状观察与存在问题

农家书屋建设因应了时代发展的需要，得到各界的广泛赞同。国务院办公厅、新闻出版总署等部门连续发文、拨款，启动巨额资金投入建设，各省区、各市县根据相关文件精神，成立农家书屋建设工作小组，全国各地农家书屋便如雨后春笋，遍地开花。但根据调查显示，农家书屋工程实际上是"自上而下"的源于政府有关部门的总体部署，而不是"自下而上"的基层民众的主动的文化诉求。如果说"耕读传家"是传统社会的以家庭、家族为主体的文化实践，那么，"农家书屋"则是以政府为主导的行政事务。所以，上级有关部门不断发文作出各种指示，不断检查、验收，下级有关部门却只是遵照要求，照章办事，而不是发自内心地主动响应，只是把它当作一个必须完成的任务。

农家书屋工程建设取得了一定的成效，从中央到各市、县，再到乡（镇）、村（屯）各个环节基本上能够保证工作无障碍地进行。但是，有些市县根本就不把它列入工作计划之中，只是临时抽调一名或是两名负责人，基层的工作便是敷衍了事，达不到预期的目的，总体上呈现一种"上头热下面冷"的状态。

课题组重点调查了广西柳州市柳江区和南宁市武鸣区的农家书屋建设情况。

柳江区位于广西中部，地处西南与华南经济圈的结合带，柳江自古就有"桂中稻米之乡"和"桂中商埠"之美称。柳江的农家书屋从2007年开始建设，全县共建成农家书屋123个，基本实现农家书屋的标准配备。

武鸣位于广西南部，距南宁市区32千米，是广西经济社会较发达的县区，武鸣的农家书屋从2008年开始建设，至2011年，武鸣共建成农家书屋45个，2013年实现农家书屋全部标准配备。

从阅读群体上看，农家书屋的读者大多数是学生群体，借阅的图书主要集中在文学作品、少儿读物、中小学生作文等。中年读者占很小一部分，他们借阅一些养殖、种植方面的书籍。因此农家书屋的功能是为农村青少年提供课外读物，开阔他们的视野。

"农家书屋"建设是前所未有的源自政府倡导的文化建设工程，经过十多年的建设实践，各地各部门积累了不少经验，课题组在调查当中，也发现了以下几个方面的问题。

1. 资金投入与周转问题

据调查所知，资金的到位程度并不乐观。经过层层拨付，下到每个具体的书屋点时，资金往往就大打折扣，这也是现今农家书屋建设的一个困境。基层资金不够，巧妇难为无米之炊，这是各地书屋建设的一个普遍症结。

2008年中央财政拨付广西农家书屋工程专项资金3040万元，自治区财政落实配套资金760万元，专项用于建设1900个农家书屋。为落实好、管理好农家书屋工程专项资金，广西新闻出版局主动与区财政厅协商，制订专项资金的使用计划和方案，明确专项资金的使用管理和市、县财政配套等问题。一是中央财政拨付的专项资金和自治区本级财政配套资金，全部用于农家书屋出版物购置；二是农家书屋的用房、书架、牌匾等设施由受益当地市、县级政府根据实际情况给予解决；三是农家书屋所需出版物，采用竞争性谈判的方式进行政府集中采购。为敦促市、县级尽快落实配套资金，确保基础设施配套到位，广西新闻出版局于2008年11月、12月两次发文，要求广西各级新闻出版部门积极争取当地政府和财政部门的支持，催促落实专项配套资金，并要求抓好每个书屋配套设施的落实。而根据调查的实际情况所得，我们了解到，用于农家书屋的这一专项资金，经过层层拨付，最终并没有真正到位。按照文件精神要求，每个书屋点的建设资金是2万元，不包括自筹经费，但根据调查所得，有些县镇的农家书屋根本达不到这个标准，平均每个书屋点的建设资金在1.2万—1.5万元，能达到1.5万元的非常之少。究其原因，主要是专项资金没有用到专项内容上，导致书屋建设资金紧张，设施配套不齐全。

2. 管理体制与机制的问题

资金的短缺，使书屋工程的运行及管理也成了问题，目前都是村里的支书、村长或热心人士在义务看管。他们有时间就开门，没时间就不管，这样书屋开放的时间段就非常随意，不利于书屋发挥作用。如果要指定专人管理，就涉及管理费的问题，所以，基层财政如果不支持，书屋工程想要更好地运行，发挥其作用并达到预期的效果，那也是非常之困难的。已经建成的书屋当中，管理得较好的只占小部分，其余大部分是流于形式，人力物力的投入微乎其微，势必导致工作的粗糙与不到位，而物力投入的不足，更直接地影响到书屋的运行，影响农民读书的积极性。

上级有关部门把书送到书屋点，帮忙分类、登记、编号、上架，全部做好之后却很少对管理人员进行系统的相关培训，导致日后管理书屋的人茫然无措。另外，管理者积极性不高也是一个很突出的问题。现阶段并没有相关的对书屋管理员工作的奖励政策，几乎所有的管理员都是义务性质的，所以他们的积极性受到一定的影响。

3. 基层宣传工作不到位

作为国家"十一五"期间的一项重点文化工程，国务院办公厅、新闻出版总署等部门都专门下文指示，并且成立了工作领导小组以及启动专项资金，各省市也极其重视，照理说宣传工作应该会做得非常到位，但实际情况是，书屋工程的基层宣传工作仅仅止步于乡镇一级文化站，大部分群众并不知道有农家书屋。

广西大部分地区都是丘陵山地,自然地理的原因使即使是同一个行政村下的各个自然屯,相互间的距离有时也非常远,交通异常不便。书屋工程的目标是每一个行政村至少要有一家农家书屋,而行政村下辖多个自然屯,全部共享一个文化书屋,距离过远导致其他自然屯的村民根本不知道有农家书屋的存在。

4. 图书不切合农民需要,致使农民读书的积极性不高

现有的农家书屋的图书,基本上是由区新闻出版局按照总署的书目直接配送,具体的书目、品种市县并不清楚。这样配送的图书,往往缺少针对性。各个行政村的发展方向不一样,所需的知识技术也不一样,有些是专门养殖,需要的是养殖方面的书籍,有些是种植或是畜牧,所需各不一样。但是目前的图书配送机制并没有考虑到这一点,常常是各个行政村所需要的图书彼此交错分在各个书屋点,这样也导致了图书的闲置,不利于书屋发挥应有的作用。另外,没有根据农民本身的需要配备图书,管理部门不清楚农民需要哪些方面的知识,无形中忽视了农民读者的主体性。

(四) 改进的措施

农家书屋工程是一项惠及大众的政策,各级政府针对"建、配、管、用"问题也制定了很多可行的措施,但在执行过程中,都因种种原因无法贯彻落实。针对以上的问题,有必要采取以下改进措施。

1. 增加对农家书屋的投入

加强对农家书屋项目专项专款的管理和加大对农家书屋进一步的投入,势在必行。资金投入和出版物质量是农家书屋工程建设的重点。在资金投入的同时,还要注重农家书屋用书的质量。为确保农家书屋的出版物质量,可推行出版物招标采购方式,组织涉农部门、出版专家、农村文化站站长及农家书屋管理员等组成评审小组,对投标商提供的出版物目录进行评审,确保配送给农家书屋的出版物符合上级要求、符合农民需要。

2. 整合资源，改进管理和运行模式

农家书屋必须与农村其他工作统筹推进，充分发挥主动性和创造性，把农家书屋工程建设与农村党员远程教育、村村通工程、信息资源共享工程、农业技术推广等工作结合起来，互为补充、互相推动、齐头并进，合理配置和充分整合各种资源，更大限度地惠及农民群众，有效降低运行成本。

联合图书馆工作人员对管理员进行培训，让图书馆工作人员到具体的书屋点对管理员进行图书分类、上架、贴标签、图书登记的培训工作，促进管理人员业务水平的提高，使管理人员的工作进入正轨。

推进经营与服务相结合，可实行"一屋两用、租售结合"的模式，经营与服务相结合，让书屋管理员成为经营的店主，利用书屋的空余地方租书、销售报刊或文具用品，这样既可以节约管理成本，又有一定的经济收益。设在农家书屋的经营点，因吸引人气、带动经营效益从而激励书屋管理员主动补充新的书籍、报刊以增强书屋的吸引力，形成农家书屋自我发展的良性循环。

加强农家书屋交流，以书屋为载体，自发组织有奖读书、讲谈书报、交流读书心得、实用科技讲座、书法比赛、地方曲艺表演等文艺活动，让农家书屋真正"活起来"，成为一个"文化训练场"。各市新闻出版局可围绕农家书屋积极组织开展"两赛一活动"，即读书征文比赛、讲演比赛、科技知识讲座活动。如南宁市青秀区就在节日期间为村民免费放映种植技术影片50多场次。影片内容贴近农村实际、实用性强，现场农民群众兴致高涨。

加强书屋之间的交流，不同书屋配置内容相异的出版物，定期在书屋与书屋之间、图书馆与书屋之间流动交换图书，一定程度上可缓解图书品种少、更换不及时的问题，也可有效地缓解图书更新的经费压力。

利用农家书屋这一平台，邀请有关专家到农村讲座、授课，提升农家书屋的服务功能。农村中的很多人往往没有阅读习惯，因此对农家书屋兴趣不高。要解决这个问题就要增加农家书屋的利用价值，组织专家巡讲团

深入农家书屋，针对当地的情况，对适合农村发展的图书进行讲解，让农民学以致用，这样不仅解决了农家书屋的读书用书的问题，也可有效地解决农村剩余劳动力的问题。

把有读书需求的群体组织起来，灵活地运用农家书屋的图书。目前，农村存在"空壳化"的现象，青壮农民出去打工，少年学生要在镇县中学上学，家中只有老弱妇孺。但是，即使是老弱妇孺也有读书、看影碟和了解健身、养生知识的需求，可利用农家书屋的资源，把有相同兴趣和需求的人组织起来，如组织小学生成立读书兴趣小组，利用农家书屋的图书，拓展阅读面；组织妇女成立妇女阅读小组，阅读医疗保健或饮食方面的书，再举办交流大会，激励大家阅读的积极性。

3. 加大宣传力度，营造良好的读书氛围

认真搞好宣传、表彰工作。要积极发挥电视、广播、报纸、网络等新闻媒体的作用，对工程实施情况和服务"三农"的先进典型进行充分宣传报道，扩大社会影响，努力营造全社会关心、重视"农家书屋"工程的舆论氛围，广泛宣传对"农家书屋"工程给予大力支持、帮助的单位和个人的事迹。对取得显著成绩的地区、单位和个人，给予一定的表彰和物质奖励。同时，以农家书屋为载体，组建一批以读书用书为中心的农民读者协会、创作协会、书法协会和文化活动协会，进一步扩大农民群众读书用书的社会效应。

耕读传家习俗是现代学习型社区的根基。农家书屋建设应当与学习型社区融为一体，传播适宜于民众文化教育水平的科技知识和人文知识。突出乡村民众的主体意识，强化村民们的自信力和文化认同意识，通过村落社区的全民总动员，让当地村民成为农家书屋建设的主体和生力军。

四　心灵生活：壮族神话谱系与神圣空间的生成

大多数壮族民众并不皈依某种制度化的宗教，但是，并不意味着壮族没有独特的心灵生活,只是壮族文化结构中的"第三层楼"以民间信仰为主体,通过神话想象探究人生,通过神话谱系的构拟,探究人类的来源和宇宙的根本,以此满足心灵的归属需要。壮族"第三层楼"的文化体验体现了民间信仰的特点,是通过神圣空间的建构,敬奉本民族的圣灵。

壮族聚居区不同方言文化区的不同壮族支系传承着不尽相同的神话,形成相对统一而又各有地域特色的空间想象和神话谱系。壮族神话的传承依托于特定的实在的地理空间和想象的宇宙空间,壮族先民借助神话想象将陌生的荒蛮之地,转变成"文化圣地",生成"天、地、神、人"和谐共居的神圣空间。当前壮族非物质文化遗产的保护应立足于壮族各区域的信仰传统,激发当地文化传承主体的文化自觉,理性地保护壮族神话谱系,在延续历史记忆的基础上构筑新的神圣空间。

人类栖居在特定的地理空间之中,不断重复对于地方的体验,在这种互动过程中,地方成为自我的隐喻,人被特定的地方所标记。"神圣空间"的生成,离不开人们对神灵的敬仰、对神的故事的演述。正是人创造了神话和神圣空间,而神性的力量又让人获得信念力量的支撑和心灵的皈依。

(一)壮族神话谱系构拟的文化逻辑

壮族作为世世代代栖居珠江流域的稻作民族,通常选择背山面水的田峒作为栖身的地理空间。壮族聚居区绵延不绝的山岭、奔流不息的江河、鬼斧神工的喀斯特地貌,激起人们的无限的神奇的想象。壮族的难计其数的神话就寄寓在多姿多彩的自然空间之中。作为非物质文化遗产重要组成部分的壮族神话主要通过普通民众的口头传承以及师公、道公的唱本在壮族民间流传。自20世纪50年代开始,壮族民间文学工作者就开始收集、整理、翻译壮族的神话。从目前发现的资料看,壮族神话内容博大精深,丰富多彩,种类齐全,包括开天辟地神话、天象神话、人类起源神话、图腾神话、物种起源神话、迁徙神话、英雄神话、探索大自然奥秘的神话，等。① 这些神话原本是作为民间文学形态自发的传承，特别是在宗教仪式场域中由仪式专家演述。壮族各区域的仪式唱本不尽相同，不同的师公、道公往往各自传承本派系的唱本。

从严格的意义上说，壮族神话谱系在民间传承人当中是未经系统整理的不自觉的存在。蓝鸿恩、农冠品等学者按照"从无到有""由远及近""由简单到复杂""由神、半神半人到民族英雄"的文化逻辑，根据民间的口头流传和各地师巫的经文里记载的壮族神话，构拟了较为完整的壮族神话谱系。

蓝鸿恩构拟了壮族神话五代谱系：在天地形成之前，宇宙间有一个由黑、黄、白三色气体混合凝成的大气团，像个大石蛋，由黑甲郎来推动，螺蜂蜇咬"石蛋"，爆开成三片：一片上升成天，一片下沉成海，中间一片成地。地上长出九十九朵鲜花，花里长出一个披头散发、赤身裸体的女人，这就是壮族神话谱系的第一代神：人类始祖姆六甲（用汉字记壮音，姆或写作乜、姝，母亲之意；六甲，或写作洛甲，一种鸟名）。姆六甲迎风受孕，然后造天地、造人类、造万物。壮族神话谱系的第二代神是布洛陀。天地分三界，天上是上界，由雷王管理；地上是中界，由布洛陀管理；地下是下界，由"图额"（壮音，蛟龙）管理。第三代神是布伯。布伯是布洛陀的徒弟，也有说是布洛陀的儿子，是代表人类向大自然作斗争的英雄。第四代神是伏依（也作伏羲）兄妹。他们是布伯的一对儿女。雷王发洪水漫天时，他们躲进一个葫芦里，幸免于难。洪水退完以后，大地已无人烟。伏依兄妹奉神的旨意繁衍人类，生下了一个"磨刀石"模样的肉团，用刀将之砍碎，生成壮、汉、苗、瑶……许多不同民族的人。从此，人类获得再生。上述四代神人谱系，形成了相当清晰的壮族神话发生发展的主干线。第五代之后，继之而起的有莫一大王、岑

---

① 周作秋、黄绍清等：《壮族文学发展史》，广西人民出版社2007年版，第41—92页。

逊王等。① 第五代的神话人物已经具有真实历史的印迹，神话主角变成具有神奇力量的英雄人物。

农冠品先生构拟的壮族神话谱系是：大气神（黑、白、黄三色混合气体）→石蛋神（三色大气凝成的石蛋）→昆虫神（蝶蜂与屎克郎）→雷神（管天雷公）→水神（管水龙王、图额、蛟龙）→姆六甲（花神、花王、生育女神）→布洛陀（创世男神）→特康、侯野、郎正（射太阳大神）→布伯（卜伯，战雷王英雄神）→伏依（盘古兄妹，再创世神）→岑逊（造江河氏族英雄神）→莫一大王（氏族英雄神）→童灵人类进化神→妈勒（人类探索宇宙神）→歌神歌仙（刘三妹、刘三姐，精神进化神）。② 与蓝鸿恩梳理的五代神话谱系相比较，农冠品先生构拟了15代神话谱系，还总结了壮族神话的横向神谱系，认为在《布洛陀经诗译注》中，布洛陀统辖下的神有一百三十多种。农先生将大气神、石蛋神、昆虫神、雷神、水神置于壮族创世女神姆六甲之前，在布洛陀与布伯之间，增加射太阳英雄神，将岑逊氏族英雄神置于莫一大王之前，此后增加人类进化神、人类探索宇宙神和歌神歌仙。笔者认为，蓝先生的壮族五代神话谱系清晰明了，各代之间具有直接的承继关系，彰显壮族神话之总纲。而农先生呈现的壮族神话谱系显得全面而庞杂，有些神祇是平行的并列的关系，不是纵向的前后承继关系，流传在不同的壮族文化区域中，彼此独立传承或者相互之间关联比较模糊。造成两种谱系之差异的根源是两位学者遵循不同的文化逻辑，强调壮族神话谱系的不同侧重点，更重要的是壮族神话本身构成的多样性、复杂性和不同区域的变异性，致使壮族难以生成各区域民众和学术界都公认的统一的神话谱系。

---

① 参阅蓝鸿恩《广西民间文学散论》，广西人民出版社1981年版，第31—32页；农冠品《壮族神话谱系及其内涵述论》，《广西右江民族师专学报》2001年第3期。
② 参阅蓝鸿恩《广西民间文学散论》，广西人民出版社1981年版，第31—32页；农冠品《壮族神话谱系及其内涵述论》，《广西右江民族师专学报》2001年第3期。

（二）壮族神话分布和传承的空间差异

壮族神话谱系构拟呈现纷繁复杂的多样性的特征，而壮族神话在不同壮族文化区的真实传承形态亦是异彩纷呈的。壮族神话并没有作为一个系统的、完整的文本在壮族各文化区以同样的方式传承。在不同区域的壮族民众的社会生活和文化记忆中，壮族神话的活态传承同样具有多样性、复杂性的特点。譬如，布洛陀神话传承的核心区是左右江和红水河流域；莫一大王神话主要在柳江流域的桂中、桂北壮族聚居区流传；盘古神话、伏依兄妹结婚神话和刘三姐歌仙神话则超越壮族方言文化区在各个支系中广泛传承。若从更为微观的角度审视，壮族聚居区各乡镇不同的聚落群体中，也流传着不同的神话。

神话流布范围与特定的地理空间之间存在诸多不确定的因素。因为神话以口述为主要的传承方式，会随着人口的迁移而不断传播到不同的区域，所以判定某一个神话属于某个区域是相当困难的。譬如，洪水神话在全世界许多民族中都有传播，并不属于特定的文化区域。对于壮族而言，既有全民性的广泛传承的神话，也有地域性的同中有异、异中有同的神话。或者说，有些神话在一些地方影响特别广泛，传承的载体比较齐全，特别是当地人将神话中的神灵当作崇拜的对象，选择特定的地理空间建立庙宇予以顶礼膜拜，那么，虚幻的神灵变成真实的物化的存在，神话与地理空间的关系由此变得明确而清晰。

民间文学工作者在搜集神话的过程中，通常关注该神话的搜集地点和流传区域，这是理解神话与地理空间关系的重要依据。蓝鸿恩在《神弓宝剑》记录了布洛陀和姆六甲神话，在文末标记："流传地区：都安、巴马、东兰一带。关于布洛陀这个智慧老人，一直在云南文山一带都有其传说。"同时，蓝先生用注释的方式说明：布洛陀和姆六甲故事流传在"广西北部地区，西边可以到达云南文山，东边抵达红水河流域。右江流域也有这类故事"[①]。

---

① 蓝鸿恩：《神弓宝剑》，中国民间文艺出版社1985年版，第25页。

他还指出：布伯的故事流传在红水河流域各县、壮族迁徙神话《木棉、榕树和枫树》流传在红水河中游一带；壮族探索自然奥秘的神话《妈勒访天边》，流传在红水河下游一带；壮族英雄神话《莫一大王》流传在广西龙江、柳江流域各县。

布洛陀神话以右江和红水河流域为中心传承区域，而其中的田阳县由于壮族民歌文化底蕴深厚，当地民众保存祭祀壮族始祖布洛陀的活动，成为布洛陀神话以及一系列伴生习俗的核心传承区。敢壮山歌圩和祭祖活动源远流长，影响深远，辐射范围波及百色、田东、德保、巴马、凤山、东兰、隆安、田林、凌云、平果等十几个县。每年农历三月初七到初九，数万壮族群众络绎不绝地会聚此地，祭拜祖公布洛陀，吟诵布洛陀经，恭请祖公布洛陀、姆六甲神灵上山入位，在山下的祭坛上举行盛大的祭祀大典，信众手执香火，从山的左侧登山，沿山插上香火，一直到布洛陀住过的岩洞，再从山的右侧下山，寻伴对歌。近年来，有来自印度阿萨姆邦的阿含人、东南亚侗台语民族的代表和云南、贵州的壮族、布依族同胞应邀参加田阳敢壮山的布洛陀祭祀仪式，布洛陀文化的影响力超越广西，超越了国界。但是，壮族南部方言区和北部方言区属于布洛陀神话分布区之外的壮族聚居区的许多民众依然对布洛陀神话以及相关信仰相当陌生，没有参与布洛陀祭祀仪式，依然传承当地的神话，崇拜当地的神灵，布洛陀祭祀圈和信仰圈远未覆盖整个壮族地区。

因为语言、风俗传统的差异，壮族不同的聚居区拥有不同的圣灵崇拜和信仰习俗。布洛陀神话和信仰主要在右江流域、红水河流域。柳江流域和桂北地区的壮族民众更多地崇奉莫一大王为至高神。位于广西北部地区的龙胜各族自治县龙脊乡的古壮寨，立有一座莫一大王神庙。在壮族历史上，桂北桂中地区位于与中原王朝抗争的前沿，这是莫一大王英雄神得以产生和流传的历史根基；武鸣是骆越方国的中心，骆越王自然成为当地祭祀的对象；侬智高在靖西县建立了南天国，主要在中越交界处活动，他的历史伟绩成为当地人的历史记忆，也成为当地人建立侬智高神庙的历史依据。正是不同壮族聚居区的不同历史传统和文化记忆，造成了壮族神圣空间的区域差异。

（三）生地与圣地：壮族神圣空间的生成

人类的长期实践活动将纯粹自然的空间逐步变成人化的空间，不同区域族群对特定自然空间的感知、认识、适应，创造出可以栖居的生命空间，同时，也创造包含着宗教信仰、节日习俗、娱乐活动的文化场所。向云驹认为：文化空间的表现形态有"岁时性的民间节日，神圣的宗教聚会纪念日，周期性的民间集贸市场，季节性的情爱交流场所，娱乐性的歌会舞节，盛大的祭祀仪式及其场所，语言，族群的各种独特文化独特的历史传统，等等"①。"神圣空间"与"文化空间"密切相关，文化空间与自然空间相对举，神圣空间相对于世俗空间而言。文化空间外延更为广泛，既包含神圣性的场所，也包含世俗性的社会活动。神圣空间更多强调以神灵信仰为主体的神圣性。

在自然空间转化成文化空间和神圣空间的过程中，空间想象、文化记忆、依恋感与敬畏感彼此之间相互依存，共同造就了神圣空间。是人们对特定空间的神话想象孕育了神圣的空间；是文化记忆支撑神圣空间的生成；是人们对特定空间中特定神祇的依恋感、敬畏感，使神圣空间香火不断，世代传承。

首先，神话想象赋予特定空间以人文的色彩，消解陌生与恐惧的文化意象。

壮族地区地处热带和亚热带，气候温暖，雨量充沛，空气潮湿，林木茂盛。这种客观存在的自然生态环境，在不同的场域中，常常会呈现或积极或消极、或正面或负面、或美好或丑恶的文化意象。

---

① 向云驹：《论文化空间》，《中央民族大学学报》2008年第3期。

有学者认为:"地域歧视往往是民族歧视的重要组成部分,统治者总是从渲染广西的水土恶劣进行对世居广西的各民族进行歪曲、污蔑。"[①] 笔者认为,任何时代的任何族群都通过想象对异域他乡形成"区域文化意象",这种意象建构必然是真假参半,虚虚实实。现在,壮族聚居区早已不再是"瘴疠之地"和令人望而生畏的"蛮夷之乡",壮、汉、侗、瑶、苗等民族在南岭—北部湾之间、在珠江流域中上游这片沃土上繁衍生息,安居乐业,昔日荒草没胫的"陌生之地",如今变成稻花飘香的"熟地",这是勤劳勇敢的各民族人民披荆斩棘、辛勤耕耘的成果。

从某种程度上说,神话想象对特地区域的"去陌生化""去妖魔化"同样具有很大的作用。人们借助神灵信仰以及对神的业绩的讲述,还有神话谱系的构拟,将自然空间"神化""人化"。在人们的神话世界中,大地、苍穹、山岭、江河,自然界的万事万物,包括人类自身,都由创世神所创造。从某种程度上说,若是没有神话的言说和解读,自然空间是没有隐喻、没有联想的纯粹作为"他者"的存在,不能衍生成神圣空间。

壮族地区许多神圣空间的形成,源于栖居在特定空间的民众借助神话思维、通过神话想象和神灵故事的讲述,解释天地万物的起源,让宇宙空间合理化、有序化、圣洁化,由此将"生地"转化成"圣地",由世俗空间变成神圣空间。信众通过对圣地和神圣空间的朝觐,消解内心的迷惑恐惧,让生灵得到护佑,让心灵有所皈依,让脆弱的人类意志获得神圣力量的支撑。

其次,世世代代绵延不断的文化记忆支撑了神圣空间的传承。

人的大脑由于反复受到来自外界表象系统的视觉、听觉、触觉的刺激,通过对大量信息的关注、吸纳、过滤、加工、存贮、整合,形成记忆图景。记忆与遗忘相伴随,表层的冲击力弱的文化表象往往只能形成短时

[①] 刘祥学、刘玄启:《走向和谐——广西民族关系发展的历史地理学研究》,民族出版社2011年版,第127页。

记忆,唯有神圣庄严、涤荡灵魂、刻骨铭心的情感体验才可以转化成长时记忆。壮族神圣空间的生成依托于壮族深刻的历史记忆、复杂的情感因素。壮族神话主要通过口耳相传,老人的讲述和年轻人的聆听构筑起文化记忆和历史传承的序列,壮族师公和道公在深沉的仪式场域演唱壮族神话,有利于人们通过观看仪式活动而强化记忆的恒久性。

在敢壮山,布洛陀信仰历经沧桑,外来文化的渗透,"文革"十年的扰乱,始终湮灭不了当地壮族民众对布洛陀神话的历史记忆,无数歌书被焚毁,抹杀不了人们对布洛陀神话的世代传承。在红水河下游地区,密集分布着"盘古庙""盘古村""盘古山""盘古洞"等地名,壮族师公、道公、歌师的唱本里,传颂着盘古开天辟地、创造人类的歌词,壮族民众对"磨刀石"和"葫芦"依然存有敬畏之心,人们常被告诫"不要坐在磨刀石上"。国家开展"非遗"保护之后,布洛陀、盘古庙会、壮族师公戏、蚂𪚏节等列入国家级或自治区级非物质文化遗产名录,加深了人们对壮族文化遗产的历史记忆,壮族文化遗产的价值在政府层面上得到重新确立。

最后,人们对神祇的依恋与敬畏,使神圣空间世代延续。

面对日升日落、月圆月缺的循环,人们借助神话来解释缘由,用神话的思维和认知来解惑答疑,面对自然灾害的冷酷无情,"人类或是用言语来恐吓,或是举行祭祀活动来祈祷"。① 这是神话产生的最为重要的根源。同样,面对大自然的混沌和无序,人们用神话想象来解释,使之合理化、有序化。面对狂风暴雨、洪水泛滥,或者久旱无雨、山崩地裂等灾害,早期人类难免不寒而栗,惴惴不安,心生恐惧,意识到大自然的背后应有神秘的力量在发生作用。如何化解这种恐惧?除了依靠人自身的力量适应自然,先民们无不通过对神灵的膜拜求得神灵的护佑。

壮族的创世神创造了包括人类在内的天地万物,安排了天、地、神灵、人类、动物之间的秩序,保佑种族的繁衍,以超凡智慧为人间排忧解

---

① [美]段义孚:《逃避主义》,周尚意、张春梅译,河北教育出版社2005年版,第114页。

难,以穿云射日的神灵力量护佑族人福寿康宁。姆六甲和布洛陀创造了山水田园和江河湖海,照着自己的样子用泥巴捏成了人。人与万物都由神来创造,宇宙的秩序由神来安排,成为"万物同源""民胞物与"的深层文化基因。人们对特定神祇萌生依恋感和敬畏感,源于这些神祇的神奇力量、无量功德和超凡智慧。人们怀着感恩之心,感激创世神的恩德;怀着敬畏之情,向神灵祈福禳灾。正是这种文化基因和源自灵魂深处的感情,促使人们敬仰神,人们又将神恭敬地安置在特定的空间中,立庙祭祀,将虚幻的神话想象,变成可以亲睹、可以倾诉、可以对之施礼的真实的存在,世世代代顶礼膜拜,这种内在的文化功能,让神圣空间得以传承。

(四) 历史记忆与神圣空间的保护与传承

壮族及其先民栖居的地理空间由于外部势力的干扰和自身的原因,始终处在有序或无序的转移、变迁之中。壮族不是"那"文化区里的唯一的主人。秦王朝统一岭南之后,作为壮族先民的西瓯、骆越等族群颠沛流离,退居深山丛林,寻找安身之所。秦汉至明清两千年间,壮族地区社会冲突此起彼伏,历经动荡,征战不已,必然导致社会记忆之链的断裂。中原王朝镇压了唐代西原蛮起义、宋代的侬智高起义、明代的大藤峡起义,相应地摧毁了大量的壮族原生态文化空间和神圣空间,壮族的心灵栖居和神灵空间接连不断地发生重组。

进入 21 世纪,随着中西信仰文化交流日趋频繁,壮族的神灵信仰及其栖居空间呈现多元化的特征,壮族的神圣空间中,既有本族祖先、本土宗教神灵,也有道教、佛教的神祇,甚至在一些地方出现了西方基督教因素,各路神灵相互渗透、糅杂在一起。

据研究,改革开放以来,壮族城镇人口不断增加,[①] 根据 2010 年第六次人口普查统计,在广西登记的常住壮族总人口为 1444.85 万人,比第五次人口普查减少 9.69 万人,说明越来越多的壮族人离开传统的聚居区,走向

---

① 肖永孜:《壮族人口》,广西人民出版社 2008 年版,第 224—236 页。

汉族聚居地寻求新的发展空间。即便在传统的壮族居住空间，随着新农村建设和城镇化的发展，壮族家屋变成容留身体居住的纯粹的物理空间，作为安顿魂魄的神灵空间则受到挤压甚至排挤，祖祖辈辈信奉的神灵无法找到栖居之所，建筑物、人的生命体和神灵之间不再是一种同形同构的关系。

  在从小学到大学的教育体系中，壮族学生从小就接触和学习汉语普通话和主流文化，而对本民族文化却知之不多，使壮族文化的代际传承发生了断裂。加上科学思维的影响、理性思维的制约、逻辑思维的束缚，神话思维已经失去所依托的文化土壤，神圣空间无法在现代社区寻得立足之地。

  在这种历史背景之下，很有必要通过祭祀某些神灵，在心灵深处留下神灵的栖居空间。

  在当前国际国内普遍重视文化遗产保护的时代背景下，有必要采取有效措施，激发壮族珍惜本民族历史文化的自觉意识，强化壮族文化的历史记忆，引导壮族民众有意识地保护壮族的文化传统，也还可以在特定的自然空间和虚拟的赛博空间，重构壮族的神圣空间。当然，新形态的壮族神圣空间应当基于壮族的不同区域不同支系的民间信仰的传统，不能生硬地移植。从祭祀主体而言，壮族各区域文化的保护和神圣空间的重构应沿袭以下五大序列隐含的文化脉络：1. 桂北、桂中红水河与龙江—柳江流域的莫一大王信仰与崇拜；2. 红水河—黔江流域的盘古信仰与崇拜；3. 大明山、邕江—西江流域的骆越王、龙母信仰与崇拜；4. 右江流域的姆六甲—布洛陀信仰与崇拜；5. 广西德靖台地、云南文山以民族英雄侬智高为核心的信仰与崇拜，壮族民众建立了大量的祭祀侬智高的庙宇。据侬兵先生调查，侬智高庙广泛分布在广西天等县、大新县、靖西县、百色市、云南文山壮族苗族自治州、越南高平省等地，至少十余座至今依然香火旺盛，① 足见侬智高信仰习俗在中国南疆的深刻影响。

---

① 侬兵：《侬智高庙简介》，载范宏贵主编《侬智高研究资料集》，广西民族出版社2005年版，第255—258页。

笔者认为，上述壮族五大神灵信仰体系和神圣空间的传承与保护，以田阳敢壮山的布洛陀祭祀以及神圣空间的建设影响尤为广泛而深远；武鸣县近年连续举办骆越王祭祀大典，声势浩大，大明山骆越王庙和西江流域的龙母信仰的仪式传承与神圣空间已经引起社会的广泛关注。而红水河—黔江流域的盘古信仰与中越交界区域民族英雄侬智高崇拜渊源深远，深深植根于当地民众的心灵深处。但是，与田阳敢壮山文化圣地的建设以及武鸣骆越古都的发掘与保护成就相比较而言，盘古祭祀仪式的传承与神圣空间的建设进展依然以民间力量为主，有待政府部门、旅游界、学术界更为全面地参与。尤为薄弱而被忽视的是桂北、桂中红水河与龙江—柳江流域莫一大王史诗的保护与相关神圣空间的建设，至今叙事体的莫一大王神话、歌咏体的莫一大王史诗无一进入市级或省级非物质文化遗产保护名录，也没有任何政府机构或者旅游部门将莫一大王文化遗产保护和文化资源开发列入议事日程。其实，南丹县、宜州市、柳州市、桂林龙胜各族自治县的壮族聚居区都有深厚的文化基础，当地文化部门有责任采取有效措施，重视对莫一大王口传作品、历史遗迹和祭祀空间的保护。

珍惜自己的民族英雄的民族才能获得来自心灵深处的精神力量，忽视、忘却本民族的英雄将遗失民族历史记忆的精髓，相应地将失去民族文化血脉的遗传基因。桂北地区是壮族先民西瓯族群的故地，西瓯王译吁宋是先秦时期的壮族英雄，是《淮南子·人间训》记载的有史可依的历史人物，而莫一大王是在龙汇—柳江流域莫氏首领的事迹基础上，用神话思维方式创作的英雄形象。无论是历史的真实或者是文学的想象，民族英雄的祖先应当世代铭记，民族文化传承主体应当始终对民族英雄祖先怀有虔诚与敬仰的信念，从中获得传承民族文化传统的精神力量。

总而言之，人与特定自然空间的真切的情感联结，衍生出喜欢、依恋、崇敬，或者厌恶、愤恨、恐惧等复杂的情感，由此将作为客观存在的山川田园，转变成为充满联想和寓意的文化空间。神话是各民族先民们神奇幻想的结晶,神话无疑是人们借助想象而虚构的故事。天上的日月星辰和地上的山川田园,都有可能被当作虚拟幻化的对象,赋予神圣的文化隐喻。然而,人类社会在从"传统社会"向"现代社会"和"后现代社会"转型的过程中,"上帝之死"带来了信仰迷茫和精神焦虑,文艺复兴使"人"从神的束缚中解放出来,之后人又被"异化"。当代中国人在迈向"现代化""全球化"的过程中,也面临"逃避崇高""远离神圣""信仰缺失"带来的心灵迷茫。无论如何,在许多民族的社会生活中,我们应该意识到神话演述让荒原变成圣地,人们通过神话想象建构了"天、地、神、人"和谐共居的文化空间,让人的精神世界不再荒芜,让人的心灵不再落寞,让四处飘荡的灵魂找到归属。人类生息在天地神灵之间,人们安居大地,仰望神明,直薄云天,神圣空间在安顿人的心灵的过程中,具有不可替代的作用。传统用以延续,不可任意发明。文化传承和文化遗产保护应当关注神圣空间的生成机制,不可生硬地移植或者重建,而要怀着虔诚的敬仰寻找神灵信仰的文化土壤和社会根基,由信仰主体自主地营建自己的精神世界和神圣空间。

第十二章　诗意栖居:文化"四自"与共圆复兴梦想

文化"四自"是指特定区域民族的"文化自知""文化自觉""文化自信""文化自强"。文化自知的要义在于特定文化主体对自身的文化具有系统的感知、认识、了解和理解;文化自觉的核心在于对本民族文化有"自知之明";文化自信相对于"文化自卑"而言,主要体现在对本民族文化拥有信任、信心和信念;文化自强的意旨在于通过独立自主的创造,增强本民族文化的生命活力、竞争实力以及对其他文化的吸引力和影响力。

文化"四自"之间存在密切的相互影响、相互制衡的关联性,彼此之间相辅相成,互为条件,潜脉暗通,密不可分。文化自知是文化自觉的前提;文化自觉是文化自信的基础;文化自信是文化自强的根基。没有文化自知难以实现真正的文化自觉;没有文化自觉,难以实现自卑的超越而建立起文化的自信心;如果对自己的文化未来失去信心,就不可能全方位实现文化的自强。

对于壮族而言,在实施壮族文化建设的过程中,尤为有必要通过强化对本民族文化历史认知、空间认知,走出文化的迷蒙,实现民族文化的自觉;通过克服文化自卑的心理,确立文化自信。在此基础上,激发壮民族内在的精神力量,以自强不息的精神,锐意进取,在推进乡村振兴战略的总体部署中,实现壮族地区的产业兴旺、生态宜居、乡风文明、治理有效、生活富裕。在实现中华民族伟大复兴和"建设壮美广西"的总体格局中，激发壮民族诗性智慧和自强不息的创造活力，重建田园牧歌的境界，实现壮民族的诗意栖居和复兴梦想。

一 文化自知：了解壮族的"天—地—人—文"

由于历史传统、教育体系以及其他诸多原因，人们对于壮族文化存在诸多模糊的认知。相当多的壮族学生即使完成了大学教育，也并不见得能够知晓壮族文化的来龙去脉。许多壮族干部纵然是依凭壮族身份得到提拔重用，也不一定对壮族历史渊源和文化传统拥有完整的认知。因此，在壮族文化建设过程中，强化壮族文化认知，解决许多壮族人空有壮族身份标签而不知晓壮族文化的问题，成为一项不可或缺的任务。

壮族文化源远流长、丰富多彩，对于大多数壮族人而言，难以将所有的各个层面的壮族文化纳入认知的视野，唯有提纲挈领地选取壮族文化的主轴，方可利于世人形成对壮族文化的基本认知。这一主轴就是关于壮族文化的"天—地—人—文"四大认知主线。

"天"是指"天时——历史进程"；"地"是指"地域——文化空间"；"人"是指"文化的创造者、传承者以及杰出人物——民族文化主体"；"文"是指"民族生命创造活力外化的结晶——文化符号"。文化的内涵和外延包罗万象，犹如万花筒般异彩纷呈，在建构文化认知体系的过程中，需要去粗取精、去芜存菁、纲举目张地以"天—地—人—文"作为文化认知的主轴，从"天—地—人—文"四大维度感知、认识、了解并理解本民族的历史文化、空间文化、文化主体和文化杰作。

只有充分而系统地"知天、知地、知人、知文"，才不至于不知"天高地厚"与"人贵神明"，才能更好地理解和传承本民族的传统文化。而片面甚至错误的文化认知，容易导致文化误读与误解。壮族历史渊源久远，不同支系栖居在不同的地理空间，传承着"同中有异""异中有同"的文化习俗，因为语言的隔阂、信仰的差异以及地理空间的阻隔，致使彼此之间不甚了解,只能依凭传闻和想象,构成对其他区域族群文化的认知,难免构成诸多文化误读甚至冲突。壮族文化认知地图的整体建构路径是:梳理壮族文化历史脉络和演进历程;构筑关于壮族聚居区文化的整体认知;认清壮族文化创造和传承主体及其文化源流;领悟具有象征意义的壮族文化杰作及其蕴含的文明智慧。

文化认知源于对本民族以及其他民族文化的感知、认识、知晓和理解,正确而全面的文化认知是文化建设和文化复兴的根基。但是,文化认知涉及认知主体的立场、价值观和认知心理的诸多制约因素,而不同的认知手段、认知水平、认知路径同样直接影响文化认知地图的建构。进入21世纪,关于壮族文化的认知达到前所未有的新水平,但是,由于认知主体的差异,依然存在文化认知内容不全、认知路径狭窄等问题,许多关于壮族文化的论著,往往将历史上的壮族先民创造和传承的文化当作自古至今、一以贯之的文化现象;往往将特定区域支系的壮族文化当作整体性的遍布各地的文化习俗;或者基于不同的立场以及不同的需要,或过度渲染、或过度褒扬、或有意忽略、或有意贬损某些文化事象。因此,需要基于"历史文化""地域文化""文化主体""文化杰作"为核心内容的"四重认知",通过学校教育、社会教育和虚拟空间"三大平台"建设,建立相对系统而完整的壮族文化认知地图,以理性的文化认知,建构"天—地—人—文"认知体系,消除人们对壮族的文化误读和歧见,以心灵相通增进壮族以及壮族同其他民族之间的文化交融,构筑相互依存、和谐共生的民族命运共同体。

(一) 知天:了解壮族社会文化的演进轨迹

历史进入21世纪,基因人类学、考古人类学和历史学等学科的大量研究成果已经表明:壮族及其先民不是从天而降,而是从远古走来,并且同在华南—珠江流域生息繁衍的远古人类存在千丝万缕的联系。壮民族根祖源自华南—珠江流域的远古人类,壮族的社会历史肇始于距今数万年的旧石器时代远古文化遗址。从"柳江人"到"白莲洞人",从"宝积岩人"到"甑皮岩人",让人们隐隐约约窥见了距今约10万到1万年的远古人类演化序列。

学术界已经公认壮族是世世代代在华南—珠江流域生息繁衍的土著民族,经过对现代壮族骨骼和石器时代人类化石的骨骼进行科学鉴定,结果表明,现代壮族的体质特征与旧石器时代的"柳江人"、新石器时代的"甑皮岩人"等壮族地区发现的远古人类有承继关系。然而,这些学术界的共识,并不见得成为壮族普通民众的文化认知,还有大量的壮族家族的族谱认为自己的祖先来源于"山东白马县"或者其他地区。这就需要通过各种路径宣传壮族的历史知识,通过正本清源,让人们了解壮族历史的原本演进历程。

从宏观的历史演进过程审视,壮族历史认知原本不是自觉的历史记忆,汉文典籍中关于壮族先民的若隐若现、一鳞半爪、或真或假的记载,直接影响了对于壮族文化的认知,相对而言,还是考古人类学的发现、遗传基因的密码的破译,更为让人可信。一般说来,壮族社会的演进与瓯骆故地的风云际会交相辉映,壮族历史记忆的脉络应当追溯到与尧舜同在的苍梧人及其建立的苍梧古国;同时,秦王朝统一岭南过程中"三年不解甲弛弩",印证了西瓯人的军事实力;骆越古都发掘的大量精美的青铜器,见证了骆越文化的演进水平;句町古国的情韵,映现出壮族文化的绚丽多彩。

从秦汉到唐宋时期,汉族和壮族历史从对峙走向交融,中央王朝在瓯骆故地实行郡县制,在羁縻—土司时代汉族官员与地方豪酋共同管理地方政治、经济事务,广西上林县境的《大宅颂》和《智城碑》记录了唐代壮族文人已经娴熟运用汉文从事文化创作。宋代范成大的《桂海虞衡志》和周去非的《岭外代答》比较全面记载了岭外壮族的风土民情。

元明清时期的壮族历史在激荡中前行,中央王朝改土归流政策的实施,逐步瓦解了壮族地区的土司制度,推进了华南与中原地区的社会互动与文化交融。从明清到民国时期,与壮族历史发展相关而令人难以忘怀的历史事件和历史记忆主要有:瓦氏夫人与俍兵的雄姿、壮瑶民族抗暴图存的人间悲怆、金田起义与天国惊梦、中法战争中的镇南关大捷、一代枭雄陆荣廷"以武功鸣于天下"。

客观地说,历史上的壮族一直被当作"蛮夷"受到歧视,并没有作为一个真正意义上的民族得到承认。壮族人建立起的地方政权,往往昙花一现,没有起到统合壮族社会的作用。但是,壮族同其他民族相类似,也经历了漫长的从聚落文化、古国文化到方国文明的不同演化阶段。壮族的族称在不同的历史阶段并不一样,而是在数千年的历史过程中,经历了由仓吾、瓯骆、乌浒、俚、僚、俍,到僮和壮族的演变过程。

"仓吾",或称"苍梧""仓梧",是汉文典籍中记载的同中原尧舜部落同时存在的壮族先民。有关"西瓯""骆越"的记载,散见于《逸周书》《汉书》《后汉书》《山海经》《百越先贤志》《淮南子》等古籍之中。西瓯骆越人组成了较为完备的社会组织,出现了"王""侯""将"等角色,并且以顽强的毅力,创造了迄今仍是作为壮族文化象征的壮族铜鼓和花山崖壁画。

"乌浒"之名,曾见于《后汉书·南蛮传》《广州记》《南州异物志》等古籍中,学术界多认为乌浒是自东汉至魏晋南北朝时期,生活在岭南的壮族先民,文化上传承着"巢居""击铜鼓"之俗。"俚""僚"之称,源于三国与南朝,盛行于唐宋。晋人陈寿《益部耆旧传》云:"平南事讫,牂柯、兴古僚种复反。"张华《博物志·异俗篇》记载:"荆州极南界至蜀,诸民曰僚子。"《隋书·地理志》:"俚僚贵铜鼓,岭南二十五郡,处处有之。"

明王朝至清初,岭南地区最为活跃的原住民族是俍人。俍人的原居地在左右江及红水河流域,被官府应征到湘粤桂交界处镇压暴乱,瓦氏夫人则带领6000多俍兵到东南沿海抗击倭寇,屡建奇功,受到明王朝的嘉奖。

"僮"之名最早见于宋代史书,后多见于明清古籍中。

五四运动以来,民族意识觉醒,最早还是汉族学者将"僮"当作一个民族来看待。徐松石先生在《粤江流域人民史》中,确立僮族文化的历史地位,探讨僮族文化的源流。中华人民共和国成立后,中央人民政府正式承认壮族,使壮族成为法律意义上的中华民族大家庭的正式成员,其实是富有深厚的历史渊源和社会基础。壮族族称演变与文化演进轨迹见表12-1。

表12-1　　　　　　　　　壮族族称演变与文化演进轨迹

族称	年代	分布范围	文化符号
仓吾	约5000年前,尧舜时代	湘粤桂交界处、潇水、桂江流域	石峡文化、翡翠、印纹陶、青铜器、釜鼎、玉琮、玉璧、栽培稻、二次葬
西瓯	约4000年至2000年前,夏商周至秦朝	广西北部、中部,漓江、柳江、红水河流域	平乐银山岭文化、译吁宋、铁器、麻织品、陶纺轮、刻画符号、《越人歌》
骆越	约4000年至2000年前,夏商周至秦朝	广西南部、邕江、郁江以南至中南半岛北部	骆越铜鼓、桀骏、武鸣元龙坡文化、安等秧文化、铜剑、铜矛、铜卣、龙母信仰、花山岩画
乌浒	汉至魏晋	瓯骆故地	羊角钮钟、巢居
俚僚	汉至隋唐宋	华南、西南	冼夫人、刘三姐、西原起义、黄少卿、侬智高、南天国、壮锦、《大宅颂》、《智城碑》、羁縻制度
俍	明代	桂西、桂中、桂东北	瓦氏夫人、八寨起义、韦银豹起义、改土归流
僮	宋至清	广西大部	刘定逌、太平天国、陆荣廷、中法战争、镇南关大捷

(二)知地:把握壮族文化的空间格局

壮民族的先民曾经是岭南地区的主体民族,其活动范围遍及珠江流域,这已经得到了地名研究和历史考古研究的有力支持。珠江流域广泛存在的"那""都""思""拉""古""罗"等壮语地名,作为壮族文化的"活化石",构拟了壮族分布的真正格局,昭示出壮族人民世世代代聚居在从南岭走廊到北部湾辽阔地理区间。从经纬度上看,壮族聚居在从东经

99°57′到112°、从北纬21°31′到26°45′之间。从现阶段行政区划角度看，壮族人口分布区西起云南东南部，东至广东西北部，南和西南起于北部湾岸和中越边境，北达贵州黔东南和湖南的南部。根据2010年第六次全国人口普查数据，壮族总人口为16926381人，其中，约1400万人分布在广西壮族自治区，约有100万人聚居在云南文山壮族苗族自治州，另外，约有5万人分布在广东粤西北地区的连山壮族瑶族自治县和怀集县，1.6万余人居住在贵州从江县，5千余人聚居在湖南江华瑶族自治县。而随着现代社会人口流动机会的增多，许多壮族人迁居全国许多省市谋生创业，安家落户，壮族人口分布范围在稳定中也呈现日趋扩大的趋势。

从更为微观的层面审视，壮族人口密集区集中在珠江流域中上游的河谷低地、盆地和山间盆地等自然条件较好的地区，因而广西素有"汉族住街头，壮族住水头，苗瑶住山头"的说法，其中红水河、左江、右江、邕江、黔江、龙江、融江、柳江和漓江等江河流域是壮族先民最为主要的生息和繁衍地带。

人文主义地理学的奠基者段义孚先生认为，人是通过视觉、听觉、味觉、嗅觉和触觉的综合作用来感知外部世界，而视觉的作用尤为重要："视觉要比其他感觉的空间范围更广阔。"① 同时，段义孚还认为："地表的性质是高度差异化的。就算是一个为我们所熟知的地方，它的自然地理状况和多样的生命形式也会告诉我们很多东西。不过，人们对地表的感知和评价方式还存在着更大的分异。"② 对于壮族聚居的地理空间而言，不同的感知主体、不同的感知态度、视角、立场、不同的价值观和世界观，自然而然会对壮族的地理空间有不同的定位。

从不同主体的空间感知、空间想象以及"生地""熟地""圣地"的角度看，壮族地区历来被封建文人想象成"蛮荒之地""瘴气横行之地"，

---

① ［美］段义孚：《恋地情结》，志丞、刘苏译，商务印书馆2018年版，第13页。
② ［美］段义孚：《恋地情结》，志丞、刘苏译，商务印书馆2018年版，第6页。

到处是荒草没胫,荆棘遍地,人烟稀少,水汽熏蒸,瘴海连天,毒雾滋生,猛兽横行,交通闭塞,地瘠民贫。而壮族作为原住民族则依凭百折不挠的坚强意志和披荆斩棘的开拓精神,将荒原变成田园,将生土变成熟地,将熟地变成热土,将热土变成"天、地、神、人"和谐共居的空间。

随着现代交通通信的发达,关于地理空间的主位感知和客位想象日趋全面而更为接近真情实况。越来越多的外地人到壮族地区观光,也有越来越多的壮族人到全国乃至世界各地谋生创业和旅游,人们在对比中对壮族聚居的地理空间形成新的认知,已经超越"老、少、边、山、穷""八山一水一分田"之类的传统意象。广西一些城市以及壮族聚居的地方被定位为"歌海""绿城""民歌眷恋的地方""山清水秀地干净""资源富集区""长寿之乡""负离子含量高的地方""空气清新的旅游胜地"。然而,因为"现代人流动性较高,没有时间在一个地方扎根,对地方的体验和欣赏都是肤浅的"。① 壮族人自身对家乡的"依恋感"或者"恐惧感"的生成,更是一个复杂的过程,还需要花费大量的时间和精力才能对壮族地区形成更为清晰的认知。

(三) 知人:确认壮族文化创造和传承的主体

"知人"的要义在于知晓壮族作为文化创造和传承主体的起源、演进与现状以及壮族社会的角色结构。目前,学术界已经确认壮族文化的创造主体是华南—珠江流域的原住民族,从西瓯、骆越、乌浒、俚、僚、俍,到僮族和壮族,构成了一脉相承的民族生命血脉的连续整体,现阶段1600多万壮族民众是瓯骆文化、乌浒文化、俚僚文化和俍僮文化的直接继承者,历代壮族大姓则是以宗族形式传承着壮族的传统文化,其中的莫氏、黄氏、侬氏、韦氏、覃氏、罗氏、岑氏、宁氏、冼氏、蒙氏、闭氏、甘氏等,通常都是在氏族制基础上演变而成,并长期聚族而居,一些宗族英才

---

① [美] 段义孚:《空间与地方:经验的视角》,王志标译,中国人民大学出版社2017年版,第152页。

辈出，成为岭南的豪门望族，甚至拥有地方数千里，管辖数万人，积累大量的珍宝，在中原大乱之时称雄一时。尤其应该铭记是壮族历史上的民族英雄，他们为华南—珠江流域的社会发展、民族团结以及国家的安宁和统一，做出了杰出的贡献。譬如，被称为"巾帼英雄，岭南圣母"的冼太夫人①，其历史业绩万古流芳。

在宋代，侬智高数次向宋朝请求内附，以求获一职统摄诸部，抗击交趾掠夺，但是，都得不到宋王朝的批准，万分绝望之时，只好昭告民众，揭竿而起，逐鹿千里，威震华夏，迫使宋王朝重视南方边疆的防务。

从明代至民国时期，壮族历史上出现了许多名垂青史的人物。譬如，瓦氏夫人与俍兵抗倭的业绩彪炳史册；② 清代岑毓英、岑毓宝、岑春煊"一门三总督"名扬朝野；陆荣廷在风云变幻的政局中纵横捭阖，称雄一时。

从总体上说，除了壮族历史上的民族英杰，壮族文化的直接创造者和传承者还是壮族乡村社会。以"都老"为核心的乡贤、以歌师为主体的民歌传承人和壮族民间的仪式主持人。"都老"作为村落空间中有威望的长者，一直担任维护宗族团结、宣扬宗族伦理、传承宗族习俗的重任。包括歌王、歌师、歌手、歌迷在内的民歌传承人在实实在在地延续着壮族的民歌传统。壮族社会中的仪式主持人在婚丧嫁娶以及其他仪式场合践行着壮族的礼俗，按照传统的礼仪程序，完成仪式过程，展示了壮族的人生观、宇宙观、价值观。

---

① 冼夫人（522—602），亦称冼太夫人，原名阿英、冼珍，出生于广东省电白县电城镇山兜乡丁村，是公元6世纪中国古代岭南地区备受赞誉，也颇具传奇色彩的政治家、军事家。公元535年，作为俚人冼氏望族之女。冼夫人嫁给了汉族人高凉太守冯宝。冯宝祖上从北方南迁岭外，为了与岭南土著民族结盟，赢得俚人的支持，主动与冼氏结亲，促进了国家统一和民族团结。婚后夫妻俩共同主政，推行政令，协助梁、陈及隋三朝治理岭南，积极推动汉越文化交融，使动乱的南北朝时期的岭南一隅得以社会安宁，经济发展，人民安居乐业，文化普遍提高。

② 1554年（嘉靖三十三年）明王朝征调瓦氏夫人率领6800多名俍兵前往江浙一带抗击倭寇。俍兵在战争中常常利用有利地形迂回穿行，能以少击众，十出而九胜，让倭寇闻风丧胆，展现了俍兵强大的战斗力和意志力。《明英宗实录》卷三十五记载："狼（俍）兵素勇，为贼所惮。"邝露在《赤雅·卷上》中说："狼（俍）兵鸷悍，天下称最。"

从文字的维度看，壮族文化创造和传承主要依托古壮字和汉文两种工具。壮族民间歌师用古壮字创作并记录民歌；壮族师公、道公、麽公用古壮字记录宗教经文和科仪。这两类壮族民间文化传承者活跃在壮族的村落空间，以古壮字为主要的文化载体，形成了自成一体的壮族民间文学和民间宗教文献传承谱系。还有大量的壮族人士借助学校教育，掌握了汉语和汉字，其中有相当一部分人融入主流社会，成为作家、诗人、教师、学者、官员、军人和知识分子。这些人士以汉字作为表情言志的工具，形成了以汉文为载体的文学创作传统和文化传承谱系。在这漫长的历史长河中，壮民族娴熟自如地运用古壮字和汉字两种文字进行文学创作和文化传承，古壮字与汉文两大文字传统交相辉映，构成壮族文化的二元结构。

根据《大宅颂》《智城碑》等文献材料证明，壮族汉文文学创作至少始于唐代初年，绵延至今，已有一千多年的历史。壮族文人学会并掌握汉族文字，根源是越来越多的汉族官吏和文人移居岭南，随之带来汉族文化，经过壮汉文化的长期交汇，壮族社会的上层人物习得汉语和汉文，渐渐地学会用汉文记事，表情达意。

秦始皇统一岭南之后，在岭南设置三郡，从政治体制上保证了汉文化在壮族地区的有效传播。东汉时期，交趾太守锡光在壮族地区建立学校，"教导民夷，渐以礼义"。① 隋代令狐熙任桂州总管期间，尊重土著民族，以文化感化取代武力征服，在所辖17个州县"建城邑，开设学校"，从而"华夷感敬，称为大化"。② 私学在壮族地区的盛行，对壮汉文化的交融也发挥了重要作用。随着官学和私学的发展，造就了通晓汉文的壮族文人，逐渐形成能够运用汉文记事的壮族文人阶层，其中有文学天赋者，成长为壮族汉文文学创作的先驱。唐王朝建立的完善的地方教育系统府学、州

---

① （宋）范晔撰，（唐）李贤等注：《后汉书》卷76《任延传》，中华书局1965年版，第2462页。
② （唐）魏征等撰：《隋书》卷56《令狐熙传》，中华书局1973年版，第1386页。

学、县学、市镇学、里学,为壮族子弟接受汉族文化提供了机会。公元 8 世纪唐大历年间桂州刺史李昌夔积极在俚僚地区实行"尊崇儒学,兼重佛道"的文教政策,在桂林独秀峰下兴建了桂林第一所学校——桂州学,策成地方绅士开办九所公私塾馆,传播中原文化,强调"以庙明德,以教化人"。公元 9 世纪初年,容州刺史韦丹"教民耕织,止惰游,兴学校",从而"仁化大行","殁四十年,老幼思之不忘"。① 柳宗元任柳州刺史期间,兴利除弊,兴办学校,不遗余力。韩愈《柳子厚墓志铭》云:"衡湘以南为进士者,皆以子厚为师,其经子厚口讲指画为文词者,悉有法度可观。"②

据《旧唐书》记载,贞观八年(634),唐太宗在未央宫大宴群臣,命突厥首领起舞,令越族酋长高凉郡俚僚土官冯智戴当场赋诗,皆深得唐太宗的赞赏,说"胡越一家,自古未之有也"。③

以汉字为主要标志的汉文化在岭南壮族社会中的传播,经历了播种、发芽、生根、开花、结果的漫长过程。壮族上层人士在接触了汉字和汉文化之后,从被动接受,转向主动学习,从以旁观者的心态,领略汉文化的风采,过渡到建立汉语思维方式,纯熟地掌握汉文,并且运用汉文抒情言志,为文赋诗,衍生出流派绵长的以汉字为载体的壮族文化传统。明清时期,越来越多的汉族文人在壮族地区开办书院,收徒授业,传播中原文化,促进了壮汉文化的交流与融合。譬如,秀峰书院、阳明书院、宾阳书院、宁江书院等为广西培养了不少科举场上的优胜者。壮族中举的文人有方矩、李璧、农赓尧、郑绍曾、黎建三等,中进士的文人有刘定逌、张鹏展等。中原文化的南播、书院的兴办,造就了一批又一批以汉文为表情达

---

① (宋)欧阳修、宋祁等撰:《新唐书》卷一百九十七《韦丹传》,中华书局 1975 年版,第 5630 页。
② (唐)韩愈撰,马其昶校注,马茂元整理:《韩昌黎文集校注》,上海古籍出版社 1986 年版,第 512 页。
③ (后晋)刘昫等撰:《旧唐书》卷一《高祖纪》,中华书局 1975 年版,第 18 页。

意手段的壮族文人，这无疑是壮族地区民风开化、社会进步、文化繁荣的表征，而掌握了汉文的壮族知识分子也成为壮族文化传承的核心力量。

（四）知文：知晓壮族的文化杰作与文化符号

在人类学的视野中，文化是一种具有象征意义的符号和隐喻。文化存在的三种基本形态是：有形的物质文化、作为社会组织形式的制度文化、无形的精神文化。作为可以观察的衣、食、住、行，既是人们生活中必不可少的文化形态，也是区分不同民族的重要标识。服饰文化是时代风貌的表征；饮食文化滋养了民族的生命；居住文化为人们提供了安所遂生的保证；行与交通则是民族交往和文化交融的路径。

为了生存与发展，壮民族在物质文化、制度文化、精神文化各个层面都不乏杰出的创造和历史性的贡献。譬如，基于水稻培育和种植基础上形成的"那"文化；基于高超智能水平和工艺技术而制作的花山岩画和铜鼓，还有棉麻纺织、陶瓷制造、干栏建筑、水利航运、水果培育、动物驯养、兵制兵法等方面；基于原生宗教信仰基础上形成的自然崇拜、图腾信仰、祖先崇拜、盘古信仰和布洛陀人文始祖信仰；基于诗性思维外化成果而创作的以《布洛陀》、《嘹歌》和刘三姐民歌为代表的歌咏文化传统。这些文化象征和文化符号是壮民族生命创造活力外化的成果，是壮民族本质力量的显现，充分体现了壮民族的智能结构、进化程度、文明水平，成为壮族文化的杰作，也是壮族人民对中华文化宝库的独特奉献。

对于壮族文化的认知，认知主体需要意识到，是壮族的稻作文明以及相关的文化习俗，造就了壮族人对土地的亲情，对大自然的敬畏，塑造了壮族人民的人生观、道德观、价值观、天人观和宇宙观。壮族地区的社王、蛙神、牛图腾、守田神、水神的崇拜，即为稻作生产方式在精神文化领域的集中体现，与之相适应的是壮民族安土重迁、亲近自然、沉稳平和、敬畏神明的民族性格与文化心理。对于花山岩画，需要了解的是作为"悬崖上的敦煌"，壮族先民是如何运用科学的方法来调配颜料？如何掌握了高超的崖画制作技术，使之历经两千多年的风雨侵蚀而永不褪色？对于铜鼓，壮族先民如何把铜鼓文化推向其历史发展的新高峰？在桂西壮族地区，壮族民众缘何将铜鼓当作镇寨之宝？这些知识都应成为壮族文化杰作认知的重要内容。

身为壮族人，理应知道铜鼓是权力的象征，也是一种用以发号施令的军器、用以娱神娱人的乐器、用以驱邪逐魔的神器。铜鼓的两个突棱把鼓身分为三节，是壮族先民认为宇宙由天上、人间、地下"三界"构成的宇宙观的体现，鼓面是天空的景象，太阳纹象征着太阳崇拜，云雷纹象征着圣人的恩泽，也是雷神崇拜的反映，鸟纹则象征鸟图腾崇拜；鼓身是陆地的景象，有鹿纹、鱼纹、羽人纹等图像都各寓深意。鼓面周围、亦即鼓面和鼓身之间有青蛙立雕，这是壮族人认为青蛙是沟通天上与人间的使者，是以青蛙为图腾这一观念的投射。

在实施壮族文化建设的过程中，特别是在壮族聚居区的节庆活动、歌舞表演、建筑设计的诸多层面，主办方皆能尽量体现壮族的文化元素。从2014年起，广西壮族自治区人民政府将"壮族三月三"作为法定假日，广西各地广泛开展歌圩活动，世人对壮族文化有了切实的感知。花山岩画于2016年成为世界文化遗产之后，世人对壮族先民的文化杰作有了更深的认识；2018年12月举办的一系列庆祝广西壮族自治区成立60周年活动，让各地的壮族文化得到了广泛的展示。

然而，"知文"不只是对壮族文化的表层认知，不只是知晓壮族有哪些文化杰作，还应知道壮族文化符号内在的深层次的隐喻和文化象征意义。特别是壮族学生、各行各业的壮族精英，如果空有壮族的身份标签，对壮族文化的精神品质知之不多，甚至一无所知，显然不利于壮族文化的传承和发展。因此，壮族文化建设的要务之一是引导壮族民众以及关心壮族、对壮族文化有兴趣的其他民族人士，更系统、更深入地了解壮族文化的内在精神特质。

二　文化自觉：走出心智的迷蒙

"觉""觉悟""觉知"原本是佛学的概念，在禅宗界，素有"渐悟"与"顿悟"之别。佛学认为，人的觉知系统植根于佛学的"眼、耳、鼻、舌、身、意"之"六根"理念，与"六根"相对应的是人类的"听觉、视觉、嗅觉、味觉、身觉、意觉"。

费孝通先生指出：

> 文化自觉只是指生活在一定文化中的人对其文化有"自知之明"，明白它的来历，形成过程，所具的特色和它发展的趋向，不带任何"文化回归"的意思，不是要"复旧"，同时也不主张"全盘西化"或"全盘他化"。[①]

心理学认为，人们通过"六觉"获得对外部世界的感知，习得特定区域族群的文化。文化自觉源于文化自知，一般说来，先"知"而后"觉"，文化自觉的心境犹如走出迷蒙之后的醍醐灌顶、如梦初醒、豁然开朗、晴空万里。"文化自知"侧重静态的"知晓"；"文化自觉"重点在动态的"点亮心灯"，走出文化"迷蒙""迷茫""混沌""无措"的状态，实现心灵的"觉醒""觉悟""觉明"。

壮族如何实现"文化自觉"？这无疑是一个值得深入探讨的问题。由于历史和现实中主客观原因的多重制约，许多壮族人自身依然缺乏"自知之明"，对于壮族从何处来？虽然学术界有共识，但是，不见得为普通民众广泛接受，很多人还是认同族谱上所说的先祖来自"山东白马县"的说法。壮族文化如何强化自主转型的能力、如何适应新时代的新环境、面向未来的壮族文化如何发展、更是众说纷纭、莫衷一是、仁智互见的话题。

[①] 费孝通：《文化与文化自觉》，群言出版社2010年版，第195页。

无论如何,壮族文化建设的历史使命还是离不开壮族人对自身文化传统的认知和理性把握,在"知天、知地、知人、知文"的基础上,主动承担起保存自身文化、实现文化转型的历史重任,让人们对自身文化有较明确的理性认识和深度把握,通过对壮族文化历史、现状和未来的深层的文化思考,实现对壮族传统文化的反思、选择、超越和重构。

在21世纪,让认知主体走出壮族文化的"迷蒙",实现文化的"自觉",可资借助的路径和方法是多种多样的,也有许多热心壮族文化传播、传承的各界人士,积极将壮族文化引入相关教材、课堂,引入电视、网络空间,引入文艺舞台和旅游场域,通过多次反复的视觉、听觉、触觉的刺激,让人们形成短时记忆(Short-Term Memory)和长时记忆(Long-Term Memory),由表象系统的建构,形成概念,通过情感体验和心灵濡化,形成价值观,通过识别文化符号而将之转换成情感记忆。

从实现"文化自觉"走出"文化迷蒙"的实践层面看,还是需要借助学校教育、社会教育和虚拟网络空间平台,建立起多元化的壮族文化认知机制。

(一)学校教育平台:壮族文化自觉的实现策略

随着民族文化进校园活动的广泛开展以及壮族地区课程资源、校本课程的开发,壮族聚居区的中小学校承担着培育壮族文化传承人的重要任务。然而,由于壮族文化教育缺乏专门的师资队伍、缺乏学科理论的有效指导,人们对壮族文化教育的认识程度、课程实施、教育效果评估等方面的认知,尚存在一些不同的理解,需要有针对性地采取相应的策略。

对于壮族中小学生而言,要让他们知道壮族文化的来历,则需要借助壮族历史文化的传授,让壮族中小学生形成合理的壮族历史文化认知,相关学校的教育主管部门、负责民族文化教育的任课教师需要超越"政策宣传""经验总结""问题对策"等应付性的传统教学模式,不仅仅局限于政治论、利益论、工具论、价值论的立场,而要强化"文化认知论"立场的现实意义,意识到"壮族文化认知"是深化民族文化教育的有效路径之一。这就需要通过多样性的宣传、讲座培训和评价体系的建立等多种手段,强化壮族文化教育的重要性。

在具体的教育实践过程中,需要分门别类地将壮族文化认知与中小学生的语文、历史、地理、英语、美术等课程相结合,开发多样性的课程资源,体现壮族文化的丰富性,切实解决壮族文化课程形式单一、学习兴趣不浓、教育效果不明显的问题;需要通过师资培训,强化教师的民族文化素养,以"专项课、学科渗透课、活动课"三种课型有机结合为基础,遵循中小学生的学习心理,采用体验式教学方法,激发学习兴趣,陶冶民族情感,强化文化自觉,不断提高壮族文化教育的针对性和实效性,实现受教育者对壮族文化的整体认知和深度体认。

(二)社会教育平台:壮族"文化认知"与"文化自觉"教育的交融策略

如果说学校教育具有系统性、集中性的特点,那么,社会教育往往是分散的、非系统的,也缺少计划性和目的性。但是,并不意味着可以由此忽视社会教育与中小学生壮族文化认知所具有的无所不在的关联性。在真实的社会生活当中,人们目之所视,耳之所闻,往往潜移默化地造就了人的文化认知。社会教育的宽泛性使之无处不在、无孔不入,可以对中小学生的文化认知产生深远的影响。因此,在社区文化建设、公共空间、旅游文化体验以及节日文化生活中,有必要将壮族的历史文化、区域文化和具有代表性的民族文化杰作融入不同场域、不同类型的社会教育活动之中,以"润物细无声"的方式实现民族文化教育的目标。

每个人都生活在特定的村落空间和城镇社区当中,人们每年每月每日耳闻目睹的是特定社区的文化氛围。"壮族文化进社区"既是文化保护和文化传承的有效路径之一,也是壮族地区各村落社区和城镇社区本土原生文化传习的根本保证。因此,负责壮族乡村文化建设的有关部门可以合理地展示所在区域的文化历史和文化习俗,让人们在耳濡目染中感悟壮族文化的优秀传统,形成对本土文化的初步认知,知晓当地的民族来源、文化渊源,从家族、宗族文化认知逐步拓展到更广范围的区域文化和民族文化认知,从"各美其美"转向"美人之美"。

实现公共场域与壮族文化教育的相互交融,关键在于壮族乡村社区文化建设者具有文化自觉意识。自觉地用传统文化智慧点亮人的心灯,通过"千灯互照",让人们的心灵绽放出绚丽的光彩,消除人们关于民族认知的心灵困惑和情感迷茫。

随着社会的发展以及研学旅行的推行,旅游已经成为人们日常生活的有机组成部分,越来越多的中小学生通过各种途径和方式,离开家乡,到远方的旅游目的地欣赏祖国的大好河山,领略不同空间的人文传统。壮族地区遍布着丰富多彩的旅游资源,在旅游过程融入壮族文化元素,可以让游客在欣赏自然风光的同时,了解壮族文化的历史和现状,通过民族文化体验旅游,便于让人们学会从主客位的不同认知视角,欣赏壮族的文化习俗,增强对壮族的感悟能力。

(三)虚拟教育平台:开启壮族文化自觉的互动策略

在现代通信技术越来越普及的全球化时代,各种信息的传播越来越快捷,影响范围也更为广泛。人们的身心发展和认知形成过程深受网络文化的影响,人的认知选择、情感体验、民族文化认知很大一部分源于网络空间的信息。实现壮族文化自觉,有赖于充分运用互联网平台,利用网络空间传播关于壮族文化的各种信息,精心设计网络学习的基本框架,打造壮族文化教育专业平台,有针对性地展示壮族从远古走来的文化足迹,梳理壮族的文化演进脉络,通过具体生动的图片资料,让人们逐步感知壮族地区弥足珍贵的田园牧歌式的生态家园;同时,参照世界文化遗产和非物质文化遗产名录,将列入世界非物质文化遗产和国家级非物质文化名录的壮族文化精品,以音影图文并存的方式予以展示,让人们切实领略到壮族文化的绚丽景象。还可以联合政府有关部门，共同建立网站、微信平台和 QQ 空间，邀请民族学、民俗学以及文化研究领域的专家作为网络平台的顾问，让人们可以通过网络平台咨询有关专家，了解壮族历史文化，建立起关于壮族文化的整体认知，走出文化的"迷蒙"。

三 文化自信：实现自卑的超越

党的十九大报告指出："没有高度的文化自信，就没有文化的繁荣和兴盛，就没有中华民族的伟大复兴。"① 从学理上说，文化自信是特定文化主体对自身文化及其价值的充分信任、充满信心，"既是对自身历史文化成就的崇敬与自豪，是尊重历史、尊重传统、尊重祖先智慧的一种表现，也是对先进的政治文化充分认可和高度自觉"。② 也有学者认为，文化自信"是一种文化自觉心理认同感，具体表现在文化发展和对比中。一个国家、民族或政党能够正确看待本民族文化，理解本民族文化内涵和价值，并且对这种文化的发展前途充满信心，与此同时，能够有着兼容并蓄的包容态度看待其他外来文化"。③ 实际上，"文化自信"相对于"文化自卑"而言，特定文化主体在古今文化、本国文化与他国文化、本民族文化与他民族文化的比较过程中，往往产生一种"或强或弱""或优或劣""或美或丑""或高或低""或好或坏"的不同感知，如果积极的文化认知占据主导地位，则容易形成文化的自信，反之，则萌生一种"不如人"的自卑心理。文化自信不是"自傲"和"自大"，而是一种基于理性认识之上的精神成熟的表现。

文化自信既包含一个国家、一个民族、一个政党对自身文化价值的充

---

① 习近平：《决胜全面建成小康社会　夺取新时代中国特色社会主义伟大胜利——在中国共产党第十九次全国代表大会上的报告》，载《中国共产党第十九次全国代表大会文件汇编》，人民出版社 2017 年版，第 33 页。
② 何星亮：《"文化自信"缘何重要》，《人民政协报》2017 年 8 月 24 日。
③ 陶银鹦：《理解文化自信内涵的三个视角》，《法制博览》2017 年第 8 期。

分肯定,也基于大量的个体对自身文化的信任、信心和坚定信念。或者说,文化自信既是群体性的文化信念,也是个体性的文化感知,是无数个体对自身优秀传统文化发自内心的尊敬、信任和珍惜。

文化自信是一种自觉的心理认同和坚定的文化信念。文化自信通常来源于对自身文化的正确的感知,在与其他文化的比较中,能够客观理解并认同自身文化的内涵与价值,既能够对本民族的生命力和发展前途充满信心,同时又能以尊重和兼容的态度对待其他民族文化。

中国的文化自卑源于近代以来中国饱受西方列强蚕食鲸吞的屈辱历史,而中国文化自信基于20世纪80年代改革开放以来中国综合国力的增长。

就壮族而言,壮族的文化自卑心理源于历史上的壮族先民长期受到封建王朝的压迫、歧视,历史上壮族农民起义皆以被镇压而告终。在漫长的历史长河中,壮族以农耕为主要生计模式,经济基础薄弱,社会发展缓慢,特别是在科举考试时代,"土官利用自己送考的权力,多方抑勒、百般刁难土司平民参加考试"。[①] 因此,土司辖区的民众便隐瞒土著身份,假托汉裔,以求得晋身的机会。

此外,历代封建文人凭着想象,片面描述壮族地区的风土民情,汉文古籍中屡屡可见的关于壮族的描述是"充塞瘴气",民风"剽悍""野蛮""鸟语鸠舌""轻生好斗",这种歪曲性记载无形中有损壮族人的自尊心理,不利于文化自信心的生成。

一旦萌生文化自卑的心理,有人选择自暴自弃,也有人在逆境中奋起,实现自卑的超越。正如弗洛姆指出:

> 我们每个人都有不同程度的自卑感,因为我们都发现我们自己所处的地位是我们希望加以改进的。如果我们一直保持着我们的勇气,

---

① 李彦福、何龙群:《壮族教育史》,载韩达主编《中国少数民族教育史》,广西教育出版社1998年版,第73页。

我们便能以直接、实际而完美的唯一方法——改进环境——来使我们脱离掉这种感觉。①

就壮族文化整体以及文化传承主体而言，摆脱文化自卑的阴影，确立文化自信，有赖于从历史认知、空间认知、文化特质、文化优势等层面重新确认壮族文化的精神内涵，学会"各美其美"，进而"美人之美"，实现"美美与共"；以积极态度对壮民族的历史文化、地域文化和文化杰作给予充分的肯定，通过对壮族文化的价值取向认同，转向对壮族身份的认同。

（一）以历史认知奠定自信的根基

文化自信的重要精神根源是对于民族历史的认知，对悠久的民族历史具有比较全面的认知，在历史演进过程中找到归属感，知道"我从哪里来"自然而然能够增强民族的自信心。相反，如果不了解民族文化的根源，忘却了自己的"英雄祖先"，找不到本民族的文化根脉，就会萌生心理的困惑、迷茫和悲观的心绪。对于壮族及其先民而言，由于缺乏完整而客观的历史记载，人们对于壮族历史的起源和演进历程存在诸多有争议的认知。许多壮族家族在族谱中凭借想象，虚构祖先的来历，其实就是文化自卑的表现。

因此，壮族文化建设的要义之一是让世人意识到壮族世世代代生息繁衍的珠江流域具备作为人类起源和文明发祥地的基本条件，壮族先民按照人类文化演进的正常步骤，向文明社会转化，自主地从古文化、古国向方国演化。

壮族先民的文化形态按照文化发展的普遍法则，以正常的速度沿着人类文化发展的共同路向，坚定执着地向前发展。一方面保存着早期人类文化的古朴、纯真、粗犷的风格；另一方面，人的主体意识开始逐步觉醒，从文化的自知逐步转向文化的自觉。从文化历史和文化成就等方面加以综

---

① ［奥］A. 阿德勒：《自卑与超越》，黄光国译，作家出版社1986年版，第46页。

合审视,可知壮族先民及其文化不是属于"粗野的儿童"的行列,而是属于充满智慧与创造精神的'正常的儿童'及其文化品格的范畴。壮族历史的根基在华南—珠江流域这片沃土上。先秦时期的苍梧、西瓯、骆越等族群开了壮族文化发展的先河,秦以后的乌浒、俚僚、俍僮与当今的壮族,构成了一脉相承的关系,壮族不是20世纪中期才"建构"出来的。

(二)以空间认知祛除自卑的迷雾

在漫长的历史时期,壮族地区被中原人士视为"畏途",在很多文献中被描绘成"瘴气横行"的"鬼门关"。实际上,这些都是站在"中原中心论"的立场上赋予广西的空间定位。很有必要超越狭隘的空间维度,站在更为宏观的地理区间与文化空间上,确认壮族地区和广西的地理坐标。随着中国—东盟自由贸易区建设的深化发展,壮族地区和广西由改革开放的边缘,成为面向东南亚的前沿,特别是在2018年,中央明确赋予广西的"三大定位"是:构建面向东盟的国际大通道、打造西南中南地区开放发展新的战略支点、形成"一带一路"有机衔接重要门户。这"三大定位"从根本上驱散了笼罩在广西这片土地上的"文化迷雾",消解了广西民众在地理方位上的自卑心理。

随着"粤港澳大湾区"建设的深化发展,壮族地区将更深层次融入"一带一路"建设的进程中,特别是广西提出"南向、北联、东融、西合"的改革开放新战略,诠释了广西开放的新格局。从广西"南向",将加快中国与东盟各国的互联互通;"北联",则将贯通"一带"与"一路",成为渝、黔、川、甘等省市走向东南亚的便捷通道;"东融"将推动广西进一步融入珠三角、粤港澳大湾区,借力东部沿海发达地区,承接产业转移,着力招商引资;"西合"将加强与云南等省的交流,深度参与澜沧江—湄公河区域合作,开拓新兴市场。广西的区位优势由此将得到全面的彰显。

(三)以文化杰作体悟民族的智慧

随着世界文化遗产、国家级文化遗产、省级和市级非物质文化遗产名录申报制度的建立，壮族文化杰作得到了集中的体现。花山岩画、壮族铜鼓、布洛陀、刘三姐歌谣、嘹歌、壮锦、绣球、龙州天琴、长寿文化等具有符号和象征意义的文化精品，让世人逐步领悟壮族的文化智慧。"刘三姐"作为壮族歌咏文化发展的顶峰，充分展示了壮民族的聪明智慧，实为壮族诗性思维和诗性智慧外化的结晶。

花山岩画和壮族铜鼓隐含的科技水平实为壮族先民文化智慧的结晶，业已引起人们的重视和认可。而壮锦作为纺织文化的杰作，则集中体现了壮族妇女的聪明才智。壮锦锦纹题材广泛，结构严谨，造型别致，色彩艳丽，对比强烈，精致浓艳，结实耐用，深受人们的喜爱。壮锦图案由万字纹、回纹、水波纹等几何图案四方构架，其间常见的花卉类图案有牡丹、梅花、菊花、桂花、莲花、茶花、石榴花等。壮锦上的吉祥动物类图案主要是凤凰、蝴蝶、鱼、龙，还有龙凤呈祥、狮子戏球、凤穿牡丹、鱼戏莲、蝶恋花等组合图案，寓意深刻，严谨和谐，布局精巧，朴质而不乏瑰丽。壮锦以及其他壮族文化杰作深蕴壮民族的细腻心致和审美情操，表达了人们热爱生活、向往光明，追求幸福、和谐、美满的心灵期盼。

确立文化自信的前提是以客观公正的文化观，正确对待本民族的文化，既不自卑，也不自傲。自卑者无法"各美其美"，自傲者不知"美人之美"，文化自信的理想境界是"美美与共""和而不同"。

四 文化自强：共圆复兴的梦想

文化自觉和文化自信的逻辑延伸是实现文化自强。文化自强的实质是以包容的胸襟和理性的精神，实现"自卑自弃"的超越，同时避免"自大自傲"的倾向，坚持文化的主体性，独立自主地依靠自身的文化信心和民族意志，实现文化的兴盛和繁荣，增强文化的生命力、吸引力、影响力和竞争力。

文化自强同经济、军事和综合国力的增长密切相关，在国弱民贫的年代，实现文化自强犹如缘木求鱼，只有国泰民安，才能以文化强国，以文化兴国，实现文化的强大、繁荣和兴盛。

在文化人类学的视域中，文化的核心是生活方式、价值观念、伦理道德和思维方式。因此，文化自强的实现不只是文化设施的豪华气派，也不只是文艺作品如雨后春笋般层出不穷，而是天地人伦关系更切合自然本性和人类本性，体现真、善、美的准则，维系"己、群、天、地"和谐共存，以身心安乐、社会包容、人与自然的持久和谐，建构充溢仁慈博爱精神的人心天道。

在实现中华民族伟大复兴的进程中，文化的兴盛是民族强盛的重要支撑。实现文化自强是中华民族文化主体地位的确立而不是失去对西方文化霸权的免疫力。中华民族虽然饱经沧桑，但是，中华各民族在长期的社会实践过程中，逐步形成了处理"古—今""中—外"不同文化之间复杂关系的正确态度，走出了"厚古薄今""厚今薄古""中体西用""西体中用"之类二元对立的思维模式；意识到尊重世界文化多样性的重要性，注重博采众长的同时，抵御西方文化霸权的威胁和侵蚀，维护中华民族文化的主体性和自主性。

在历史发展的长河中，民族文化作为一个有机体，拥有自身的新陈代谢的过程，也会遭遇自身文化的萎缩，或者被外来文化取而代之。但是，中国文化能够自如地应对各种挑战，从危机中获得康复，达到自愈和新生。正如张举文先生所说：

> 经过一个多世纪的"革命"，中国人觉悟到：只有回归和守住传统文化之根，包容多元文化，才能立足于世界文化之林；在生活实践上，以"并置"（而不是排斥）来接纳外来文化，在共存中将其"本土化"，并在此进程中，与时俱进地融入世界文化发展之大势。正是

这样的自觉才引发出随后的文化自信的建设，并激活文化自愈机制。①

文化自强源于民族生命创造潜力的深度激发，源于民族文化根脉的延续以及基于本民族历史传统的文化体系的传承与创新。实现文化自强，需要正确处理好先哲们创造的"历史文化"、"传统文化"与当下各民族传承的"现当代文化"的关系，我们既要继承和弘扬传统文化遗产，更要推陈出新，谱写民族文化发展的新篇章。如果陶醉于先祖的荣耀，就不是真正的"文化自强"。同时，要处理好"外来文化"和"本土文化"的关系。虽然是"他山之石，可以攻玉"，但是，实现中国文化自强，不能满足于对外来文化的单一的借鉴、接受、照搬、印证和注解，而要融会贯通，确立自身文化的主体性。

在现代文化的猛烈冲击下，任何民族都不可能故步自封、抱残守缺，沿袭已经不适应时代要求的生活方式和价值观念，但是，代表民族精神的优秀传统文化和文化传统的分崩离析，将会导致民族复兴文化潜源的消解，由此爆发新的文化危机。因此，实现文化自强，需要借助"文化自愈机制"，即使面临种种挑战和危机，也要以超凡的意志，走出困境，重新回归根本，融合新文化元素，在文化创新中获得新的生命力，实现文化的复兴。

壮族是中华民族大家庭的成员，中华民族的整体复兴显而易见会带动壮族地区的社会发展，促进壮族文化的繁荣和发展。壮族文化建设作为中国文化建设的有机组成部分，需要借助中国传统文化智慧。具体而言，实现 21 世纪壮族地区社会文化的繁荣发展，需要借助现代文化遗产保护体系延续壮族文化的根脉；需要在旅游开发和文化产业的发展中实现壮族文化的价值；尤为重要的是在国家实施乡村振兴战略的进程中，激活壮族的

---

① 张举文：《非物质文化遗产与中国文化的自愈机制》，《北京师范大学学报》（哲学社会科学版）2018 年第 1 期。

诗性智慧，重构田园牧歌的场境，共圆复兴的梦想。

（一）在壮族语言与文化保护中延续壮族文化根脉

壮族文化根脉的深层意涵是指壮族文化赖以生存和发展的"根源""根基""根本"，以及流灌在壮民族生命体当中的"气脉""血脉""文脉"。从总体上说，壮族文化根脉隐含在壮民族起源与演化的整个过程之中，外化于壮族的物质文化、制度文化和精神文化的诸多层面。如果说花山岩画、壮族铜鼓之类的文化遗产是壮族先民的智慧结晶，是静态的、不可再生的壮族文化根脉的承载体，那么，壮族语言、壮族文化遗产和非物质文化遗产则是壮族人民共同创造、共同传承的活态的文化符号，体现了壮族的价值观念、思维方式、审美趣味，隐含着丰富的壮族文化基因和遗传密码。

在历史沧桑巨变的过程中，花山岩画实际上已成为历史遗迹，干栏建筑也逐步被现代建筑所取代，壮锦更多是一种文化象征，难以普及性地进入人们的日常生活。唯有壮族语言及其活态传承的文化遗产，与当下壮民族的日常生活密切相关，是切实的壮族文化根脉所寄寓的载体，尤其需要倍加珍惜。特别是对于大多数壮族民众而言，壮语是最为普遍的表达情感、相互交流的的思维工具，是壮族民众的思维方式和精神世界的形神兼备的文化载体，更是寄寓在壮族文化演化历程和一千多万民族生命体之中的文化根脉。

语言是文化的"活化石"，壮族语言具有历史的悠久性、传承的普遍性、内涵的丰富性和艺术智慧的高妙性等特征，由13个土语区构成的博大精深的壮族语言文化是壮族文化的根基和气脉所在，很有必要从守护民族心魂和延续文化根脉的视角，深刻反思壮汉双语教育与壮族文化传承的关联性。通过"以言悟美""以言护根""以言续脉""以言传文"的教学路径，重新构筑"形与神""体与魂"相交融的文化传承机制。

壮族"倚歌择配""以歌代言"的传统，见证了人类文明历史不同时期、不同国度、不同民族艺术智慧达到的境界。如果能够深度领会壮族的诗性语言，就能够领悟壮族口头创作的精妙，因为壮族文化的杰出智慧集中体现在壮族用诗性语言、诗性思维创作的诗歌习俗之中。壮族经济尚不够发达，但壮族民歌在人类口头创作历史上占有一席之地是不容置疑的。因为壮族诗性语言至少从《越人歌》延续至今而不歇绝，壮族民歌中含蓄幽默的暗喻、形象生动的比兴、情真意切的表达、妙趣横生的对歌、出口成章的高妙，确实令人称奇。

众所周知，语言是文化至为重要的载体，中国素有"宁卖祖宗田，不丢祖宗言"的谚语。民族语言的失传意味着本民族文化符号的消失，语言和文字的选择直接体现了文化观和价值观的抉择。

李德顺认为：文化之魂"是指人在文化活动中所追求、所把握的方向和尺度，其核心是价值和价值观体系"。① 因此，语言既是外在的可体察的"体"，也是内在的无形的"魂"。壮族文化建设离不开壮汉双语的特定的形式和载体，也有必要由表及里，由浅入深，深度领会文化深层结构的文化核心精神特质，避免"有形无神""舍本求末""买椟还珠""魂不守舍"的文化陷阱，建立起"形神合一""体魂共融"的文化传承机制。

实现壮族的文化自强，依托于建立更为完善的壮族语言传承和文化保护体系，尤其是在文化认知、思维方式、情感体验、价值观念、精神信仰、心灵皈依等层面，实现壮族语言与文化的"形与神""体与魂"的深度交融，在壮族文化建设过程中一方面要兼容壮族丰富多彩的文化形态；另一方面要阐发壮族文化隐含的深层意蕴，让壮族民众深度理解壮族语言文化作为壮族文化根脉的重要性，自觉地致力于延续民族文化根脉，实现民族文化传承和创新，达到文化"体"与"魂"的辩证统一。

任何民族的有形的躯体必须负载本民族的文化血脉，这个民族才是魂体统一的真正意义上的民族。有体无魂，或魂不附体的民族，其民族成员

---

① 李德顺：《文化的"形体"和"灵魂"》，《中国社会科学报》2014年8月15日第6版。

空有身份标签,忘却民族的历史,遗失民族的信仰,不再敬畏本民族的圣灵,必然将失魂落魄而走向衰落,成为没有希望的民族。

推进壮族文化建设的核心意旨是培养壮族文化传承主体对壮族文化传承有一种文化自觉的意识、文化自尊的态度和文化自强的精神,进而发自内心地热爱壮族的语言文字和文化,重拾民族之历史记忆,建构关于壮族文化的认知图景,形成科学合理的历史观、民族观和文化观,肩负起传承和延续本民族文化的历史重任,自觉守护民族生存之根基,延续文化之气脉,成为既有壮族之躯体和身份,亦兼备壮族之心灵和魂魄的新一代壮族文化传承主体,在实现文化赓延的过程中实现文化的繁荣和兴盛。

(二)在旅游场域中实现壮族文化价值

随着社会的发展以及人们生活水平的提高,旅游成为人们日常生活的重要组成部分。壮族地区拥有丰富的乡村文化旅游资源,将壮族文化融入旅游空间,在旅游场域展示壮族文化,开发具有壮族特色的旅游工艺品,实现壮族文化的旅游价值和经济价值,无疑有助于激发壮族民众对本民族文化的自信心和自豪感,提升对本民族文化的认同感和使命感。

壮族聚居区数量众多的古镇、古村落、传统民居和农业文化遗产、非物质文化遗产等都有丰厚的潜质转化成乡村文化旅游的目的地。要在乡村旅游中,让游客体验到"采菊东篱下,悠然见南山"的悠游自在,远离城市的喧嚣、城市的冷漠和城市的雾霾,与大自然亲密接触,仰观蓝天白云,俯瞰清溪碧水,静听鸟语花香。目前,桂北地区的龙脊梯田景区、桂南地区的大新县明仕田园、宁明县的花山岩画、靖西县的旧州、田阳县的敢壮山等地,皆已成为国内外游客关注的旅游胜地。这些旅游景点将民族性、神圣性、艺术性融为一体,饱含多样性的文化内涵,给人一种超然的文化感受。

壮族民歌传统、节日习俗、手工工艺以及其他文化形态,包含着审美体验、教育启示、情感寄托等多种功能和价值,可以采用灵活多样的方式,全方位体现壮族文化的旅游价值。譬如,基于壮族文化总体格局,有选择地借鉴"原生自然式""复古再现式""集锦荟萃式""原地浓缩式"等旅游展示模式,在壮族不同区域建立壮族文化主题园、风情村和街区,开发具有壮族饮食文化的主题餐厅,更为系统地将壮族民歌表演和民歌文化体验同文化体验旅游相结合。

随着全域旅游、乡村旅游和文化体验旅游的兴起,传统的以"吃、住、行、游、购、娱"为中心的旅游模式发生了转型,人们旅游的动机和体验要素越来越多样化,以"商、养、学、闲、情、奇"为基本要素旅游模式越来越受到人们的青睐。人们乐意将商务活动与旅游相结合;在旅游过程中体验养生、养老、养心的智慧;在研学旅行中,培训知识,提升各种能力;在乡村休闲度假,体验宁静、安逸的时光;在旅游中体验、重温亲情友情;在旅游中探奇、探险、探秘。这些新的旅游模式和旅游需求,既是将壮族文化融入旅游场域的机遇,也是对壮族文化旅游的挑战。

因此,相关部门有必要基于"商、养、学、闲、情、奇"的旅游新范式,全面梳理壮族的文化,重新审视与壮族相关的历史文物、遗址、古建筑、节日庆典、民族体育活动以及其他民俗文化,摸清家底,分门别类整理各种物质遗产和非物质遗产,建立完整的壮族文化资源库,辨别清楚哪些文化资源可以转化成旅游资源,哪些文化只能当作资料保存,集中将具有壮族特色的干栏建筑、地方曲艺、民歌习俗、壮族饮食、民俗节庆、壮锦、陶艺、竹编等民间工艺以及其他壮族文化遗产作为重点,推动壮族文化旅游资源开发焕发新生活力。

(三)在乡村振兴战略中共圆复兴梦想

2017年10月18日,习近平总书记在党的十九大报告中,正式提出实施乡村振兴战略构想,对解决我国农业、农村、农民等关系到国计民生的根本性问题作了总体部署。2018年1月2日,党中央和国务院公布了《中共中央国务院关于实施乡村振兴战略的意见》,提出实施乡村振兴的总体要求是：产业兴旺、生态宜居、乡风文明、治理有效、生活富裕。在时间上的总体部署是：到2020年，乡村振兴取得重要进展，制度框架和政策体系基本形成；到2035年，乡村振兴取得决定性进展，农业农村现代化基本实现；到2050年，乡村全面振兴，农业强、农村美、农民富全面实现。实施乡村振兴的具体路径主要是：重塑城乡关系，走城乡融合发展之路；巩固和完善农村基本经营制度，走共同富裕之路；深化农业供给侧结构性改革，走质量兴农之路；坚持人与自然和谐共生，走乡村绿色发展之路；传承发展提升农耕文明，走乡村文化兴盛之路；创新乡村治理体系，走乡村善治之路；打好精准脱贫攻坚战，走中国特色减贫之路。

2018年9月26日，中共中央、国务院正式印发《乡村振兴战略规划（2018—2022年）》，提出乡村振兴战略要以构建和谐美丽乡村为目标，指明乡村文化与美丽乡村建设的重点发展方向，强调文化建设是推动乡村发展的必要条件，通过乡村文化建设创新，为和谐美丽乡村建设添砖加瓦。

壮族自古以来以农耕经济为主体，以乡村作为主要的栖居空间，即使在城镇化和工业化时代，越来越多的壮族人离开乡村，移居城市，在城镇中谋生创业，但是，壮族文化依然难以在现代都市生根。虽然有许多城市中的建筑用铜鼓、壮锦、花山岩画图像符号作为点缀，还有很多文艺工作者将壮族神话、传说、音乐、舞蹈改编成现代歌舞剧在都市舞台演出，但是，这些并不意味着壮族文化在都市中获得长期性的传承空间。这是因为壮族尚未形成本民族的经济中心、政治中心和文化中心，实现壮族文化的发展繁荣，还是需要依托乡村，以富有地方文化特色的民族村镇作为壮族文化生存发展的载体，在城乡互动与交融中促使壮族文化结构发生质的变化，将壮族文化发展推向新的历史阶段。

基于国家层面的美丽乡村建设和乡村振兴战略的部署和实施，为壮族文化的传承、发展和兴盛，提供了前所未有的历史机遇。壮族具有源远流长的诗性传统，理应在实现乡村振兴的进程中，借助乡村牧歌（the rural idyll)——田园牧歌的重构,以诗意的逍遥,创造壮族文化发展的新篇章。

在人类学的视野中,因为工业化和城市化的病态迫使人们向往乡村牧歌的生活,特别是在以英国为代表的西方国家,城市化、工业化造成了太多的有悖人性的阴暗面,乡村牧歌成为"流传最广、最持久的神话:在这个浪漫的想法和理想中,如今被托管给农村人口的乡村是人们最合适的、健康的、原始的,也可能是最后的栖居之地"。①

在 21 世纪的中国,都市中的居民对拥挤的交通、嘈杂的噪音、满眼的钢筋水泥建造的"森林",产生了厌倦的心理。虽然不能完全逃离城市,但也对乡村"田园牧歌"充满了向往。越来越多的人借助乡村旅游,体验恬淡的生活节律和"小桥流水人家"的意蕴,回味自给自足的农耕生活,在人与自然和谐共生的村落场域中,感知传统"桃花源"式的村落景观、"诗意景观",以此消解"乡愁",在逃避烦扰的过程中体悟"出世"的洒脱。

然而,需要深思的是何处寻找到"田园牧歌"?有学者认为:

> 传统的乡土社会确实存在田园牧歌。然而,城镇化的到来,乡土景观中的田园牧歌还在吗?其间的逻辑关系是:如果田园牧歌在,它只能存活于乡野;在乡野的存活又建立在土地之上;如果土地消失,田园牧歌自然也就失去滋长的土壤。田园牧歌无论是实景,还是怀旧,抑或是逍遥于寄情,都存在着语境问题。②

对于壮族聚居的乡村而言,需要在实施乡村振兴的过程中,注重村寨空间中人与土地的亲和关系,以现代新科技重建人与自然和谐的生态系

---

① [英]奈杰尔·拉波特、乔安娜·奥弗林:《社会文化人类学的关键概念》,鲍雯妍、张亚辉译,华夏出版社 2005 年版,第 274 页。
② 彭兆荣、王晓芬:《乡土景观中的田园牧歌》,《民族文学研究》2018 年第 1 期。

统，建构生态宜居的环境，以多样化的生计模式，实现生活富裕的目的，确保一方水土能够养一方人，在此基础上，营造乡风文明的氛围和充溢着田园牧歌情调的乡村景观。

乡村振兴内涵丰富，既要实现产业振兴、生态振兴，也要实现社会振兴、生活振兴，更重要的是要实现文化振兴。生态振兴是基础，产业振兴是根本，文化振兴是灵魂，人才振兴是关键，组织振兴是保障。文化振兴是乡村振兴持续发展的重要任务，乡村文化建设的内生机制与乡村振兴建设的外在机制共同参与，凸显文化价值的作用，推动乡村的全面创新和发展，形成文化、产业和生态的多元融合发展。

总而言之，诗意田园和乡村牧歌的重构、美丽乡村建设、乡村振兴和复兴梦想是连为一体的宏伟大业。彼此之间相互促进，相互交融，相互制衡。实现民族复兴依托于经济建设、政治建设、社会建设、文化建设和生态文明建设"五位一体"的协同共进。文化建设和乡村振兴的深化发展，有赖于激活优秀传统文化的潜在价值，在传习和保护良风美俗的基础上，进一步传扬中华各民族的人文精神，以优秀传统文化开启民智，教化民众，凝聚人心，淳化民风，陶冶心灵，实现经济繁荣、社会和谐、文化兴盛的民族复兴梦想。

参考文献

（以姓氏拼音字母为序）

一　诗学研究论著

傲东白力格：《史诗演唱与史诗理论——从亚里士多德到洛德的史诗学简史》，甘肃人民美术出版社2012年版。

季广茂：《隐喻视野中的诗性传统》，高等教育出版社1998年版。

劳承万：《诗性智慧》，河南人民出版社1997年版。

李建中等：《中国古代文论诗性特征研究》，武汉大学出版社2007年版。

潘世东、林玲：《诗性的智慧》，华南理工大学出版社2000年版。

吴中胜：《原始思维与中国文论的诗性智慧》，中国社会科学出版社2008年版。

杨吉成：《灵心诗性——诗性的中国文化》，四川人民出版社2008年版。

朱光潜：《诗论》，上海古籍出版社2001年版。

朱自清：《中国歌谣》，复旦大学出版社2004年版。

宗白华：《艺境》，北京大学出版社1997年版。

二　文化研究论著

陈安仁：《中国文化建设问题》，国民图书出版社1943年版。

陈丽云等：《身心灵全人健康模式——中国文化与团体心理辅导》，中国轻工业出版社2009年版。

陈文珍、叶志勇：《社会主义新农村文化构建》，湖南师范大学出版社2010年版。

方亮：《新农村文化建设与管理》，中国社会出版社2010年版。

费孝通：《文化与文化自觉》，群言出版社2010年版。

冯友兰：《新原人》，北京大学出版社2014年版。

黄亮宜：《民族精神与文化建设》，河南人民出版社2007年版。

黄筱娜：《文化转型与民族文化建设》，中央文献出版社2003年版。

黄映阵、史亚军：《如何搞好乡村文化建设》，中国农业出版社2011年版。

焦雪岱、买买提·祖农：《少数民族地区文化建设研究》，宁夏人民出版社1999年版。

李资源：《中国共产党少数民族文化建设研究》，人民出版社2011年版。

梁漱溟：《东西文化及其哲学》，商务印书馆1999年版。

吕余生、覃振锋、何颖：《广西建设民族文化强区战略研究报告》，广西人民出版社2013年版。

《民国丛书》编辑委员会：《中国文化建设讨论》，上海书店1989年版。

聂华林、李莹华：《中国西部农村文化建设概论》，中国社会科学出版社2007年版。

滕志鹏：《广西民族文化传承与发展研究》，西南财经大学出版社2016年版。

宋书巧、张建勇：《广西乡村旅游研究》，中国环境科学出版社2010年版。

谢凤莲、李国社：《民族地区文化建设》，贵州民族出版社1999年版。

辛秋水：《传统文化与现代文明对接——新农村建设理论与实践》，合肥工业大学出版社2010年版。

熊春林：《农村文化发展之谋》，国家行政学院出版社2012年版。

许嘉璐：《中华文化的前途和使命》，中华书局2017年版。

杨宁宁主编：《经济全球化背景下的广西民族文化传承与发展策略研究》，广西师范大学出版社2015年版。

杨宗亮：《云南少数民族村落文化建设探索》，四川大学出版社2007年版。

尹红英、韩太平、郑剑玲等：《装点美丽的精神家园：社会主义核心价值体系与乡村文化建设》，广西师范大学出版社2011年版。

俞思念：《社会主义文化建设的历史理论与实践》，中国社会科学出版社2008年版。

张西立：《文化建设与和谐社会》，浙江人民出版社2007年版。

张小平：《中国文化建设的理论与实践》，社会科学文献出版社2012年版。

周军：《中国现代化与乡村文化建构》，中国社会科学出版社2012年版。

朱从兵、钱宗范：《民族传统文化与当代民族发展研究——以广西壮族自治区为例》，合肥工业大学出版社2008年版。

三 壮学研究论著

岑学贵：《当代民歌文化的传承与创新——南宁国际民歌艺术节研究》，华中师范大学出版社2011年版。

岑学贵：《广西民歌图志》，华中师范大学出版社2016年版。

黄革：《瑰丽的壮歌》，广西民族出版社1990年版。

黄桂秋：《桂海越裔文化钩沉》，中国书籍出版社2011年版。

黄桂秋：《壮族巫信仰研究与右江壮族巫辞译注》，广西民族出版社2012年版。

黄桂秋：《壮族仪式歌谣与民俗文化》，天马图书有限公司1996年版。

黄明标主编：《壮族麽经布洛陀遗本影印译注》，广西人民出版社2016年版。

黄勇刹：《歌海漫记》，广西人民出版社1981年版。

黄勇刹：《采风的脚印》，中国民间文艺出版社1983年版。

黄勇刹：《壮族歌谣概论》，广西民族出版社1983年版。

黄勇刹、杨钦华、方寿德：《歌王传》，广西人民出版社1984年版。

蓝鸿恩：《广西民间文学散论》，广西人民出版社1981年版。

李彦福、何龙群：《壮族教育史》，韩达主编：《中国少数民族教育史》第三卷，广西教育出版社1998年版。

梁庭望、罗宾译注：《壮族伦理道德长诗传扬歌》，广西民族出版社2005年版。

廖明君：《壮族自然崇拜文化》，广西人民出版社2002年版。

刘祥学、刘玄启：《走向和谐——广西民族关系发展的历史地理学研究》，民族出版社2011年版。

陆晓芹：《吟诗与暖——广西德靖一带壮族聚会对歌习俗的民族志考察》，广西师范大学出版社2016年版。

罗健民：《莫一大王》，中国国际广播出版社2016年版。

蒙元耀：《生生不息的传承：孝与壮族行孝歌之研究》，民族出版社2010年版。

蒙元耀：《远古的追忆：壮族创世神话古歌研究》，民族出版社2012年版。

农冠品编注：《壮族神话集成》，广西民族出版社2007年版。

潘琦主编：《刘三姐文化品牌研究》，广西人民出版社2002年版。

潘其旭：《壮族歌圩研究》，广西人民出版社1991年版。

覃承勤、红波、韦苏文：《广西歌王小传》，漓江出版社1993年版。

覃建珍：《龙川壮族民歌译注》，广西人民出版社2018年版。

覃乃昌主编：《壮族嘹歌研究》，广西人民出版社2008年版。

谭绍明、罗汉田：《平果壮族嘹歌》，民族出版社2009年版。

唐华主编：《花山文化研究》，广西人民出版社2006年版。

王杰主编：《寻找母亲的仪式——南宁国际民歌艺术节的审美人类学考察》，广西师范大学出版社2014年版。

韦守德、韦苏文主编：《广西民间叙事长诗集成》，广西民族出版社2015年版。

韦文俊：《壮族古代英雄莫一大王之歌》，广西民族出版社2013年版。

吴德群：《壮族山歌与人的社会化》，人民出版社2015年版。

肖永孜：《壮族人口》，广西人民出版社2008年版。

徐松石：《徐松石民族学文集》，广西师范大学出版社2005年版。

张声震主编：《布洛陀经诗》，广西人民出版社1991年版。

张声震主编：《壮族麽经布洛陀影印译注》，广西民族出版社2008年版。

郑超雄：《壮族文明起源研究》，广西人民出版社2005年版。

周作秋、黄绍清等：《壮族文学发展史》，广西人民出版社2007年版。

四 外文译著

［奥］A. 阿德勒：《自卑与超越》，黄光国译，作家出版社1986年版。

［法］阿尔贝·雅卡尔：《自由的遗产》，龚慧敏译，广西师范大学出版社2005年版。

［美］阿尔伯特·贝茨·洛德：《故事的歌手》，尹虎彬译，中华书局2004年版。

［英］爱德华·泰勒：《原始文化》，连树声译，广西师范大学出版社2005年版。

［美］爱德华·希尔斯（Edward Shils）：《论传统》，傅铿、吕乐译，上海人民出版社2014年版。

［美］埃里希·弗洛姆：《人心——人的善恶天性》，范瑞平等译，福建人民出版社1988年版。

［法］米盖尔·杜夫海纳：《美学与哲学》，孙非译，中国社会科学出版社1985年版。

［美］段义孚：《恋地情结》，志丞、刘苏译，商务印书馆2018年版。

［美］段义孚：《空间与地方：经验的视角》，王志标译，中国人民大学出版社2017年版。

［美］段义孚：《逃避主义》，周尚意、张春梅译，河北教育出版社2005年版。

［德］海德格尔：《人，诗意地安居》，郜元宝译，上海远东出版社2004年版。

［美］弗朗兹·博厄斯：《原始艺术》，金辉译，贵州人民出版社2004年版。

［德］卡尔·雅斯贝斯：《时代的精神状况》，王德峰译，上海译文出版社1997年版。

［美］理安·艾斯勒：《圣杯与剑——我们的历史，我们的未来》，程志民译，社会科学文献出版社2009年版。

［美］露丝·贝哈：《动情的观察者：伤心人类学》，韩成燕、向星译，北京大学出版社2012年版。

［美］露丝·本尼迪克特：《文化模式》，王炜等译，生活·读书·新知三联书店1988年版。

［美］罗伯特·路威：《文明与野蛮》，吕叔湘译，生活·读书·新知三联书店1984年版。

［英］马凌诺斯基：《文化论》，费孝通译，华夏出版社2002年版。

［英］马凌诺斯基：《西太平洋的航海者》，梁永佳、李绍明译，华夏出版社2002年版。

［美］马歇尔·萨林斯：《甜蜜的悲哀》，王铭铭、胡宗泽译，生活·读书·新知三联书店2000年版。

［美］迈克尔·托马塞罗：《人类认知的文化起源》，张敦敏译，中国社会科学出版社2011年版。

［美］玛格丽特·米德：《三个原始部落的性别与气质》，宋践等译，浙江人民出版社1988年版。

［法］莫里斯·哈布瓦赫：《论集体记忆》，毕然、郭金华译，上海人民出版社2002年版。

［英］奈杰尔·拉波特、乔安娜·奥弗林：《社会文化人类学的关键概念》，

鲍雯妍、张亚辉译，华夏出版社 2005 年版。

[美] 乔治·H. 米德：《心灵、自我与社会》，赵月瑟译，上海译文出版社 1992 年版。

[英] 斯图尔特·霍尔：《表征》，徐亮、陆兴华译，商务印书馆 2003 年版。

[意] 维柯：《新科学》，朱光潜译，商务印书馆 1989 年版。

[俄] 维谢洛夫斯基：《历史诗学》，刘宁译，百花文艺出版社 2003 年版。

[古希腊] 亚里士多德：《诗学》，陈中梅译，商务印书馆 2003 年版。

[苏联] 叶莫梅列金斯基：《神话的诗学》，魏庆征译，商务印书馆 1990 年版。

[美] 伊万·布莱迪编：《人类学诗学》，徐鲁亚等译，中国人民大学出版社 2010 年版。

[以色列] 尤瓦尔·赫拉利：《人类简史：从动物到上帝》，林俊宏译，中信出版社 2014 年版。

[美] 约翰·迈尔斯·弗里：《口头诗学：帕里—洛德理论》，朝戈金译，社会科学文献出版社 2000 年版。

[英] 约翰·思道雷：《文化理论与通俗文化导论》，杨竹山、郭发勇、周辉译，南京大学出版社 2001 年版。

五　期刊论文

陈敏：《对中国传统诗学思维特性的文化心理学阐释》，《中南民族大学学报》2014 年第 4 期。

陈学璞：《壮族歌圩·三月三歌节·文化壮都》，《广西教育学院学报》2017 年第 1 期。

丁毅伟：《隐喻思维的认知基础》，《北方论丛》2007 年第 5 期。

黄启学：《民族文化传承发展面临的三大挑战与对策浅析——以广西民族文化强区建设为例》，《西南民族大学学报》2013 年第 1 期。

黄筱娜：《广西少数民族传统文化的现代转型》，《广西社会科学》2003 年第 6 期。

李建中：《儒道释文化的诗性精神与中国古代文论的诗性特征》，《文艺理论研究》2003 年第 1 期。

李春青：《论古代诗学的文化心理基础》，《文学评论》1996 年第 7 期。

李伟山、孙大英：《论桂滇壮族文化旅游带的合作开发》，《社会科学家》2008 年第 9 期。

仇敏：《诗性主体的特性和功能》，《社会科学辑刊》2009 年第 2 期。

谭荣培：《想象：诗性之思与诗意生存》，《文学评论》2009 年第 1 期。

王吉凤：《从诗性智慧看中国传统的诗性思维》，《河南科技大学学报》2006 年第 5 期。

汪丽华：《身心灵与全人生命教育的目标》，《南昌大学学报》（人文社会科学版）2010 年第 4 期。

王志珍：《关于广西少数民族地区精神文明建设的思考——文化转型与广西少数民族地区文化建设研究报告之二》，《广西社会科学》2003 年第 6 期。

王玉清、黄杰：《壮族山歌文化建设对提升崇左文化软实力的路径探索》，《广西教育学院学报》2018 年第 3 期。

杨匡汉：《诗性智慧的生长》，《内蒙古大学学报》1997 年第 5 期。

于瑮：《转型期广西少数民族地区的文化建设发展方略》，《广西社会科学》2003 年第 6 期。

张举文：《非物质文化遗产与中国文化的自愈机制》，《北京师范大学学报》（哲学社会科学版）2018 年第 1 期。

张世英：《论想象》，《江苏社会科学》2004 年第 2 期。

赵静：《广西民族文化资源的保护与开发探微》，《广西社会科学》2003 年第 6 期。

朱长超：《试论人类思维是一个自然历史过程》，《哲学研究》1985年第6期。

六 学位论文

李丽娜：《文化多样性视域下我国少数民族文化建设研究》，博士学位论文，辽宁大学，2014年。

黄小军：《边疆民族地区新农村文化建设研究》，博士学位论文，云南大学，2012年。

徐学庆：《社会主义新农村文化建设研究》，博士学位论文，华中师范大学，2007年。

后 记

本书是在国家社科课题"壮族非物质文化遗产的诗性传统与文化建设的整合研究"（14BZW170）结题成果基础上修改完成的。

2020年4月30日，全国哲学社会科学工作办公室公布了国家社科基金年度项目结项情况，先夫覃德清教授的结项成果位居优秀成果之列。消息传来，令人悲喜交加。悲的是先夫2019年9月因病去世，再也不能亲耳听到这一喜讯，喜的是先夫的辛勤付出终有回报，学术生涯画上一个圆满句号，其在天之灵必深感欣慰。

先夫一生为人正直、低调朴实、崇尚研究、潜心学术，主要从事壮族文学与文化、非物质文化遗产保护、审美人类学等方面研究。作为从壮乡走出的农家弟子，始终倾注对壮乡的深厚情怀，调研足迹遍布广西山山水水。从最初的博士学位论文《民生与民心——华南紫村壮汉族群的生存境况与精神世界》，到遗著《壮族诗性传统与文化建设整合研究》，无不体现着一个壮族学者对壮族民生的关切和立志复兴壮族文化的壮心、壮志。

回忆我们一起去田野调研时，先夫曾多次提到对广西千里歌路的规划与设想，还说"千里歌路'之名的灵感，源自与大学的老同学、中央民族大学民族学与社会学学院林继富教授交流时所提及的德国格林童话大道，希望找机会去参观、游览。2019年2月，他本欲赴德看望留学的女儿，顺道游览童话大道，最终因牵挂课题结题而放弃。他说，等国家课题结题以后就可以轻轻松松、无牵无挂地去了。未曾想到，这一等竟成了永别！悲乎哉！！

　　本书的出版，得益于广西师范大学对学者的尊重和重视。衷心感谢广西师范大学贺祖斌校长亲自过问本书的出版事宜，并给予帮助与鼓励；感谢广西师范大学社科处梁君处长、邓金凤副处长，文学院岑学贵教授、副院长冯智明教授为联系出版社所做的多方努力；感谢北京大学社会学人类学所高丙中教授、中国社会科学院民族学与人类学研究所韩成艳助理研究员热心为本书的出版牵线搭桥；感谢覃门弟子严绘副教授、戚剑玲副教授、魏亚丽讲师帮忙校对部分书稿内容；感谢中国社会科学出版社郭晓鸿主任认真审校原稿并提出宝贵建议；感谢所有为课题顺利完成做出贡献的同人。是大家的鼎力相助，得以实现先夫遗愿，赓续学术薪火。感恩之情，永记于心，谨于此表示诚挚的谢意！祝愿所有关心、帮助我们的人一切顺利、如意！

　　"诗言志，歌咏言。"唯愿先夫继续以诗性的智慧灵光，观山水云霓，赏花开花落，诗意栖居在天堂。

杨丽萍

2020 年 9 月 25 日于观云斋